위기의 북한 경제와 한반도 미래

북한의 선택

위기의 북한 경제와 한반도 미래

북한의 선택

스테판 해거드 · 마커스 놀랜드 지음 / 이형욱 옮김

매일경제신문사

샤론 크라스노우와 크리스티나 우드에게

To Sharon Crasnow and Christina Wood

약어목록

- **AREP** 농업복구 및 환경보호 계획(Agricultural Recovery and Environmental Protection Plan)
- **CAP** 통합지원절차(Consolidated Appeals Process)
- **DPRK** 조선민주주의인민공화국, 북한(Democratic People's Republic of Korea)
- **ECHO** 유럽위원회인도지원국(European Commission Humanitarian Aid Office)
- **FDRC** 큰물피해대책위원회(Flood Damage Rehabilitation Committee)
- **FAO** 식량농업기구(Food and Agriculture Organization)
- **FAO/WFP** 식량농업기구 세계식량계획(Food and Agriculture Organization and World Food Programme)
- **FAOSTAT** 식량농업기구 통계데이터베이스(Food and Agriculture Organization Statistical Databases)
- **GAO** 회계감사원(General Accounting Office)
- **GAERC** 유럽연합 일반 및 대외관계 이사회(General Affairs and External Relations Council)
- **IFRC** 국제적십자연맹(International Federation of Red Cross and Red Crescent Societies)
- **KDI** 한국개발연구원(Korea Development Institute)
- **KIEP** 대외경제정책연구원(Korea Institute for International Economic Policy)
- **KINU** 통일연구원(Korea Institute for National Unification)
- **KBSM** 우리민족서로돕기불교운동본부(Korean Buddhist Sharing Movement)
- **KEDO** 한반도에너지개발기구(Korean Peninsula Energy Development Organization)
- **MSF** 국경없는 의사회(Medecins Sans Frontieres)
- **MT** 미터톤(Metric Ton)
- **NTR** 정상무역관계(Normal Trade Relations)
- **OCHA** 인도주의업무조정국(Office for the Coordination of Humanitarian Affairs)
- **PSI** 대량살상무기확산방지구상(Proliferation Security Initiative)
- **PDC** 식량배급소(Public Distribution Center)
- **PDS** 식량배급제(Public Distribution System)
- **SOE** 국영기업(State Owned Enterprises)
- **SPA** 최고인민회의(Supreme People's Assembly)
- **UN-COMTRADE** 국제연합 상품거래통계데이터베이스(United Nations Commodity Trade Statistics Database)
- **UN-OCHA** 국제연합 인도주의업무조정국(United Nations Office for the Coordination of Humanitarian Affairs)
- **USAID** 미 국제개발처(United States Agency for International Development)
- **USDAFAS** 미 농무부 해외농업국(United States Department of Agriculture Foreign Agricultural Service)
- **UNDP** 국제연합개발계획(United Nations Development Programme)
- **WMD** 대량살상무기(Weapons of Mass Destruction)
- **WFP** 세계식량계획(World Food Programme)
- **WFPINTERFAIS** 세계식량계획 국제식량원조정보시스템(World Food Programme International Food Aid Information System)

젊은 나이에 출세한 영국의 정치인 벤자민 디즈레일리Benjamin Disraeli는 1844년 기근에 시달리던 아일랜드의 특수한 상황을 다음과 같이 표현했다.

"주민은 굶주리고, 상류계급은 없으며, 교회는 무관심하다. 게다가 행정부는 세계에서 가장 약하다. 이것이 바로 아일랜드의 문제다."

스테판 해거드와 마커스 놀랜드의 이 주목할 만한 책은 이른바 '북한의 문제'라고 불릴 만한 상황을 다룬 전문서적이다. 그들은 이 책에서 아일랜드 기근 이후 정확히 150년 만에 발생한 북한의 기근을 매우 통찰력 있게 연구·제시했다.

북한의 기근으로 인해 이미 약 100만 명에 이르는 사람들이 사망했다(1840년대의 아일랜드 기근과 거의 동일한 수치). 만약 이러한 기근의 근본 원인이 해결 또는 극복되지 않는다면 더 많은 사람들이 죽음으로 내몰릴 수 있다.

아일랜드의 기근은 북미대륙으로의 대규모 이민이라는 문제를 불러왔다. 많은 북한인들 역시 만신창이가 된 조국을 떠나, 특히 중국으로의 탈출을 시도했지만, 정치적 장벽 때문에 이러한 이주과정은 매우 위험할 뿐만 아니라 성공 확률도 높지 않았다.

악명 높은 아일랜드 기근과 마찬가지로 북한의 문제 역시 다각적인 해결책이 요구된다. 이 문제에는 경제(주민의 대다수가 생존에 필요한 충분한 식량을 얻지 못하게 된 장·단기적 요인), 정치(빈곤 계층의 식량 확보에 악영향을 미친 정부의 성격과 활동), 실천윤리학(실질적인 도움을 줄 인도주의적 원조를 제공하면서 국제단체가 부딪친 딜레마 포함), 사회 조직(해묵은 사회주의적 권한부여 문제에서부터 새로 등장하고 있는 시장을 통한 배급 문제 등)까지 포함된다. 해거드와 놀랜드는 북한이라는 특수한 환경에서의 이러한 난제들에 대한 이해를 크게 발전시켰다.

북한은 현재 경제도 제대로 돌아가지 않고, 구조적으로도 상당히 어려운 상황이다. 독재주의 환경에서 발생한 굶주림과 기근은 세계적으로 많은 희생자들을 양산해 왔다. 이러한 문제를 제대로 파악해 바꾸지 않는다면 앞으로도 문제가 지속될 것이기 때문에 이들의 연구가 더욱 흥미롭게 다가온다.

결과에 있어 비슷한 점이 많긴 하지만, 북한의 기근을 불러온 사회적 과정은 1840년대 영국 아일랜드에서 일어난 기근과 많은 면에서 매우 다르다. 그러나 현대 역사상 가장 번영한 제국과 현대 세계에서 가장 문제 있는 공산주의 국가에서 150년의 간격을 두고 발생한 두 기근 사이에는 기묘한 유사점들이 있다.

해거드와 놀랜드가 이런 비교는 하지 않았지만(이들은 북한 기근의 성격, 원인, 결과라는 더욱 기본적이고 직접적인 문제들을 다뤘다), 이 책에 나와 있는 북한의 기근에 대한 값진 연구와 더불어 아일랜드 기근에 관한 문헌들을 참고

하여 두 기근 간의 유사성을 살펴보는 것도 유익할 것이다(특히 2002년에 발간된 앤드류 S. 나치오스^Andrew S. Natsios의 《북한의 대기근*The Great North Korean Famines*》이라는 책이 유명하다).

독재적인 북한 정권은 분명 디즈레일리가 런던의 아일랜드 통치를 묘사했던 것처럼 '세계에서 가장 약한 행정부'라고는 표현할 수 없을 것이다. 사실 북한의 행정부는 가장 강압적이고 간섭이 심한 정부 중 하나다. 또한 반대자들에 대해서도 매우 잔인하다. 하지만 독재주의적 억압 장치로 무장한 이 무자비한 국가는 기근의 피해자들을 도울 수 있는 가장 기초적인 정책을 시행함에 있어서는 놀라울 정도로 무력했다.

해거드와 놀랜드는 북한 정권의 지도자들이 고의로 집단 기아와 사망을 일으키려 했다고는 말하지 않는다. 하지만 북한 정권이 중요한 예방책을 시행하지 않았기 때문에 기근이 야기되었다고 암시하는 듯한 인상을 준다. 공교롭게도 아일랜드 기근에 대해서도 마찬가지로 말할 수 있다. 런던 관청에 있는 그 누구도 아일랜드인을 죽이려 하진 않았지만 통치자들의 태만과 냉혹함, 혼란이 결합되어 결과적으로 아일랜드인의 사망을 초래했다.

하지만 영국이 정책적으로 아일랜드에 기아를 일으켰다는 의혹이 영국 통치를 바라보는 아일랜드인의 시각에 매우 오랫동안 영향을 미칠 것이다. 조지 버나드 쇼^Geroge Bernard Shaw의 《인간과 초인*Man and Superman*》에 나오는 말론^Malone은 이 명제를 다음과 같이 매우 신랄하게 표현하기도 했다.

'나라가 음식으로 가득 차고 수출까지 이뤄지고 있는 시기에 기근은 있을 수 없다. (…) 내 아버지는 굶어 죽고, 나는 굶주린 채 어머니 품에 안겨 미국으로 갔다.'

기근 구제를 위해 시도한 보잘 것 없는 공식적 노력은 아일랜드에서도 북한에서도 재난의 주요인을 뿌리 뽑는 데 거의 도움이 되지 못했다.

이러한 사태를 불러온 진범은 정권의 정치적 변화를 허용하지 않고, 통치

집단의 근본적인 정치 안건을 철저하게 재검토하려고 하지도 않은 통치자들의 냉담함이었다. 또한 두 국가 모두 굶주림과 기근을 일으킨 정확한 요인을 이해하지 못했다는 사실도 주목할 만하다.

그렇다면 아일랜드인과 북한인은 왜 굶주렸는가? 이 질문에 답하려면 다른 단계의 연구가 필요한데, 여기에는 경제적 요인과 근본적인 정치적 원인이 포함된다. 먹을 만큼 충분한 식량을 소유할 수 없을 경우, 분명 굶주릴 수밖에 없다. 그러한 소유 문제 혹은 더 포괄적으로 권한부여 문제(개인이 실제로 그 식량을 소유하지 않아도 먹을 식량을 얻을 수 있는 경제적, 법적 체계가 있기 때문이다)는 한 경제의 '식량 가용성' 문제와는 구별된다. 말하자면 굶주리는 사람이 식량을 '볼' 수는 있지만 '먹을' 권한은 없을 수도 있기 때문이다.

식량 가용성은 보통 각 개인의 식량권을 결정짓는 많은 요소 중 하나이다. 총 식량 생산량과 개별 생산자의 생산량이 동시에 급격히 감소하여 직접 생산한 식량에 의존하는 가족이 굶주리게 되는 경우도 있다. 또한 전반적인 총 식량 생산량은 감소하지 않더라도 일부 생산자의 식량 생산이나 시장에서 식량으로 바꿀 수 있는 기타 물자의 생산이 감소하는 경우도 있을 것이다.

따라서 국가 전체의 식량 가용성의 전반적 하락 유무와 상관없이 주민의 상당수가 식량권을 잃을 수 있다. 그럼에도 불구하고 거의 모든 경우에 총 식량 가용성은 시장에서의 가격에 어느 정도 영향을 미치며, 따라서 주민의 식량권에 다양한 영향을 주게 된다.

아일랜드의 경우 시장에 대한 의존이 주를 차지했으며, 공적인 배급이 이를 보충했다. 그러나 불행하게도 보충량이 불충분한 적이 많았다. 그 때문에 감자 생산의 위기는 아일랜드 기근의 발생과 지속에 큰 몫을 했다. 그러나 여기에서도 기근의 원인을 식량 생산량 감소에만 중점을 두는 것은 잘못이다. 곤궁과 굶주림의 분포를 이해하려면 이를 불러 일으킨 수많은 경제적 요인과 함께 소유와 권한부여 절차가 어떻게 작용했는지를 충분히 분석해야 하기 때문이다.

아일랜드의 기근이 최고조에 달했을 때 고가의 식량 품목을 실은 배들이 꼬리를 물고 샤논강Shanon을 따라 내려갔다. 굶주리는 아일랜드에서 풍족한 영국으로 식량을 가져가는 것이다. 아일랜드 구매자들보다 영국의 구매자들이 더 높은 값을 지불할 능력이 있었기 때문이었다.

누가 무엇을 살 수 있는지, 혹은 공공배급 체계를 통해 무엇을 얻는지는 어떤 기근 상황에 있어서도 중심적인 문제다. 이는 아일랜드의 기근뿐만 아니라 북한의 기근을 이해하는 데도 매우 중요하다.

해거드와 놀랜드는 이 문제들을 매우 광범위하게 연구했다. 이들은 (식량 분배에 있어 공평하지 않은) 국가에 의해 결정되는 북한의 이른바 사회주의적 권한부여 체계의 역할, 식량배급 체계의 붕괴, 시장 메커니즘(개혁 후의 중국에서처럼 확고하고 정교하게 계획된 공공정책이라기보다는 위기에 대응하기 위해 임시적으로 등장함)의 역할 증대를 설명했다.

이들은 또한 정책 실패도 검토했다. 북한의 정책은 농업생산을 불안정하게 해 식량공급 문제를 반복적으로 일으키는 한편, '융통성 없는 식량은 자급자족' 해 비식량 물품의 생산도 심각하게 줄였다. 이런 이유로 비식량 물품을 팔아 벌어들인 외화로 식량을 구입하기도 어려워졌다. 국내의 식량 생산뿐만 아니라 해외 무역에서 얻을 수 있는 식량권마저 손상시켜 버린 것이다.

저자들은 또한 기근이 정치와 밀접하게 연관되는 이유와 그 연계 방식, 그리고 경제적 분석만으로는 적절한 평가가 어렵다는 것을 밝힌다. 디즈레

일리는 아일랜드에서 영국인 통치자들의 소외가 '상류 계급이 없고 교회가 무관심하다는 점' 때문에 더욱 심했다고 언급했다.

북한에 이런 문제는 없었다. 하지만 통치자들은 분명히 빈곤층 국민과 멀리 떨어져 있었다. 그리고 군대의 우선권이 강했으며, 지역적 차이도 상당했다. 게다가 중앙집중식 식량배급 체계에 대한 신념은 이 체계가 전면적으로 무너졌을 때에도 여전히 강하게 유지되어 왔다. 시장의 등장은 정권을 위협하는 것처럼 보였지만 정권과의 불편한 평형상태를 감수해야 했다. 정부의 독재적인 성격을 감안하면 통치자로 하여금 노선을 변경하게 할 방법이 없었고, 고정된 견해와 우선순위를 지닌 통치자가 정부를 변화시킬 길을 열어주리라는 희망도 없었다.

외국의 인도주의적 원조가 북한의 기아 현장에서 중요한 역할을 수행했다. 그러나 원조기관들은 정권으로 하여금 원조받은 식량을 인도주의적 관심사에 따라 할당할 수 없어 애를 먹었다. 이에 따라 주는 측과 받는 측 간에 끊임없는 언쟁이 이어졌다. 저자들은 강력한 개인숭배 정권의 독재적 특성이 주요 문제임을 보여주는 한편, 부적절한 원조 조정 문제도 논의했다. 원조 조정은 수혜자뿐 아니라 원조제공자 측에서도 어려움을 겪던 문제였다.

이 책에는 여기에서 간단히 요약할 수 있는 것보다 훨씬 방대한 내용들이 담겨 있다. 빈곤과 기아의 경제학 혹은 독재주의 정치, 우리가 살고 있는 불행한 세계에서의 국제 원조의 역할과 어려움에 관심 있는 사람들이 읽어야 할 책이다. 북한의 기근은 심각한 것으로 나타났으며, 예전 아일랜드 문제의 심각성에 필적하기 시작했다. 이 책은 이 새로운 문제를 추적하는 데 큰 도움이 된다. 매우 중요한 주제를 담은 훌륭한 저서다.

아마르티아 센 Amartya Sen(경제학자, 1998년 노벨경제학상 수상)

우리는 《*FAMINE IN NORTH KOREA: Markets,
Aid, and Reform*》의 한국어판 출간을 통해 한국 독자들을 만날 수 있는 기회가 주어진 데 커다란 긍지와 보람을 느낀다.

한국이 갖고 있는 중요한 문제 중 하나가 바로 남북 간의 국가적 화해와 통일이다. 우리는 이 책을 통해 북한의 기근을 이해하지 않고는 한반도 평화에 대한 전망이 불가능하다고 주장한다. 기근으로 인해 북한에서는 100만 명에 달하는 사망자가 발생한 것으로 추정된다. 이는 북한 사회에 너무나 깊은 상처를 남겼다. 물론 오늘날까지도 그 상처는 계속되고 있으며, 북한의 경제 및 정치적 위기의 요인이 되고 있다.

북한의 기근은 잘못 이해되고 있는 부분이 많다. 그리고 이러한 오해는 한국의 정책 그리고 미래와도 깊은 연관성을 갖고 있다.

일반적으로 기근은 기상 악화의 결과로 보는 경우가 많다. 1995년 발생한 홍수와 이어진 자연 재해는 작물을 파괴하고 식량 재고량을 고갈시켰다. 물론 나쁜 기상 조건이 기근의 중요한 원인이기는 했다. 하지만 우리는 기근을 초래한 주요한 원인이 대부분 인간으로부터 비롯된 것이었고, 또한 기근이 1995년 홍수보다 시기적으로 앞서 있었음을 밝혀냈다. 우리는 이 책을 통해 기근이 북한 사회의 본질적 구조 문제에서 기인하였음을 설명하고자 한다.

1980년대 초에 이미 북한의 식량문제가 심화됐음을 알려주는 증거가 나타났으며, 1990년대 상반기 산업 경제가 몰락하면서 빈곤은 더욱 악화되었다. 자급자족에 중점을 둔 잘못된 정책 때문에 북한의 농업생산 체계는 산업 분야에서 생산되는 자재에 대한 의존도가 매우 높았다.

이러한 자재를 생산하거나 수입할 역량이 떨어지면서 북한의 농업경제가 몰락하기 시작했다. 그러나 북한의 정치 지도층은 오랫동안 외부 지원을 얻으려는 노력을 하지 않았고, 막상 원조가 들어오기 시작하자 교역을 통한 곡물 수입량을 줄여 상황을 더욱 악화시켰다.

이미 10년이 훌쩍 지나버린 북한의 인도주의적 비상사태의 중심에는 정치적 결정과 정권 특유의 성격이 자리잡고 있다. 중요한 시기에 원조 제공이 지체되기도 했지만 국제 사회는 북한에 매우 관대했으며, 1995년 이후로 북한에 대량으로 식량을 원조했다. 그러나 북한 정권은 항상 이러한 활동을 방해했고, 심지어 필사적으로 식량이 필요했던 지역에 대한 원조를 차단하기까지 했다.

우리는 한국을 비롯한 원조제공국들이 직면했던 문제를 검토해 보았다. 여기에는 원조수혜자와의 접촉 부족, 원조제공국들 간의 조정문제, 부적격 집단으로의 전용*Diversion이라는 어려운 문제가 포함된다. 전용은 현재의 정

---

*전용: 轉用, 북한 문제에서 자주 사용되는 '전용'은 굶주리는 주민에게 가야 할 식량이 고위층이나 군대로 빠져나가거나 시장에 판매되는 현상을 가리키는 단어 -역주

책 논쟁에서 충분히 파악되지 않고 있다. 우리는 이 책에서 간단한 전용 모형을 도입하여 북한에 제공된 총 원조의 1/3에 달하는 양이 의도한 용도에서 전용되었다는 것을 밝혀내고자 한다.

북한 정부가 주민에 대한 의무를 지킬 의지가 없거나 그럴 만한 능력이 되지 않자 시민들은 자구책을 강구해야 했다. 즉, 소규모 사회 단위인 가정, 기업, 지역의 당 조직, 소규모 부대 등이 생존을 위해 필사적으로 자영업적인 자구책을 마련하기 시작했다. 즉, 경제가 아래로부터 시장화되기 시작한 것이다.

이 책에서 우리는 최근의 경제 정책 변화가 이러한 아래로부터의 자생적인 전환에 대한 대응이라고 주장한다. 즉, 지도층의 적극적인 개혁 시도에 의한 것이 아니라 국가의 실패와 기근이 남긴 트라우마Trauma, 정신적 외상 때문에 정책 변화가 이루어진 것이다.

우리는 사회주의적 권한부여 체계가 가정에 식량을 공급하는 주요 제도였던 기근 발생 시기로부터 시장이 북한 가정의 식량을 제공하는 주된 제도적 장치가 된 현재 상황으로의 전환을 상세하게 검토했다. 또한 기근과 관련된 사망자 유형 및 현재까지도 지속되고 있는 영양 문제를 인구학적, 지역적 유형으로 살펴보았다.

우리는 기근이 지나간 지 오래됐음에도 불구하고 만성적인 식량난이 계속되고 있으며, 북한 주민의 상당수가 다시 식량부족과 식량불안, 영양부족을 겪고 있다는 점을 지목했다. 실제로 최근 북한 정부가 착수한 일부 정책들은 무모한 성향을 띠고 있어, 오히려 상당수의 북한 주민들을 큰 위험에 빠트리고 말았다.

북한 지도층은 점진적으로라도 국제 교역을 확대해야만 한다는 점을 인식해 왔다. 그러나 그들은 개방 절차를 엄격하게 통제했고, 개방의 유익한 영향과 전환에 따른 효과를 제한했으며, 불평등과 부패 문제를 악화시키기까지 했다. 유감스럽게도 의무이행 약속이 낳은 정치적 이점도 매우 한정적이었다.

북한은 한국을 비롯해 북한과의 대화에 관련된 모든 국가들에게 깊은 윤리적 쟁점, 즉 개입의 타당성 문제, 제재의 효용과 도의성 문제, 핵 문제와 인도주의 문제를 조종하는 문제를 제기했다. 우리는 개입전략을 지지하지만 개입전략의 추진 조건을 명확하게 할 것과 북한에서의 다방면에 걸친 인권유린에 대해 지속적으로 언급해야 할 필요성을 강조한다.

이 책은 한국 독자들을 위해 작성한 특별한 후기로 끝을 맺고 있다. 후기는 한국어판 출간 시기에 맞춰 작성했다.

스테판 해거드 & 마커스 놀랜드

감사의 글

이 책은 미국 북한인권위원회의 의뢰로 작성했던 초기 보고서를 발전시킨 것이다. 우리는 이 위원회와 데브라 리앙 펜튼 사무국장에게서 많은 도움을 받았다. 또한 초기 보고서와 이번 책을 준비하면서 북한 문제에 관심을 지닌 정책 입안자, 인도주의 단체 근무자들, 학계의 많은 이들로부터 큰 도움을 받았다.

안재훈, 자그디쉬 바그와티, 존 브라우스, 마리아 카스틸로 페르난데즈, 크리스틴 장, 니콜라스 에버스타트, L. 고든 플레이크, 루디거 프랭크, 로라 고스텔로우, 코막 O. 그라다, 한기수, 데이빗 호크, 아만다 헤이즈, 크리스토퍼 휴스, 에리카 강, 김병국, 김예리, 김용훈, 권태진, 안드레이 란코프, 수 롯지, 이석, 이용선, 임원혁, 마크 매닌, 문준상, 문정인, 남상욱, 다케시 나가사와, 윌리엄 뉴컴, 박승제, 라파엘 펄, 에드 리드, 하젤 스미스, 서재진에게 감사드린다.

데이빗 강, 마일즈 칼러, 한스 마레츠키, 베리 노톤, 스콧 스나이더는 원고 전문을 읽고 매우 귀중한 조언을 해주었다. 또한 원고 전문에 대해 상세한 코멘트를 달아 주었을 뿐 아니라 로마자 표기에까지 도움을 주신 대니얼 핑크스턴에게도 특히 감사드린다. 그리고 우리의 북한인권위원회 보고서에 익명의 독자 세 분이 해주신 조언 역시 큰 도움이 되었다.

인터뷰에 응해 주신 한국의 통일부, 한국통일연구원, 한국농촌경제연구원, 대외경제정책연구원, 한국개발연구원 대학원, 세계식량계획 직원들에게도 감사드린다. 또한 공식 구호기관과 비정부 구호기관의 수많은 현역 직원들과의 비공식 대화에서도 많은 도움을 얻었다. 이 분들은 정치적으로 민감한 사안이기 때문에 익명을 요구했다.

이 책의 초판은 서울의 동아시아연구원과 한국개발연구원 국제정책대학원(KDI School)에서 열렸던 강연회와 캘리포니아 주립대 샌디에이고의 한국경제연구소, 포틀랜드 주립대에서 개최한 워크숍에서 도움을 받았다. 이러한 일련의 활동에서 중요한 역할을 한 스콧 렘브란트에게 감사드린다.

해거드는 2005년 봄, 국제관계 및 태평양연구 대학원에서 북한 핵문제 강의를 들었던 수강생들과 대북 식량 원조에 관한 독립 스터디그룹의 일원인 김예리, 아만다 헤이즈, 타케시 나가사와에게도 감사의 마음을 전한다. 이들은 이 문제의 중국과 일본 측면에 대한 통찰력 있는 보고서를 작성해 주었다. 또한 밥 코프먼의 인내심에도 감사를 표하고 싶다.

에릭 장은 이 책에서 설명한 북한-중국 간 경제 관계에 관한 타이 밍 충씨와의 프로젝트에 대해 추가적인 현지 조사를 수행해 주었다. 폴 카너는 이 책에 사용된 데이터를 정리하는 데 귀중한 도움을 주었다. 카너의 도움이 없었더라면 우리는 이 작업을 마치지 못했을 것이다. 김연경, 김예리, 켓티 세스 역시 연구에 없어서는 안 될 조력자들이었다.

때에 백성이 그 아내와 함께 크게 부르짖어
그 형제 유다 사람을 원망하는데 혹은 말하기를
우리와 우리 자녀가 많으니 곡식을 얻어먹고 살아야 하겠다 하고
혹은 말하기를 우리의 밭과 포도원과 집이라도 저당 잡히고
이 흉년을 위하여 곡식을 얻자 하고 혹은 말하기를
우리는 밭과 포도원으로 돈을 빚내어 세금을 바쳤도다.

우리 육체도 우리 형제의 육체와 같고 우리 자녀도
저희 자녀 같거늘 이제 우리 자녀를 종으로 파는 도다.
우리 딸 중에 벌써 종 된 자가 있으나 우리의 밭과 포도원이
이미 남의 것이 되었으니 속량할 힘이 없도다.
내가 백성의 부르짖음과 이런 말을 듣고 크게 노하여
중심에 계획하고 귀인과 민장을 꾸짖어 이르기를
너희가 각기 형제에게 취리(取利)를 하는 도다.

느헤미야 5:1-7, *Good News Bible*

Contents

서론 Introduction

PART I 기근에 대한 전망

서론 Introduction

Famine in
North Korea

Chapter **01** 북한의 기근, 원조 및 시장

북한의 기근,
원조 및 시장

Chapter

01

1990년대 초 무렵부터 시작해 1998년에 이르기까지 북한은 심각한 기근을 겪었다. 이러한 기근으로 60만 명에서 100만 명이 사망했다고 추정되는데, 이는 북한 전체 인구의 3~5%에 달하는 수치다. 이 사건은 여러 세대에 걸쳐 집단적 기억에 살아 있는 국가적인 트라우마(정신적 외상)라고 할 수 있다.

기근은 무수한 개인적 비극을 낳는다. 사랑하는 이들이 기근으로 쇠약해지는 것을 지켜봐야 하고, 부족한 식량을 나눠먹느라 중대한 선택을 해야 한다. 또한 기근을 피해 다른 곳으로 이주해야 하며, 너무나도 자주 이러한 대응책이 헛되다는 냉혹한 현실과 마주해야 한다.

이런 재난을 완전히 이해하려면 재난이 인간에게 미치는 영향을 알아야 한다. 즉, 극심한 궁핍으로 인해 희생자들이 겪은 개별적인 고통과 굴욕을 이해해야 한다는 것이다. 피난민들의 진술을 통해 북한의 기근이 지닌 이러한 인간적인 면이 우리에게 점차 알려지고 있으며, 이는 우리가 여기에서 말할 수 있는 것 이상으로 현실적인 것이다.

이렇듯 기근은 그 사회에 심각한 인구학적, 경제적, 정치적 영향력을 미치지만, 그 원인 또한 사회 속에서 찾을 수 있다. 엄격한 독재주의와 폐쇄성에도 불구하고 북한도 이 법칙에서 예외일 수는 없다.

이 책의 목적은 각기 다르지만 궁극적으로는 상호보완적인 여러 시각을 통해 이 극심한 기근의 정치·경제학적인 면을 살펴보는 것이다. 북한의 사례가 기아의 원인에 대해 보다 일반적으로 시사하는 바는 무엇인가? 인도주의 단체에게 주는 교훈은 무엇인가? 사회주의에서의 전환에 대해 말해주는 바는 무엇인가? 또한 반복되는 식량 부족이 한반도의 안보 평형상태와 정치역학에는 어떤 영향을 미치고 있는가?

유감스럽게도 우리의 염려는 단순히 과거의 현상에 의한 것이 아니다. 우리는 당대의 여러 가지 염려 때문에 이 문제들을 처음 접하게 되었다(2005). 많은 경우에 그러하듯 기근이 지나간다고 반드시 풍족함이 뒤따르지는 않는다. 오히려 1990년대의 심각한 식량 부족은 만성적인 식량 위기로 바뀌었고 이는 21세기까지 지속되었다.

국제 인도주의 단체들의 노력과 광범위하지만 궁극적으로 결함을 지닌 일련의 경제 개혁에도 불구하고-혹은 심지어 개혁들 때문에-도시화된 북한 사회의 많은 부분이 불안정한 식량 공급에 시달렸다. 북한 가정들은 계속 참혹한 영양실조에 시달렸는데, 이는 어린이들의 영양 상태에 대해 우리가 보유하고 있는 부분적이고 불완전한 정보에서도 분명하게 나타난다.

기근은 기이하게도 대량학살과 유사하다. 사만다 파워스 Samantha Powers가 지적했듯이(2002), 대량학살에 대한 외부인의 첫 번째 반응은 부정이다. 사건의 참혹성으로 볼 때 그런 일은 일어날 수 없다는 것이 자연적인 반응이다. 한마디로 불가능하다는 것이다. 그런데 대량학살의 경우 시간적 지연은 치명적인 결과를 낳는다. 왜냐하면 학살의 의지가 있는 곳이라면 짧은 순간에도 많은 사람들이 죽임을 당할 수 있기 때문이다. 기근도 이와 유사하다. 사람들은 문제해결에 늑장을 부리곤 하는데, 식량이 부족한 상태에서 한 사회는 그리 오래 살아남을 수 없다. 기근의 증거가 명확해진 때에는 그 결과를 되돌리기에 너무 늦고, 최악의 피해를 이미 입고 난 상태가 되어버린다.

이와 더불어 북한에서의 인도주의적 노력은 또 다른 장벽들에 직면했다. 1995년 여름에 연속적으로 닥친 대홍수 때까지 북한 정부는 기근이 진행 중이라는 경고 신호에 대해 더디게 대응을 해왔다. 북한 사회의 폐쇄성은 외부에서 위기 징후를 포착하는 것도 어렵게 만든다.

1996년 들어 본격적인 원조가 이루어지자 북한 정부는 외세의 의도를 매우 의심스러워했으며, 그 여파로 지금까지도 구제 노력을 방해하고 있다. 북한에게 인도주의적 원조를 제공하고 모니터링 하는 문제는 지속적으로 논란과 대립을 불러일으키고 있다. 여기엔 그럴만한 이유가 있다. 감춰야 할 것이 많기 때문이다. 원조의 많은 부분(30% 이상으로 추정)이 군대 및 정치 상류층, 기타 비적격 집단 그리고 시장으로 전용(轉用)되고 있다.

북한의 식량 문제를 설명하는 공식적 요소들은 홍수, 잇따른 자연 재해, 외부에 대한 적대적인 정책이다. 그러나 북한의 식량 문제가 만성적이라는 점은 더 조직적인 원인이 있음을 시사한다. 여기에는 실패한 경제 및 농업 정책도 포함되지만, 사회주의 경제 특유의 권한부여 체계와 이러한 권한부여가 실패했을 때 바로잡기 위한 방법을 갖추지 못한 정치 체제에도 책임이 있다.

아마르티아 센Amartya Sen의 개척적인 연구에 근거해, 우리는 이 책 전반에서 북한 식량 문제의 근본적이고 가장 심층적인 근원은 바로 북한의 경제 및 정치 시스템의 특성에서 찾아야 한다고 제안한다. 체제가 완전히 민주화

되거나, 최소한 시민의 요구에 보다 귀 기울이는 체제로 대체되기 전까지는 이 문제가 결국 해결되지 못할 것이라는 논리다.

그러나 우리가 제시했듯이 기근이 자체적으로 영향을 미치지 않은 것은 아니었다. 그중 하나가 시장경제화와 2002년에 시작된 경제개혁 추진이다. 시장경제화와 개혁은 북한에서 여전히 주요하게 전개되고 있으며, 북한이 비록 정치적으로는 아니더라도 경제적으로 개혁되리라는 한 가닥 희망을 품을 수 있게 한다. 물론 2005년까지 이러한 변화를 나타내는 지표들은 많은 부분 희망으로 남아 있었다. 개혁 추진은 북한의 핵 야심을 둘러싸고 재개된 국제 정치적인 마찰(상당 부분 북한이 일으킨 위기)과 중복되어, 예상대로 개혁 노력에 복잡한 영향을 미쳤다.

더구나 개혁 자체도 북한을 지속적인 성장세로 되돌리는 데 실패했고, 끊임없이 식량문제를 야기하는 심각한 인플레이션을 초래했다. 지금까지 북한 사회는 외화를 손에 넣을 수 있고 안정적으로 식량을 공급받을 수 있는 사람들과, 이상한 공공 식량배급체계 및 일반 시민의 형편을 넘어서는 가격으로 식량과 물품이 거래되는 시장의 피해를 입기 쉬운 사람들로의 분화가 심화되어 왔다.

우리는 문제를 크게 세 가지로 나누고자 한다.

첫 번째 부분(Chapter 2, 3)에서는 1990년대 중반의 기근을 대략 살펴본다. 기근의 근본적인 원인과 궤적 그리고 사망률을 포함한 보다 직접적인 결과를 다루었다. 여기에서는 우리 주장의 바탕이 된 폭넓은 문헌들과 북한 관련 주요 보고서들에 근거해 논의를 전개했다.[1]

두 번째 부분(Chapter 4, 5)에서는 인도주의적 원조가 지닌 정치경제학에 대해 논의했다. 이 정치학에는 인도주의 단체와 단체의 규범, 경제적 관점뿐만 아니라 정치적 관점에서의 북한 정부의 관심사, 그리고 때로는 협력하고 때로는 갈등을 빚는 북한 지원국들의 관심사를 다루었다.

세 번째 부분(Chapter 6)에서는 또 다른 시각으로 북한의 기근을 살펴본다. 전환을 겪고 있는 사회주의 경제체제로서의 북한을 바라보는 것이다. 북한에서 기근은 궁극적으로 경제 개혁을 촉발하였다. 거의 20년에 걸친 '이행론Transitology'을 통해 이제 알게 되었듯이, 시장경제체제로의 전환 경로는 순차적인 과정이라기보다는 부분적인 개혁과 다양한 중간 모형들이 섞여 있다. 북한도 분명 이 중 하나가 될 것이다.

서론의 나머지 부분에서 우리는 이러한 주제에 대해 조금 더 상세히 살펴보며, 북한의 기근과 식량 부족으로 야기된 보다 광범위한 정책 문제(Chapter 7, 8의 주제)에 대해 결론을 내릴 것이다. 하지만 그러한 주제를 다루기에 앞서 북한 정치사의 몇 가지 특징을 살펴보겠다. 본 조사는 스스로 인정하듯이 피상적이기는 하지만, 우리는 이 문제들을 보다 심도 깊게 다룬 연구들과 논의와 밀접한 관계가 있는 배경 상황들을 집중적으로 조명한 많은 연구들을 참조했다.

■ 연구 배경

제2차 세계대전이 종식되면서 일본의 식민지였던 한국은 미국과 소련의 군사주둔 지역으로 분리되었다.[2] 통일 한국에 대한 기본원칙에 합의를 도출하지 못한 대한민국Republic Of Korea, ROK 또는 남한은 미국의 후원을 받아 1948년에 독립국을 선포하였고, 소련의 비호 아래 조선민주주의인민공화국Democratic People's Republic of Korea, DPRK 또는 북한이 수립되었다.

1950년 북한은 남한을 침공했다. 초기에는 침략군이 승기를 잡았으나 미

군이 주도하는 유엔군의 지원으로 전세가 역전되자, 중국이 북한군의 패배를 막기 위해 10월에 전쟁에 가세했다. 한국전은 1953년 휴전협정으로 막을 내렸다. 엄청난 물질적 파괴와 인명 손실을 야기했으나 전쟁은 본래의 국경선을 재구축하는 것으로 마무리되었다. 아무런 공식적 평화협정도 맺어지지 않았으며, 엄밀히 말하면 여전히 전투태세를 취하고 있다고 볼 수 있다.

김일성은 1956년 이후 북한의 경쟁 파벌을 물리치고 자신의 권력을 완전히 확립해 '주체사상'으로 불리는 독특한 국가 이데올로기를 표명하기 시작했다. 이 정치적 명령은 고도의 인물주의를 과시해왔다. 김일성은 '위대한 수령님'으로 신격화되었다. 그리고 그의 아들 김정일을 신성시하기 위해 그와 유사한 노력이 행해져왔으며, 1994년에 아버지가 사망하자 김정일이 정치권력의 통치권을 쥐게 되었다.

이러한 인물주의는 극단적이며 심지어 카스트 제도와 같은 사회적 조직화와도 결합되었다. 정부는 정치적 충성도, 심지어는 부모와 조부모의 사회적 지위에 따라 국민을 분류하고 그들에 대한 모든 서류를 관리했다.

정치적으로 신뢰성이 있는 인구 층의 규모는 상대적으로 작아 겨우 인구의 1/4 정도이며, 이 중 20만 명 정도, 즉 인구의 대략 1%가 정치적·군사적 엘리트로 핵심세력을 형성하고 있다.[3] 앞으로 설명하겠지만, 이렇게 정치와 직결된 사회 구조는 식량 및 기타 물품의 배급 문제와도 밀접하게 얽혀 있다.

정치 및 경제 체제의 또 다른 특징은 극단적인 군국화다. 군복무 인구에 대한 배당률 또는 군대에 할당되는 국가수입 배당비율 같은 기본 통계 수치를 기준으로 하면 북한이 세계에서 가장 군국화된 사회다. 100만 명 규모의 막강한 군대가 남한과 경계를 이루는 비무장지대DMZ를 따라 전진 배치되어 있다. 이는 매우 불안한 군사적 환경이라 할 수 있다.

한반도의 분단 상황이 안정적이었던 점, 즉 총력전의 재발을 피한 것이 놀라울 정도다. 더욱이 군국화는 국내적으로 중요한 효력을 발휘한다. 외적 위기상황에서는 정부가 선군, 즉 '군대 제일주의' 정책으로 복귀한다. 앞으로 논의하겠지만 정권의 지출 우선순위도 기근에 있어 중요한 요소이며, 인도주의적 공급 물자를 군대로 전용하는 문제가 기증단체들 사이에서 지속적인 정치적 쟁점이 되고 있다.

1990년대 초반, 북한의 외부 안보 환경이 급속도로 악화되었다. 소련이 붕괴되고, 중국이 지속적인 개혁을 추진하는 동안 북한은 최고 우방국인 이 두 나라와의 관계가 그리 우호적이지 못했다. 남한 경제의 꾸준한 역동성은 호전적인 당의 환상을 유지하기 어렵게 만들었고 비용도 더 많이 들게 만들었다.

분명 핵무기 획득이 이런 불안정한 정세를 타개할 값싼 방편이었던 것 같지만, 1992~1994년간 미국과의 주요 위기를 부르는 결과를 빚고 말았다. 외교적 협상에 북한의 참여를 유도하기 위해 원조 제공이 이용되면서 핵위기와 식량 원조 문제가 예기치 않은 방식으로 밀접하게 연결되었다. 주요 원조제공국인 미국, 일본, 중국, 남한과 유럽연합이 북한의 핵 야망을 어떻게 다룰지에 대한 의견이 엇갈린 '2002 핵동결 선언' 이후로 비슷한 문제들이 일어났다. 우리는 아래에서 다시 이 문제를 다룰 것이다.

자립에 대한 굳은 의지와 극단적으로 폐쇄된 경제에도 불구하고, 오랫동안 국제 원조가 북한의 생존에 중요한 역할을 해왔다. 1990년대 이전에 북한은 군사적으로나 경제적으로 소련의 아낌없는 후원에 의지했다. 이후 중국도 중요한 역할을 하게 됐다. 기초수지 기준으로 보면 북한은 현재 총수입의 약 1/3을 원조에서, 약 1/3을 통상적인 수출에서, 그리고 나머지 약 1/3을 비통상적인 수익원(중요도에 따라 미사일 판매, 마약밀매, 송금, 위조지폐, 밀수 – 부록 01 참조)에서 보충하는 것으로 추정된다. 송금은 주로 친북 재일교포 단체에서 들어오며, 10만 명 이상 달하는 중국 피난민들의 송금도 증가하고 있다.

북한에는 기본적인 정치적 자유와 시민적 자유가 전혀 없다. 정치 체제는 한 명의 신격화된 지도자가 완전히 지배하고 있다. 군대, 노동당, 국가 기구는 지원 역할을 수행하며, 이들의 중요도는 시간이 지남에 따라 변화해 왔다. 북한에서는 독립된 정치 조직이나 사회단체의 힘이 약한 게 아니다. 이들은 사실상 존재하지 않는 것이나 다름없다.

외국의 라디오 방송을 듣는 것에서부터 남한의 가요를 부르는 것, 김일성의 사진이 실린 신문 위에 무심코 앉는 것에 이르기까지 정치적인 일탈이라면 무엇이든 처벌의 대상이 된다. 기근으로 인해 와해되기 전까지 정부는 국내 이주와 외국 여행을 엄격하게 통제했고, 식량을 확보하기 위한 일반 가정의 자구책까지 범죄시했다.

북한 정권은 정치 포로수용소 망을 유지하고 있으며, 20만 명 이상의 정치 포로들이 수용되어 있다. 이들 수용소의 사망률은 매우 높으며, 고문이 자행되고 있다. 공개처형을 본 수많은 목격자들이 있는데, 여기에는 사형 장면을 지켜보도록 강요받았던 어린이들의 경우도 포함된다. 또한 기근이 한창일 때 대처행동을 단속하기 위해 좀 더 소규모의 비합법적인 구치소 망을 만들어 국내 불법 이주자와 중국으로 건너가려다 잡힌 사람들을 수감했다.

요컨대 북한의 경우는 인도주의적 활동의 대상으로 삼기에 어려운 특징을 가지고 있다. 한국 전쟁 때와는 달리 정부가 영토를 완전히 지배하고 있다. 확고한 이념을 보유하고 있어 최근까지 개혁이 파고들 틈이 없었고, 외부의 충고에 귀를 기울이지 않았다. 정치 수뇌부들은 어떤 종류든 외부의 영향에 대해 극도의 경계심을 드러냈고, 이런 태도는 점점 더 악화되는 안보 환경을 내세워 정당화되었다. 이러한 점이 북한을 인도주의적 원조를 하기 어려운 대상으로 만들었다. 또한 이는 기근의 근본적이고 근접한 요인을 밝히는 데 기여한다.

▪ 북한의 대기근 : 원인, 궤적, 결과

기근과 식량 부족은 인간사에서 끊이지 않고 발생했으며, 북한의 사례에서 볼 수 있듯이 결코 완전히 뿌리를 뽑을 수 있는 것이 아니다. 북한의 사례에 관한 우리의 추정치와 [표 1-1]은 20세기에 기근으로 사망한 사람이 7,000만 명에 달한다는 것을 보여준다.[4]

그러나 기근을 자연적으로 불가피한 것으로 보는 단순한 맬서스주의 Malthusian 시각은 지지를 받기 어렵게 되었다. 기근의 성격과 기근에 대한 우리의 이해가 달라졌기 때문이다. 전후, 아프리카를 제외하고 실제로 세계 모든 나라에서 서서히 기근이 사라지고 있다(북한은 중국 및 캄보디아와 더불어 이 규칙의 주요 예외국이다).

이렇게 희망적으로 발전하게 한 요인 중 하나를 들자면 홍수와 가뭄 같은 자연재해로 인한 기근은 식량 부족에 대한 국제사회와 정부의 대응능력 향상 덕분에 완화될 수 있기 때문이다. 기근과 식량 부족은 점차 자연 재해가 아닌 복잡한 인재(人災)로 인식되고 있다. [표 1-1]을 살펴보면 많은 기근의 요인으로 '분쟁'이 두드러진다. 또한 분명한 사회주의 국가들, 즉 소련, 캄보디아, 중국, 에티오피아, 북한에서 가장 치명적인 기근이 발생했음을 알 수 있다.

아마르티아 센Amartya Sen은 기근에 관한 초기 연구에서 식량의 총 공급량이 충분한 곳에서도 시장을 포함한 분배 체계가 실패한 경우 기근이 발생할

[표 1-1] 20세기의 주요 기근으로 인한 사망자 추정

연도	지역(진원지)	초과사망자(명)	표면적 요인
1903~1906	나이지리아(하우사랜드)	5,000	가뭄
1906~1907	탄자니아(남부)	37,500	분쟁
1913~1914	서아프리카(사헬)	125,000	가뭄
1917~1919	탄자니아(중부)	30,000	분쟁, 가뭄
1920~1921	중국(간쑤성, 산시성)	500,000	가뭄
1921~1922	소련	9,000,000	분쟁, 가뭄
1927	중국(북서부)	3,000,000~6,000,000	자연재해
1929	중국(후난성)	2,000,000	분쟁, 가뭄
1932~1934	소련(우크라이나)	7,000,000~8,000,000	정부 정책
1943	인도(벵골)	2,100,000~3,000,000	분쟁
1943~1944	르완다	300,000	분쟁, 가뭄
1944	네덜란드	10,000	분쟁
1946~1947	소련	2,000,000	가뭄, 정부 정책
1957~1958	에티오피아(티그레)	100,000~397,000	가뭄, 메뚜기 떼
1958~1962	중국	30,000,000~33,000,000	정부 정책
1966	에티오피아(월로)	45,000~60,000	가뭄
1968~1970	나이지리아(비아프라)	1,000,000	분쟁
1969~1974	서아프리카(사헬)	101,000	가뭄
1972~1973	인도(마하라슈트라)	130,000	가뭄
1972~1975	에티오피아(월로, 티그레)	200,000~500,000	가뭄
1974~1975	소말리아	20,000	가뭄, 정부 정책
1974	방글라데시	15,000,000	홍수, 시장 실패
1979	캄보디아	1,500,000~2,000,000	분쟁
1980~1981	우간다(카라모자)	30,000	분쟁, 가뭄
1982~1985	모잠비크	100,000	분쟁, 가뭄
1983~1985	에티오피아	590,000~1,000,000	분쟁, 가뭄
1984~1985	수단(다르푸르, 코르도판)	250,000	가뭄
1991~1993	소말리아	300,000~500,000	분쟁, 가뭄
1995~1999	북한	600,000~1,000,000	홍수, 정부 정책
1998	수단(바하르 알 가잘)	70,000	분쟁, 가뭄

(출처) Devereux 2000, 표 I

수 있다는 중요한 소견을 밝혔다. 센은 이용 가능한 식량의 절대 양에 초점을 맞추기보다는 분배와 권한부여라는 문제를 파고들어 분석했고, 기근 현상에 대한 여러 중대한 논쟁을 촉발시켰다. 이 논쟁들은 오늘날까지도 이어지고 있다.

일반적인 기근이나 특정한 한 기근의 원인을 분석할 때 가용식량 감소 문제와 분배 및 권한부여 실패 문제에 어느 정도까지 비중을 두어야 할까? 가용 식량이 줄어든 증거를 발견할 경우 이는 실제로 자연재해의 결과일까? 혹은 생산 의욕이라든가 외부 공급원을 활용하지 못했다든가 하는 다른 요인도 함께 살펴보아야 할까? 권한부여가 잘못되었다고 판단될 때, 즉 원칙적으로는 이용할 수 있는 식량이 있음에도 이를 얻기 위한 자원을 개인이 관장하지 못한다는 점을 발견했을 경우, 이러한 권한부여 실패의 정치·경제학적 요인은 무엇인가?

Chapter 2에서는 이러한 질문들을 다룬다. 한반도 분단 문제로 귀결되는 군사적, 정치적, 이념적 이유로 북한 정권은 시종일관 농업에 의한 자급자족이라는 목표를 추구해왔다. 이에 대한 정치적 근거가 무엇이든 간에 경제적 논리에는 수상쩍은 부분이 있다.

북한은 경작지가 부족하며 기후는 농업에 부적당하다. 이러한 장애들과 시장 중심의 농업 정책을 거부했기 때문에 북한 정부는 농업 생산에 '강행군' 방식을 추진했고, 산업분야에서 생산된 영농자재에 과도하게 의존했다. 이러한 농업 전략은 결국 문제점을 드러냈다. 식량 부족 현상이 반복적으로 나타났으며(1945~1946년, 1954~1955년, 1970~1973년), 대기근과 지속적인 위기는 가장 최근 사례일 뿐이다.

더구나 북한 정부는 경제적 이유뿐만 아니라 정치적 동기로 개인적인 생산과 거래를 철저히 금지했으며, 소위 식량배급제Public Distribution System, PDS를 통해 분배를 독점했다. 이 체계는 사회주의 체계의 식량에 대한 권한부여의 핵심이며, 특히 식량 배급에 전적으로 의존하는 도시 인구에 대한 강력한 사회 통제 도구가 되었다. 식량 배급제와 배급제의 (사실상의) 붕괴를 이해하지 않고는 기근을 이해할 수 없다.

1990년대 중반에 일어난 기근과 이후 북한이 겪은 만성적인 식량 문제의 원인으로 돌아가, 우리는 우선 북한 정부의 공식적인 해명을 설명하겠다. 북한은 자연재해(홍수와 가뭄)를 기근의 원인으로 설명하고 있으며, 러시아 및 중국과의 특혜 무역 관계 쇠퇴를 간접 원인으로 보고 있다. 이러한 해석은 식량의 가용성 감소와 외적인 충격을 강조하는 기근 이론과 밀접한 가족 유사성Family Resemblance을 띠며, 이 경우 날씨뿐 아니라 영농자재 수입이 두절된 것도 포함된다.

우리는 이러한 해석이 중요한 측면에서 잘못되었음을 지적하고자 한다. 북한의 대외 경제 관계 변화는 단순한 일시적 충격이 아니라 영구적인 것이며, 식량 생산 감소는 1995년의 홍수 발생 이전에도 가시적으로 나타났다. 그러나 정부는 문제의 규모를 인식하고 국내 생산량을 증대시키든 외부 공급원을 강화하는 방법을 통해서든 충분한 식량 확보에 필요한 조치를 취하는 데 늑장을 부렸다.

기근의 요인을 외부적인 요인으로 돌리는 것은 정부가 상황 변화에 대해 적시에 적절한 방법으로, 특히 교역에 의한 수입(輸入)이 가능하도록 외환 소득을 늘리거나 보존하려는 노력을 통해 대응하지 못했음을 간과하는 것이다.

이러한 점을 상세하게 설명하기 위해 우리는 1990년에서 현재까지의 북한의 식량 대차대조표를 작성했다. 대차대조표의 기본 목적은 모든 출처를 활용해 전체 가용 식량의 양을 산출하고 여러 상이한 추정치들에서 수요와 공급 간의 부족분을 산정하는 것이다. 과연 북한 식량 문제의 요인 중 전체적인 가용 식량 감소가 차지하는 비중은 얼마만큼일까? 그리고 식량 감소를 불러온 근본 원인은 무엇일까? 또한 식량분배 문제가 북한의 식량 문제에서 얼마만큼의 비중을 차지할까?

식량의 가용성과 관련된 증거는 복합적이다. 북한의 농작물 생산량은 분명히 줄어들었고, 수요에 관한 일부 가설을 바탕으로 보면 북한의 기근은 고전적인 식품 가용성 문제로 생각할 수 있다.

그러나 우리는 또한 정부가 교역을 통한 식량 수입을 유지한다든가 인도주의적 원조를 적극적으로 구하는 등 몇 가지 중요한 조정 방안을 실시했다면 지금까지도 이어지고 있는 대기근과 식량부족이라는 최악의 상황은 피할 수 있었음을 보여주려 한다. 실제로 우리는 세계의 기본 식료품 시장이 점차 통합됨에 따라 식량의 가용성을 개방 경제의 맥락에서 봐야 한다고 생각한다.

내부적으로 식량 가용성이 줄어들었지만 외부 공급원을 이용할 수 있다면 우리는 사실상 권한부여라는 새로운 종류의 문제를 확인하게 된다. 왜 원조단체들은 확실한 부족 현상에 대응하지 못하는가? 더욱이 이해할 수 없는 점은, 왜 북한 정부가 무역이나 원조를 통해 외부 공급원을 활용하지 않는가 하는 것이다.

이 대차대조표에서 알 수 있는 한 가지 걱정스러운 점은 인도주의적 원조가 제공될 때 교역을 통한 식량 수입이 줄어들었다는 점이다. 정부는 인도주의적 원조를 식량 공급에 추가하기보다는 국제 수지를 벌충하는 데 상당 부분을 사용했다. 교역을 통한 식량 수입량을 줄이고 그 덕분에 절약된 외화를 다른 우선순위에 할당함으로써 원조로 받은 물량을 상쇄해버렸다. 다시 한 번 말하지만, 이러한 사항들은 1995년 이후 몰아닥친 식량난의 원인이 단지 국내의 식량 가용성 감소인지에 대해 의문을 갖게 한다.

Chapter 3에서 사회주의 국가의 권한부여 체계를 더욱 상세히 다룬다. 이는 대기근 기간에 식량을 얻은 사람은 누구이고, 못 얻은 사람들은 누구였는가를 다루는 복잡한 문제다. 정권이 중공업에 중점을 둔 결과, 북한은 매우 도시화된 국가가 되었다. 북한 인구 중 60~70%가 식량 배급제에 의존하고 있다. 우리는 이 책에서 지역별, 도시-농촌별, 직업별로 식량을 얻는 데 차이가 있음을 알려줄 것이다.

1995년 발생한 홍수로 인한 직접적인 피해를 입은 지역은 분명히 식량난을 겪었다. 그러나 멀리 떨어진 북쪽 산악 지대와 동부 해안의 산업 도시들도 마찬가지였다. 세계 다른 지역에서의 기근과 대조적으로 북한의 기근은 농촌뿐 아니라 도시에서도 나타났다. 정부가 위치하고 지배계층이 거주하는 평양만 상대적으로나마 보호를 받았다.

이러한 지역적 차이(정보에 따르면 특정 지역은 원조와 국내 배급도 중단되었음)는 분배에 대한 정치적인 결정이 기근에 중요한 역할을 했음을 분명하게 알려준다. 우리는 북한 정부가 식량 부족에 대해 왜 그런 방식으로 반응했는지에 대한 이유를 여러 가지로 검토해 보았다. 스탈린^{Stalin} 정권 지배 하에 있던 우크라이나와 폴 포트^{Pol Pot} 지배 하에 있던 캄보디아의 경우처럼 인구의 특정 계층이 고의로 굶주림을 당한 증거는 발견하지 못했지만, 독재 정권의 특징인 정보 부족과 책임감 결여가 중대한 역할을 했다는 증거가 있다.

항상 그렇듯, 식량 부족은 어린이나 노인 같은 약자들의 많은 희생을 불러왔다. 굶주림뿐 아니라 질병에 걸리기 쉬워지고, 공공 의료 시설이 전반적으로 무너지면서 사망자 수가 늘어나기 때문이다. 우리가 검토한 다양한 연구들에서 초과사망자 수가 적게는 22만 명(북한 정부 집계)에서 많게는 350만 명에 이르는 것으로 추정됐다. 우리는 기근으로 인한 사망자 수를 60~100만 명으로 추정하는 것이 가장 타당하다고 보는데, 이 수치는 북한 인구의 약 3~5%에 해당하는 것이다.

▪ 인도주의적 대응 : 원조의 정치경제학

1948년 세계인권선언Universal Declaration of Human Rights은 충분한 식량을 얻을 수 있는 권리를 규정했다. 1966년 경제적, 사회적, 문화적 권리에 관한 사회적 협약International covenant on Economic, Social and Cultural Rights은 이 규정을 '모든 사람이 굶주림에서 해방될 기본적인 권리를 가진다'라고 발전시켰다. 1996년의 세계식량정상회담World Food Summit에서 미국과 북한 정부의 사절을 포함한 185개국의 공식 대표단들은 '충분한 식량을 얻을 수 있는 권리와 모든 사람이 굶주림에서 해방되어야 한다는 기본 권리와 일관되게, 모든 사람이 안전하고 영양가 있는 식량을 얻을 권리'를 재확인했다.

이 권리가 처음 제시되었을 때 국제 사회는 이행할 방법을 마련하지 못했다. 이런 권리는 단지 비현실적인 희망에 불과했다. 그러나 현재는 세계적으로 이 목표들의 실현을 방해하는 여러 경제적 · 행정적 · 운송 장벽들이 줄어들었다.

세계의 식량 공급은 충분하다. 각 나라에 고루 돌아갈 만큼 많은 식량이 있다. 세계의 기본 곡물 시장은 선진화, 통합화되어 있다. 위성 기술과 일기예보의 발전으로 이제는 날씨와 작물 상태에 관한 정보를 즉시 이용할 수 있고, 식량 부족과 위기가 일어날 가능성을 조기에 효과적으로 경고해주는 체계가 마련되어 있다. 효율적인 일련의 국제기구들은 식량 기부를 요청할 수 있고, 자연 재해나 경제적 혼란으로 빈곤을 겪고 있는 사람들에게 긴급 원조를 제공할 수도 있다. 운송 기능도 엄청나게 발전했다.

하지만 부족한 면도 있다. 여전히 많은 나라가 만성적인 식량부족에 시달리고 있다. 그러나 비참한 기근이 줄어든 데는 매우 효과적인 인도주의적 원조 기구의 개발이 분명 한몫을 했다.

식량부족과 기근의 원인을 자연적인 요인보다는 인간에서 찾아야 하는 것과 마찬가지로 구제 노력의 효과도 인간적인 측면에서 찾아야 한다. 아프리카의 많은 국가들(대호수Great Lakes 지역, 수단, 소말리아)에서의 식량난과 외부 원조가 제 때 제공되지 못했던 요인은 내전 혹은 자국 영토를 지배하지 못한 힘없는 국가 때문이라고 볼 수 있다. 이 경우에는 외부기관과의 뚜렷한 대화 창구 역할을 할 중심 기관이 없어 인도주의적 활동이 어려웠다.

두 번째는 더욱 드문 경우인데, 독재 정부가 주민을 완전히 통제하지만 식량 부족의 신호에 시기적절하게 대응하지 못하고, 기타 정치적인 이유 때문에 외부의 접근을 제한한 경우다. 우크라이나, 중국, 캄보디아, 북한에서 발생한 '사회주의 국가' 의 기근이 모두 여기에 해당된다. 이런 환경은 원조 단체들에게 근본적인 윤리적 의문을 불러일으킨다. 그러한 환경에서는 모든 원조가 적절하게 사용되고 있는지 보장하기가 불가능하다.

원조 때문에 독재 정권의 수명이 연장된다고 해도 국제 사회가 계속해서 지원해야 하는가? 원조가 애당초 기근을 일으켰던 바로 그 정책을 연장시켜 윤리적인 위험을 야기하는 것은 아닌가? 원조의 일부가 군대와 당 간부 등 비 원조대상에게 돌아간다 해도 원조를 계속해야 하는가? 원조를 제공하기로 결정했을 때, 과연 원조품이 식량부족을 겪고 있는 주민들에게 전달되는지, 또한 경제 개혁이나 새로운 사회 집단에 대한 권한부여 등 다른 목표 달성에 활용되는지 원조단체들이 어떻게 알 수 있을까?

성격상 이 질문들은 다분히 윤리적인 문제들이다. 우리는 이 책의 결론에서 이 점에 관한 몇 가지 의견들을 검토해 볼 것이다. 그러나 질문에 답하려면 정치경제학, 교섭, 전략에 관한 경험적 사항들에 주목할 필요가 있다. 원조 관계가 실제로 어떻게 작용하고 있는지를 명백히 하면 핵심적인 윤리적 문제, 즉 북한을 도울 것인지, 돕는다면 과연 어떻게 도울 것인지를 좀 더 상세한 정보에 근거해 판단할 수 있다.

1995년에 시작된 원조 노력은 세 가지 요소로 이루어졌다. 세계식량계획 World Food Programme, WFP으로 대표되는 국제기구들을 통한 다자간 원조, WFP 외에 이루어지는 양자간 원조, NGO 부문의 원조다.

NGO 부문은 위기 완화에 중대한 공헌을 했다. 몇몇 연구들에서 NGO 활동을 상세하게 검토했는데, Chapter 4에서 이를 개략적으로 살펴보기로 한다. 하지만 대부분의 원조가 다변적 경로나 쌍방간에 전달되었기 때문에 우리는 주로 여기에 초점을 맞출 것이다.

우리는 이러한 인도주의적 대응을 두 가지 시각에서 검토하고자 한다.

첫 번째 시각은 원조제공자와 북한 정부 간의 관계와 관련되어 있고 (Chapter 4, 5), 두 번째 시각은 원조제공자들을 좀 더 상세하게 살펴보는 것이다(Chapter 6). 원조의 정치경제학에 관한 많은 문헌들에서는 어떤 원조 관계라도 동기는 복합적인 성격을 지닌다고 강조해왔다.[5]

원조제공자들은 다양한 정치적, 경제적, 인도적 이유로 원조를 제공하며 당연히 자신들의 목표가 달성되기를 바란다. 이를 위해 다양한 종류의 조건을 부과하며(사전(事前) 제어), 절차를 모니터링하고 검토한다(사후(事後) 제어). 인도주의적 원조의 경우 대상이 굶주린 사람이라는 점과 이들에게 원조가 전달되도록 할 것이 조건에 포함된다.

원조수혜자들은 각자 원조를 받는 이유가 있다. 원조에 따르는 조건들 중 일부는 충분히 받아들일 수 있지만 (따라서 원조제공자와 수혜자의 동기가 부합되지만), 여러 가지 대가를 치러야 하는 조건도 있다. 이러한 조건들은 국제통화기금IMF 프로그램의 경우처럼 정치적으로 받아들이기 어려운 정책을 채택해야 하는 것에서부터 인도주의 원조에서처럼 원조에 대한 외부의 모니터링을 수락해야 한다는 점에 이른다.

원조 관계에 있어 그 동기가 뜻대로 되지 않기 마련이라고 주장하는 회의적인 문헌이 늘어났다. 번사이드 Burnside와 달러 Dollar는 원조가 정책 변화를 유도할 수 있다는 개념에 최초로 이의를 제기한 사람들에 속한다. 이들은 그런 이유로 원조가 정책 환경이 성숙한 곳에 제공되어야 한다고 주장했다. 그러나 이제는 좋은 정책을 지닌 국가에 제공하는 원조의 효과 역시 의문시되고 있는 상황이다.

원조는 또한 잘못된 정치적 결과를 불러올 수 있다. 원조는 현 정권에게 순수하게 빌려주는 것이며, 정부는 (최소한의 적절한 감시가 부재할 경우) 원조를 순전히 현 정권을 유지하는 목적으로 사용할 수 있다. 이러한 정권 지원 문제는 원조 물자를 떨어뜨릴 수 있다고 제시했다. 게다가 원조가 효과를 거둘 수 있는 정치 환경은 제한되어 있다.

예를 들어, 스벤손 Svensson은 원조가 성장을 촉진하는 효과를 거두기 위한 조건이 정치적 권리임을 발견했다. 말할 필요도 없이 북한에서는 정치적 권리가 전적으로 결여되어 있다.

우리 연구의 핵심 주제는 인도주의 단체가 북한 정부와 접촉하면서 겪은 믿기 어려운 난관에 관한 것이다. 부분적으로는 정치적 책임 때문에, 부분적으로는 효과에 대한 염려 때문에 인도주의적 활동은 취약 그룹, 주로 어린이, 임산부 및 수유부, 노년층을 대북 원조의 대상으로 할 뿐 아니라 이러한 우선순위가 지켜지는지 면밀하게 살펴보고자 노력했다(Chapter 4).

북한 정부는 거의 모든 점에서 원조단체가 이 목표를 달성하는 것을 방해했다. 원조단체들은 목표 달성을 위해 이례적인 통찰력과 융통성을 발휘해야 했고, 딱 그 정도 만큼만 목표가 충족되었다.

우리는 외부 모니터링에 대한 제약을 상세히 살펴보고, 모니터 요원들이 아무리 노력해도 항구에서 최종 소비자에 이르기까지 북한 내에서의 원조식량 추적이 사실상 불가능하다는 사실을 알려줄 것이다. 이는 결코 비밀이 아니다(잘 알려진 사실이며, 원조 관계자들과 NGO들이 누구보다도 더 잘 알고 있다).

모니터링 문제는 인도주의적 원조의 세 번째 부분, 즉 원조를 의도하지 않은 목적으로 전용하고 비적격 수혜자에게 돌리는 고질적인 문제와 밀접하게 연관되어 있다(Chapter 5). 우리는 '전용 Diversion'이라는 용어가 무의식적으로 사용되고 있고 실제로 매우 다른 몇 가지 현상을 가리키고 있다고 생각한다.

가장 흔한 그림은 군대와 당 간부에게 식량을 공급하기 위해 군대가 곡물을 장악하는 것이다. 그러나 정치적, 군사적 지도층은 식량을 얻을 수 있는 경로가 다양하다. 국내 수확물을 우선적으로 받을 수 있고 모니터링을 받지 않는 중국과 남한에서의 수입품을 얻을 수 있으며, 시장에서 곡물을 구할 수 있다. 이러한 중앙으로부터의 대규모 전용이 분명 발생하고는 있지만 과장되었음에 틀림없다.

통제된 가격과 시장가격과의 차이가 크기 때문에 경제적인 목적으로 식량을 전용하려는 동기가 발생하는 것, 즉 식량을 시장에 파는 문제는 많이 다루어지지 않았다. 주로 농민들이 이러한 동기를 가진다. 곡물을 시장에 팔면 국가에 넘기는 것보다 많은 이윤을 얻을 수 있기 때문이다. 수입품을 얻을 수 있는 사람들도 이러한 동기가 생기며, 원조에 대해서도 틀림없이 마찬가지다. 전용의 이러한 측면은 일반적인 평가에서는 분명 과소평가되고 있지만, 그 영향은 그다지 단순하지 않다.

의도했던 수혜자들에게 주어진 식량의 양이 그러한 전용으로 인해 줄어든다는 것은 의문의 여지가 없다. 그러나 아이러니컬하게도 이러한 전용이 장기적으로 경제의 시장화와 심지어는 물가 하락을 촉진하는, 의도하지 않았던 긍정적인 결과를 낳기도 한다는 것이다. 개혁에 대해 논의할 때 우리는 이러한 전용과 시장화의 과정에서 누가 승자이고 누가 패자인지를 검토할 것이다.

그러나 이 문제들을 다루기 전에 우선 거시정치적^{Macropolitical} 측면에서 원조 절차를 검토하겠다. 세계식량계획^{WFP}이 식량의 직접적인 공급자이긴 하지만, WFP는 자체적으로 재고를 보유하고 있지 않으며, 궁극적으로는 정부들에 대한 지원 요청에 의존한다. 게다가 많은 정부들이 WFP를 통하지 않고 양자간 원조를 제공한다. 대북 원조를 제공하는 정부들은 인도주의적 동기 외에 어떤 목적을 가지고 있을까? 이 문제가 바로 Chapter 6의 주제다.

인도주의적 목적은 정치와 분리되어야 한다는 주장이 특히 미국에서 계속되고 있지만, 이러한 분리를 실제 지속하기가 불가능하다고 입증되어 왔다. 원조는 원조국 정부들과 이들이 궁극적으로 설득해야 할 대중들의 변화하는 정치적 목적과 밀접하게 관련되어 있다. 우리는 주요 원조국들인 미국, 일본, 한국, 유럽연합, 중국의 원조 행동을 간략하게 살펴보는 것으로 시작하겠다.

정치적인 요인 때문에 정부가 원조를 보류하는 예는 소수다. 일본은 이러한 정치적인 연계를 잘 보여주는 예다. 그러나 대부분의 경우 정치적 계산은 그 반대 결과를 낳았고, 정부들은 북한을 협상에 끌어들이기 위해 식량 원조를 유지하거나 늘렸다. 이 현상은 2002년 10월 현재의 핵 교착상태가 빚어진 이후에도 마찬가지였다.

그러나 원조국의 이해관계에 대해 검토할 때 개별 국가의 프로그램을 따로 분리해서 생각할 수 없다. 대외 원조에서는 협력이 중요하다. 원조제공국 간의 목적이 조정되지 않으면 호락호락하지 않은 수혜자에 대해 통일된 전선을 유지하기가 더욱 어려워지고, 단시간에 윤리적 위험 문제가 발생할 수 있다.

2000년대 초, 북한에 대한 미국과 일본의 인내심이 한계에 달하기 시작했다. 긴급 구호 시스템에 대한 총체적인 압력으로 적절한 대상자에게 원조를 제공하는 것이 더욱 어려워졌고, 다자간 원조가 줄어들었다. 그러나 북한은 유럽연합의 참여를 늘리고, 중국에서 준(準)교역적으로 수입되는 식량과 기타 영농자재에 계속 의존하고, 무엇보다도 남한이 더욱 관대한 지원을 베푼 덕분에 이러한 손실을 완전히는 아니지만 부분적으로나마 메울 수 있었다.

우리는 식량에 주로 초점을 맞추기는 하지만, 남한의 인도주의적 원조가 김대중 대통령 재임 시(1998~2003년) 시작되어 노무현 대통령(2003년~현재) 재임 하에 더욱 가속화된 남한의 광범위한 대외 정책 변화의 한 측면임을 설명할 것이다. 즉, 경제적 개입 과정과 매우 많은 비용이 들고 일방적이기만 한 원조 과정을 살펴봄으로써 한반도의 정치 및 군사 관계를 개선하고자 하는 것이다.

▪ 시장경제화와 개혁 : 사회주의 국가의 기근에서 새로운 결핍으로

우리는 Chapter 4에서 기근의 직접적인 영향에 대한 북한의 대응을 살펴보며 논의의 초점을 북한 내로 옮기겠다. 북한 정부는 대기근 동안 무너진 국가에 대한 통제를 회복하기 위해 노력했다. 다른 한편에서는 대기근 동안 가정에서 행한 자구책들이 북한의 정치 경제학에 근본적인 변화를 불러왔고, 여기에는 광범위한 시장경제화도 포함된다.

시장의 등장은 지도부의 결정 및 하향식 개혁과 연관된 경우가 많다. 1970년대 후반 중국에서 시작되어 25년 후인 2002년에 마침내 북한에 도달한 시장의 출현을 예로 들 수 있다. 그러나 기근이 일으킨 시장경제화에는 개별 기업 및 가정과 더불어 북한의 지방 정당, 정부, 군대의 대처 전략도 부분적으로 기여했다고 할 수 있다.

식량배급제가 무너지고 시장에서 공급하는 양이 총 소비량에서 점점 더 많은 부분을 차지하게 됨에 따라 북한 사회는 외화나 기타 수입원으로 소득을 늘릴 수 있는 사람들과 그렇지 못한 사람들로 새로 나눠지게 되었다. 그 결과 새로운 빈곤층이 나타났고, 도시는 다시 한 번 큰 영향을 받았다.

시장화는 정치권에 불안을 안겨 주었다. 정치권은 시장화를 국가의 통제를 넘어서는 경제와 민간 영역을 만들어내는 발단으로 보았다. 우리는 2002년의 개혁을 단순히 북한 경제를 새로운 방향으로 이끌기 위한 혁신적인 노력으로만 보지는 않으며, 통제 회복을 위한 방어적인 움직임으로도 해석한다.

그러나 개혁의 의도가 무엇이든 간에 개혁은 높은 수준의 인플레이션을 낳았다. 식량 가격이 명목상의 임금보다 훨씬 빠른 속도로 상승했고, 시장에서 식량을 구매해야 하는 사람들의 생활이 급격하게 어려워졌다. 농민들은 아마도 이러한 상대가격 변화로 혜택을 얻었겠지만, 결과는 우리가 언급했던 가진 자와 가지지 못한 자 간의 뚜렷한 차이가 악화된 것이었다.

그럼 시장경제화와 개혁이 북한의 복지에 어떤 영향을 미쳤는가? 구호활동을 어렵게 했던 것과 동일한 은폐와 방해 행위 때문에 구호활동을 평가하기도 어렵다. 그러나 우리는 UN의 후원으로 지금까지 실시한 네 번의 영양 조사뿐 아니라 피난민 인터뷰와 물가 데이터 등 이런 맥락에서는 충분히 활용되지 못했던 다양한 종류의 증거를 평가할 수 있다.

우리는 이러한 정보를 이용해 개략적이긴 하지만 1990년대 중반의 기근 이후 10년, 개혁에 돌입한 지 대략 5년이 지난 시점에 북한이 어느 위치에 있는지에 대한 가이드로 Chapter의 결론을 내린다.

2005년 당시 우리는 기근이 최고조에 달한 시점 이후 영양 상태가 근소하게 개선되어 가고 있음을 발견했다. 그러나 영양 상태에 있어서도 지역 간에 상당한 차이가 존재한다. 뿐만 아니라, 많은 증거들에서 이 중대한 인도주의적 재난이 끝나지 않았음을 알 수 있다.

▪ 전망

2006년 중반 우리가 이 원고를 출판사에 보낼 즈음에 6자 회담은 답보상태에 머물러 있었다. 그러나 대다수의 분석가들은 교착 상태를 해결할 '대타협Grand Bargain'의 윤곽을 볼 수 있었다.

핵무기 계획을 포기하고, 핵확산 금지조약에 재가입하고, 국제적인 안전 사찰을 수용하는 대가로 협상의 다른 당사국들 특히 미국은 북한에게 안전 보장, 체제인정 약속, 국제 금융기구 가입을 제안할 것이다. 또한 남한의 전력 제공뿐 아니라 추가적인 일련의 인도주의적 원조들도 거래에 포함될 것이다.

우리는 북한의 안보 문제가 완화되면 진지한 개혁 노력이 진행될 기회가 열려 북한이 시장중심경제 및 완전히 민주적이진 않더라도 좀 더 자유주의적인 정치 형태로 나아가리라고 믿고 싶다.

하지만 유감스럽게도 우리는 양쪽 모두에 회의적이다. 2006년 중반까지의 개혁 과정은 좋지 않은 징조를 나타냈으며 정치적인 완화 조짐도 찾아볼 수 없었다. 즉, 반대인 셈이다. 더구나 우리는 북한이 한동안 국제 원조에 상당히 의존할 것으로 예측했다.

결론에서 우리는 북한 같은 나라와 협정을 할 때 발생하는 윤리적 문제를 설명한다. 북한과의 교섭을 둘러싼 윤리적 딜레마의 핵심은 북한 정치 지도층이 국민 복지에 대한 관심이 부족하다는 점이다.

북한 정권은 고의적으로 무모하고 냉담하게 행동해왔다. 이런 맥락에서 우리는 북한이 도움을 받아서는 안 된다는 주장을 신중하게 다루었다. 예를 들어 북한의 수감 체계에서 살아남은 일부 사람들이 북한과의 단절 전략을 지지해 왔고 북한의 몰락을 앞당기기 위해 노력하고 있다는 데 주목한다.

김정일 정권의 소멸을 슬퍼하는 사람은 거의 없을 것이다. 하지만 희망사항이 정책을 대체하는 것은 아니다. 20세기의 가장 파괴적이라고 꼽히는 기근에서 북한이 살아남았다는 점을 고려할 때, 북한에 식량을 제공하지 말자는 합의가 이루어지기도 어렵겠지만 설사 식량을 못 얻게 한다고 해도 정권 변화가 이루어지리라는 증거는 거의 없다고 할 수 있다.

당분간 무고한 국민, 즉 정책과 자국 정부의 행동에 아무런 영향력을 발휘하지 못하는 계층이 계속 고통을 겪을 것이다. 우리는 정부에 개입하고 경제적 발전뿐 아니라 정치적 발전을 장려하면서 북한 주민을 돕는다는 정책 외의 대안은 찾지 못한다.

그러나 세계가 원조를 계속 제공할 거라면 그 조건이 현실적이어야 한다. 인도주의적 활동에는 '원조국들 간의 공조'와 '구호 활동 설계'라는 두 가지 쟁점이 계속 나타나고 있다. 우리는 원칙적, 실용적으로 다자주의Multilateralism를 옹호한다.

한국과 중국의 사실상 무조건적인 원조는 WFP를 통한 다자간 인도주의적 활동의 효력을 떨어뜨려왔다. 양자 간 개발 원조는 비효율적인 정책을 지원할 수 있는 위험을 무릅쓰는 것이다. 그리고 WFP와 원조국들은 북한의 인도주의적 환경, 즉 지속적인 식량 부족 문제뿐만 아니라 외부 원조자들의 활동 환경에 대해서도 세계가 지속적인 관심을 가지도록 해야 한다.

북한 주민의 생활환경을 있는 그대로 알리는 것은 북한에 개입하고자 하는 국가들의 의무다. 물론 우리의 의무이기도 하다. 이러한 목적에 조금이나마 다가가기 위해 이 책이 기획되었다.

P·A·R·T 1

기근에 대한 전망

Famine in
North Korea

대기근의 발단

Chapter 02

'행복한 가정은 모두 엇비슷하고 불행한 가정은 불행한 이유가 제각기 다르다.'

톨스토이의 《안나 카레니나*Anna Karenina*》라는 작품의 첫 페이지를 장식한 유명한 문장이다. 기근도 마찬가지다. 기근이라는 사회 현상을 더욱 면밀히 연구하면 할수록 우리는 기근이 복잡할 뿐만 아니라 개성적이라는 사실을 깨닫게 된다.

모든 기근이 같은 원인으로 발생하는 것은 아니다. 그러나 기근에 관한 문헌을 살펴보면 '식량 가용성 감소의 영향'과 '권한부여 및 분배 문제'가 미치는 상대적 영향에 대한 논쟁만이 중심축을 이룬다. 이때 후자는 특정 집단이나 개인의 식량 획득을 결정하는 법적, 윤리적인 일련의 권리를 말한다. 20세기에 발생한 4개의 주요 기근을 다룬 아마르티아 센(1981)의 연구에서, 기근 전 기간 Prefamine Period에 반드시 총 식량 공급량이 부족하거나 식량 가용성이 현저히 낮아지는 특징이 나타나는 것은 아니라고 한다. 대신 기근은 권한부여, 특히 '거래 권한부여Exchange Entitlement'가 실패한 결과라고 센은 주장했다.

거래 권한이란 특정 집단이 시장에서 식량을 구입할 수 있는 능력을 말한다. 센이 처음에 지칭한 것은 정부에서 전달되는 형태의 권한부여였지만, 후속 연구에서 센을 비롯한 연구자들은 아파두라이Appadurai가 '참정권 부여Enfranchisement'라고 부르고, 드 발De Waal이 '반 기근적인 정치적 계약Anti-famine Political Contract'이라는 개념에서 포착한 정치적 권리 체계에 노동, 생산, 거래 권한부여가 어떻게 구현되었는지를 면밀하게 연구하기 시작했다.

이러한 권한부여라는 틀을 북한 사례 연구에 채택하면서 우리는 두 가지를 수정하고 확장했다. 첫째, 어떤 기근에 대한 분석을 하더라도 기존의 권한부여 제도에 대한 이해로 시작하는 것이 중요하다. 사회주의 시스템의 권한부여 실패는 북한뿐 아니라 소련(1921~1922년, 1946~1947년, 1932~1934년 우크라이나), 중국(1958~1962년), 캄보디아(1979년), 에티오피아(1984~1985년)에서 일어난 기근을 포함한 20세기의 여러 대기근에서 핵심적인 요인이었다. 이렇게 권한부여가 실패한 것은 정치 규정이 독재적이라는 점에 일부 원인이 있지만 사회주의 체계 특유의 특징도 한몫을 했다.

권한부여 접근방식은 원래 가난한 주민들이 식량을 구입하는 데 필요한 충분한 자원을 마음대로 쓰지 못하기 때문에 시장이 실패하는 상황에 연관하여 도입되었다. 뒤에서 살펴보겠지만, 기근과 이에 뒤이은 경제 개혁의 결과로 등장한 시장이나 북한도 이러한 상황에 속한다.

그러나 기근 전 시기와 기근을 겪는 시기에서 권한부여 실패는 시장이 아니라 사회주의적 생산과 분배 체계, 혹은 소위 사회주의적 사회 계약과 관련되어 있었다. 사회주의 체계에서는 다른 환경에서는 서로 구별되는 개별적인 권한부여 유형, 예를 들어 노동, 생산, 거래, 정부로부터 전달되는 것에 대한 권한들이 모두 국가에 의해 직접 결정된다.

특정 직업, 심지어는 근무 지역까지 인력 계획과 정치적 계산에 따라 할당되는 것이다. 경작자들은 자신의 토지나 생산품을 소유할 독자적인 권한이 없다. 오히려 이들도 국가가 내린 구매 및 배급 결정에 따라 식량을 얻을수 있다. 시장은 완전히 억압되거나 엄격히 통제된다. 따라서 적어도 이론적으로는 독립적인 공급원이 존재하지 않는다. 센이 처음에 의도했던 의미의 거래 권한부여는 아예 부재하거나 경제가 시장화 될 때만 나타난다.

결과적으로 우리가 권한부여에 실패했다고 말할 수 있을 정도로 이들은완전하며 직접적으로 국정을 실패하고 말았다. 즉, 지속성 있는 농업 정책을 추진하는 데 실패하고, 농업 부문에서 충분한 곡물을 조달하는 데 실패하고, 특히 식량이 부족한 환경에서 식품을 공정하게 분배하는 데 실패한것이다.

우리는 다음 Chapter에서 기근을 겪는 동안[1] 정부가 식량을 공정하게 분배하려고 했지만 분배 체계가 놀라울 정도로 분산화 되었고, 식량분배에 있어서의 고질적인 정치적 편향성 때문에 그러한 노력이 실패로 돌아갔다는주장을 한다. 이렇게 우리는 정치 체제의 형태, 권리, 기근 간의 밀접한 관계에 관한 관찰로 다시 돌아온다.

앞으로 더욱 상세하게 검토할 두 번째 사항은 이런 체계에서는 식량 가용성과 권한부여 간의 경계가 흐릿해진다는 점이다. 식량 가용성은 외적인 요인에 의해 일어나는 것으로, 예컨대 가뭄, 홍수와 같은 기후와 연관된 충격의 결과로 다루어질 수 없다는 인식이 점차 확산되고 있다. 오히려 총 식량가용성은 정부의 다양한 정책 결정의 영향을 강하게 받는다.

따라서 우리는 생산 형태에 영향을 미치는 결정들과 국내 경제의 위험성을 함께 고려해야 한다. 1990년대에 북한이 겪은 많은 문제들은 정부가 내린 농업 정책의 결과물이었으며, 이 정책들은 생산 부진의 위험률 심지어는 날씨와 관련된 충격까지도 상당히 상승시켰다.

폐쇄적 경제 환경에서 식량 가용성이 하락하면 사회주의 정부는 소비를 직접적으로 제한하는 것 외에는 단기적으로 시행할 만한 대안이 없다. 그러나 이러한 '홉슨의 선택Hobson's choice*'은 외부 공급원을 배제한 처사이다. 초기에 나온 기근 관련 문헌은 식량 가용성을 언급할 때 지리적 공간을 대체로 민족국가 혹은 주(州), 도(道) 같은 관련 하부 국가 단위로 제한했다. 기근의 역사를 고려해 볼 때, 정치 지도자들은 전통적으로 관할권 외의 자원은 제어할 수 없었기 때문에 이 방식이 이치에 맞았다.

그러나 식량뿐 아니라 기타 상품과 자본에 대한 세계 시장이 더욱 통합되어 감에 따라 국가들은 원칙적으로 외국의 식량을 쉽게 얻을 수 있게 되었다. 이는 다른 생산품과의 물물 교환이나 해외 식량 구매가 가능하도록 차관 능력을 유지하는 것으로 가능하다. 더구나 국제 인도주의 기구가 발전함에 따라 국가들은 불완전한 정의이긴 하지만 소위 국제 인도주의 권한이라고 부를 만한 자원을 점차 보유하게 되었다. 드 발De Waal은 인도주의 단체가 단기적으로나 장기적으로 기근을 면하게 하는 데 실패한 점에 새로운 초점을 맞추었다.

하지만 우리는 정부의 대응 역시 고려해야 한다. 식량이 부족한 경우, 심지어는 식량이 부족할 위험이 있는 경우에도 정부는 외부의 공급원을 충분히 활용해야 하는 의무를 지닌다. 실제로 1981년부터 북한 정부가 참여해온 UN 산하 경제, 사회, 문화적 권리에 관한 국제 규약International Covenant on Economic, Social and Cultural Rights에서 국가는 식량 부족 시기에 식량 가용성을 확보하기 위해 해외 원조를 구하고 촉진해야 할 적극적인 의무를 지닌다.

---

*홉슨의 선택: 주어진 것을 갖느냐 안 갖느냐의 선택의 자유, 마음대로 고르지 못하는 선택을 말한다 -역주

그러나 자급자족 정책을 추구해 온 사회주의 정부의 식량 구매력은 상당히 제한적이고, 해외 원조 또한 활용하지 못하는 경우가 많다. 결과적으로 이들은 국가 내부적인 권한부여나 정치적 계약 실패에서와 마찬가지로 분명히 시민들의 권한을 부정하게 된다. 심각한 외부적 충격이 닥쳤을 때 북한 정부는 벌어놓은 외화를 통해서건 차관을 이용하건 식량구매력을 높이는 방법으로 대응하지 못했다. 더구나 정부는 외부의 지원을 요청하는 데 능장을 부렸고, 심지어는 해외 원조도 봉쇄했다.

북한의 기근 및 기타 우리가 제시할 많은 사항들을 이해하려면 우선 정부가 단 · 장기적으로 외부 공급원을 활용하지 못한 이유를 살펴봐야 한다.

우리는 대기근의 요인을 두 가지 단계로 다루려 한다. 이번 Chapter에서는 식품 가용성 문제와 생산 감소에 대해 정부가 취할 수 있는 대응책을 다루고, 다음에서는 식량배급제와 1990년대 식량배급제의 몰락을 상세히 분석하면서 사회주의 국가의 권한부여 문제를 검토할 것이다. 이 과정 전체에서 우리는 인력과 정치경제라는 쟁점에 초점을 맞추고자 한다.

종종 자연적인 요인, 심지어는 기후 같은 것도 그 이전의 정치적 결정과 정책 선택으로 인해 발생하기도 한다. 북한은 1995년 큰 홍수를 겪었고, 그 후 자연재해도 잇따랐다. 하지만 이러한 상황에 취약했던 북한 정부가 내린 결정은 상황을 더욱 악화되게 했으며, 그에 따른 피해도 심각해졌다.

▪ 사회주의식 농업, 북한의 유형

한국 전쟁 후, 노동당 내에서는 적절한 재건 방향을 둘러싸고 논쟁이 벌어졌다. 이는 당시 모스크바에서 일던 논쟁과 매우 흡사했다. 수정주의자

Revisionist들은 경공업, 소비재, 식량 생산에 더 많은 주의를 기울이는 보다 균형적인 전략을 주장했다. 김일성이 비 스탈린화De-Stalinization를 거부하고 상대 당파에 대해 완벽한 정치적 통제를 강화함에 따라 정부는 중공업을 장려하는 고전적인 스탈린주의 전략을 채택했다.

사회주의 국가의 산업화는 보통 농촌의 노동력을 산업 인력에 동원한다. 긴축 농업과 더불어 이러한 노동력 동원은 사회주의 체계의 원시적 축적을 이루는 중요한 방법 중 하나이다. 그러나 이러한 산업화 전략은 중요한 목표인 식량 자급자족 달성과 상충된다. 식량 자급 목표는 안보 문제 및 1950년대 중반 처음 등장한 주체사상을 이행하는 문제와 밀접하게 관련되어 있다.

산업화를 추구한 결과 북한은 다소 이례적인 경제 구조를 나타낸다. 1인당 소득은 비교적 낮지만 기근이 시작될 무렵 국가는 매우 도시화된 상태였고, 국민의 61%가 도시 지역에 거주했다. 농업 인구는 노동력의 31%에 불과했고, 41%는 산업에, 나머지는 서비스와 기타 활동에 종사했다.[2] 이러한 경제구조는 중요한 의미를 지닌다. 많은 다른 기근과는 대조적으로 식량 부족이 시골에만 국한되지 않고, 도시 근로자에게도 심한 타격을 주었다.

식량 자급자족 전략을 추구하면서 북한의 지도부가 직면한 가장 기본적인 문제는 천연자원 보유 실정이 열악하다는 점이었다. 분단 당시 한국의 산업과 거의 모든 중공업이 북한에 집중되어 있었다. 일본이 만주지배 전략의 일환으로 개발한 것이었다. 남한의 남부는 곡창지대고, 반대로 북한은 경작지가 겨우 국토의 20% 가량에 불과했다. 나머지 국토도 농업용으로 개간할 만한 지역이 아주 적은 산악지대였다[3]. 북위로 볼 때 기후조건도 부적합하고, 기온도 낮으며 농작물의 생장기도 짧았다.

특히 한국 전쟁 후 정부는 철저하게 정통적인 중앙 계획경제 확립에 착수했지만, 시장의 과도한 억압만을 낳았다. 한국 지주와 식민지 시절, 일본인

이 소유했던 토지를 1945년에서 1946년 사이에 몰수하여 소농에게 재분배했다. 토지개혁과 더불어 농업 생산량이 크게 감소했고, 식량이 부족해졌는데, 이러한 식량 부족 현상은 이후에도 연속적으로 재발했다. 분할이 더욱 엄격해졌기 때문에 정부는 북부 지역이 그래왔던 것처럼 남부의 물자에 의존할 수 없었다.

새로운 행정부는 1945~1946년 겨울 동안 개인적인 식량 거래를 임시로 금하고 농촌 지역의 곡물을 강제로 압수하는 대응책을 펼쳤다. 도시 식량 부족의 해결 방안으로 농촌의 곡물을 강제 압수하는 이 정책은 1954년(집단 농장화와 함께 발생)과 1970~1973년에 재발한 식량난 때도 반복되었다. 수확물을 더 많이 착취하려는 정부의 정책이 중요한 역사적 기억으로 남아 1990년대까지 경작자들의 행동에 영향을 미쳤다.

이러한 정부의 태도로 인해 농민들이 수확기 이전에 곡물을 거둬들여 숨겨 두거나 암거래, 물물교환을 하는 등 비 정부 경로로 식량을 전용하도록 만들었다. 다음 Chapter에서 살펴보겠지만 이런 모든 요인들이 복합적으로 작용해 기근을 불러일으켰다고 볼 수 있다.

한국전쟁 후 정부는 산업화를 지원하는 수단으로 농업을 급속도로 집단화하였고, 생산량 계획을 도입하고 정부가 곡물의 판매와 분배를 담당하도록 했다. 1957년에는 사적인 곡물 생산과 거래를 단호하게 금지했다. 이후 협동조합은 국가에만 곡물을 독점 판매할 수 있었다. 상인들은 배급자격을 유지하기 위해 협동조합에 가입하거나 다른 일자리를 구해야 했다. 1959년부터 국가적 수준뿐만 아니라 도(道)와 군(郡) 수준에서의 자급자족을 통해 식량 안보가 추진되었는데, 여기에는 경제적 관점뿐 아니라 군사적 동기도 작용했다.

지방공무원이 관할권 내의 수요 공급을 조정하는 책임을 맡고 있었기 때문에 이 전략은 사실상 특정 측면에서 분산화된 분배 시스템을 낳았다. 비농가는 곡물과 기타 식품을 식량배급제^{PDS}를 통해 얻었다. 식량배급제에 대해서는 다음 Chapter에서 더욱 상세하게 다루겠다. 또한 도시 소비자들은 식량배급제를 통해서만 식량을 얻을 수 있었다.

자급자족이라는 목표를 추진하면서 정부는 제한된 천연자원과 상대적으로 부족한 농업 인구 비율을 세 가지 핵심 전략을 통해 보완하고자 했다. 경작지를 확충하고, 덩이줄기 작물, 기장, 감자 같은 기존의 작물에서 쌀, 옥수수같이 생산량이 높은 작물로 전환하고, 무엇보다도 공업의 '대약진^{Big Push}' 방식과 유사한 산업화 방식을 농업 생산에 채택했다. 북한 농업의 이 마지막 전략은 이후 나타난 북한의 취약성을 이해하는 열쇠가 된다.

특히 1960년대부터 정부는 '기계화·전기화·수리화·화학화'라는 '4대 현대화'를 적극적으로 추진했다. 그 결과, 화학 비료와 살충제를 과도하게 사용하는 세계 최고의 영농자재 집약적 농업 체계를 채택한 나라의 반열에 올랐다. 생산량은 증가했지만, 수입한 것이든 산업 분야에서 생산한(산업 분야 역시 수입한 영농자재에 의존) 것이든 이 중대한 영농자재의 가용성에 따라 생산량이 크게 좌우되었다. 영농자재의 대표적인 예가 바로 화학 비료다. 북한은 소련의 도움을 받아 자체적인 비료 생산 능력을 갖추었지만, 이 설비 역시 직접 수입한 석유화학 원료나 수입석유를 사용하는 석유화학 원료에 의존했다.

1970~1973년 발생한 식량 부족의 해결 방안으로 농업 계획의 중앙 집중화가 강화되었다. 지방 당국은 공급 관리 기능에서 점차 밀려났다. 식량 생산은 다른 모든 경제활동과 동일한 투입-산출^{Input-Output} 표준화 과정을 따라야 했다. 국영농장과 협동조합에 내려오는 지시사항에는 개별 농가의 비료 사용량까지 명시되어 있었다.

1973년 문화혁명 형태의 운동, 즉 3대 혁명소조운동^{Three Revolutions Team}
Movement이 전개되어 젊은 공산주의자들을 농가에 파견해 이념적 · 문화
적 · 기술적 교육을 실시했다. 이 운동으로 새로운 농촌 교육기관이 설립되
었고, 기존의 농촌지도 공무원을 재배치하여 주체사상 교육과정에 등록하
도록 했다. 이러한 사회적 공작은 전통적인 농법에 대한 지식과 관심, 영향
력을 손상시켰고 개인의 자발성을 더욱 억눌렀다.

■ 외부 환경 악화

1990년대의 위기는 1980년대 후반에 전개되기 시작한 복잡한 일련의
내 · 외적인 개발에서 비롯되었다. 북한은 자립을 주장함에도 불구하고 사
실상 외부 원조에 오랫동안 의존해왔다. 처음에는 소련이 나중에는 중국이
후원자 역할을 했다. 소련은 북한에서 반복적으로 발생하는 경상수지 적자
에 자금을 조달했을 뿐 아니라 석탄 및 석유를 싼 가격으로 수출했는데 이
는 추가적인 보조금을 의미했다.

소련은 자체적인 경제적 제약에 직면한 데다 쌓인 빚을 상환하려는 의지
가 없는 북한의 태도에 실망해 1987년부터 원조를 줄이고 지원을 삭감하기
시작했다.[4] 1990년대에 소련은 남한과 외교 정상화를 이루었고, 동시에 북
한에게 세계 시장 가격대로 지불할 것을 요구했다. 소련은 또한 군사 분야
에서의 기술 지원을 중단하기 시작했다. 소련의 설계를 바탕으로 한 무기
수출이 북한에게는 주요 외화 수입원이었기 때문에 이는 중요한 의미를 지
닌다.

이러한 북한의 대외 관계 변화가 심각한 정치적 쇼크만 의미하는 것은 아

니었다. 교역과 채권 금융의 중단 그리고 뒤이은 소련 경제의 붕괴는 심한 경제적 쇼크이기도 했다. 1991년 러시아로부터의 수입량 감소분은 북한의 전체 수입량 중 40%에 달했다. 1993년 수입량은 더 감소하여 1987~1990년까지 평균의 10%에 불과했고, 뒤이어 무거래 수준으로 떨어졌다(도표 2-1). 이러한 거대한 무역 쇼크를 겪은 북한의 산업 경제는 파열하기 시작했다.

이런 상황에서 정권이 기본적으로 선택할 수 있는 안은 두 가지였다. 우리는 식량과 관련해 이야기를 진행시키고 있지만 이것은 보다 일반적인 소비에도 적용된다.[5] 북한은 줄어든 국내 공급량에 맞추도록 국내 소비를 줄이거나 해외에서 식량을 수입하여 제한된 국내 공급량을 완화할 수 있었다. 이 중에서 후자는 세 가지 상호우호적인 방법을 통해 성취될 수 있었다. 필요한 수입품 대금을 지불하기 위해 수출을 늘리거나, 교역 조건으로 차관을

[도표 2-1] 소련(러시아)와의 무역(1985~2004년)

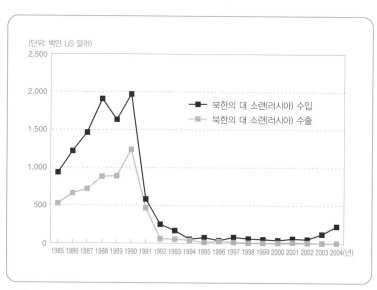

(출처) Eberstadt 2003 for 1985~2001; IMF 2006 for 2002~2004
(주) 소련(러시아)의 수출로 보고한 Eberstadt 데이터는 10% c.i.f./f.o.b. 조절을 적용함

얻을 수 있는 능력을 유지하거나 혹은 외국의 원조를 구하는 것이었다.

북한 정권은 1991년⁽⁶⁾ '하루 2끼 먹기' 캠페인을 펼치면서 수요를 억제하기 시작했다. 또한 1987년 식량 수입을 상당히 늘렸고, 식량 순수입국이 되었다. 그러나 정부가 1990년대 들어 필요한 수입량을 뒷받침하지 못했던 것으로 나타났다.

아마도 국가가 경제적 자급자족과 자립을 엄격히 강조해왔기 때문에 정치 지도층은 자국을 둘러싼 획기적인 변화의 성격을 이상하리만큼 이해하지 못했던 것으로 보이며, 수출을 활성화시키거나 교역 조건의 차관을 다시 얻기에는 너무나 부적절하고 제한적인 조치만을 취했다.

수출을 늘리려는 노력도 순조롭지 않았다. 냉전 동안 북한의 혈맹국들은 정치적으로 결정된 바터무역Barter Trade의 일환으로 받아야 했던 질 낮은 북한 제품에 불만이 컸다. 무기 판매, 특히 1980년대 10여 년에 걸쳐 벌어진 이란과 이라크의 전쟁 중 판매했던 무기는 중요한 매출원이었고, 소련이 북한에게 준 일종의 특권이었다. 그러나 1990년대 접어들어 북한의 무기 수출은 쇠퇴했다. 세계 수요가 감소하고, 동부 유럽과의 경쟁이 강화되었으며, 새로운 러시아 정부가 평양에 신기술을 전하려 하지 않아, 소련 시절 지원받은 기술을 바탕으로 한 무기 설계가 점차 구식이 되었기 때문이다.

1991년 정부는 1960년대 이후 아시아 태평양 지역에 등장했던 수출가공단지Export Processing Zone를 모방하는 실험적인 방안을 최초로 도입했다. 그러나 접근이 어려운 외딴 지역(나진-선봉 시)에 최초의 단지를 세운 지리적 위치에서부터 단지에 관한 명확하고 신뢰할 만한 법적 토대⁽⁷⁾가 부족하다는 점에 이르기까지 북한은 모든 측면에서 외국 투자자들의 요구를 제대로 이해하지 못했음을 여실히 드러냈다.

기근이 한창 진행 중이던 1990년대 중반에 이르러서야 지도층은 사실상

동면상태인 나진-선봉 지구를 부활시키기 위한 노력을 기울이기 시작했다. 그리고 1990년대 후반이 되어서야 중국 국경 지역(신의주)이나 남한과 가까운 지역(개성)같이 경제적으로 더욱 적합한 지역을 물색했다.

투자자들이 선택할 수 있는 대안을 고려하면, 1995~1996년(기근이 최고조에 달한 시점) 수출가공단지에 대한 외국 투자유치를 위해 해외에 파견된 사절단이 대부분 소득을 거두지 못한 것도 놀라운 일은 아니다. 북한은 일부 투기성 홍콩 자금 외에는 투자자의 관심을 거의 끌지 못했고, 투자의 대부분이 제조업이 아닌 중국 관광객유치 목적으로 세운 리조트와 카지노에 치중되었다.

수출 부문은 불안정한 전력 공급, 운송 인프라 몰락 등 경제 전체가 직면한 것과 동일한 제약을 겪었다고 주장할 수 있다. 이 주장도 분명히 맞지만, 이러한 제약은 바로 초기의 수출가공단지(1960년대의 한국과 타이완 혹은 1980년대의 중국)가 피하려고 노력했던 문제들이었다. 통계에 따라 차이가 있지만 1990년과 1995년 사이에 북한의 상품 수출은 50~60%나 감소했다. 같은 기간 동안 소련의 붕괴로 유사한 무역 쇼크를 겪었던 베트남은 활발하게 개혁을 추진하고 외국 투자자들[8]의 관심을 끌어 수출이 거의 3배로 늘어났다. 외부적인 충격만으로는 이러한 차이를 설명할 수 없다.

단기적으로 보았을 때 수출을 통해 외화를 벌어들이는 대안은 국제 자본 시장에서 자금을 빌리는 것이다. 그러나 금융 시장은 다른 해외 투자자들보다 훨씬 엄격하다. 북한은 이런 면에서 철저하게 배수의 진을 쳤다. 1970년대 북한 정부는 외국 은행, 주로 일본과 프랑스 은행에서 제공하는 대출 계약뿐 아니라 북한에서 사업을 하려는 서구 기업들이 제공하는 공급자 금융을 대거 체결했다.

최초의 북한 주재 스웨덴 대사인 에릭 코넬Erick Cornell은 북한이 기계구매 시기와 공장건설 혹은 전력공급을 제대로 조정하지 못해 고가의 기계가 창고에서 녹슨 채 방치되었다고 설명했다. 주로 기술역량을 보여주기 위해 고가의 견본이 만들어졌고, 간부용 고급차와 극장, 박물관에 화려한 전기장식을 하는데 많은 금액이 낭비되었다. 결제는 신속하게 돌아왔고, 북한은 사실상 채무를 이행하지 못했다. '무역 관계가 좀처럼 수립되지 않았고, 서로의 원칙, 의도, 우선순위, 생산능력과 사회 관습에 관해 거대한 망상에 빠진 양자 간에 이러한 규모의 계약과 협정이 맺어졌다'라고 결론지었다.

북한 정부는 1970년대와 1980년대에 소련과 중국에 상당한 외채가 쌓였다. 그리고 사실상 거의 모든 빚이 연체되었다.[9] 서구 금융 시장으로의 재진입은 1992년 하반기에 표면화되기 시작한 북한 정권의 핵 야심을 둘러싼 긴장 증대 때문에 더욱 어려워졌다. 과거의 행동과 정치적 긴장 증대 때문에 정부의 외자 확보는 상업 신용으로만 제한되었고, 그러한 단기 신용조차도 채권자 측의 상당한 용기가 필요했다. 많은 거래에서 북한은 얼마 되지 않는 외환보유고에서 현찰을 꺼내 지불해야 할 정도로 궁지에 몰렸다.

원조라는 대안 역시 제한되었다. 여기서도 북한의 정치적, 정책적 선택이 이러한 난관을 일으킨 주요 요인이 되었다. 앞에서 살펴봤듯이, 소련은 보답 없고 끝없는 지원에 이미 지쳐 있었다. 고르바초프 지배 하에서 새로운 외교 정책으로 전환하고 특히 동구권에 민주주의적 통치가 등장하자 대북 지원은 시대착오적이 되었다.

Part 2에서 보다 상세히 설명하겠지만, 중국조차도 대북 원조에 지쳐 있었다. 북한은 스칸디나비아 국가를 제외하고는 서구와 외교 관계가 없었고, 양자 간 원조를 배제했다. 1990년대 하반기가 되어서야 북한은 외교 관계를 구축하고, 이를 통해 원조를 확보하려는 적극적인 외교를 펼쳤다. 북한은 양여 조건으로 원조를 제공하는 세계은행, 아시아 개발은행, 국제금융기구 IMF 같은 국제금융기관의 회원이 아니었다. 게다가 1990년대 중반 기근의 여파가 미치기 전까지 북한은 이들 기관과의 접촉을 시도하지도 않았다.

북한이 국제금융기관에 가입하지 못한 데에는 선진 산업국가에게도 일부 책임이 있다. 1990년대 후반과 2000년대 초에도 일본과 미국은 이러한 기관과 접촉하려는 북한을 방해했다.[10] 그러나 이런 정치적 제약이 없었다 해도 북한 정권은 국제금융기관 가입에 따르는 조건, 투명성, 모니터링을 받을 의사를 거의 나타내지 않았다. 북한의 고립을 외세의 탓으로만 돌리는 것은 적어도 다소 부정직한 태도이다. IMF 직원은 1996년 정보조사 기간 동안(여전히 기근이 심했던 시절) 북한 대표단은 IMF 기금이 즉시 준비되지 못할 게 확실해지자 냉정한 태도를 보였다고 보고했다.

1998년 UNDP가 소집한 농업 복구에 관한 회의에서 북한 대표단은 협동 농업 체계에 어떤 근본적인 제도상의 변화도 받아들일 의사가 없음을 분명히 했다. 북한의 입장에서 회의에 참석한 목표는 단순히 복구 활동을 위한 지원을 확보하는 것이었다. 실제로 1989년에 열린 농업 복구에 관한 UN 회의에서 북한 사절단은 한 외국 참석자가 '개혁'이라는 단어를 언급하자 회의장을 떠나버렸다.

북한이 국제금융기관IFIs에 참여 시 겪게 되는 난관을 특히 잘 보여주는 예는 데이터의 가용성과 품질과 관련되어 있다. 1997년 5월, 북한의 UN 회비가 평가되고 있을 때 북한은 회비를 낮추려는 의도로 1인당 GNP를 대폭 낮추어 UN 예산 및 재정위원회UN Budget and Finance Committee에 보고했다. 1년 후에 UNDP와 IMF 지원을 얻기 위해 정부는 매우 다른 통계치를 보고했다. 두 보고서의 데이터는 모두 같은 출처인 북한 중앙통계국Choson Central Bureau of Statistics에서 나온 것이었다.

합법적인 교역이나 국제 차관을 확대하는 대신 1990년대에는 밀수나 위조 등 불법 활동이 증대했다. 이러한 불법 활동은 외교적으로는 문제가 되고 있지만 합법적인 미사일 판매와 함께 북한 외화 수입의 약 1/3을 차지했으며, 이후 조지 W. 부시 행정부 하에서 미국이 주도한 저지 조치와 제재의 표적이 되었다(이 조치들에 대해서는 부록 I에 상세히 제시되어 있다).

북한이 외화를 벌어들이는 데 어려움을 겪고 교역에 의한 차관이나 공적 출처에서 차관을 얻지 못하게 되자 수입 능력에 큰 영향을 미쳤다. [표 2-1]은 1990년대 상반기 출처별 북한의 곡물 수입을 조사한 것이며, 북한의 교역에 의한 곡물 거래가 위태로울 정도로 불안정함을 보여준다. 캐나다와 태국에서의 수입은 변동적이며, 다른 국가로부터의 수입은 1992년에 급격하게 감소되었다.

특히 흥미를 끄는 것은 중국과의 곡물 거래 과정인데, 이는 중요한 사안으로 Chapter 4, 5에서 더욱 상세히 다루겠다. 중국은 1992년에 남한과 외교 관계를 수립하며 조용히 소련의 뒤를 따랐다. 그러나 소련이 붕괴된 직후 중국은 경제적인 틈을 파고들어 북한에 석유와 식량의 최대 공급자가 되었는데, 대부분은 '우정'이나 양여 조건으로 이루어졌다.[11] 1993년에 중국은 북한의 연료 수입의 77%, 식량 수입의 68%를 공급하였다(표 2-1).

[표 2-1] 곡물 수입(1991~1997년)

(단위: 천 미터톤)

	1991	1992	1993	1994	1995	1996	1997
중국	300	620	740	305	153	547	867
시리아	–	–	–	–	–	140	34
태국	90	20	78	52	162	30	38
캐나다	350	80	160	–	–	–	–
일본	–	–	–	–	370	132	–
EU	–	–	–	–	–	–	115
기타	550	110	115	133	277	201	576
합계	1,290	830	1,093	490	962	1,050	1,630

(출처) Cho and Zang 1999
(주) 기타에는 다른 국가로부터의 수입과 국제 조직으로부터의 식량 원조가 포함됨

그러나 같은 해 중국이 현찰로 대금을 지불할 것을 요구하기 시작했고, 이는 핵위기 시의 제재 강화를 고려할 때 수긍하기 어려운 요구였다. 중국은 또한 북한에 대한 옥수수 수출도 중단했다. 1994년 북한은 중국에서의 수입이 두 번째로 급격하게 축소되었다. 그 해 북미 기본합의서US-DPRK Agreed Framework가 도출되어 특혜관계가 재구축되었고, 북한은 이 합의서에 따라서 미국에게 중유 선적의 형태로 일부 원조를 받았다. 그럼에도 불구하고 북한의 식량 사정은 이 시점에 이미 이례적으로 위험한 상태에 처했다. 북한의 기근을 일으킨 가장 직접적인 외부 요인 하나를 들라고 하면 이 중대한 시기에 중국이 보여 준 무역 행태를 들 수 있다.

이러한 외부적 충격의 범위와 효과를 파악하는 한 가지 방법은 비료 가용성 감소를 살펴보는 것이다. 농림부는 적당한 생산 수준을 유지하는데 연간

[도표 2-2] **비료(NPK) 소비(1989~2004년)**

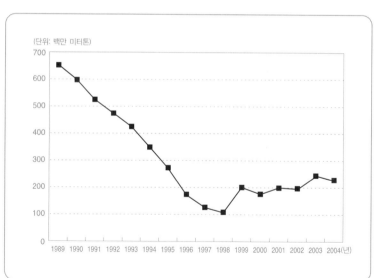

(출처) FAO/WFP 2004

필요한 영양 비료(질소, 인, 칼륨, 즉 NPK)가 약 70만 톤이라고 평가했다. [도표 2-2]에서 볼 수 있듯이 비료의 가용성은 1990년대 상반기에 꾸준히 떨어졌는데, 이는 비료 수입과 북한의 공장에서 필요한 석유원료의 수입 감소가 반영된 결과다. 2000년까지 총 가용성이 다소 회복되었지만, 국내 생산량은 2만 8,300톤에 불과했다. 나머지 18만 1,700톤은 교역 수입(輸入)과 특히 양자 간, 다자 간 비료 원조로 충당되었다.

■ 근접 요인에 대한 국내의 반응과 논쟁

이러한 쇼크를 접한 정부는 국내 공급을 늘리기 위한 여러 정책을 실시했다. 1993년 정부는 1987~1993년 3차 7개년 계획이 목표 달성에 실패했음을 인정했다. 실패의 원인을 사회주의 전략에 내재한 문제라기보다는 외부적인 충격으로 돌리긴 하지만 이런 인정은 북한 같은 정부에게는 이례적인 일이었다. 정부는 과거의 정책에서 벗어난 몇 가지 조치를 취했고, 기근 동안 발생했던 '아래로부터의 개혁Reform From Below'에 최초로 활기를 불어넣었다. 외곽의 메마른 땅이긴 하지만 사유지 허용 규모를 80평방미터에서 120평방미터로 늘렸다. 비록 개인소유가 아니라 개인이 관리하는 차원이기는 했지만 말이다.

이와 유사하게, 1993년 전에 암시장 단속을 시도한 이후 정부는 농민 시장의 수와 규모를 늘렸다. 이 시장에서는 최소한 임시적으로나마 곡물 거래가 허용되었는데, 이는 중요한 발전으로 아래에서 더욱 상세히 설명하겠다.

그러나 정부의 주된 접근방식은 생산자의 동기 유발에 중점을 두는 경제 개혁보다는 과거 정책의 연장선 상에서 기술적인 해결책에 초점을 맞추었다. 경작지 확충, 다수확 작물인 쌀과 옥수수로 작물구성 변경, 산업분야에서 생산된 영농자재의 최대 사용(가용성에 영향을 받음), 이모작과 밀식재배(密植栽培) 강화가 정부가 추진한 개혁의 내용이었다. 한마디로 말해 과거에 시행했던 방법을 다시 도입한 것이다. 연작으로 인해 토양이 감소되었고, 화학 비료의 과다사용은 토양을 산성화시켜 결과적으로 수확이 감소하게 되었다.[12]

수확이 감소되자 더 많은 불모지를 개간해 생산량을 늘리기 위해 산허리의 나무를 모두 베었다. 이러한 대책들로 토양 부식과 강의 침수가 심화되었고, 따라서 1995년의 홍수가 파멸적 결과를 불러온 데 어느 정도 책임이 있다.

곡물 수확을 늘리기 위한 정부 전략의 취약성은 1990년대 중반 북한을 강타했던 연속적인 자연 재해의 영향을 검토하기 위한 배경이 된다. 1995년 중반 파멸적인 홍수가 북한을 덮쳤다. 북한 정부는 8월 중순 홍수로 인해 거의 200만 톤에 달하는 곡물이 손상되었고, 30만 헥타르가 넘는 경작지가 파괴되었으며, 540만 명이 실종되었다고 발표했다.[13]

홍수는 정치적 위기에 중요한 역할을 했다. 정부가 문제를 자연재해로 설명하고 막심한 작물 피해를 인정하고 국제 원조를 더욱 공공연하게 구할 수 있도록 기회를 주었기 때문이다. 예를 들어, 국제 원조를 담당하는 정부 부처의 이름을 큰물피해대책위원회Flood Damage Rehabilitation Committee, FDRC 로 바꾸었는데, 덕분에 많은 국제구호기구도 일하기가 편해졌다. 1995년의 홍수 뒤에 1996년 7월에는 강도가 조금 약한 홍수, 1997년에는 가뭄이 이어졌고, 2000~2001년에 다시 홍수가 일어나 기근 후 가장 심각한 식량 부족이 발생했다.

이런 다양한 쇼크들이 미친 영향을 검토할 때는 먼저 우리가 보유한 농업 생산 관련정보를 살펴보는 것이 유용할 것이다. 우리는 1945~1946년,

1954~1955년, 1970~1973년의 심각한 식량 부족에 대해 알고 있다. 그 후 농업에 대한 산업적 접근방식은 1980년대 후반 한계에 이르기 시작하기 전까지 일부 결실을 맺었다. 우리는 두 가지 면에서 데이터를 제시하겠다. [도표 2-3]은 북한의 식량 생산에 관해 논의할 때 흔히 사용되는 네 개의 공식적인 추정치다. 식량농업기구Food and Agricultural Organization, 미국 농무부United States Department of Agriculture, USDA, 남한의 통일부South Korean Ministry of Unification에서 내놓은 북한 관련 공식발표와 추정치다. [표 2-2]는 [도표 2-3]에 나온 네 가지 추정치와 함께, 우리가 알고 있는 독립된 연구자들이 제시한 추정치도 보여주고 있다.

도표에서 알 수 있듯이, 이 추정치들은 몇 가지 중요한 점에서 차이를 나타낸다. [도표 2-3]의 네 그래프는 모두 1980년대의 대부분 시기 동안 생산

[도표 2-3] **북한의 곡물 생산 추정치(1982~2005년)**

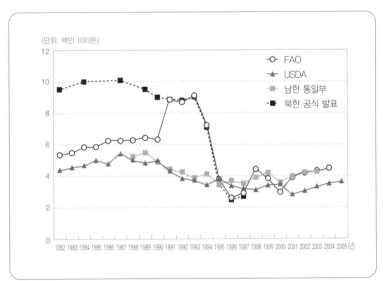

(출처) FAOSTAT, USDAFAS; 한국 통일부-Woo 2004
(주) FAO가 북한 정부의 공식 발표와 가장 가까움

이 증가했음을 보여준다. 또한 1990년대 상반기에는 모두 생산이 줄어든 경향을 나타내고 있다. 그러나 감소 시기와 정도의 차이는 기근의 해석에 매우 중요하다.

북한 정부가 제공한 자료의 내용과 가까운 추정치들은 초기에는 생산량이 높았다가 1995~1996년에 급격하게 하락한 유형을 나타낸다. 역시 생산 몰락을 보여주지만 원래의 생산 수준을 더 낮게 잡았다.

그러나 이러한 '초기의 높은 생산, 급격한 몰락'이라는 시나리오 혹은 이를 변형한 '꾸준한 생산, 급격한 몰락'이라는 시나리오의 정확성에 의문을 던져주는 요인들이 많다. 우선, 정부가 1990년대 중반 훨씬 이전에 식량 가용성을 염려했다는 몇 가지 증거가 있다. 여기에는 외부 공급원을 확보하기 위한 외교적 노력을 강구한 것, 위에서 언급했듯이 어려운 상황을 인식하고 시험적 개혁을 시도한 것, 소비를 줄이기 위한 장려 캠페인, 1993년 식량 난

[표 2-2] **국내 생산 추정치(1990~1996년)**

(단위: 백만 미터톤, 정곡(精穀) 기준)

	1990	1991	1992	1993	1994	1995	1996
높은 초기 생산, 급격한 몰락							
공식 발표(UNDP 1998)	9.00	8.90	8.80	9.00	7.10	3.50	2.50
회담	7.58	7.26	7.27	7.06	7.50	5.73	2.77
FAO	8.10	8.80	8.60	9.10	7.20	3.70	2.50
꾸준한 생산, 급격한 몰락							
Lee, Nakano, Nabukuni 1995	5.79	5.72	5.84	5.82	5.85	5.90	2.84
장기적인 쇠퇴							
NUB	5.48	4.81	4.43	4.27	3.88	4.13	3.45
USDA/FAS	5.08	4.30	3.86	3.72	3.42	3.83	3.38
Kim 2003			4.43	3.90	2.92	3.77	2.60
WFP						4.08	2.84

(출처) Noland 2000, 표 5-1 FAOSTAT n.d.

민들을 조사한 최초 보고서 등이 포함된다. 북한 정부의 공식발표나 FAO 보고서에서처럼 국내 생산량이 실제로 높았다면, 권한부여에 근본적인 변화가 없는 한 식량이 부족해질 이유가 없었을 것이다. 그러나 권한부여에 변화가 일어났다는 증거는 어디에도 없다.

둘째, 정부가 그와 같은 추정치를 제시한 데는 전략적 이유가 있다. 1990년대 상반기에 중대한 외교 정책 위기에 봉착한 정치 지도부는 외부의 압력이나 제재에 어떤 취약점도 드러내기를 원치 않았다. 그러나 일단 정부가 식량난을 인정하자, 동기가 거의 정확히 반대가 되었다. 즉, 생산량이 부족할수록 더 많은 인도주의적 구호가 보장될 거라는 점이다.

셋째, 데이터에 관해 기술적인 문제가 있는데, 이는 폐쇄적인 사회를 다룰 때 나타나는 어려움이다. 북한이 보고한 수치가 탈곡한 곡류 기준인지가 아직까지도 애매모호하다. 초기의 높은 추정치는 탈곡하지 않은 조곡(粗穀) 기준으로 수확량을 보고하여 식량 가용성을 과장한 것일 수 있다. 역으로, 위에서 언급한 정치적 목적 때문에 정부가 식량난을 강조하기 위해 어느 시점에 정곡(精穀)으로 보고를 바꿨을 수도 있다.

우리의 견해로는 '장기적인 쇠퇴' 이론이 단순히 단기간의 생산 폭락에 초점을 맞추는 이론보다 훨씬 타당성이 있다. 다른 경제 분야와 마찬가지로 농업은 비료와 같은 영농자재 부족과 식량 생산에 대한 정부의 산업화 전략이 지닌 한계 때문에 1990년대 상반기에 꾸준히 축소되었다([도표 2-2] 참조).

USDA와 남한 통일부가 작성한 추정치는 곡물 생산이 홍수 이전인 1990년과 1994년 사이에 15% 이상 감소되었음을 나타내고 있다. 그러나 북한의 식량 대차대조표를 작성하면서 우리는 이 추정치가 1996~1997년 동안 높게 책정되었을 가능성에 비중을 두었다. 표에서 볼 수 있듯이, 1990년대 중반 이후 그래프에 가장 큰 차이가 나타난 시기도 홍수 후의 2년간인 1996년과

1997년이다. 따라서 우리는 이 가능성을 염두에 두고 있다.

지금까지의 검토로 두 가지 요점이 도출되었다.

첫째, 1990년대 초 상황이 악화되었을 때 정부는 변화하는 경제 환경에 적시에 대응하지 못했다. 대외 신용과 국제수지 하락(벼랑 끝 핵 정책은 말할 것도 없고) 때문에 북한은 통상 수입 대상국을 찾는 데 어려움을 겪었다. 그러나 정부는 식량을 양허성 원조를 해 줄 공급자를 찾는 데도 능장을 부렸으며 이에 대해 비밀스러운 경향을 보였다. 북한은 1990년대 초 세계식량계획 및 남한과의 교섭 실패 후, 1994년이 되어서야 일본에 접근해 지원을 요청하면서 원조 확보 공세를 재개했다. 잠재적인 원조제공국들은 북한에서 위기감을 감지하지 못했기에 적극적으로 대응하지 않았을 것이다. 그때도 위기의 전체 규모가 알려지기까지는 얼마간의 시간이 소요됐다. 1996년이 되어서야 인도주의 원조가 북한에 얼마간 유입되기 시작했다.

둘째, 기근 발생 시점에 관해 우리가 보유하고 있는 자료뿐 아니라 이 역시 홍수가 식량 부족의 주된, 혹은 근접 요인이라는 주장을 약화시킨다. 홍수는 직접적으로는 재고를 손실시키고 경작지를 파괴시켰으며, 간접적으로는 인프라와 특히 에너지 분야에 타격을 주어 식량위기 발생에 영향을 미쳤다. [표 2-2]에 나온 모든 추정치는 홍수가 일어난 이듬해인 1996년의 생산 감소를 보여주고 있다.

그러나 농업 분야는 다른 경제 분야와 마찬가지로 1990년대 초부터 서서히 쇠퇴해왔고, 홍수의 영향은 우리가 언급한 다른 외부적인 쇼크의 맥락 내에 두어야 한다. 헤더 스미스Heather Smith와 이핑 후앙Yiping Huang은 북한 농업 생산에 대한 개량경제학적 분석에 근거하여 '위기의 주된 요인은 1980년대 후반 사회주의 블록과의 무역이 붕괴된 후 영농자재 공급이 급격하게 감소된 것이다. (중략) 북한의 정책 결정자들이 강조하는 기후적인 요인이 농업

위기에 미친 영향은 기껏해야 두 번째 원인일 뿐이다' 라고 결론 내렸다.

마커스 놀랜드Marcus Noland, 셔먼 로빈슨Sherman Robinson, 타오 왕Tao Wang이 실시한 연산가능 일반균형모형Computable General Equilibrium Model에 근거한 시뮬레이션이 이 결론을 뒷받침해 준다. 이들은 홍수 피해를 입은 토지와 자본의 복구가 식량 가용성에 가장 큰 영향을 미치는 요소가 아님을 발견했다.

▓ 대응이 지체된 원인

정부가 식량 부족 해결에 필요한 경제적 조정방안을 세우거나 외부 원조를 구하는 데 지체했다고 강조한다면 논리적으로 다음과 같은 질문을 할 것이다. 정권은 왜 변화된 환경에 적응할 수 없었을까? 주체사상의 역할, 민족주의, 자립의 이념적 중요성에 대한 일반적인 논의가 정권의 행동을 이해하기 위한 전반적인 배경이 된다.[14]

그러나 이 개념들은 상당한 유연성이 있다. 자립을 주장하면서도 정부는 얼마 동안 사회주의 국가의 원조에 크게 의존해왔고, 마침내 국제적인 원조를 강력히 호소하기에 이르렀다. 이 중요한 질문에 대한 우리의 답은 물론 추론이긴 하지만 몇 가지 가설은 검토해볼 만한 가치가 있다. 이 가설들은 상호배타적이진 않지만 다소 대립적이다.

첫 번째는 책임을 국제 사회에 돌리는 것이다. 이러한 해석으로 보았을 때 북한 정부는 사실 식량난을 겪고 있다는 신호를 보냈고, 경제원조에 대한 다양한 양보안을 교환할 의사가 있음을 나타냈다. 그러나 이 호소는 우호적인 반응을 얻지 못했고, 결과적으로는 북한 정부 내에서 이를 지지하던 사람들의 신용도만 떨어뜨리고 말았다. 1992~1994년의 핵 교착은 안전 보장 뿐 아니라 경제 원조까지 확보하려는 노력확대로 해석되어 왔다.[15] 국제 원자력기구와 남한, 미국이 위기를 적시에 해결하지 못하고 북한에 대한 제재를 강화한 것도 기근의 중요한 배경이 된다.

이 가설을 뒷받침하는 증거는 1991년 나진-선봉 수출가공 지구를 개장했으나 투자자의 관심을 거의 끌지 못했던 점과 같은 해 WFP에 원조를 요청했으나 받아들여지지 않은 데서 찾을 수 있다. 그러나 우리의 목적에 비추어봤을 때 가장 중요한 사건은 1994년 시작된 더욱 적극적인 통상 외교와 '원조 추구'의 신호다. 처음에 이 제안들은 거절당하거나 중요하지 않게 여겨졌다.[16] 이런 면에서 특히 주의를 끄는 것은 제네바에서 열린 1차 회의를 마칠 무렵 북한이 250만 톤의 식량 원조를 요청했다는 점이다.

이는 부족분이 실로 어마어마한 규모라는 점을 시사했지만, 미국 협상단은 그러한 요청의 완전한 의미를 인식하지 못했던 것으로 보인다. 셀릭 해리슨Selig Harrison은 북한이 1997년 말에 '평화를 위한 식량'을 제안했으며, 미국이 이 제안 역시 묵살했다고 보고했다. 게다가 뒤에 원조 체제에 관해 논의하면서 설명하겠지만, 초기의 인도주의적 대응은 원조를 전략적으로 이용하는 데 열중했고, 인도주의 단체 내에서 기근의 범위에 대한 합의가 이루어지지 않았다.

북한은 1994년 하반기 전에는 식량난의 규모를 솔직하게 밝히지 않았다. 그때도 특히 기근이 북한의 북동부에 영향을 미치면서 북한 당국은 문제의 범위를 숨기려고 했다. 1991년 WFP가 맡은 임무는 바로 이 측면을 밝히는 것이었다. 도움을 요청받은 뒤, 평가단은 북한에 특별한 식량난이 있다는 증거를 찾아내지 못했다.

1993년부터 중국에서 흘러나온 기근에 관한 많은 증거들은 북한이 전하는 각종 메시지에 의해 묻혀버렸다. 외국인들이 가장 직접적으로 방문하는 평양이 특권을 누리는 지역이었기 때문에 최악의 식량난을 겪지 않았다는 점도 북한의 상황이 은폐되는 데 한몫을 했다. 이 후 거주 외국인들의 설명에 따르면 외국인 사회에도 식량이 부족했다고 한다. 하지만 1996년에는 전문적인 조사자라 하더라도 영양실조가 널리 퍼지지 않았다는 결론을 내릴 수 있었다. 물론 되돌아보면 기근의 조짐을 쉽게 알아차릴 수 있었지만, 중요한 점은 북한 당국의 방해를 무릅쓰고 이 조짐을 읽어내야 했다는 것이었다.

이렇게 기근을 알리는 신호가 미비했음을 감안했을 때 정부의 늑장대처를 설명할 수 있는 두 번째 가능성은, 북한 정부 내에서 우선순위를 군대에 두어야 한다는 쪽(강경파)과 경제 개혁에 두어야 한다는 쪽(온건파)으로 나누어졌다는 것이다. 셀릭 해리슨이 이를 가장 명시적으로 설명해준다.

해리슨은 김정일이 당시 은밀한 개혁가였거나(우리는 여기에 강한 의문을 품고 있다) 위기의 결과로 특정 정도의 시장경제화를 묵인해야 했다고 주장한다. 그러나 해리슨에 따르면 정부는 대립하는 파벌로 나뉘어져 있었다. 강경파는 평양이 워싱턴, 도쿄, 서울로부터 도움을 받아야 한다는 의견을 비웃었고, 외세는 북한을 몰락시키려 한다고 주장했다. 따라서 군사적, 정치적 양보는 적절하지 못하며 실익을 가져오지 못할 것이라는 입장이었다. 정부의 우선적인 의무는 생존이고, 여기에는 필요하다면 핵무기를 포함한 군사능력 강화도 진행할 수 있다는 것이다. 이러한 계산은 소위 선군정치의 기원이 되었다. 군사제일주의는 김정일 체제 하의 북한 사회에서 군대의 정치적 역할에 대해 새롭게 이념적으로 강조한 정책으로 Chapter 5에서 보다 상세히 다루도록 하겠다.

반대로 개혁주의자들은 핵문제가 미국과의 관계 정상화와 대외 경제 정책자유화에 방해물이라고 인식했다. 이들은 처음에는 핵사찰을 허용하도록 양보안을 얻을 수 있었지만, 결과적으로 내부적인 타협을 이끌어내기는 쉽지 않았다. 국제 사회가 북한의 주장에 진실성을 의심하게 되고, 미국이 북한에 대한 압력을 행사함에 따라 개혁주의자들이 불신을 받게 되었고 방어 체제를 강요받았다.

군사적 긴장이 심화됨에 따라 안보상의 목적이 식량 문제의 범위를 은폐해야 한다는 결정에 중요한 역할을 하게 됐다. 1996년 12월, 김정일이 김일성대학 50주년 기념 연설을 한 내용이 이후 북한 밖으로 유출되었다. 이런 문서의 진실성은 항상 의심을 받지만, 연설은 당시 북한의 문제를 광범위하게 평하고 있으며 진실성이 담겨 있었다. 이 연설에서 김정일은 "미국 제국주의자들은 우리가 군대를 먹일만한 쌀이 없다는 것을 안다면 바로 쳐들어올 겁니다"라고 노골적으로 언급했다(1996).

심각한 위기 상황에서 약점을 인정하는 것은 그만큼 위험한 상황이었다고 해석할 수 있다. 1994년 제네바 회의가 끝날 무렵 미국에게 제안했던 바로 그 요청이 이런 관점에서 해석될 수 있다. 즉, 위기가 계속됨에 따라 정부는 식량 부족의 실상을 밝혀야 하는 입장에 놓이게 되었다.

1992년의 핵 교착 상태와 뒤이어 본격적인 위기 상황으로 악화된 데 대한 책임 문제는 이 책의 목적을 넘어서지만, 궁극적으로 기근의 해석과 밀접한 관계가 있다.[17] 북한은 안보 환경의 심각한 악화, 미국이 취한 공격적 의향 표시, 협상 실패에 대해 대응하고 있었는가? 혹은 위기는 NPT 하에서의 의무사항을 이행하는 데 따르는 보상과 남한과의 양자 합의를 이끌어내기 위해 결국 북한 자신이 만들어낸 것인가?

우리는 후자 쪽을 믿는 편인데, 후자라면 정부의 책임이 커진다. 그러나 두 경우 모두에서 우리는 이 시기의 높은 국제적 긴장이 바로 뒤이은 김일성 사망 및 불확실한 정치적 전환과 결합되어 경제적 문제, 심지어는 식량 확보보다 안보를 더 중시하는 결과를 낳을 수 있었다고 추측한다.

그러나 이 시기에 나온 탈북자 증언은 늑장대처에 대해 또 다른 설명을 제시한다. 이는 정권형태와 기근의 관계에 관한 진 드레즈Jean Dreze와 아마르티아 센의 주장 및 연구결과와 일치하는 증거다.[18]

20년에 걸친 단계적 세습으로 김정일은 군대 내에서 진급했을 뿐 아니라 아버지의 정치 및 행정적 책임까지 물려받았다. 탈북자 인터뷰를 근거로 한 이 시기에 대한 몇몇 보도용 기사는 1991~1992년 사이에 김일성 그리고 아마도 김정일 역시 경제 악화 규모에 대한 나쁜 정보는 모르고 있었다고 한다.

특히 흥미로운 것은 재스퍼 베커Jasper Becker의 보고서(2005)인데, 1995년 망명한 북한의 농업 전문가 이민복의 의견을 실었다. 이민복에 따르면 곡물이 부족하다고 인정하는 것을 두려워한 지방 공무원들이 평양에서 온 시찰단을 계속 속였다고 한다. 이 공무원들은 목표 보고서를 위조했으며, 목표가 달성되었음을 입증하기 위해 서로 곡물을 빌려주기까지 했다.

지방 공무원들이 이런 두려움을 갖게 된 이면에는 영농 자재와 재식간격의 세부사항에 이르기까지 특정 농법에 상부 정치 지도층이 직접 관여하는 탓이 크다. 실패를 인정하거나 기법들에 의문을 가지는 것은 상부 지도층 자체를 불신하는 태도였기에 불행한 결과를 불러올 수 있었다. 1996년 김정일은 김일성대학에서 한 연설에서 이러한 속임수가 문제였다고 시인했으며, 김정일은 이 관행을 '포인티즘Pointism'이라고 불렀다.

이러한 속임수는 김일성과 게릴라 활동을 같이 했고, 우연의 일치는 아니지만 가장 피해가 심했던 지역 중 하나인 함경북도 책임비서로 있었던 강성산이 직접 목격한 문제를 김일성에게 직소할 때까지 밝혀지지 않았다.

강성산의 사위이자 탈북자인 강명도에 따르면 이 정보는 경제 정책을 검토하게 했고, 그 결과 식량 부족을 인정하고, 1993년 12월 정책 방향이 부분적으로 변화되었다고 한다. 그러나 이러한 방향 변화는 핵 대치가 고조될 때 일어났고 외부적인 요인뿐 아니라 상부의 자기만족 덕분에 생겨난 피해를 멈추게 하기에는 너무 늦어버렸다. 이러한 점에 대한 조정 정책을 적시에 시행하지 못했기 때문에 전체주의적 정치 체계에서 발생할 수 있는 권한 부여 문제가 심화되었을 뿐 아니라 지도층의 핵도박이라는 엄청난 대가를 치르게 되었다.

■ 식량 대차대조표 작성하기

식량의 수요 공급에 관한 총괄적인 대차대조표 작성은 기근을 분석하는 전통적 방식이다. 이 방법은 분배라는 중요한 문제를 간과하기 때문에 단독으로 이용하기에는 불충분하다. 그럼에도 불구하고 식량의 가용성을 분석할 때 필요하며 세계식량계획WFP 같은 조직이 주로 이용하는 방법이기도 하다. 이 조직들은 전체적인 수요를 나타내는 지침으로 대차대조표를 이용한다.

총 공급량은 교역을 통해 구매한 것이든 원조를 받은 것이든 전체 수입량을 국내 생산량에 더하고 여기에서 수출량을 뺀 것이다. 북한이 기근을 겪은 시기에 곡물을 수출했다는 증거는 나와 있지 않다. 기근을 겪으면서 곡물을 수출하는 이례적인 현상이 다수의 사례에서 발견되었으며 1846~1850년의 아일랜드 기근에서 가장 두드러졌다.[19] 따라서 마지막 요소는 무시해도 된다. 그러나 식량 대차대조표를 작성하려면 그 전에 세 가지 문제를 해결해야 한다. 첫째, 생산 데이터에 관한 출처 간의 차이, 둘째, 인도주의적 원조와 수입, 국내 생산 간의 명백히 부정적인 상관관계, 셋째, 국내 수요의 정확한 측정이 그것이다.

첫 번째 문제와 관련해 우리는 기존의 여러 다른 추정치들을 상세히 검토했고, USDA가 작성한 추정치를 중심으로 우리의 자료를 만들었다. 이 추정치는 FAO가 보고한 수치보다 전체적으로 낮으며, 1990년대 초 부분이 특히 낮다. 그러나 우리는 1996년과 1997년이라는 중요한 두 해에 대한 FAO의 수치는 옳다고 본다. 이때에는 FAO의 생산량 추산 수치가 매우 낮았다.

두 번째 복잡한 문제는 수입과 관련되어 있다. 데이터에 따르면 북한이 받은 양허성 원조와 북한의 교역 수입(輸入) 간에는 매우 밀접한 관련이 있다. 1990년대 상반기에 교역 수입은 한 해에 50만 미터톤이나 차이가 나는 등 매우 불규칙적이었다. 기근이 발생하자 정부는 곡물을 확보하기 위해 고군분투했고 교역 수입은 다소 증가했다. 그러나 국제 원조 캠페인이 본격화됨에 따라 원조 유입이 늘어나 교역에 의한 식량 수입이 줄어들고 원조로 대체되었다([도표 2-4] 참조).[20]

[도표 2-4] 북한의 식량 수입과 원조(1990~2004년)

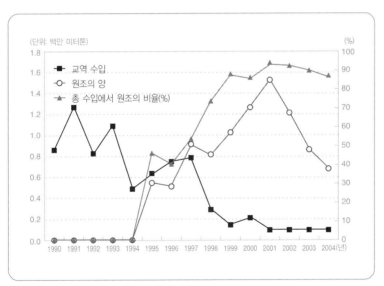

(출처) FAO/WFP(다양한 간행물); Aid-WFPINTERFAIS 2004, 2005b

어떤 학자들은 이러한 수입량 감소가 경제 불황과 총 수입량 감소라는 맥락에서 일어났다고 변명을 하기도 한다. 좁은 의미로 보면 맞는 말이지만, 오해를 일으킬 소지가 있다. [도표 2-5]에 나타나듯이 1990년대 중반 총 수입량과 교역에 의한 식량 수입량이 모두 감소했지만, 식량 수입 감소가 훨씬 컸다. 다시 말해 교역에 의한 식량 수입량이 불균형적으로 과도하게 감소했다. [도표 2-5]에서는 또 다른 특징을 찾아볼 수 있다. 이후 전반적으로 경제가 회복되면서 총 수입량이 증가했지만 교역에 의한 식량 수입은 본질적으로 변동이 없었다.

다르게 말해, 총 식량공급량 중 수입을 기정사실로 다루어서는 안 된다. 오히려 수입량은 북한 정부의 정책 및 지출 결정의 영향을 받아온 것으로 보인다. 정부는 교역을 통한 수입을 계속 유지하는 한편, 인도주의적 원조

[도표 2-5] **북한의 교역에 의한 식량 수입 및 총 수입(1993~2003년)**

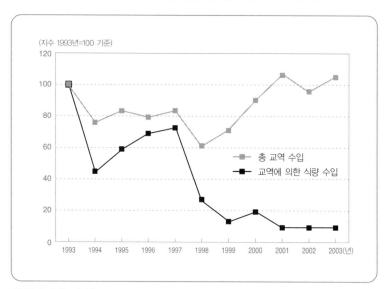

(출처) 총 수입-이영훈 2005, 표 2-2 한국 통일부; 남북협력, www.unikorea.go.kr/index.jsp

는 이를 보충하는 데 활용하는 것이 아니라 원조 받은 식량으로 수입을 대체해 버렸다. 원조는 국제수지를 벌충하는 형태로 사용되었다.

이런 현상은 다른 기근에서도 나타난다. 예를 들어, 식량을 취급하는 상인은 식량난을 겪는 기간에 실질 소득이 상당히 증가할 수 있고, 이 중 일부를 수입 사치품 소비에 사용할 수 있다. 일반적인 사회주의 국가의 기근에서, 특히 북한의 사례에서의 차이점은 자원의 분배가 분산화된 경제 주체에 의해 시장에서 결정되지 않는다는 점이다. 대신 국가가 정치적으로 이를 결정하며, 이 결정에는 아마도 어느 정도 고의적인 선택이 반영될 것이다. 앞에서 논의했듯이 사회주의 정부가 시장을 억제하고 생산 및 분배에 대해 통제를 주장한 결과, 식량에 대한 권한부여를 관리하는 책임도 독점하게 되었다.

특정 환경에서는 인도주의적 원조를 국제수지 보충에 사용하는 이런 정책이 합당한 환경도 존재한다. 인도주의적 원조와 국내 생산량만으로 국내 수요를 충족시킬 수 있을 경우, 식량 수입에 지출되던 외화를 다른 목적, 가령 자본재와 중간재 혹은 전체적인 경제회복을 북돋을 여타의 자재구매로 돌릴 수 있다. 그러나 북한의 국내 수요는 충족되지 않았다. 더구나 수입을 줄여 절약한 외환은 군용품 수입에 일부 사용되었고, 이는 경제개방과 수출확대로 외화를 벌어들이기 위한 적극적인 노력을 펼치는 데 방해가 되었다.[21]

더욱 까다로운 점은 원조와 교역을 통한 수입이 관계가 없다고 가정하는 것이 잘못되었다는 점이다. 북한이 교역 조건으로 곡물을 계속 수입했다면 실제로 지금까지 받은 규모만큼 원조를 얻지 못했을 것이다. 옳건 그르건 인도주의적 원조는 하향 조절되었을 것이다.

이런 어려움을 인식하면서 우리는 [도표 2-6]에 두 개의 가상 식품 공급곡선을 그려보았다. 기준선은 실제 공급량, 즉 국내 생산에 수입과 원조를 더한 것이다.

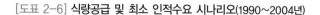

[도표 2-6] **식량공급 및 최소 인적수요 시나리오**(1990~2004년)

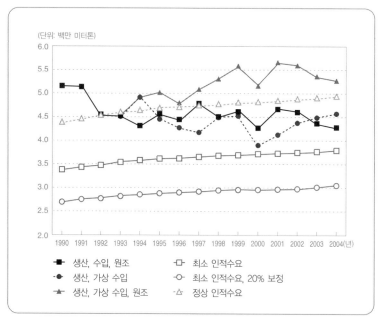

(단위: 백만 미터톤)

- ■— 생산, 수입, 원조
- ●— 생산, 가상 수입
- ▲— 생산, 가상 수입, 원조
- □— 최소 인적수요
- ○— 최소 인적수요, 20% 보정
- △— 정상 인적수요

(출처) 생산: USFAFAS-PSD database; 수입: Noland 2003; WFPINTERFAIS 2004, 2005b
(주) 수요 수치는 한국은행의 인구 데이터를 토대로 하며, 1인당 연간 곡물 소비량 167킬로그램 기준으로 산출됨. 가상 공급곡선은 1994~2003년의 수입을 1993년 수준으로 유지시켜 작성됨
정상 인적수요는 FAO/WFP 1995년 자료 이용

첫 번째 가상 공급선은 교역에 의한 곡물 수입이 줄지 않고 1993년 수준을 유지했으며, 북한이 원조를 받지 않았다는 가설을 기반으로 그린 것이다. 이러한 '독립형Go it alone' 시나리오는 북한이 인도적 원조를 받지 않고 교역을 통한 수입에만 의존했을 경우의 결과를 알려준다.

두 번째 가상 공급곡선은 교역 수입이 1993년 수준으로 유지되고, 북한이 실제 받았던 식량 원조를 수입을 줄이는 데 쓰지 않고 완전히 추가적인 것으로 사용한 경우의 결과를 알려준다.[22] 정의상으로는 이 공급 곡선이 다른 곡선보다 높아야 한다. 북한이 교역 조건으로 상당한 식량을 계속 수입하고 실제 받은 만큼의 원조를 국제기관에게서 받았다는 가설(틀림없이 비현실적인)을 구현했기 때문이다.

북한의 식량 공급량과 수입을 어떻게 볼 것인지가 분명하지 않기 때문에 수요에 관한 추정치도 다르다. FAO와 WFP는 식량 대차대조표를 만들면서 고정된 추정치를 사용하거나 손실량 추정치를 조정한 목표치를 사용했다. FAO와 WFP는 북한의 최소수요 목표를 도출하기 위해 1인당 곡물 소비량을 가정하고 이를 인구 수로 곱했다. 계산 시 가격은 배제하였으나, 개별적인 인적 수요량을 가정하여 이를 근거로 하였다.

이 작업을 하려면 식량 소비량 혹은 목표 소비량과 인구 데이터가 필요하다. 북한과 관련한 다른 데이터와 마찬가지로 인구 수치도 그 정확성이 의심되는데, 기근 시기의 사망률에 대한 데이터가 일치하지 않기 때문이다. 이 문제에 대해서는 다음 Chapter의 마지막 부분에서 더욱 상세하게 다루겠다. 이 작업에서 우리는 이런 문제들은 배제하고 FAO/EFP와 동일한 수치를 사용하였다.

이 계산의 두 번째 요소인 인적 수요량도 마찬가지로 확실치가 않다. FAO/WFP는 북한의 1인당 연간 최소 인적수요를 쌀과 옥수수 같은 곡물 167킬로그램으로 추정한다. 그러나 호주의 경제학자인 헤더 스미스Heather Smith는 기근 기간에 쓴 충격적인 논평에서 이 추정치(기근 중에 증가함)는 적어도 두 가지 점에서 결함을 지니고 있다고 지적했다.

첫째, WFP의 분석은 북한 식단에서 다른 식품, 특히 콩과 구근류(감자와 고구마) 같은 비 곡류 작물의 소비량을 과소평가했다. 그 결과 북한의 곡물 수요를 높게 추산했다.

둘째, 한 해 167킬로그램이라는 수치는 북한 당국과 FAO가 보고한 데이터와 일치하지 않는다. 이는 지금까지 북한인들의 소비량이 인구가 유사한 다른 나라와 마찬가지로 이 수치에 미치지 못함을 보여준다. 스미스는 167

킬로그램이라는 목표의 달성은 1968년 이래로 북한에서 가장 높은 곡물소비를 의미한다고 주장했다. 스미스는 WFP가 최소 곡물목표를 약 20% 높게 책정했다고 결론지었다.

[도표 2-6]에 두 가지 수준의 '최소 인적수요'가 나와 있는데, 하나는 WFP에서 직접 인용한 것이고, 다른 하나는 북한의 식단과 역사적인 소비 유형에 관한 스미스의 관찰에 따라 20% 하향 조정한 것이다. 여기에서 알 수 있듯이, 어떤 생산량 수치를 적용하든 1990년대 전체에 총 공급량은 이 두 목표 모두를 초과한다. 수요공급 수치가 정확하다면 식량은 인구에 균등

[도표 2-7] 식량 공급과 정상 수요 시나리오(1990~2004년)

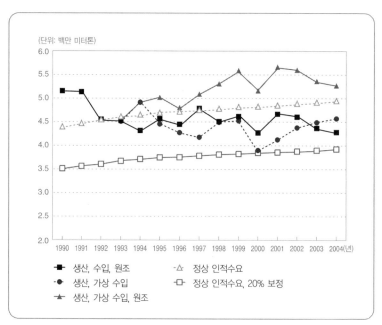

(출처) 생산: USFAFAS-PSD database; 수입: Noland 2003; WFPINTERFAIS 2004, 2005b
(주) 수요 수치는 한국은행의 인구 데이터를 토대로 하고 1인당 연간 곡물 소비량을 167킬로그램으로 가정하여 산출됨, 가상 공급곡선은 1994~2003년의 수입을 1993년 수준으로 유지시켜 작성됨 정상 인적수요는 FAO/WFP 1995년 자료 이용

하게 분배될 수 있으며 굶는 사람은 없을 것이다. 굶는 사람이 있다면 총 공급량이 불충분해서가 아니라 분배가 고르지 못했기 때문인 것이다.

그러나 최소 인적수요는 너무 낮아서 기준으로 삼기 어렵다. WFP는 정상 인적수요 추정치도 발표했다. 즉 기근 전 북한에서의 소비량을 말한다([도표 2-7] 참조). 여기에서 해석이 더욱 모호해진다. 1993년부터 실제 공급량(생산, 수입, 원조)이 대체로 '정상 수요' 곡선 아래에 위치했다. 그러나 수요가 과대평가되었다는 스미스의 비판을 받아들인다면, 또는 북한 정부가 교역을 통한 곡물 수입을 계속하고 실제로 받은 규모만큼 원조를 계속 받았다면 이러한 총 부족량이 사라졌을 것이다. '정상 인적수요'를 기준으로 했을 때 북한 상황의 심각성은 스미스의 수요 측 분석, 교역을 통한 식량 수입을 유지하지 않은 북한 정부의 무책임성, 국제 사회가 원조를 줄인 정도에 얼마만큼의 비중을 두느냐에 따라 달라진다.

그러나 한 가지 주목할 점이 있다. 가상 공급수치를 보면, 공급 부족분을 메우기 위해 필요한 추가 수입량은 사소할 정도로 적다. 앞에서 언급했듯이, 중요한 변수인 국내 생산량에 대한 추정치들이 상당히 불일치하며 1990년대 중반에 대해 몇몇 자료들은 국내 생산량을 상당히 낮게 추정했다. 그러나 USDA 수치를 반(半)공식적인 FAO 수치로 대체해도 이 분석에 큰 변화는 없다. 수입을 늘리려는 적당한 노력이 있었다면 상당히 개선적인 결과를 낳았을 것이다.

마지막으로 [도표 2-8]은 '정상 인적수요' 수치에 가축 사료, 주류 생산, 수확 후 손실분 같은 식량 외 용도로 쓰이는 230만 미터톤이라는 상당한 양을 더하여 '총 정상 수요'를 추정했다.[23] 이 수치는 FAO/WFP가 언급한 것 중 최대 비인적 소비량이며, 일부 분석가들은 기근 동안의 가축 도살로 가축 사료 수요가 감소한 사실을 적절히 반영했는지 의문을 가진다.

사료 필요량을 포함시키면 수요가 높게 추정되었을 수도 있다. 이 수치들을 적용하면 수요는 항상 공급을 초과한다. 그러나 여기에서의 부족분은 기본 수요를 충족시킬 능력이 부족해서가 아니라 다른 용도가 우선시되어 기본 수요를 충족시키지 못한다는 의미다. 수전 롯지Susan Lautze는 1995년과 1996년 직접 관찰한 북한의 상황을 토대로 정확히 이 결론에 도달했고, 국내 총수요를 충족시키기 위해서는 외화 소득이 중요하다고 강조하는 우리의 주장도 확인해 주었다.

'북한은 불충분한 외환 보유고를 교역을 통한 식량 수입에 우선적으로

[도표 2-8] **식량 공급과 총 정상 수요 시나리오**(1990~2004년)

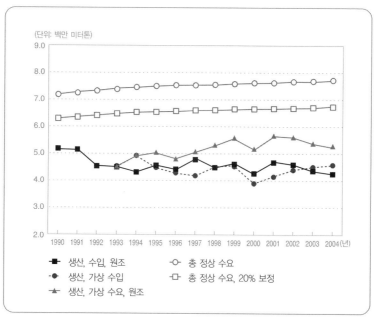

(출처) 생산: USFAFAS-PSD database; 수입: Noland 2003; WFPINTERFAIS 2004, 2005b
(주) 수요 수치는 한국은행의 인구 데이터를 토대로 하고, 인당 연간 곡물 소비량을 167킬로그램으로 가정하여 산출함. 가상 공급곡선은 1994~2003년의 수입을 1993년 수준으로 유지시켜 작성됨. 정상 인적 수요는 FAO/WFP 1995년 자료 이용

지출하는 등 무역을 이용해 생존에 필요한 식량 소비량을 충족시킬 기회와 능력을 보유하고 있다.'

지금까지는 식량을 저장할 수 없으며, 매년 공급해야 하는 상품으로 취급해서 분석해왔다. 사실 식량은 저장이 가능하다. 북한에서 상당한 재고를 유지해야 하는 기관은 단연 군대다. 군용식량 비축량이 40만 미터톤에서 150만 미터톤에 이른다는 추정치가 발표되었으며, 이는 연간 정상 수요의 5~20%에 이르는 비중이다.[24]

기근이 시작될 때 군대가 많은 식량을 비축하고 있었다면 정부는 이 재고를 끌어내어 국내공급분에 추가할 수 있었다. 군대의 재고량이 어느 정도 규모였는지 확실히 말할 수는 없지만 재고가 있었고, 이것이 기근 해결을 위해 사용되지 않았다면 식량부족의 원인이 총 공급량 부족이 아니라 분배 상의 문제였다는 주장에 힘을 실어준다.

만약 군대의 재고를 끌어내 사용했다면, 국내 공급량 수치가 다소 과소평가된 것으로 봐야할 것이다. 그러나 군대가 기근 시기에 재고를 분배해야 했다면(최근의 몇몇 보고서가 주장하듯이), 그 후 일단 상황이 완화되었을 때 그 재고를 다시 비축하려 했을 것이다. 결과적으로, 최악의 기근 상황이 지나간 후의 공급량 수치는 군대가 재고를 다시 채우기 시작했기 때문에 실제 공급량보다 높게 평가되었을 수 있다.

▪ 결론

기근은 경제적인 사건일 뿐 아니라 복잡한 정치적, 사회적 사건이다. 이 Chapter에서 우리는 전체적인 식량 가용성에 영향을 미친 장기적인 몇몇 요인들에 초점을 맞추면서 분석을 시작했다.

첫 번째 교훈은 실망스럽게도 너무나 단순하다. 북한은 곡물을 생산하기에 비교적 불리한 조건이며, 이러한 점을 극복하기 위한 노력도 상당히 비능률적인 것으로 보인다. 그러나 북한 농업의 문제는 단순히 많은 선진 산업국이나 아시아의 다른 지역, 예컨대 일본과 남한에서의 시설 농업을 괴롭혔던 종류의 비능률성은 아니다. 반대로 북한의 경제 전략뿐 아니라 농업 전략은 전체적으로 엄격한 자급자족 추구를 토대로 했다. 또한 이러한 전략은 유감스럽게도 외부적 충격에 강한 경제가 아니라 오히려 더 약한 경제라는 의도하지 않은 아이러니한 결과를 낳았다.

북한은 1990년대 상반기 심각한 정치적, 경제적 충격을 여러 차례 경험했다. 여기에는 기후와 관련된 재난뿐 아니라 소련과 중국의 무역행태 변화도 포함된다. 이러한 충격으로 국내 생산이 장기간에 걸쳐 감소되었다. 그러나 이 Chapter의 요점은 총 공급이 국내 생산만으로 결정되지 않는다는 것이다. 총 공급은 국내 생산뿐 아니라 수출로 충분한 외화를 벌어들이거나 차관을 얻거나 공적인 국제 원조를 시기적절하게 요청하는 등 수입량을 꾸준히 유지하려는 국가의 의지와 능력에도 달려있다.

우리가 설명한 공급 데이터와 식량 대차대조표는 1990년대 상반기에 충분한 대외 공급을 확보하려는 정부의 능력이 불규칙적이고 빈약했음을 보여준다. 그러나 대차대조표 작업수행 시 모든 주의를 기울였음에도 불구하고 당시에 수요가 총 공급을 초과했는지, 즉 북한의 기근이 식량 가용성 문제 때문에 발생했는지는 명확하지 않다. 북한 정부가 1990년대 상반기 교역을 통한 수입을 유지할 수 있었다면 기근은 피할 수 있었을 것이다. 마찬가지로 교역을 통한 수입을 줄이고, 줄어든 양을 원조물량으로 메울 것이 아니라 총 공급에 원조 물량을 추가했다면, 그리고 국제 사회가 이 결정을 수용했다면 정상 인적수요를 매우 쉽게 공공할 수 있었을 것이다. 또한 국가가 원조를 어디에 사용할지의 우선순위를 달리했다면 정상 인적수요를 충족시킬 수 있었을 가능성이 높다.

　유감스럽게도 정부는 인도주의적 원조를 국내 생산과 교역을 통한 공급원에 추가하기보다는 국제수지를 보충하는 데 다량 사용했으며, 수입 감소 덕분에 절약된 외화를 다른 우선순위, 군수용이나 상류층을 위한 사치품 수입 등에 할당했다. 예를 들어 1999년 교역을 통한 곡물 수입을 20만 미터톤 이하로 줄였던 시점에 정부는 외환을 미그MiG – 21 전투기 40대와 군용 헬리콥터 8대를 카자흐스탄에서 구매하는 데 할당했다. 더구나 이 시기는 실제로 북한의 안보 상황이 크게 개선되었던 시점이다.

　첫 번째 핵 교착 상태를 종결시킨 북미기본합의서가 거의 5년 동안 정착되어 온 시점이었고, 북한은 더디기는 하지만 많은 잔여 현안, 특히 미사일 관련 문제에서 미국과의 협상에서 진전을 보이고 있었으며 이는 외교적, 경제적 관계 개선으로 이어질 가능성이 컸다. 조절 실패, 원조가 늘어나자 교역을 통한 수입을 줄인 점, 굶주려 죽는 사람들이 속출하는데도 군사 지출과 사치품 수입을 계속한 사실은 기근에 대한 정부의 대응을 평가하는 데 가장 중요한 증거가 될 것이다.

불행의 분배 :
기근과 식량배급제의 붕괴

앞에서 작성한 대차대조표는 전체적인 맥락에서 북한의 식량 할당 상황을 이해할 수 있게 해준다. 그러나 많은 경우 식량위기와 기근의 핵심이 되는 결정적인 분배 문제는 알려주지 않는다. 우리는 식량배급제Public Distribution System, PDS와 1994~1998년의 대기근 시기에 일어난 식량배급제의 붕괴를 상세히 다루면서 이 문제들에 대해 논의하려 한다.

식량배급제는 기근 전까지 대부분의 북한 주민들이 식량을 얻는 주된 창구였고, 따라서 은연중에 정치 통제의 핵심 도구가 되어 왔다. 식량배급제는 비록 쇠퇴하고는 있지만 현재까지도 식량을 얻는 중요한 창구로 남아 있으며, 원조 받은 식량을 보급하기 위한 주된 경로 역할도 하고 있다. 따라서 식량배급제를 이해하는 것을 Part 2에서 인도주의적 원조를 논의하기 위해서도 매우 중요하다.

우리가 다루려는 주요 문제는 북한 내에서 어떻게-그리고 얼마나 공정하게—식량이 분배되는가 하는 점이다. 이러한 문제들은 상당히 복잡하다.
북한 주민이 식량을 얻는 데는 직종과 연령, 계절 등 다양한 요소가 영향을
미치며, 점차 현금수입의 비중이 높아졌다. 그러나 우리는 식량난에서의 지
역적 요인에 특히 주안점을 두고자 한다. 거주 지역에 따라, 즉 멀리 떨어진
북쪽 산악 지대나 동부 해안지역과 평양 및 곡창지대의 생활수준이 큰 차이
가 났다. 우리는 기근이 동부의 도시에 거주하는 노동자 계층에게 특히 큰
타격을 입힌 사실을 알게 되었다.

정치적 신뢰도는 교육의 기회, 직업의 종류, 거주지역 등 거의 모든 요소
에 영향을 미쳤고, 이 요소들에 따라 식량을 얻을 수 있는 권한이 좌우되었
다. 따라서 기근 분석에서 권한부여 문제를 충분히 검토하기 위해서는 정치
체계의 특징, 특히 복잡한 정치 계급화 체계를 면밀히 살펴봐야 한다.

권한부여의 차이는 자연히 사망률에 영향을 미쳤다. 우리는 이 Chapter
의 마지막에서 기근으로 인한 전체 사망률에 대해 논의할 것이다. 또한 집
단별로 사망자가 어떻게 분포되어 있는지도 주시할 것이다.

식량배급제의 붕괴는 사회주의적 권한부여 체계에 근본적인 변화를 나타
냈다. 지방 공무원과 가정에서는 협동조합에 소속된 농부가 식량을 빼돌리
는 것에서부터 공장 설비를 떼 간다든가 이사를 하거나 식량을 구하러 다니
거나 다양한 형태의 거래를 하는 등 대책을 강구했다.

그러나 정책과 이러한 대응책의 결과로 시장이 식량 할당에 점차 중요한
역할을 하기 시작했다. Part 3에서 상세히 다룰 2002년의 개혁은 이러한 역사
적 맥락에서 보아야 한다. 개혁을 반드시 경제를 자유화시키려는 노력으로
해석해야 하는 것은 아니다. 식량배급제가 몰락하면서 진행된 분산화와 시
장화는 국가의 경제적 통제뿐 아니라 정치적 통제까지 위협하는 것으로 보
였다. 개혁은 이런 분산화와 시장화를 통제하려는 노력으로 해석될 수 있다.

■ 식량배급제와 권한부여 체계

식량배급제에서는 12개 도(道)와 직할시(평양, 남포, 개성) 각각에 양곡관리국Food Administration Department이 있다. 200개가 넘는 군과 도시 지구(17개의 시와 36개의 도시구역)에는 지역 단위별로 양정사업소Food Administration Section와 창고가 있다.

군 창고는 산하 식량배급소Public Distribution Center, PDC에 식량을 공급하는 주된 창구일 뿐 아니라 탁아소, 유치원, 병원 같은 기관에 특별 할당된 식량을 보급하는 경로이기도 하다. 이 기관들에 보내는 식량을 제외하고 나면 식량배급소는 협동농장의 농부를 제외한 일반 대중에게 모든 곡물을 배급하는 최종 '소매점' 역할을 하기도 한다. 각 식량배급소는 1,500~3,000 가구에 해당하는 특정 지역을 담당한다.

북한의 정치 및 행정 시스템이 중앙 집중화되고 계급화된 것으로 보이긴 하지만, 사실 몇 가지 중요한 점에서는 분산화 되었으며, 식량난이 심화되면서 그러한 분산화는 더욱 커지고 있다. 중앙 정부가 군별, 도별로 자급자족을 추진한다는 것은 지방 관청이 식량 공급뿐 아니라 수요까지 조절해야 한다는 의미다. 결과적으로 지방 공무원은 관할권 내의 식량배급에 상당한 영향력을 행사했다.

군 단위의 정부는 도 단위 관청과 마을 단위 관청 사이의 매개자다. 우리가 설명했듯이 정부의 농업 전략은 하위 행정 조직 수준에서의 자급자족을 장려했다. 군 단위의 창고는 당 공무원과 상급 행정간부로 구성된 군 인민위원회People's Committees가 관리했다.

이 위원회들은 목표를 전달하고 관할권 내 협동조합으로부터의 곡물 수매를 감독하며, 식량을 모으고 식량을 최종 '소매지'로 할당하는 데 중요한 역할을 한다. 군 단위의 당 공무원과 행정 공무원은 기근이 악화되면서 국가적으로 확산된 식량부족에 대응하는 역할의 제1선에 있었다.

기근이 시작될 무렵 식량배급제는 인구의 60~70%에 보조금이 많이 포함된 국정 가격으로 식량을 배급하였다.[1] 배급량 할당은 직종 및 연령별로 복잡한 계층 체제를 따른다. [표 3-1]은 각 집단에 속하는 인구 추정치와 1990년대 초의 배급량 현황이다.

이러한 권한부여 계층은 1990년대에 무너졌기 때문에 직종별로 어떤 생활을 했는지에 대한 지침으로 이용해서는 안 된다. WFP 평양 지국의 초대 국장에 따르면 기근으로 인해 식량배급제의 분류가 3항목으로 줄어들었다. 그럼에도 불구하고 이 체계의 일반적 특징을 몇 가지 짚어볼 필요가 있다.

첫째, 1990년대의 시장경제화 이전에 도시 거주자들은 식량배급제 외에는 식량을 구할 수 있는 방법이 지극히 제한되어 있었고, 무엇보다도 가격이 터무니없이 비쌌다. 1992년 식량배급제에서는 쌀 1킬로그램이 8전이었고, 시장에서는 1킬로그램에 25원이었다. 식량배급제 가격보다 300배나 비싸고 평균 월급의 약 35%에 해당되는 액수였다. 이렇게 식량 입수 방법을 통제하는 것은 전체적인 정치적, 사회적 통제의 중심 요소 중 하나였다.

둘째, 식량배급은 사회주의 체제의 기본적인 계급화 원칙을 매우 공공연하게 반영하였다. 권한부여 계층의 최상위층에는 중노동 종사자 뿐 아니라 군과 특수 보안 부대 및 상위 정부 관료가 속하였다.

그러나 [표 3-1]은 특권 체계를 충분히 반영하지 못하고 있다. 정계의 최고위층은 일반 배급이 아니라 정부 내의 특별 공급원이나 당을 통해 중점적으로 식량을 공급받았기 때문이다. 이런 사실은 식량이 군대와 정치 지도층에 전용되는 문제에 있어서도 중요한데, Chapter 4에서 이 문제를 다루도록 하겠다.[2]

[표 3-1] 직종별 식량배급제 할당과 인구 추정

직종 및 연령 집단	1인당 일일 할당량(그램)	인구 분포		백미 대 잡곡 비율	
		(천 명)	(%)	평양 지역	기타 지역
상위 정부 관료	700	4.8	0.02	10:0	10:0
일반 노동자	600	[4905.4]	37.14	6:4	3:7
중노동자	600	[4905.4]	18.95	6:4	3:7
사무직 근로자	600	1976.3	7.48	6:4	3:7
특수 보안	800	[603.3]	2.28	7:3	7:3
군대	700	[603.3]	2.28	6:4	3:7
대학생	600	591.7	2.24	6:4	3:7
중등학생	500	2182.5	8.26	6:4	3:7
소학생	400	2397.5	9.08	6:4	3:7
취학 전 아동	300	1270.6	4.81	6:4	3:7
3세 이하 유아	100~200	1866	7.06	6:4	3:7
노인 및 장애인	300	104.9	0.40	6:4	3:7

(출처) Kim & Lee, 1998
(주) 괄호 안의 수치는 원본에 표시된 대로이며, 인구 분포를 가정하여 계산되었음을 나타냄. 취학 전 아동 수는 원본의 '6세 이하 아동'에 해당됨.

군대(전투부대 뿐 아니라 다수의 생산업체도 포함)는 자체적인 내부 배급 체계를 유지했다. 인민무력성Ministry of the People's Armed Forces의 후방총국General Rear Services Bureau 하의 조달국Provisions Bureau은 군대에 식량을 보급하고 전시 대비 비축 식량 및 연료를 관리한다. 최하위 계층에는 필요 칼로리가 낮은 아동뿐만 아니라 노인과 장애인이 포함된다. 인도적 구호활동은 자연히 이들 취약집단에 중점적으로 초점을 맞추었다.

[표 3-1]의 수치에는 북한의 정치수용소 수감자들은 누락되어 있다. 약 20만 명이 수감되어 있는 것으로 보이며 이는 인구의 1%에 조금 못 미치는 비율이다. 탈북자들의 여러 증언에 따르면 죄수에게 할당된 배급량은 생존에 필요한 수준에 훨씬 못 미쳤다. 이는 고의적인 기아 정책을 시사하는 것이며 사망률이 매우 높았다.

그러나 이러한 외견상의 분배 원칙은 근간이 되는 권한부여 체계를 충분히 나타내지 못하고 있다. 어떤 직종에 임명되는지도 정치적 지위가 어느 정도 영향을 미치기 때문이다.[3] 1950년대 후반의 숙청 이후 노동당은 주민의 계급 배경을 조사하고 개인을 정치적 신뢰성에 따라 분류하기 위해 계속적인 노력을 기울여 왔다.[4]

그 결과, 출신성분에 따라 개인을 '핵심', '동요', '적대' 계층이라는 세 가지 기본 계층으로 분류했고, 다시 51개 사회 집단으로 세분화하였다. 예를 들어 노동자, 군인, 당원 가족은 핵심 계층으로 간주되었다. 중소자작농, 상인, 소 공장주는 동요 계층에 속했다. 그리고 부농, 종교인, 지식계급 심지어는 중국 및 일본 귀환민에 이르기까지 29개 집단을 적대 계층으로 분류했다.

어떤 분류에 속하는지가 식량 획득의 직접적인 결정 조건은 아니지만 간접적으로는 커다란 영향을 미쳤다. 소속 계층은 당 가입 및 승진 자격, 교육, 주거, 직업 임명 및 이후의 직업 변동에 영향을 주었다. 또한 거주지와도 중요한 관련을 지니고 있었다.

북한 정권은 1950년대 말부터 적대 계층에 속하는 주민들을 오지로 이주시켰고, 이들은 기근 시기에 극도로 궁핍한 생활을 해야 했다.[5] 반대로 핵심 계층은 평양에 거주할 수 있었다. 모든 증언에 따르면 평양에 사는 것(인구의 약 15% 차지)은 특권이었다. 다른 지역에 거주하는 주민보다 훨씬 나은 생활을 했고, 최악의 기근에서 적어도 어느 정도까지는 보호를 받았다.

마지막으로 북한 상류층의 규모와 구성 문제를 검토하는 것이 중요하다. 즉, 정부가 보호하려는 계층이다. 남한이 1990년대 중반부터의 실정을 추정한 바에 따르면, 핵심 계층은 인구의 28%를 차지하며,[6] 공산당 기준으로 보았을 때 조선노동당Korean Workers' Party 의 규모가 상대적으로 크다. 암스트롱

Armstrong은 인구의 15%가 당원이라고 추산한다.

이렇게 특권 집단을 비교적 광범위하게 정의하는 것은 너무 포괄적이다. 핵심 계층에는 엘리트가 아닌 노동자 계층과 농부 출신의 가정도 포함되어 있다. 또한 촌락의 하위간부와 노동자도 당에 가입되어 있는데, 이들은 기근 시기에 보호 대상자가 아니었던 게 확실하다. 군, 보안 부대, 정부 및 당의 고위 관료는 이런 형태의 배급을 받는 주민 중 6%에 불과하다. 하지만 김정일의 연설을 비롯해 수많은 증거들을 보면 군대도 식량부족과 굶주림에서 예외가 아니었음을 알 수 있다(1996). 1993년 탈북군인들이 군대 내의 영양실조 문제를 증언하기도 했다.

평양에 거주한다고 해서 다 보장을 받은 건 아니었다. 평양에 거주했던 망명자의 증언에 따르면 기근 시기에 기아까지는 아니더라도 식량 부족의 조짐이 있었고, 북한 정부는 1998년 이래로 주민들을 농촌 지역으로 이주시켜 평양을 비롯한 도시들의 규모를 축소하려고 했다. 기근에서 보호받은 주민의 규모가 얼마나 되는지 정확히 말하기는 불가능하다. 사망자 수를 추정하는 과정에서 우리는 아마도 400만 명 정도가 한두 가지 방법을 통해(평양에 거주하거나 당에 연고가 있거나 군대에 속했거나) 극심한 궁핍에서 보호받았을 것이라고 추산한다.

그러나 여기에서 '엘리트'가 당과 정부와 군대의 고위급 지도층이라는 좁은 집단을 의미하지 않는 한, 북한 정부가 다른 주민들은 굶게 내버려두면서 단순히 엘리트들을 보호했다고 말하는 건 너무 섣부른 판단이다.[7] 이 400만 명 중 대부분은 아니더라도 많은 사람들이 확실하게 식량부족을 겪었고, 기근 시에는 굶기까지 했다. 따라서 1990년대의 식량 위기는 정권 유지라는 기반에 타격을 주었고, 정치적 합법성과 통제에 심각한 문제를 불러일으켰다.

▪ 농촌의 식량배급

식량배급제에서는 두 집단이 부분적 혹은 전적으로 제외되었다. 비 곡류를 생산하는 국영농장의 노동자들은 추수 직후 6개월 치의 배급을 받았고, 나머지 6개월 동안은 식량배급제에 의존했다.

절대다수의 농가(약 90%)가 집단화를 통해 형성된 협동농장에서 일했다. 목표량이 수확량에 따라 재조정되긴 하지만 어쨌든 봄이면 그 해의 목표량이 협동농장에 할당되었다. 목표량이 사실상 재협상되는 것이라고 하겠다. 협동농장은 정부에게 영농자재비를 지불했다. 개개인은 개인 경작지를 일구어 배급량을 보충하도록 허용되었다.[8] 또한 협동농장은 1년 치 농가 배급용 곡물을 보유했다가 10월 추수 후 배급했다.[9] 정부가 배급량을 결정했으며, 생산량에서 배급량을 공제한 후 국정가격으로 수매했다.[10] 또한 협동농장은 정해진 양의 종자와 가축을 보유했다.

이 체계는 농가가 모든 곡물을 넘겨주지 않고 수확에 대해 직접적인 권리를 보유하고 있기 때문에 다른 사회주의 국가의 체계와는 다르다. 물론 정부가 생산 목표와 농부에 대한 배급량, 협동농장과 국영농장이 지불해야 하는 영농자재의 가격을 결정한다.

이 결정사항들은 상호 연관되며 농부가 최종적으로 받는 식량의 양에 영향을 미친다. 그러나 정부는 협동농장과 농가로부터 수매를 늘리려고 할 때마다 몇 가지 난관에 부딪혔다. 이 문제들은 기근이 한창일 때 특히 심각했지만 아직까지도 이어지고 있다.[11]

첫 번째 난관은 가장 포괄적인 문제인데, 사회주의 국가의 곡물 수매 체계가 정부와 경작자 간의 기본적인 거래에 바탕을 두고 있다는 점이다. 농부는 시장에 곡물을 팔 때보다 훨씬 낮은 가격에 곡물을 양도하지만, 그 대신 식량과 일련의 농자재 및 소비재를 할당받는다.

그러나 우리가 살펴보았듯이, 해외에서 농자재를 확보하기 어려워지고 산업 경제가 쇠퇴함에 따라 정부는 이러한 거래 당사자로서의 역할을 유지하기가 힘들어졌다. 정부는 점차 농업 생산에 필요한 가장 기본적인 자재, 즉 비료와 관개시스템 유지에 드는 전력을 공급할 수 없게 되었다.

결과적으로 경제가 위축됨에 따라 농업과 산업 간의 거래 조건이 점차 농부에게 불리해진 것이다. 정부에 곡물을 양도하는 것이 점점 더 불공평한 거래가 되거나 세금을 심하게 징수하는 것처럼 되었다.

둘째, 정부는 역사적으로 농부에게 중노동자의 배급량과 맞먹는 비교적 관대한 배급량을 할당해 왔다. 농민에 대한 배급량이 급격히 줄어들거나 수확감소 또는 기상악화로 인해 배급량이 줄어들 것을 농민이 예상하게 되면 가정에서는 스스로를 보호하려는 의지가 강해질 것이다. 농민들은 다음과 같은 대응책을 강구할 수 있다.

- 수확기 수매로 넘어가지 않게 곡물을 미리 수확한다
- 일단 수확된 식량을 숨겨 비축한다
- 국영농장과 협동농장 농부에게 허용된 개인 경작지와 불법으로 몰래 개간한 자투리땅에 노력을 기울인다
- 식량을 현금이나 물물교환 등 다양한 형태로 교환한다. 식량난이 심각해지면 이런 거래로 매우 높은 이윤을 낼 수 있다
- 식량을 도시의 친척들에게 보낸다

이런 자구책이 어느 정도로 행해졌는지에 대해서는 정확한 자료가 없으나, 상당한 규모였음은 틀림없다. 이런 음성적인 활동들이 상당 규모로 이루어졌기 때문에 앞에서 검토했던 대로 생산량 통계 수치가 곡물의 실제 가

용성을 정확히 반영한다고 보기 어려운 것이다. 생산량 수치는 전체 수확량 중 실제 국가의 배급체계로 들어간 비율이 어느 정도인지는 알려주지 않는다. 우리는 다음 Chapter에서 이 문제를 정량적으로 분석할 것이다.

농민에게 식량을 배급하는 방식이 식량배급제에 의존하는 주민과 다른 점도 정부에게 골칫거리였다. 수확기에 농민에게 일단 배급을 하고 나면 그 비축분에 대해서는 변동이 없다는 점을 보장할 수 있다.

반대로 식량배급제에 의존하는 사람들은 2주마다 배급을 받으며, 배급량은 정부의 인심에 달려 있다. 결과적으로 정부로써는 농민에 대한 식량배급에서보다 식량배급제에서 공급을 중단하는 편이 더 쉽다. 농부에 대해서는 이미 배급한 곡물을 다시 거두어들이는 방법뿐이다.

다시 말하지만, 정확히 이러한 현상이 발생한 것으로 보인다. 식량배급제는 오랫동안 계속 배급량이 매우 낮거나 아예 배급되지 않으면서 식량배급 기능이 점차 비정상적이 되었다.

■ 식량배급제의 붕괴

우리는 지금 기근 시기 동안의 식량배급제 붕괴에 대해 이야기하고 있다. 하지만 그 전부터 식량배급제가 제대로 기능하지 않았다는 증거가 있다.

식량배급제 문제는 1980년대로 훨씬 거슬러 올라간다고 보고된 바 있다. 1987년 이후 소련의 원조가 중단되자 식량배급제를 통해 배급되는 일일 곡물 배급량이(대부분의 도시 거주자는 600~700그램, 고위 관료, 군인과 중노동자는 700~800그램) 10% 줄어들었다.

1991년 경제난이 더욱 악화되자 정부는 '하루에 2끼 먹기' 운동을 펼쳤다. 하지만 전 동독 대사였던 한스 마레츠키Hans Maretzki에 따르면 식량 소비를 줄이기 위한 운동은 1980년대 후반부터 이미 진행 중이었다. 1992년 배급량이 또 다시 10% 삭감되었다.[12]

기근 전에도 식량배급제가 불규칙적으로 시행된 사실은 탈북 난민들과의 인터뷰에서도 확인되었다. 우리민족서로돕기불교운동본부Korean Buddhist Sharing Movement는 1997년 말부터 1998년 상반기에 걸쳐 탈북난민들과 체계적인 인터뷰를 시행했다.

하지만 이 샘플은 두 가지 중요한 면에서 편향되어 있었다.

첫째, 응답자의 절반을 조금 웃도는 수가 식량난을 특히 심하게 겪은 함경남북도 출신이다. 둘째, 이들이 탈북까지 감행했다는 점은 살던 지역에서도 가장 취약한 집단에 속했다는 사실을 알 수 있다.

이렇게 편향되었을 소지가 있음에도 불구하고 인터뷰 대상자의 30%가 1993년 전에 정기적인 식량배급이 중단되었으며, 93%는 1996년 전에 이미 배급이 중단되었다고 말했다([표 3-2] 참조).

존스홉킨스 공공보건대학Johns Hopkins School of Public Health에서 수행한 연구에서도 식량배급제의 몰락을 알 수 있다. 440명의 성인 피난민 인터뷰를 토

[표 3-2] '정기적인 식량배급이 중단된 시기는 언제입니까?'에 대한 답변

(1997년 9월~1998년 5월)

연도	명 수	%	응답자 비율(%)	응답자 누적 비율(%)
1992년 이전	137	13.4	14.5	14.5
1993년	136	13.3	14.4	28.9
1994년	329	32.3	34.9	63.8
1995년	287	28.2	30.4	94.2
1996년 이후	55	5.4	5.8	100
모름	75	7.4		
합계	1,019	100		

(출처) 우리민족서로돕기불교운동본부, 1998

대로 한 1차 연구는 1998년 9월에 이루어졌고, 2차 연구는 더 큰 규모의 표본인 2,692명의 피난민을 대상으로 1999년 7월부터 2000년 6월까지 수행되었다.

홉킨스 대학의 1차 연구는 1994년 일인당 평균 배급량이 하루 150그램에 불과했다고 보고했다. 그러나 1997년에는 평균 배급량이 하루 30그램으로 떨어졌다고 보고했다. 1999~2000년의 인터뷰도 비슷한 결과를 낳았다. 응답자들은 1995년에 1인당 하루 평균 120그램만 받았다고 답했고, 1998년에는 60그램으로 떨어졌다고 말했다.

이러한 피난민 인터뷰 외에 우리는 1995년 국제 구호 활동이 시작될 때까지 식량배급제의 배급 현황에 관한 일관된 데이터를 정부로부터 받지 못했다. [도표 3-1]에 나와 있는 데이터는 북한 당국이 1995년 가을부터 북한을 정기적으로 방문하기 시작한 WFP/UN FAO 조사단에 제출한 자료다.

유감스럽게도 이 데이터 역시 편향되었을 가능성이 있다. 북한 당국은 외부 지원을 최대로 얻기 위해 틀림없이 식량배급량을 축소해 보고하려 했을 것이다. 게다가 우리가 Chapter 2에서 검토했던 식량 대차대조표 자료로 볼 때 이 평균치는 지역 및 집단별로 분배가 차이가 났다는 중요한 사실을 감추고 있다. 우리는 이 차이점은 아래에서 더욱 상세히 다룰 것이다.

그럼에도 불구하고 이 데이터에 따른 식량배급제의 전체적인 변동 모습은 난민 인터뷰에 따라 만들어진 것과 대체로 일관된다.

첫째, 이 기간 동안 식량배급제의 평균 배급량은 1,600칼로리 제공에 필요한 일일 최소 요구량인 457그램보다도 낮은 수치다. 북한의 식단이 보통 다른 에너지원을 포함하고 있다는 사실을 참작하기 위해 Chapter 2에서 사용했던 20% 보정을 적용한다 해도 일일 최소 섭취량이 365그램으로 산출된다. 평균 배급량은 여기에도 미치지 못했다.

둘째, 우리는 평균 배급량이 1995~1996년에서 1998년에 이르기까지 꾸준히 감소했다고 추측하지만, 식량배급제의 배급량은 인도적 원조가 증대하고 1998년부터 생산이 부분적으로 소생했음에도 불구하고 이후에도 회복되지 않았다. 2000년에서 2004년 5월(본 보고서가 종료된 시점)까지 WFP에서 발표한 월별 추정치를 살펴보면 더욱 자세한 수치를 알 수 있다. 몇 달 동안 배급량이 350그램으로 증가했지만, 최소 필요량인 450그램에 이른 달은 없었다.

셋째, 농민과 관련되어 있다. 기근 이후 비교적 일정했던 식량배급제 배

[도표 3-1] **식량배급제에서 1인당 1일 배급량 추정**

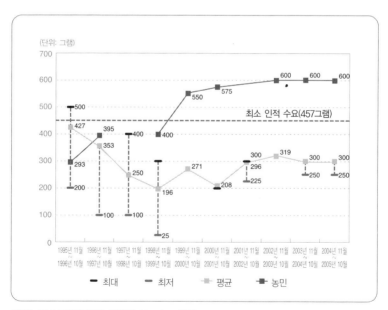

(출처) NAO/WFP(다양한 간행물); Natsios, 2001
(주) 대부분의 경우 평균치는 출처에서 직접 인용함. 그 외의 수치는 해당년도와 집단에 대한 추정
　치들을 평균 내어 계산함

[도표 3-2] 식량배급제의 배급량(2000년 1월~2004년 5월)

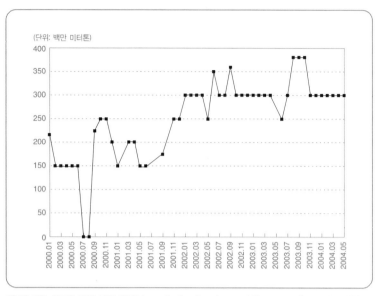

(출처) 대북 인도적 개발 자원 센터(Humanitarian Development Resource Center for DPR Korea)

급량에 대한 주요한 예외가 이 집단이다. [도표 3-1]에 분명히 나타나듯이, 1999년 가을 추수기에 농민의 배급량이 최소 수요량 위쪽으로 올라갔다. 이러한 변화는 의도적인 정책 결정이었음이 거의 확실하다.

　1995년과 1996년 추수기에 농부들에게 할당된 배급량이 매우 낮은 것이 원인이 되어 정부가 곡물 수매에 어려움을 겪은 것이 분명하다. 농민들이 곡물을 빼돌릴 수 있고 또한 곡물을 팔아서 현금 수익을 얻을 수 있다는 점은 말할 것도 없고 다른 식료품도 더 쉽게 얻을 수 있다는 점을 감안하면 농촌 주민 중 최소한 일부는 기근이 시작될 때, 그리고 아마도 기근 동안에도 도시 주민보다 다소 나은 생활을 하고 있었음이 분명하다. 확실히 예외라 할 부류는 직접적인 홍수 피해를 입은 지역의 주민일 것이다.

마지막으로 이 수치들은 식량배급제의 붕괴와 관련된 가장 심각한 문제 중 하나인 계절별 변동을 나타내지 못한다. 역사적으로 4월에서 6월까지가 한국에서 가장 궁핍하고 굶주리는 시기다.

전년도 가을 수확에서 얻은 비축품은 바닥이 나고 햇곡식은 아직 익지 않은 시기다. 북한에서는 기근 동안 이 곤궁기가 훨씬 이른 12월부터 시작되었고, 배급은 아주 적은 양으로 줄거나 아예 배급되지 않았다. 이러한 양상이 1998년 봄과 1999년에도 되풀이되었고, 이때는 배급이 기본적으로 중단되었다.

2002~2003년은 남한에서의 구호물자가 증가함에 따라 수치가 여전히 낮기는 하지만 계절별로 곡물 추정치가 평탄해지는 양상을 보인다. 그러나 [도표 3-2]에서의 2000년과 2001년에 대한 데이터는 기근이 최고조에 달했던 시점이 지나간 지 한참 후에도 식량배급제의 배급량에 여전히 뚜렷한 계절적 차이가 있음을 보여준다.

▪ 기근의 전개

식량 가용성 하락은 보통 주민들 간에 공평하게 분포되지 않는다. 총 가용 식량이 충분한 환경에서도 인구의 일부에 식량 부족, 심지어는 기근과 굶주림이 나타날 수 있다.[13] 따라서 집단별 식량부족 분포양상을 살펴보면 공식적인De jure 권한부여 및 사실상의De facto 권한부여 실태를 알 수 있다.

기근의 전개를 추적할 때는 우선 지역적 발생 범위와 확산에 초점을 맞추는 것이 유용하다.[14] 북동부에서 시작해 지역적으로 위기가 발생했을 때 정부는 어떻게 대응할지에 대해 전략적 결정을 내려야 했다.

외부에서 물자가 적시에 들어오지 않은 상황에서 정부는 곡물을 도(道) 간에 적극적으로 재할당해야 했을 것이다.[15] 그러나 정부가 부딪친 난관은 국내 생산량 하락뿐만이 아니었다. 곡물을 수매하는 것도 점점 어려움을 겪었고, 동시에 국가의 운송 체계도 붕괴되었다. 결과적으로 도(道) 간에 식량을 이동시키는 국가의 능력이 심각하게 악화되었다.

위에서 언급한 대로 이전에도 식량부족 현상이 있긴 하지만, 1994년을 아마 기근 상태가 시작된 해로 표기해야 할 것이다. 앞에서 지적했듯이, 1994년에는 북한의 경제와 대외적 지위가 계속 악화되었을 뿐 아니라 중국에서의 옥수수 수입도 급격히 감소했다. 뿐만 아니라 [표 3-3]은 또 다른 중요한 문제를 제시해준다. 바로 북동부 지역의 흉년이다. 지역별 생산량 데이터는 광범위한 재건 프로그램을 구상하기 위해 북한과 원조국들 간에 열린 최초의 UN 원탁회의에 제출된 북한의 보고서에서 가져온 것이다.

북한이 전체적인 생산량 감소 규모는 과장했을 수 있다. 그러나 우리는 북한이 각 도의 상대적인 실적을 사실과 다르게 제시할 만한 뚜렷한 이유를 찾을 수는 없다. 북동부에 위치한 도(함경남도, 함경북도, 양강도)는 춥고 작물 생장 기간이 짧으며 쌀 생산량이 적다.

주된 식량 작물인 옥수수 수확량도 역사적으로 다른 지역보다 낮았다. 공

[표 3-3] 도별 곡물 생산(1989~1997년)

(단위: 지수, 1989~1992년=100)

지역	1989~1992년	1993년	1994년	1995년	1996년	1997년
평양, 남포, 개성	100	116	69	48	36	37
평안남북도	100	113	91	33	24	29
함경남북도	100	61	73	44	28	18
황해남북도	100	111	70	42	25	38
강원도	100	86	89	50	22	19
합계	100	104	80	40	27	31

(출처) S. Lee, 2003

식 자료가 제시하는 것처럼 북동부에 위치한 도의 1인당 생산량이 153킬로
그램으로 떨어졌다면 이 시기의 줄어든 배급량조차 충족시키지 못할 정도
로 낮아진 것이다.

그러나 이 지역이 지닌 경제·지리적 여건 때문에 문제는 수치상으로 나
타나는 것보다 훨씬 더 심각했다. 두 가지 점이 두드러지는데, 하나는 북동
부 지역 도시의 인구와 다른 하나는 농촌 인구와 관련된 것이다.

[표 3-4]는 정부가 추정한 도별 인구 분포와 각 도에서 식량배급제에 의존
하는 인구 비율이며, 도시화 정도와 밀접한 상호연관성을 지니고 있다. 국
가가 전체적으로 비교적 도시화되었지만, 함경남북도와 양강도는 평균 수
준이거나 평균보다 높다.

[표 3-4] 도별 인구 및 식량배급 구분에 대한 정부 통계

(단위: 천 명)

도	인구		식량배급 구분	
	전체	비율	농민	식량배급제*
평양	3,044	13	8	92
평안남도	3,100	14	27	73
평안북도	2,625	12	40	60
자강도	1,232	5	28	72
황해남도	2,290	10	49	51
황해북도	1,734	8	40	60
강원도	1,467	7	31	69
함경남도	2,932	13	31	69
함경북도	2,227	10	22	78
양강도	703	3	21	79
개성	386	2	35	65
남포	814	4	18	82
합계	22,554	100	29	71

*76만 7,000명의 서비스업 종사자 포함
(출처) FAO/WFP 1996년b, 표 6

함경도 해안 도시들은 철강, 화학, 비료 등의 분야에서 북한 중공업 기반의 중추역할을 했다. 함흥-흥남(1993년 인구: 70만 1,000명), 청진(52만 명), 탄천(28만 4,000명), 김책(17만 9,000명), 신포(15만 8,000명)가 여기에 속한다. 이 도시들은 해외 자재 공급과 전력 체계가 무너지자 황폐화되었으며, 동시에 식량배급제에 거의 완전히 의존하게 되었다.

반면 양강도와 함경북도 서부 지역은 북한에서 가장 험한 산악지대 중 일부를 포함하고 있다. 인구 밀도가 훨씬 낮긴 하지만, 이 지역들 역시 식량배급제에 대한 의존도가 매우 높았다. 더구나 이 지역은 운송 인프라가 심각하게 손상되었을 때는 말할 것도 없고 구호 활동이 가장 활발했을 때조차도 구호품을 쉽게 얻을 수 없었다.

이 중요한 시기에 정부는 몇 가지 치명적인 결정을 내렸다. 이미 농민에 대한 곡물 배급량을 줄인 상태였는데, 게다가 이미 농가에 배급한 곡물 중 일부를 재수거하려는 조치를 취했던 것이다.

이러한 결정이 곡물 비축과 조기 추수, 개인 경작지에 치중하기, 수확물 시장에 팔기 등 앞서 설명한 행동들을 불러왔음에 틀림없다. 더 중요한 사실은 북동부 지역으로의 곡물 배급을 중단한다는 결정이었는데, 나치오스Natsios는 이 결정을 '선별Triage'이라고 부른다.

선별에 대한 주장은 북한의 기근에 관한 문헌에서 되풀이되어 왔으며, 이것이 사실이라면 정권은 아주 신랄한 비난을 받을 것이다. 하지만 비유는 모호하며 이 주장을 뒷받침하기 위해 언급된 증거들은 상당 부분 정황적이다.[16]

우리는 '선별'이란 단어가 무엇을 의미하는지 생각해볼 필요가 있다. 빈곤을 완화시킬 수 있는 재고가 있음에도 불구하고 정부가 안보상의 목적 때문에 이를 내놓지 않았다는 것인가? 정부는 정치적으로 선호하는 지역을 보호하기 위해 식량이 남아도는 도(道)가 있는데도 이를 식량이 부족한 도(道)로 보내는 것을 노골적으로 거부했는가? 아니면 정부가 비축미를 방출했는가? 또한 충분한 식량을 사들여 운송 체계의 붕괴에도 불구하고, 이를 배급하기 위해 최선을 다했는가? 이러한 여러 다른 가능성들이 지니는 윤리적인 의미는 분명히 다르다.

우리는 이들 중 어떤 상황이 맞는지 정확히 알지 못한다. 하지만 정부가 실제로 동부 해안 지역에 식량 분배를 제한했다는 보다 직접적인 증거가 있다.

이 증거는 1995년 후반 들어오기 시작한 해외 원조에 대한 정부의 태도에서 알 수 있다. 구호 활동 초기부터 정부는 구호와 모니터링 활동의 초점을 서부 해안지역에 맞추었고, 서부 해안과 동부 해안을 연결하는 운송 시스템이 붕괴되었음에도 불구하고 식량이 서해안의 중심 항구인 남포항으로 도착해야 한다고 주장했다.

북한 정부는 1997년 5월이 되어서야 동부 해안의 청진항으로 직접 원조 물자가 도착하는 데 동의했다. 실제로 청진항에 물자가 도착한 건 7월인데, 그때도 동부 해안지역은 2만 5,000톤 중 1/3만 받았다.

나치오스는 적하목록을 분석하여, 동부 해안의 도들이 기근 직전 인구의 약 1/3을 차지하고 식량배급제에 대한 의존도가 전체적으로 높음에도 불구하고 1997~1998년에 동해안 항구에 도착된 식량의 양이 모든 WFP 원조의 18%에 불과했다는 결론을 내렸다.

중국의 식량(WFP 외에 식량이 들어오는 주요 출처)이 동부 해안에 도착했다는 증거도 없다. 비교적 소량의 식량이 두만강을 건너 들어간 것은 틀림없지만 중국과 북한 간의 주요 철도망 및 항로는 서해안을 따라 분포되어 있었다. 게다가 북한 당국은 동부 해안이 특별한 문제를 겪고 있다는 사실을 부인한 것으로 알려졌는데, 피난민들의 증언은 이와 반대였다. 정부가 빈곤의 정도에 대해 알지 못했거나 의도적으로 무시했거나 둘 중 하나임을 알 수 있다.

1995년 7월과 8월의 홍수는 기근뿐 아니라 원조단체와의 관계에 있어서도 새로운 국면이 되었다. 북한 정부는 국제 사회에 홍수 피해를 엄청나게 높게 추산해 제시했다. 540만 명(인구의 약 1/4)이 실종되었고, 33만 헥타르의 농경지가 손상되었으며, 190만 톤의 곡물이 유실되었고, 총 피해액이 150억 달러에 달한다는 것이다.

[표 3-3]을 통해 알 수 있듯이, 북한은 그 해에 전 지역에 걸쳐 식량 생산이 급격하게 줄었다고 보고했다. 다시 한 번 말하지만 설령 이 수치가 과장되었다 하더라도 도(都) 간에 차이가 난다는 점은 확실하다.

UN의 초기 평가에 따르면 대다수의 작물 피해(61%)와 실종자(67%)가 평안남북도와 자강도, 즉 북서 지역 3개 도에 분포되어 있다고 한다. 이러한 평가는 이후 인공위성 영상을 이용한 상세 분석에 의해 확인되었는데, 전국적으로 전체 농지의 42%가 홍수 피해를 입었지만 북서 지역에 피해가 집중된 것으로 나타났다.

식량 위기에 대응할 때는 타이밍이 중요하다. 정부는 교역을 통해 식량을 수입하고 양자 간 원조를 확보하기 위해 뒤늦은 노력을 기울였지만, 홍수 때문에 8월 23일 UN을 통해 다자간 원조를 요청하게 되었다. 이로 인해 국제 인도주의적 원조가 가동되었지만, 최초 원조량은 많지 않았다. 당시 원조는 쌀 2만 250톤과 식물성 유지 675톤이었는데 이것은 홍수 피해를 입은 50만 명이 석 달 동안 살 수 있는 분량이었다. 1996년 7월 1일이 되어서야 두 번째 요청이(실질적으로는 최초로) 이루어졌고, 이 요청에 따른 최초 원조는 홍수 피해가 심각하게 악화되어 더욱 궁핍하게 몇 달을 지낸 후인 8월이 되어서야 도착했다.

따라서 1995년의 수확량은 중앙 정부에게 다시 한 번 중대한 딜레마를 안겨주었다. 식량부족이 점차 보편화되면서 정부는 농장에서의 수매량을 늘리려고 할 수도 있었지만, 미리 추수하거나 사재기, 개인 텃밭에 치중하기, 비공식적인 거래 등 우리가 위에서 언급했던 행동들이 일어날 위험이 존재했다.

1996년 봄, WFP가 실시한 평가에 따르면 정부는 추수기에 농부에게 배급되는 양을 167킬로그램에서 107킬로그램으로 대폭 줄이기로 결정했다. [도표 3-1]에 나타나듯이 이는 최소 인적수요를 훨씬 밑도는 수치다. 이 시기 이전에 농민들이 정부에 대해 적극적, 소극적 저항을 시작하지 않았다 하더라도, 홍수로 인해 정부가 곡물 수매를 늘리려고 하면 분명 이런 행동들이 촉발되었을 것이다. 두 자료에서 농민들의 행동을 뚜렷이 알 수 있다.

첫 번째는 1996년 12월 FAO/WFP가 산출한 수확량이다. 여기에서는 홍수로 인한 손실량이 약 30만 미터톤이라고 추산했다. 그러나 옥수수 230만 미터톤의 절반이 손실되었다고 언급했다. WFP는 굶주림으로 인해 8월과 9월에 이 곡물이 미리 소비되었다고 해석했다. 이에 대한 나치오스의 의견을 상세히 인용해 본다.

'옥수수 수확량이 사라진 데 대한 FAO/WFP의 설명이 불충분하다는 점은 주민의 필요 소비량을 계산해 보면 더욱 분명해진다. 배급량을 최소로 하면 곡물 1만 5,000미터톤이면 매달 100만 명의 주민에게 식량을 공급할 수 있을 것이다. 곡물 34만 5,000미터톤은 국민 전체를 1개월 동안 먹여 살릴 만한 양이며, 130만 미터톤(추정된 유실량보다 다소 높음)은 국가 전체를 거의 4개월 동안 먹여 살릴 수 있는 양임을 의미한다.'

옥수수 수확량 유실 규모는 홍수 피해에 대한 주장들을 올바로 볼 수 있게 해준다. 정부는 홍수로 인한 손실이 190만 미터톤이라고 주장했다. 이 양은 WFP가 추정한 홍수로 인한 피해 30만 미터톤과 옥수수 수확 유실량

115만 미터톤을 합한 것, 즉 총 145만 미터톤의 곡물 손실량보다 분명 높다.

이렇게 수치가 불일치하는 점에 대해 추정할 수 있는 한 가지 요인은 정부가 사실 60만 미터톤 범위로 추정되는 재고량 손실을 계산에 넣었다는 것이다.

그러나 부족분에 대한 설명은 두 가지 경우에서 매우 다르다. 하나는 자연적인 요인을 강조하는 반면, 다른 하나는 정부가 농민들과 겪은 문제에 더 중점을 두고 있다. 농민들은 홍수의 범위를 잘 알고 있었고(이들도 홍수의 피해를 입었다), 굶주림뿐 아니라 배급량이 더 줄어들 것이라는 예상 속에 식량을 비축하려고 했다.

농민들의 행동에 대한 두 번째 증거는 지도층에서 직접 나온 것이다. 김정일은 앞서 언급한 김일성대학에서의 연설에서 식량난이 정부가 직면한 가장 시급한 문제임을 인정했다. 흥미롭게도 김정일은 자연재해에 대해 지나가는 말로만 언급했을 뿐이다.

"현재 농부와 광부들은 기회가 있을 때마다 식량을 숨기고 있습니다."

김정일은 암시장 활동을 지적하고 인정했다. 결론은 다음과 같다.

"우리는 군대에 쌀을 공급할 수 없습니다."

김정일은 식량문제 해결에 도움이 될 실질적인 프로젝트(야채 재배 등)에 착수하고 농부들에게 위기 상황을 인식시켜 이들로부터 더 많은 양의 곡물을 거둘 수 있게 하라며 당을 독려했다.

"하루 450그램만 먹으면 나머지는 군에 보낼 수 있다고 말하면 그들이 동의할 겁니다(1996)." [18]

기근의 마지막 단계인 1996년 추수기부터 1998년 추수기까지는 궁핍이 더 보편적으로 확산되었다. 다시 한 번 날씨가 한 몫을 했다. 1996년의 홍수는 이제 북한의 곡물, 특히 쌀의 60% 가량을 생산하는 황해남북도, 강원도,

개성직할시에 타격을 주었다.

FAO/WFP 조사단은 홍수로 인해 30만 톤의 곡물이 유실되었다고 추정했다. 1997년의 작물 성장기는 5월에 비가 적당히 내리면서 순조롭게 시작했으나, 심각한 가뭄이 이어졌고 8월에는 태풍이 들이닥쳤다. 결국 1998년의 수확도 다시 심한 타격을 입었고 옥수수 생산이(아마 50% 정도로) 특히 감소되었다.

그러나 강조할 점은 1997년과 1998년에는 원조활동이 활발해지면서 외부 공급량이 늘어났다는 사실이다. 따라서 1996년과 1997년의 생산량 감소량을 외부의 추정치에서 제시하는 것보다 크게 잡은 정부의 통계를 받아들인다고 해도 1997년에서 1998년의 총 공급량에는 큰 변동이 없다.

달라진 것은 더 많은 곡물이 소비되었거나 공식적인 경로 외에서 배포되었다는 것이고, 정부는 대중에게 일관되게 공급이 이루어진다고 위장하는 것조차 단념했다. 1997년 7월 WFP/FAO는 정부가 연초부터 배급량이 100~200그램에 불과했음을 인정하고 물자가 고갈되어 식량배급제 배급이 전적으로 중단될 것이라며 정확한 날짜를 도별로 발표하기까지 했다고 보고했다.

이 발표는 의심할 나위 없이 원조단체들로 하여금 원조 물자 출하를 서두르게 하려고 만들어진 것이다. 그러나 식량배급제가 사실상 무너졌으며 직장과 가정이 전적으로 스스로 식량을 구해야 되도록 방치되었다는 진실은 남아 있다.

■ 불행의 분포 추적

1998년에는 수확이 비교적 높았고 외국의 원조가 늘어나면서 연말에는 최악의 기근이 끝났을 것이다. 기근의 참상은 어떻게 분포되었을까? 누가 가장 심각한 영향을 받았을까?

하나의 해석은 기근이 고전적인 식량 가용성으로 인한 것이며, 정부는 가능한 한 공정하게 식량을 배분하기 위해 최선을 다했다는 것이다. 이런 환경에서 사회주의 시스템이 지니는 '명령-통제'라는 특성은 자원을 지배하고 재할당하는 권한을 국가가 가지고 있기 때문에 유리할 수 있다. 이러한 해석 하에서는 매우 소수의 핵심 엘리트만이 기근의 영향에서 전적으로 보호를 받았을 것이고, 나머지 주민은 감소하는 가용 식량을 비교적 공정하게 나누었을 것이다.

우리는 최소한 1997~1998년에 대해 세 유형의 데이터로 이 주장을 시험해 볼 수 있다. 도별 곡물 생산량 차이, 농민에 대한 도별 배급량 차이, 식량배급제를 통한 도별 배급량 차이가 그것이다.

이 데이터들은 생산량이 도별로는 상당히 차이가 나지만 정부는 1997년 농부들에게 비교적 배급량을 동일하게 하려고 노력했음을 보여준다. 정부가 1994~1996년의 추수 후 곡물을 수매하는 데 어려움을 겪었다는 점을 고려한다면 농민의 배급량을 늘리고 도별로 일정하게 유지하려고 하는 노력은 전용(轉用)을 막으려는 의도적인 노력임이 틀림없다.

그러나 [표 3-5]의 식량배급제 데이터를 검토해보면 결코 모든 지역이 평등했다고 보이지는 않는다. 도별로 식량배급 대상 주민에게 공급된 식량에 관해 정부가 제시한 데이터를 사용해 우리는 1997년 9월에서 1999년 4월까지 기근 후반부의 1인당 식량배급량을 도별로 계산해 보았다. 그 차이는 현저했다.[19]

[표 3-5] **월별 식량배급제 배급량(1997년 11월~1999년 4월)**

(단위: 킬로그램/1인)

	1997년 11월	1997년 12월	1998년 1월	1998년 2월	1998년 3월	1998년 4월~8월	1998년 9월	1998년 10월	1998년 11월	1998년 12월	1999년 1월	1999년 2월	1999년 3월	1999년 4월
평양	9.9	9.9	7.4	4.9	1.0	0.0	3.7	3.7	8.5	8.5	5.6	5.6	4.2	0.9
평안남도	6.6	6.6	4.9	3.3	0.7	0.0	2.5	2.5	8.6	8.6	0.6	0.6	4.3	0.9
평안북도	6.4	6.4	4.8	3.2	0.6	0.0	1.6	1.6	9.1	9.1	6.0	6.0	4.4	1.0
자강도	10.5	10.5	7.9	5.2	1.0	0.0	2.6	2.6	8.7	8.7	5.7	5.7	4.3	0.9
황해남도	8.8	8.8	6.6	4.4	0.9	0.0	3.3	3.3	8.2	8.2	5.5	5.5	4.1	0.9
황해북도	8.8	8.8	5.3	3.6	0.7	0.0	2.3	2.3	8.0	8.0	5.3	5.3	3.9	0.8
강원도	5.6	5.6	4.1	2.8	0.5	0.0	1.4	1.4	7.9	7.9	5.3	5.3	4.0	0.9
함경남도	6.7	6.7	5.0	3.4	0.6	0.0	1.3	1.3	8.5	8.5	5.7	5.7	4.3	0.9
함경북도	7.5	7.5	5.8	3.9	0.7	0.0	1.5	1.5	8.5	8.5	5.6	5.6	4.2	0.9
양강도	9.5	9.5	7.0	4.7	0.9	0.0	1.9	1.9	8.3	8.3	5.6	5.6	4.1	0.9
개성	8.2	8.2	6.0	4.0	0.8	0.0	1.8	1.8	7.2	7.2	4.8	4.8	3.6	0.8
남포	6.8	6.8	5.1	3.4	0.6	0.0	1.7	1.7	8.2	8.2	5.5	5.5	4.0	0.9
합계	7.9	7.9	5.8	3.9	0.7	0.0	2.3	2.3	8.4	8.4	4.9	4.9	4.2	0.9

(출처) 1997년 11월~1998년 10월 – FAO/WFP(1998년b, 표 6), 1998년 11월~1999년 4월 – FAO/WFP(1999년a, 표 3), 도별 인구 – FAO/WFP(1999년b, 표 6)
(주) 도별 식량배급제에 의존하는 인구 비율 대 도별 매월 식량배급량으로 계산함

　　평양은 쭉 1위를 유지했고, 때로는 다른 도에 비해 1인당 배급량이 2배에 가깝기도 했다. 자강도와 황해남도의 곡창지대 역시 높은 배급량을 보였지만, 남포와 개성 그리고 북서 및 북동부에 위치한 도는 훨씬 생활이 어려웠다. 정부는 1998년 추수 후 곡물 배급량을 현저하게 늘린 것으로 나타났다. 실제로 분배가 고르게 되었는지 의심스럽다. 그러나 이 시점에서 최악의 기근이 지나갔다.

　　피난민 인터뷰를 통해 지역별 차이를 더 잘 알 수 있다. 우리민족서로돕기불교운동본부(훗날의 '좋은 벗들Good Friends') 조사원들은 1997년 9월부터 1년 이상 중국 국경지대에서 북한 난민 2,000여 명을 대상으로 인터뷰를 했

다. 인터뷰는 자유롭게 증언할 수 있는 문항들과 사망률 상승, 출산율 저하, 가정의 대응 행위를 묻는 질문들로 구성되었다.

'좋은 벗들'의 조사원들이 인정했듯이, 인터뷰 대상자는 무작위로 선택된 것이 아니며 중국 국경과 가까운 지역, 특히 북동부 지역 거주자와 전국적으로 가장 식량난에 취약했던 가정이 많이 참여했다. 하지만 좋은 벗들의 조사 결과를 주의 깊게 접근하고 적절하게 조정하면 북한의 기근에 관한 많은 정보를 알 수 있다.

1,694명의 난민을 대상으로 한 좋은 벗들의 초기 조사에서는 어떤 지역이 가장 심한 타격을 받았다고 생각하는지 묻고 있다. 62%가 함경남도, 23%는 함경북도, 22%는 다른 지방이라고 답했다. 모든 도가 비슷한 정도의 궁핍을 겪었다고 답한 사람은 9%에 불과했다.

이 응답은 단순히 피난민의 출신지만을 반영하지 않기 때문에 어느 정도 신뢰할 만한 수치다. 거의 60%의 응답자가 함경북도 출신이고 함경남도 출신은 20%뿐이었다. 그럼에도 불구하고 상당수의 응답자가 함경남도가 더 심각한 피해를 입었다고 답했다. 사망률에 대한 자료는 이러한 지역적 차이를 확인시켜 주었다. 표본 중 응답자 가족의 평균 사망률은 28.7%였지만, 평양은 16.7%로 낮았고, 함경남도는 32.1%, 자강도는 32.9%에 이르렀다.

두 도 간에 이렇게 차이가 나는 원인으로 생각해볼 수 있는 것은 함경북도의 주민이 국경을 건너거나 암시장 교환이나 거래에서 이익을 얻기가 조금 더 용이했다는 점이다. 이 응답들은 또한 선별에 관한 나치오스의 주장을 정황적으로 지지하는데, 1997년 하반기까지 식량 원조가 동북부 지역으로 직접 유입되지 않았다는 사실을 고려할 때 특히 그렇다.

Part 3의 Chapter 1에서 논의하겠지만, UN의 후원으로 시행한 영양 조사는 영양 상태에 있어 지역적 불균형을 뚜렷이 보여주며 함경남도가 함경북도에 비해 혜택을 받지 못했다는 개념을 조심스럽게 지지해준다.

식량배급제의 특성과 인터뷰에서 나타난 증거들은 모두 혜택을 받지 못한 도의 도시 가정이 가장 심각한 영향을 받았음을 알려준다.[20] 수확에 대한 직접적인 권리도 없고, 개인적인 공급원도 없으며, 비교적 제한된 시장에서 식량을 구매할 만큼 급여가 충분하지도 않은 도시 근로자와 그 가족들은 휘청대는 식량배급제에 전적으로 기댈 수밖에 없었다.

피난민 인터뷰는 이 점도 지지해준다. 앞서 언급한 1998년 좋은 벗들의 조사에서 대다수(응답자의 88.7%)가 도시 지역이 농촌보다 더 심각한 피해를 입었다고 답했다. 도시와 농촌 지역이 비슷한 생활을 했다고 답한 사람은 9.5%에 불과했으며 농촌의 실정이 더 나빴다고 답한 사람은 극소수(1.8%)에 불과했다.

1998년 조사에 나타난 직업별 사망률 데이터 역시 도시 산업 경제의 붕괴에 대해 흥미로운 단서를 제공한다([표 3-6] 참조).[21] 예상대로 사무직 근로자, 전문직, 군인(뒤로 갈수록 취약성이 낮음)이 다른 직업군보다 더 많이 보호

[표 3-6] 직업별 사망률

직업	가족 구성원(명)	사망자 수(명)	사망률
육체 노동자	2,398	441	18.4
사무직 노동자	633	75	11.8
전문직	43	3	7.0
농부	296	71	24.0
학생	1,951	336	17.2
군인	217	13	6.0
주부	284	95	33.5
기타	122	27	22.1
무직	1,769	807	45.6
밝히지 않음	1,536	785	51.1
합계	9,249	2,653	28.7

(출처) WFP, 1998

받았다. 가족 구성원 중에는 육체노동자가 가장 많았지만, 이들의 사망률 역시 평균보다 다소 낮았다.

눈에 띄는 사실은 많은 가족 구성원이 무직으로 구분되었다는 점이다. 노인이 포함된 이유도 있겠지만 난민들의 증언에 따르면 주요 산업도시의 공장들이 자재와 전력이 공급되지 않아 사실상 가동되지 않았다고 한다. 신규 투자와 건설이 완전히 중단되었다.

고용보장이라는 사회주의 경제의 특징에도 불구하고 산업 분야는 경제 위기를 겪는 동안 다른 개발도상국들에서 나타나는 것과 매우 유사한 비공식화 Informalization 과정을 겪었음이 틀림없다. 주변적 위치의 근로자 계층(혜택 받지 못한 도시에 살고 예컨대 건설 같은 산업 분야에 종사하는 근로자)이 분명히 가장 심한 타격을 입었을 것이다.

그럼 농촌 지역은 어떠한가? 인터뷰를 한 난민 중 농민이 매우 낮은 비율(3.2%)이라는 점은 시사하는 바가 크다. 하지만 이러한 점이 마을 단위에 더 엄격한 통제가 가해졌다거나 이주가 더 어려웠다거나 물질적 환경이 더 나았다는 점을 반영한다고 하기는 어렵다.

좋은 벗들의 조사대상자 중 농민의 비율이 낮기는 하지만 농가의 사망률(24%)은 평균(28%)보다 약간 더 낮은 것으로 보고 되었다. 원칙적으로 농민에게 주어진 배급량이 전국적으로 비교적 일정했다고 하더라도 날씨 때문에 지역별로 생산 부족 현상이 발생했고, 그 결과 협동농장의 공급량이 겨우 생존에 필요한 경계선 정도이거나 그 이하로 떨어졌다.

따라서 농민은 전체적으로 분명히 도시 거주자보다 나은 생활을 하기는 했지만, 거주지역에 다라 달랐다. 홍수와 가뭄의 영향을 심하게 받은 지역의 농민은 국제 원조와 도, 군, 마을에 곡물을 재할당하는 중앙정부의 능력에 주로 의존했다.

우리가 살펴봤듯이, 정부의 이러한 능력은 분명히 약해졌다. 더구나 약 10%의 농가가 국영 농장에서 일했는데, 개인 텃밭을 경작해 다른 작물을 재배할 수 있긴 했지만 이들 역시 한해의 일정 기간은 식량배급제에 의존했다. 따라서 마찬가지로 식량부족을 겪은 게 확실하다는 사실을 기억해야 한다.

　요컨대, 기근이 악화됨에 따라 권한부여와 분배가 중요한 역할을 한다는 증거들이 더욱 뚜렷해졌다. 1997년 11월부터 실시된 FAO/WFP 조사는 상세히 언급할 만하다.

　'식량 소비에 있어 지금까지 인식된 것보다 훨씬 큰 양극단이 존재한다는 증거가 계속 나오고 있다. 이런 현상이 발생한 원인에는 운송 상의 어려움, 지역적 차이, 일부 도가 다른 도에 비해 식량부족에 대한 대처가 잘 준비되어 있었던 점, 도시보다 농촌 사회가 식량을 더 쉽게 얻을 수 있다는 점, 자산이나 해외 송금을 받는 정도에 차이가 나는 점 그리고 이에 상응해 비교적 미미하기는 하지만 새로 생겨난 사설 Private 시장에서 물건을 구매할 수 있는 능력이 달라진 점 등을 들 수 있다.'

　Part 3에서 설명하겠지만, 이는 매우 통찰력 있는 견해다. 기근과 식량부족이 식량배급제의 붕괴뿐 아니라, 필요 식량을 시장에서 구매하는 데 필요한 재원(財源)을 마련하는 능력에 차이가 생김에 따라 진행되었다는 조짐이 이미 1997년 초에 가시적으로 나타났기 때문이다.

■ 사망자 수 1 : 누가 죽었는가?

　우리는 북한에서 식량이 어떻게 그리고 누구에게 분배되었는지의 관점에서 기근을 살펴보았다. 이 문제들을 다루는 또 다른 방법은 누가, 어떻게 죽었는지를 고려하는 것이다. 기근에 관한 여러 연구들은 이 문제에 관해 몇 가지 보편적인 의견을 보이는데 다음과 같이 간단히 요약할 수 있다.

첫째, 단순한 굶주림 때문이 아니라 질병으로 사망자가 생겨났다. 이는 개인의 질병 저항능력이 약해지고 공공보건 체계가 무너져, 약을 구하기 힘들어진 결과다.

둘째, 가정을 중심으로 보았을 때 가장 약한 층이 유아와 아동, 노인들이다.[22]

이러한 소견은 우리가 보유하고 있는 난민 인터뷰에서 도출되었다.[23] UN은 1994~1995년의 유아 사망률이 정상 출산아 1,000명 당 24.4명이라고 추정했다. 홉킨스 대학의 1차 연구는 4세 이하 유아의 사망률이 1995~1997년에 거의 4배나 높다는 사실을 발견했다(1,000명 당 88.9명). 홉킨스 대학의 2차 연구는 유아 사망률이 1,000명 당 57.4명이며 5세 이하 사망률은 30.3명이라고 밝혔다. 두 연구 모두에서 예상대로 노년층의 사망률이 높았고, 추세도 증가한 점이 나타났다. 1998년 좋은 벗들의 조사에서는 사망 원인에 대해 질문했는데, 굶주림뿐 아니라 질병의 중요성이 분명하게 나타났다. 사망 원인으로 '기아'라고 답한 응답자는 33%에 불과했다. 51%는 질병, 10%는 굶주림과 질병 때문이라고 답했다.

요약하면, 연령별 사망률 분포에 대한 증거들은 이전의 연구 결과를 확인시켜 주었고 아동과 노년층 중심으로 관심을 두고 있는 원조단체의 입장을 공고히 해주었다. 이러한 관심은 북한 정부와 원조단체 간에 마찰을 일으킨 시설 문제 때문에 더욱 커졌다. 취약 계층 중 많은 사람이 고아원과 병원 등의 시설에 속해 있었는데, 이러한 시설들은 식량배급소나 직장 단위보다 권리를 지키지 못하는 위치에 있었다. 실제로 우리는 정부가 이 시설들이 존재한다는 사실조차 감추려고 했다는 유력한 증거를 NGO 단체로부터 확보했다.

▇ 사망자 수 2 : 초과사망자 수는?

북한 정권의 비밀주의를 고려한다면 기근으로 인한 사망률의 추정치들 간의 엄청난 차이는 그다지 놀랍지도 않다. 북한은 1999년 5월, 2001년 7월의 공식성명에서 1995년과 1998년 사이에 22만 명이 기근과 관련해 사망했다고 추정했다. 이는 전체 인구의 약 1% 수준이다.

그러나 망명자 중 최고 간부였던 황장엽을 비롯해 당 출신 망명자들과의 인터뷰에 따르면, 내부적으로는 기근으로 인한 사망자를 100만 명에서 250만 명으로 추정하는 것으로 나타났다. 반대로 외부의 관찰자들은 350만 명이 기근과 관련해 사망했다고 추정하고 있으며 이는 인구의 16%에 달하는 수치다.

기근의 희생자 수를 파악하기 위한 이러한 노력에 대해 말할 수 있는 것은 무엇인가? 일반적인 측정 기준은 '초과사망자Excess Death'다. 초과사망자란 비정상적인 사망으로 인한 사망률 증가를 말하며, 여기에는 '희생된 출산Births Forgone', 즉 기근에 따른 출산율 감소도 포함된다.

기근이 끝나고 정상적인 환경으로 돌아간 후에는 출산율이 유달리 높아진다. 따라서 기근 동안의 출산율 저하가 적어도 부분적으로나마 상쇄되는 경우가 많다. 하지만 비정상적인 사망은 분명 되돌릴 수 없는 상황이다.

기근이 인구에 미친 영향을 측정하기 위한 최초의 체계적인 시도를 펼친 단체가 바로 좋은 벗들의 연구원들이다. 이들의 연구는 북한 기근의 영향에 관한 여러 후속 보고들의 기초가 되었다. 좋은 벗들을 비롯해 이들의 설문조사를 바탕으로 연구한 다른 논평자들은 전국적으로 추정해 280만 명에서 350만 명이 기근으로 인해 사망했다고 추산했다(국민의 13~16%).

이후 존스홉킨스 대학 팀도 이와 유사하지만 방법론적으로 더욱 엄격한 연구를 수행했다. 이 연구팀은 1998년과 1999년에 771명의 난민을 대상으로 실시한 인터뷰를 기초로 심한 타격을 받은 한 개 도의 사망률을 재구성했고, 1995년과 1997년 사이에 그 도 인구의 거의 12%가 사망했다는 결론을 내렸다.

전국으로 적용해 계산해보면 초과사망자 수가 264만 명에 이른다는 결론이 나온다. 이 수치는 자주 인용되는 여러 추정치들과 일치한다. 예를 들어, 2003년 앤드류 S. 나치오스 미국 국제개발처^{USAID} 처장은 "250만 명, 즉 인구의 10%가 기근 동안 사망했다"고 증언했으며, 이 수치는 1999년 남한 정부가 내놓은 추정치와 대략 일치한다. 국경없는 의사회는 탈북자 진술을 기초로 사망자 수 350만 명이라는 한층 더 높은 추정치를 내놓았다.[24] 이 수치들의 최대치는 과장된 것이 틀림없다. 기근 전 북한의 인구는 약 2,200만 명이었다. 이 인구 중 일부는 개인적으로 식량부족이나 굶주림을 겪은 사람도 있겠지만 사실상 기아를 거의 겪지 않았거나 겪을 위험이 없는 계층에 속했다.

우리는 이러한 엘리트 계층이 어느 정도 규모인지 모르며, 앞서 언급한 것처럼 군대에도 영양실조가 존재했다는 난민의 증언이 있었다. 그러나 특권층, 즉 보호받은 인구 비율을 400만 명이라고 가정하면(이 수치는 군대, 약 100만 명과 평양시민, 약 300만 명을 합한 인구와 대략 맞먹지만 일치하지는 않는다), 특권이 없는, 즉 식량난에 '노출된' 총 인구가 대략 1,800만 명이 되는 셈이다. 로빈슨과 동료들의 연구는 가장 심한 타격을 받은 북동부 지역 출신 난민들의 초과사망률을 약 12%로 잡고, 이 추정치를 함경북도 전체의 초과사망자 수를 계산하는 데 이용했다. 난민들이 특히 심한 타격을 받은 주민층을 나타낸다고 가정하면 이 사망률을 도 전체에 적용하는 것은 문제가될 수 있다. 그럼에도 불구하고 12%라는 수치를 '노출된' 총 인구 1,800만명에 적용하면 200만 명이 조금 넘는 초과사망자 수가 나온다.

우리는 이 수치가 절대적으로 높게 추정되었다고 본다. 이유는 다음과 같다. 기근 전 인구가 약 200만 명이었던 함경북도의 초과사망자가 24만 5,000명이라는 로빈슨과 동료들의 추정치를 받아들일 경우, 나치오스의 진술에 따르면 나머지 1,600만 명의 '노출된' 인구 중에서는 사망자가 약 225만 명이 되어야 하며, 이때 초과사망률은 14%가 된다. 이 결과는 가장 큰 피해를 입었다고 의견이 모아진 도에 대해 로빈슨과 동료들이 산출했던 사망률보다 북한 전체의 사망률이 높게(15% 더 높게) 나온 것이다.

좀 더 체계적인 방식으로 초과사망자 수를 산출하려고 했던 두 보고서는 총 초과사망자 수를 다소 낮게 추정했다. 다니엘 굿카인드Daniel Goodkind와 로레인 웨스트Lorraine West는 연령별 사망률 모형과 조사망률*에 관한 북한의 공식 통계치를 이용하여, 1994년을 기준으로 1995년과 2000년 사이의 초과사망자 수가 23만 6,900명이라고 추정했다.

이와 동일한 모형에 로빈슨과 동료들이 제시한 좀 더 높은 사망률을 적용하면 같은 기간 동안 260만 명의 초과사망자 수가 산출되는데, 이는 북한의 공식 통계치를 적용해 도출된 추정치보다 10배나 높은 수치다.

굿카인드와 웨스트는 여러 추정치들 중에서 1998년 WFP 영양 조사에서 나온 데이터를 바탕으로 한 추정치들을 선호했고, 중국의 대약진 정책 기간 동안의 조사망률에 맞춰 조정했다. 이런 방법으로 중국의 사망률에 근거해 1994~2000년 사이의 초과사망자를 약 100만 명으로 산출했고, 1998년 WFP 조사에서 나온 영양 상태에 맞춰 이를 60만 5,000명으로 조정했다.

굿카인드와 웨스트의 연구의 문제는 1994년을 계산의 기준으로 사용해 기근 시작 시기를 1995년으로 잡았다는 점이다. 그러나 이석(2003)은 공식 통계치를 면밀히 분석한 결과 1994년에 사망률이 이미 높아졌음을 발견했

---

* 조사망률: 粗死亡率, Crude Death Rate, 인구 1,000명 당 사망자 수 -역주

다. 또한 성별, 연령별 사망률 모형을 이용해 1994년 1월 1일부터 1999년 8월 31일까지 북한의 초과사망자 수가 66만 8,000명이었다고 추정했다.

이석이 중국으로 탈출한 난민들로 인한 인구 감소는 간과하고, 그 결과 난민들을 기근으로 인한 사망자에 잘못 포함시켰을 수도 있다. 그러나 경제 몰락, 농업 생산 감소, 탈북자들과의 인터뷰에서 나온 증언들을 고려하면 기근이 1994년에 시작되었다는 이석의 의견은 거의 사실에 가까울 것이다. 그렇다면 굿카인드와 웨스트가 내놓은 추정치는 기근의 영향을 과소평가한 것이 된다.

이석뿐만 아니라 굿카인드와 웨스트도 출산율에 변동이 없었다고 가정했고, 따라서 기근 때문에 출산율이 줄어든 것을 기근으로 인한 인구 손실에 참작하지 않았다. 이러한 가설은 얼핏 보이는 것만큼 큰 오류는 아닐 것이다. 좋은 벗들의 인터뷰는 출산율이 낮아졌다고 보고했지만, 다른 기근들을 분석해보면 이러한 출산율 저하는 위기가 지나간 후의 출산율 상승으로 인해 상쇄되기 때문이다.

북한의 기근이 인구통계에 미친 영향에 대해서는 우리가 모르는 부분이 여전히 많다. 더구나 초과사망자는 기근이 불러온 희생을 개략적으로 측정한 것일 따름이다. 이러한 통계는 가족의 붕괴에서 인신매매, 매춘, 자포자기식 범죄에 이르기까지 식량난이 사회에 미치는 광범위한 영향은 말할 것도 없고, 유아기 발육저하가 장기적인 성장에 미치는 영향까지는 포착하지 못한다. 그럼에도 불구하고 우리는 가장 정교한 측정 결과 초과사망자가 대략 60만 명에서 100만 명 범위라고 보며, 이는 기근 전 인구의 약 3~5%를 차지한다.

▦ 결론

Chapter 2에서 우리는 전체적인 식량 가용성을 살펴보고 기근에 광범위하게 접근하였다. 그리고 이번에는 누가, 어떻게 사망했는지를 포함해 분배와 권한부여 문제를 더욱 상세히 고려하며 기존의 접근 방식을 보완하였다. 특히 기근의 지역적 중요성과 동부 해안지역 산업 도시들의 근로계층에 미친 영향에 주의를 기울였다. 그러나 이렇게 살펴보면서 도출된 가장 중요한 사항은 집단별 차이가 아니라(결정적인 문제이긴 하지만) '위기의 체계성'이다.

사회주의 국가의 사회적 계약을 이루는 가장 근본적인 요소(충분한 식량을 보장하는 정부의 능력)가 1990년대 중반 붕괴되었다. 이러한 계약은 식량부족과 지역적 기근으로 인해 그 전부터 위축되어 왔다. 그러나 1990년대 중반의 기근과 이후 이어진 식량 부족은 완전히 새로운 현상이었다. 식량배급제가 장기간에 걸쳐 보편적으로 붕괴된 것이다.

Part 3에서 이러한 변화의 장기적인 영향에 대해 다시 살펴보도록 하겠다. 그러나 그 전에 원조 활동에 대해 보다 상세히 살펴볼 것이다. 원조활동은 1996년 이후 정부의 식량 공급 능력의 중심축이 되었다.

P·A·R·T 2

인도주의적
원조의 딜레마

Famine in
North Korea

원조 정권 :
모니터링 문제

1995년 말 무렵, 북한의 식량 가용성은 국내 생산량과 점차 감소하고 불규칙해지는 교역을 통한 수입량, 정부가 분명 감추어 두었지만 규모가 알려지지 않은 재고량에 의해 결정되었다.

1995년 이후에는 원조가 중요해졌다. 북한은 1995년 초 남한과 일본으로부터 양자간 원조를 협상했고, 이들 국가는 1996년 봄, 북한에 원조를 제공했다. 그런데 1995년 7월과 8월 홍수를 겪은 북한은 유례없이 광범위한 다자간 원조를 요청했다. 거의 꼬박 1년을 지체하고서야 마침내 원조가 대량으로 국내에 들어오기 시작했다. 이렇게 오래 지체된 것은 북한 정부가 홍수를 강조해 그릇된 인상을 준 것에도 원인이 있고, 또한 원조단체 내에서 북한의 식량 상황에 대한 평가가 상충되었기 때문이기도 하다.

우리는 10여년에 걸친 원조활동을 세 가지 시각으로 살펴볼 것이다. 이번 Chapter에서는 모니터링 문제를 둘러싼 북한과 원조단체 간의 대립관계를 검토해본다. 다음 Chapter에서는 전용^{Diversion}과 관련된 문제를 다룰 것이다. 우리는 특히 대부분의 대북 인도주의적 원조를 관리해온 WPF에 대해 자세히 다루겠다. WFP는 정부들의 대리인이다. WFP는 지원요청 절차를 통해 식량을 확보하며, 따라서 결국 최종 원조국의 후원에 의존한다. 따라서 국가들이 원조를 제공하는 인도주의적 동기와 정치적 동기들을 살펴본다. 이 동기들은 서로 상충되기도 하며 국가들 간의 조정을 어렵게 하기도 한다.

원조활동이 시작될 때부터 북한 당국은 인도주의적 단체의 가장 기본적인 규범을 이행하지 않겠다는 태도를 분명히 했다. 이 규범에는 방문, 원조물자의 투명한 운영, 공정한 분배, 가장 취약한 집단을 중심으로 원조한다는 항목이 포함된다. 모든 원조 게임에서처럼 북한 정부는 원조를 최대한 많이 받으려고 하는 한편, 원조에 따르는 조건들은 제한하려 했다. 이 중에서도 다자 간 원조, 양자 간 원조, NGO 단체의 원조 실무자의 수를 엄격하게 제한하고 방문과 이동에도 심한 제약을 두었다.

이러한 환경에서 원조단체들은 모든 원조 관계에서와 마찬가지로 활동을 계속할 것인지, 철수할 것인지를 선택해야 하는 상황에 계속해서 부딪혔다. 개별 정부와 특정 NGO 단체들은 여러 차례에 걸쳐 원칙적으로 프로그램을 중단한다는 결정을 내렸고, 어떤 경우에는 북한을 영구적으로 떠나기도 했다. 그러나 우리가 상세히 설명할 인도주의적 이유와 정치적인 동기 때문에 대부분의 원조단체들이 북한 예외주의를 따랐고 북한에 계속 머물렀다. 이렇게 활동을 지속하는 것이 윤리적인 면에서는 적합했지만, 계약 조건을 둘러싼 줄다리기에서는 타협할 수밖에 없었다.

이렇게 전략적으로 타협한 입장이라고는 해도 접근성을 높이려는 노력이 전혀 없었던 것은 아니다. 오히려 그 반대였다. 국제적, 국가적인 책임 규정 때문에 일반 원조단체들과 특히 WFP는 원조물량이 원래 의도했던 대상자에게 전달되는지 보장하라는 압력을 지속적으로 받았다. 결과적으로 원조 과정은 우리가 여기에서 다루고 있는 모니터링과 전용이라는 두 문제를 중심으로 한 오랜 협상과정으로 볼 수 있다. 이 두 문제는 상호밀접하게 연관되어 있다.

우리는 적절한 원조대상자를 규정하려는 WFP의 노력과 원조가 이들에게 제공되고 있는지를 모니터링하려는 노력 과정을 상세히 검토했다. 또한 단 한 번의 식량 출하를 모니터링 하는 것도 어렵게 만드는 복잡한 운송 문제를 상세히 살펴보며 이 문제를 구체화하였다.

우리는 시간이 지날수록 모니터링이 더욱 정교해졌다는 결론을 내렸다. 일부 NGO들은 지역 단위 프로그램을 개발하여 정부의 레이더를 따돌렸을 것이다. 이는 인도주의적 차원에서 효과적일 뿐 아니라 포용력과 신뢰를 쌓는 등 여타의 긍정적인 효과도 지니고 있다.

그러나 우리는 대규모 국제 원조에 놀랍도록 꾸준하게 기본적인 제약이 가해졌음을 발견했다. 더구나 시간을 두고 쌓아온 소득도 무의미하게 될 수도 있었다. 우리는 2005년 말과 2006년 초, WFP의 활동을 크게 축소시키려는 북한 정권의 노력을 간략히 설명하면서 Chapter를 마무리할 것이다. 이러한 노력은 관계에 있어 교섭 문제를 극명하게 보여주는 사례다.

▪ 북한에 대한 인도주의적 원조 : 개요

식량 원조는 구호활동이 시작될 때부터 전체 대북 원조 중 가장 큰 비중을 차지했고, 지금까지도 주된 원조 방법이 되고 있다.(부록 02의 [표 1-3] 참조). 원조는 다자 간 원조기구, 양자 간 원조기관 그리고 다양하고 적극적이며 매우 혁신적인 NGO 단체 등 다양한 경로를 통해 전달되었다.[1] 이렇게 경로가 다양했기 때문에 외부 원조를 정확하게 추적하기는 어렵다. 부록 02에서 우리는 원조를 부문과 기관별로 상세히 분류했다. 그러자 식량 원조가 주도적인 역할을 했음이 분명히 나타났다.

1995년 국가를 개방한 때부터 2005년까지 세계 기구들은 북한에 23억이 넘는 원조를 쏟아 부었다. 이 총액 중에서 67%가 식량 원조 형식이었고, 9%는 식량 보장, 즉 농업 복구와 개발 명목이었다(부록 02의 [표 1-3] 참조).[2] [도표 4-1]은 국내 생산량과 Part 1에서 작성했던 두 가지 수요 추정치의 맥락에서 이러한 광범위한 국제 원조활동을 살펴보고 있다.

중국과의 식량 무역이 추정치에 포함되어 있으며, 기본 곡물 거래량을 100만 미터톤 단위로 측정했다. 몇 가지 두드러진 점이 있는데, 첫째, 북한의 총 식량 공급량이 계속 불확실하다는 점과 둘째, 원조에 대한 의존도다. 대기근이 지나간 후 생산량 회복이 부진하고 북한 정부가 교역을 통한 수입에 외화를 지출하기를 꺼려했다는 점은 인도주의적 원조에 대한 의존도가 꾸준히 상승했음을 가리킨다.

그러나 세 번째 사항은 국제단체들의 대북 지원의사가 줄어들었다는 점이다. 2002년 가을 가장 최근의 핵위기가 발생하기 전에도 총 원조가 줄어들기 시작했으며, 이는 북한의 비협조적인 태도로 인해 원조국 기부피로 현상Donor Fatigue이 나타났을 뿐 아니라 다른 지역들에서 발생한 재난에도 인도주의적 원조가 투입되어야 했기 때문이다.

WFP의 상황보고서는 원조가 시기를 놓치지 않고 들어와야 한다고 계속 강조했다. 국제사회가 원조 이행 약속을 충실히 지키던 때에도 마찬가지였다. 그러나 2002년 2월, 원조가 최초로 큰폭으로 줄어들었다. WFP의 경고는 점차 필사적인 어조를 띄었고, WFP는 식량이 취약계층에게 전달되도록 조절하라는 압력을 계속 받았다.

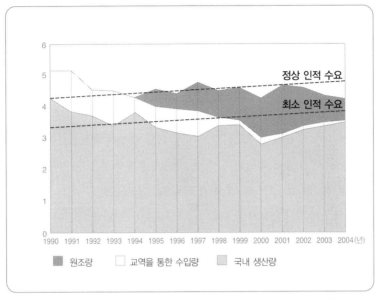

(출처) USDAFAS; PSD database, WFPINTERAIS 2004년, 2005년b, Noland 2000
(주) 수치는 해당년도 11월에서 다음 년도 10월까지를 가리킴

2005년 북한이 더 이상 국제 원조가 필요 없다고 주장하면서 원조 인력을 대폭 축소하려 하자 WFP의 입지는 더욱 불확실해졌다. 결론 부분에서 이 사항에 대해 좀 더 상세히 다루도록 하겠다.

어떤 원조활동에서든 원조제공자와 수혜자 간의 조정은 힘든 과제다. 1991년 이라크 쿠르드족의 참상에 제대로 대응하지 못한 후 국제연합총회는 통합지원절차Consolidated Appeal Process, CAP를 마련했는데, UN 인도주의업무조정국Office for the Coordination of Humanitarian Affairs, OCHA이 주관한다. 통합지원절차는 원조를 받는 정부와의 협의, 원조 필요성의 객관적 평가, 지원 요청, 국제 원조/양자 간 원조/NGO 원조 추적, 원조 전달 모니터링 및 평가를 포함하는 일련의 과정이다. 또한 다국적 원조기구와 원조를 제공하는 정부 간에 발생할 수 있는 문제를 해결하는 역할도 한다. 앞으로 설명하겠지만 북한 정부는 이러한 의무사항을 계속 완강하게 거부했다.

WFP는 인도주의적 식량 원조에 1차적인 책임을 지고 있는 다국적 조직이다.[3] WFP는 초기부터 북한의 참상에 대한 국제 사회의 대응에 주도적인 역할을 했다(부록 02의 [표-2] 참조). 1995년 이래로 15억 달러의 원조가 통합지원절차를 통해 들어왔다. 이 중 13억 달러를 WFP가 확보했으며, 이는 대략 400만 톤의 식량에 해당된다. 식량 원조가 주를 이룬 점은 부분적으로는 상황에 따른 것이다. 그러나 식량 원조에 집중된 것은 원조국들이 북한에게 대출을 해주거나 국제수지 보충에 이용될 수 있는 지원을 제공하는 데 조심스러운 입장을 보였기 때문이기도 하다.

[표 4-1]은 1995년에서 2005년까지의 지원요청활동을 정리한 것이며, 통합지원요청에서 WFP의 역할을 잘 보여주고 있다. 1999년의 48.5%에서 1998년에는 90%를 넘는 등 모든 시기에서 WFP의 비중이 두드러진다. 게다가 실제 기부액수에서도 WFP는 통합지원요청에 참여한 다른 기관들보다 항상 월등한 지원을 확보했음을 알 수 있다. 1998년에서 2002년까지 WFP의 지원요청은 전체 요청의 76%지만, 실제 기부금은 거의 95%를 차지한다. 이런 양상은 2003년부터 바뀌기 시작했지만, 이는 전체 원조가 줄어들고 통합지원요청과 WFP 모두 목표를 달성하는 능력이 저하된 맥락에서의 변화로 해석해야 한다.

원조국들이 다른 형태의 원조를 제공하지 않으려 하는 것은 북한 농업복구 및 환경보호 계획Agricultural Recovery and Environmental Protection Plan, AREP의 결말에서 가장 극명하게 나타난다. 북한 정부의 요청에 따라, 유엔개발계획UNDP은 1998년 주제별 원탁회의를 개최하였다. 북한의 식량 및 농업 문제의 근

[표 4-1] UN 통합지원절차 성과

(단위: 백만 US 달러)

지원요청	목표액	총 목표액 중 WFP의 비율	실제	총 소득 중 WFP의 비율	성취율(%)
1995년	해당사항 없음	–	해당사항 없음	–	해당사항 없음
WFP	8.9	해당사항 없음	6.7	해당사항 없음	75.3
1996년	43.6	–	34.4	–	78.8
WFP	26.8	61.5	26.2	76.2	97.8
1997년	184.4	–	158.4	–	85.9
WFP	144.1	78.1	134.3	84.8	93.2
1998년	383.2	–	215.9	–	56.3
WFP	345.8	90.2	202.7	93.9	58.6
1999년	292.1	–	189.9	–	65.0
WFP	141.6	48.5	177.9	93.7	125.6
2000년	313.8	–	153.1	–	48.8
WFP	222.5	70.9	145.6	95.1	65.4
2001년	384.0	–	248.0	–	64.6
WFP	315.9	82.3	240.1	96.8	76.0
2002년	246.8	–	220.0	–	89.1
WFP	216.7	87.8	206.1	93.7	95.1*
2003년	229.4	–	133.1	–	58.0
WFP	202.7	88.4	117.8	88.5	58.1
2004년	208.8	–	151.6	–	72.6
WFP	172.3	82.5	118.9	78.4	69.0
2005년	해당사항 없음	–	해당사항 없음	해당사항 없음	
WFP	202.3	–	29.7	–	14.7
합계 1996~2004년	2,286.1	–	1,504.4	–	–
WFP (1996~2005년)**	1,990.7	78.2	1,399.3	91.0	–

* 성취율은 목표 대비 지원요청 기간 동안 받은 원조량을 나타냄. 이월된 930만 달러는 제외됨
** 비율은 1995~2004년 사이의 WFP 기부금만 고려함
(출처) UN-OCHA n.d.a; FAO/WFP 1995년, 1996년, 1997년, 1998년a, 1998년b, 1999년a, 1999년b, 2003년, 2004년; WFP 2006년b
(주) 2005년에는 통합지원 요청이 없었음. 따라서 2005년 WFP 데이터는 통합지원요청을 통해서가 아니라 자체적인 요청을 통해 얻은 것임

본 요인을 파악하기 위해 적어도 원조제공자의 입장에서 봤을 때는 최초로 열린 국제회의였다. UNDP는 처음부터 통합지원요청에 참여했지만, 스스로 인정하는 것처럼 원탁회의 전에 지원확보에 크게 성공을 거두지는 못했다. 1995년의 홍수 후 3년이 지난 시기에 개최된 이 원탁회의에서도 북한 정부는 여전히 자국의 문제를 제도적, 정치적 제약이 아닌 자연재해와 대외무역 하락 측면에서 해석했다. 북한 관료들은 회의 과정을 농촌의 인프라 뿐 아니라 비료 생산 및 농기구 제작공장의 현대화를 포함한 재건 프로젝트를 위한 외부 지원을 확보하는 수단으로 보는 것이 분명했다.

북한 정부는 처음 회의를 통해 3억 4,000만 달러를 원조 받고자 했다. 2000년 4월까지 재건 프로그램 지원을 위해 1억 2,840만 달러가 제공되었다. 이 중 약 4,000만 달러는 OPEC과 국제농업개발기구International Fund for Agricultural Development에서 보조금과 차관 형식으로 지원되었고, 1/3은 EU에서, 나머지는 양자 간 원조국, 즉 남한, 중국, 스위스와 NGO에서 지원받았다. 그러나 기부는 물자 원조 형태, 특히 취로사업 프로그램을 위한 비료와 일용품 지원이 압도적으로 많은 부분을 차지했다. 예를 들어, 남한 정부가 대량으로 지원한 비료가 AREP 총합에 포함되었다. 비료나 농기구 공장의 현대화 및 운영, 혹은 농촌 인프라 복구에 드는 외환 비용에 대한 지원은 이루어지지 않았다(이런 목적으로 민간 작물 보험지급은 가능했다).

1996년에서 2004년까지 UNDP와 FAO를 합쳐도 총 통합지원요청 약속이 2,000만 달러에 불과했으며, 이는 전체 원조의 1%가 약간 넘는 액수다. 전체 인도적 원조의 대다수가 다자 간 원조절차를 통해 제공되었지만, 여전히 상당량의 원조가 통합지원요청을 통하지 않고 이루어졌다([표 4-2] 참조). 총 원조 24억 달러 중에서(중국의 지원 제외) 약 62%가 다자 간 원조기관을 통해 이루어졌고, 26%는 양자 간 원조경로를 통했다. 유럽 국가들이 양자 간 원조를 일부 제공했지만, 대다수를 차지한 것은 남한과 중국이다.

[표 4-2] 총 인도주의적 원조, 원조기관별

(단위: 백만 US 달러)

	통합지원 요청	통합지원 요청 외				
	다자 간 지원 (UN 주관)	양자 간 원조	UN 기구	NGO (적십자 포함)	기타	합계
1996년 7월	34.39	11.28	0.00	4.67	0.00	50.35
1997년 8월	158.38	105.79	1.80	26.49	0.00	292.46
1998년	215.87	92.06	0.00	27.16	0.00	335.09
1999년	189.89	41.64	0.00	4.32	0.00	235.85
2000년	153.10	58.58	0.06	12.48	0.00	224.22
2001년	247.97	61.16	1.51	66.80	0.15	377.59
2002년	220.01*	79.24	2.98	58.60	0.00	360.83
2003년	133.10	9.64	1.6	242.34	0.00	186.70
2004년	151.51	121.39	2.20	24.76	0.63	300.49
2005년**	0.00	61.09	0.68	1.80	0.00	63.56
합계	1,504.23	641.87	10.85	269.43	0.78	2,427.16

* WFP가 이월한 9,932만 달러 포함
** 2005년 양자 간 원조 데이터에는 UN-OCHA 목록에 올리지 않은 WFP 데이터가 포함됨

NGO 단체는 총 원조의 12%를 차지했지만, 2000년 초, 정부 원조가 시들해지기 시작하자 비율이 다소 높아졌다. 이 수치만 놓고 보면 민간원조의 사회적 공헌을 과소평가하게 된다. NGO 단체는 매우 헌신적이다. 작은 프로젝트도 지역 수준에서의 신뢰 구축을 바탕으로 면밀하게 모니터링 되며, 결과적으로 보았을 때 분명 효과적이다. 게다가 NGO 직원들은 국제단체의 공무원보다 적은 봉급을 받으며 헌신적으로 일한다. 그럼에도 불구하고 공적 원조가 전체를 주도하고 있으며, 이 수치조차도 순수하게 재정적인 측면에서만 본다면 민간이 차지하는 비율을 높게 잡은 것일 수 있다.

▪ 인도주의 규정

　다자 간 식량 원조가 전체 원조활동의 중심임을 살펴보았지만, 운영상의
핵심에 대해서는 거의 언급하지 않았다. 특히 우리는 다음 두 가지 문제에
초점을 맞추고자 한다. 원조는 누구를 돕기위해 이루어졌는가? 그리고 원조
가 의도한 수혜자에게 제공되도록 하기 위해 원조제공자들이 어떤 노력을
기울였는가? 이 질문들을 다루기 전에 인도주의 단체의 운영 원칙을 살펴보
는 것이 중요하다. 이 원칙들은 대다수의 NGO 단체뿐 아니라 대부분의 주
요 원조국(중국은 예외)들이 최소한 말로만이라도 지지하고 있는 것이다.

　인도주의 단체들이 지켜야 하는 규정을 명확하게 정해놓으려 한 것은 단
순히 이상주의에 젖었기 때문은 아니다. 이는 인도주의 활동 중에 나타날
수 있는 일련의 동기 문제를 해결하기 위한 것이다. 표준화된 제약을 정해
두지 않으면 원조제공자 간의 입장 차이와 경쟁이 바닥을 향한 질주Race to
the Bottom로 치달을 수 있다. 즉, 전용을 눈감아주거나 원조효과를 과장하는
경향이 생길 수 있고, 심지어는 애당초 인도주의적 위기를 야기한 책임이
있는 집단에게 권한을 부여할 수도 있다.[4] 이러한 동기 문제는 북한의 경우
에서처럼 민간 실무단체가 공식 원조국들을 대리하는 역할을 했을 때 더 악
화될 수 있다.

　인도주의적 원조제공을 관리하는 기본 원칙은 간단하다. 원조는 목적과
체계적인 평가에 근거하여 가장 필요로 하는 사람에게 전해져야 한다는 것
이다. 연령, 성별, 사회적 지위, 민족, 정치적 신념에 따라 원조대상자가 결
정되어서는 안 된다. 원조제공은 투명해야 하며 의도한 대상 집단에게 원조
가 제대로 전달되는지 원조기관이 확인할 수 있어야 한다. 원조기관은 원조
의 효과를 평가할 수 있어야 하는데, 이를 위해 원조를 받는 주민과 지속적

이고 직접적으로 접촉해야 한다.

원조제공국 내의 책임 원칙뿐 아니라 이러한 기본 규정 때문에 원조에 대한 철저한 모니터링을 주장하게 되었다. WFP에는 원조제공자와 수혜자 측의 상호 의무사항을 구체화한 표준 운영절차가 구축되어 있다. 원조제공 정부에 대해 WFP가 지는 책임은 그 원조가 올바로 사용됨을 보장하는 것이다. 수혜 정부는 WFP의 감독 활동을 도울 책임이 있다. WFP 표준 협정에 따라 수혜 정부는 지정된 원조대상자에게 물자가 도착하고 부적절한 전용행위가 발생하지 않도록 보장해야 한다. 정부는 지원받은 식량과 보조금의 양, 수혜자 수, 배급소의 위치, 손실량, 손실 요인, 손실 방지 대책 등 규정된 정보를 담은 결산 보고서를 주어진 기한 내에 WFP에게 제출하여 모든 기부물자에 대해 설명하는 데 합의해야 한다.

또한 협정은 수혜자의 영양 상태에 원조가 미친 영향을 원조제공자가 평가할 수 있어야 한다고 요청하고 있다. 배급을 받는 모든 단위에 대한 반복 방문과 자유로운 현장 점검을 포함하여 필요한 모니터링 활동이 상세히 규정되어 있고, 더 나아가 수혜 정부는 WFP 요원이 이러한 의무 수행을 위해 국내에서 원활히 이동할 수 있도록 지원할 것을 규정하고 있다.

NGO 단체는 공적인 인도주의적 원조기관보다 훨씬 다양하며, 우리는·여기에서 NGO의 공헌을 자세히 다루지는 않는다. NGO 활동을 다룬 다른 훌륭한 보고서들이 많이 있다(가장 주목할 만한 것은 Flake와 Snyder의 2003년 보고서다).

NGO의 원조는 금액상으로는 비교적 소규모지만, 민간 인도주의 단체는 대북 원조의 광범위한 정치학에 상당한 영향을 미쳤다. 때때로 NGO 협회는 모니터링과 식량배급에도 관여했다. 더구나 NGO의 현장 경험은 북한에 관한 매우 귀중한 정보 창구가 되고 있으며, 북한 정부와 NGO 간의 마찰은

WFP가 겪고 있는 제약을 잘 보여준다. 1990년대 보스니아와 중앙아프리카에서 윤리적 딜레마를 겪은 후, NGO 단체는 임의적인 규범들을 체계적으로 정리하게 되었고, 이 규범들은 다자 간 원조활동의 규범과 많은 점에서 중복된다.[5] 이 규범들 중 기본 조건은 효과 평가가 가능할 것, 프로그램 설계와 모니터링 과정에 수혜자가 참여할 것, 원조는 모니터링과 적절한 감사가 가능한 투명한 체계를 통해 배급할 것, 공평성, 즉 공정하고 공평하게 원조를 분배할 것 등이다.

북한은 이러한 인도주의적 규범을 이행하려는 NGO의 활동을 강하게 거부했고, NGO 단체는 북한에 머무는 것이 적절한지에 대해 의견이 격하게 엇갈렸다. 1998년 중반부터 미국과 유럽의 NGO들이 최초로 연이어 철수한 것은 잘 알려진 사실이다. 1998년 7월 세계 의사회Medicins du Monde를 필두로 1998년 9월에는 국경없는 의사회Medicins sans Frontieres, MSF가 2000년 봄에는 기아퇴치행동Accion Contra la Faim이 철수했다.

이러한 NGO들에게는 몇 가지 공통점이 있다. 의료 문제에 초점을 맞추었기 때문에 환자와의 지속적인 접촉이 필수적이었으며, 교육이 중요하다고 믿었기 때문에 의사 및 간호사와 계속 접촉해야 했다. 유럽 NGO들은 구호활동에 인간의 기본 권리와 시민사회의 권한에 대한 관심을 밀접하게 연계시켜야 한다고 보는 점에서도 접근방식이 동일했다.

이들 NGO는 자신들의 행동을 강하게 정당화했으며, 국경없는 의사회는 북한에 체류하기로 선택한 단체들을 매우 노골적으로 비난하여 북한 정부와 전체 NGO 단체 간에 긴장을 조성했다. 이러한 최초의 철수 물결은 케어인터내셔널CARE과 옥스팜Oxfam을 비롯한 다른 단체의 철수로 이어졌다. 국경없는 의사회가 주목을 끌며 철수하자 인도주의 기구들은 1998년 11월 인도주의 원칙에 대한 성명서를 작성했다. 이 성명서는 이후 1999년 4월과 2001년 3월에 갱신되었다.[6] 북한에 상주하는 모든 인도주의 기구들로 구성된 실무그룹이 이 규정의 진행사항을 평가하기 위한 기준을 세웠고, 이는 OCHA가 발간하는 보고서에 정기적으로 보고 되었다.

인도주의 단체는 합의문도 발행했는데, 이 합의문은 공동 결의를 보여주려는 목적도 있지만, NGO 단체들이 철수한 후 북한 당국을 안심시키기 위한 것으로도 보인다. WFP와 NGO의 규범이 어느 정도로 준수되었는지 다루기에 앞서, 더 중요한 문제인 식량 원조대상자가 누구였는지를 알아보도록 하겠다.

■ 실무 원칙 1 : 원조 프로그램의 발단과 목적

애초부터 다국적 기구와 NGO들은 원조를 펼치기에는 다소 불리한 입장이었다. 위기가 발생했을 때 북한에 있지 않아 축적된 현장 지식이 부족했기 때문이다. 유엔개발계획은 1980년에 사무소를 열었고 초기의 인도주의적 원조가 이루어지도록 도왔다.

그러나 다른 기구들은 기본적인 사무소 개설 자체가 어려웠고 북한 정부도 매우 비협조적이었다. WFP는 1995년 11월 평양에 사무소를 열었지만, 초기의 모니터링은 서부 해안지역으로 제한되었다.[7] NGO들은 북한 당국이 거주권을 주는 것조차 거부해 거주권을 가진 NGO 간에 그리고 북한에 진출한 NGO와 들어오지 못한 NGO 간에 조정을 해야 하는 특수한 문제를 겪었다.[8] 또한 주요 단체들 간에 식량문제의 성격과 범위에 대한 평가가 매우 틀린 점도 다국적 대응에 영향을 미쳤다. 이 문제는 오늘날까지도 논쟁이 되고 있으며 심지어는 불화를 일으키기도 한다.

중국 국경을 따라 흘러나온 정보는 심각한 식량 부족과 심지어는 기근 상황까지 매우 초기에 알려주었다. 많은 언론인, NGO 그리고 분석가들이 이 소문을 검토했고, 소 잃고 외양간 고치기 격이지만 매우 근거 있는 정보라는 결론에 도달했다. 미국, 일본, 남한의 정보기관과 외교 정책기관의 분석가들도 드러내놓고 말은 못하는 상황이었지만 틀림없이 비슷한 정보를 입수했을 것이다. 그러나 평양의 일부 정치가들, 또는 북한의 속셈을 의심하거나 원조를 제공하고 싶지 않은 이들에게는 기근의 증거가 직접적이지 않거나 전적으로 부족했다.[9] 영양실조에 걸린 사람들을 수용한 시설의 잦은 방문을 기획한 것은 문제가 훨씬 심각하다는 증거이기도 하지만, 한편으로는 동정과 더 많은 원조를 끌어내려는 냉소적인 연극으로 해석될 수도 있다.

초기에는 서부 해안지역으로만 접근할 수 있었고 방문이 엄격히 통제되었기 때문에 외부인들 역시 문제의 범위와 심각성을 평가할 만한 정보, 즉 기근 동안 급격하게 상승했을 식량 가격에 대한 자료, 대규모 인구 이동과 식량을 구하러 다닌 증거, 질 낮은 식품 섭취와 같은 식단에 대한 증거, 실제 영양 상태 및 건강 상태 혹은 사망률에 대한 조사 자료 등을 확보하지 못했다. 1997년 5월, WFP가 압력을 가해 북동부 지역을 개방하는 데 성공한 후에야 이미 발생한 피해 정도가 충분히 명확해졌고, 엄청난 궁핍에 시달리던 이 지역에 물자 공급을 늘리는 것이 가능해졌다. 초기 평가들 간에 차이가 나긴 했지만, WFP/FAO 1차 팀은 식량난이 단순히 홍수 때문이 아니라는 점을 강조했다. 오히려 농업 부문과 경제의 구조적, 정책적 문제에 더 보편적인 책임이 있다고 보았다.[10]

그러나 북한 정부는 처음부터 문제를 인도주의적 관점에서 정의했고, 홍수피해자에게 식량 원조를 제공하는 데 중점을 두었다. WFP와 NGO의 주 대화상대자는 외무부 산하 조직인 큰물피해대책위원회FDRC였다. 이 위원회의 주된 목적은 최대한 많은 원조식량을 확보하는 한편, 다국적 기구와 NGO의 접근을 엄격하게 통제하는 것이었다.

한 관계자는 다음과 같이 말했다. "FDRC와 국제 인도주의적 원조단체 간의 상호작용은 처음부터 적대적이었다. FDRC의 주 업무가 국제 식량 모니터요원들을 관찰하는 것이었고, 최종 사용자에게 원조가 전달되는 것을 확인하도록 돕는 것은 부수적인 업무일 뿐이기 때문이다."

이러한 태도는 UN의 프로그램이 북한 주민의 거의 1/3에게 지속적으로 식량을 공급해 왔음에도 불구하고 식량 권리에 관한 UN 특별 보고관인 진 지글러Jean Ziegler의 북한 입국이 2005년까지 5번이나 거부되었다는 사실에서 잘 나타난다.

북한 정부는 식량난을 불러온 요인이 홍수라고 고집했지만 인도주의적 재난의 범위가 훨씬 더 넓다는 사실이 금세 드러났다. 원칙적으로 한정된 지역에서 발생한 재난에 대한 적절한 대응은 희생자들에게 긴급 자금지원을 제공해 피해자들이 본인에게 필요한 우선순위를 세우고 그에 따라 자원을 할당할 수 있게 하는 것이다.

그러나 북한의 경우에는 이 방식이 가능하지 않았으며 원조제공자의 입장에서 볼 때 정치적으로 부적합했다. 원조제공자들은 전달된 자금을 북한 당국이 적절히 관리하리라고는 신뢰하지 않았다. 여하튼 북한은 시장경제 체제가 아니었고, 위에서 말한 최상의 접근방식은 효력을 거두기가 힘들었다. 대신 원조는 현물로 지급되었고, 물자는 외부에서 충당되었다.

이러한 방식은 주요 원조국인 미국의 정책과도 일치하는데, 미국에서는 농가들이 로비를 하여 미국산 식량이 우선적인 구호물자가 되도록 지지했다. 이는 북한 정부의 정치적 이해관계와도 맞아떨어졌는데, 북한은 외부에서 들어온 원조물자를 식량배급제를 통해 배급해야 한다고 주장했다.

원조국들은 북한이 방문에 관해 침묵을 지키는 점을 우려했기 때문에, WFP는 원조를 제공할 대상 집단을 정의하고 외부 원조가 실제로 의도한 수혜자에게 가고 있는지 보장하기 위한 정교한 제도적 장치를 마련해야 했다.

따라서 WFP의 각 지원요청에는 대상 집단에 대한 비교적 상세한 설명이 덧붙여졌다(부록 02의 [표 4] 참조).

이러한 대상 설정은 몇 가지 단계를 거쳤다. 1995년 최초의 지원요청 활동에서는 홍수 피해자가 식량 원조대상자였다. 다음의 지원요청에서는 인도주의 원조가 홍수나 기타 자연재해의 직접적인 피해자에게 주어져야 한다는 위장도 사라졌다.

WFP의 도움으로 식량을 공급받는 숫자가 1995년의 50만 명에서 1998년에는 750만 명으로 엄청나게 증가함에 따라 WFP는 두 개의 기본 대상 집단을 규정하였다([도표 4-2], 부록 02의 [표 4] 참조).

첫 번째는 어린이, 임산부, 수유부, 노인 등 특별히 식량이 필요한 경우이

[도표 4-2] **지원요청별 WFP 원조대상자**

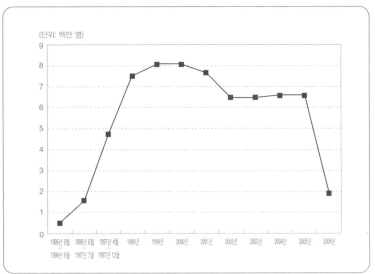

(출처) FAO/WFP 1995년, 1996년, 1997년, 1998년a, 1998년b, 1999년a, 1999년b, 2003년, 2004년: UN-OCHA n,d,b.

거나 연령 혹은 가정 내의 위치 때문에 취약한 집단이다. 이 집단에 대해서는 정확성이 위조되기는 했지만 지원요청 문구에서 매우 상세하게 표현되었다(임산부·수유부 29만 7,955명). 1998년 이후 이 집단은 WFP의 후원 하에 생산된 영양 비스킷 및 국수의 공급 대상자가 되기도 했다.

두 번째 집단은 취로 사업 대상자들이었다. 이 사업은 농촌 재건 프로젝트에 식량을 보급했는데, 매년(직접적인 참가자와 부양가족 포함) 100만 명에게 식량을 공급했다. 총 원조대상자는 1999년과 2000년 800만 명을 넘어서며 정점에 달했고, 이는 인구의 1/3이 훨씬 넘는 수치였다. 그리고 2005년까지 600만 명 이상을 유지해왔다. 이렇게 대상 집단을 제한해 구호를 제공하는 정책은 원칙적으로 보면 차선책임에 틀림없었지만, 북한이 지닌 특수한 정치적 제약 하에 등장한 것이라 하겠다.

2002년의 개혁 이후 WFP가 수집한 조사와 표적 집단 자료는 식량배급제에 의존하는 도시 가정이 특히 취약하다는 점을 보여주었고, WPF는 가장 심각한 영향을 받은 집단이 누구인지에 대해 자세히 이해하기 시작했다. 대상 집단의 구성은 변동이 없었지만, WFP는 성명서에서 특히 북동부 지역의 도시 가정을 지원하는 방향으로 자원을 이동하고 취로 사업을 도시로 확대하자고 제안했다.

북한에서의 중요한 특징은 다국적 기관이 원조대상 집단에 식량을 공급하기 위한 독립적인 경로를 보유하고 있지 않으며 이런 경로를 개발하는 것도 허용되지 않는다는 점이다. 북한에서는 많은 취약집단이 공공시설에 수용되어 있거나 이런 시설, 즉 병원, 고아원, 유치원, 학교 등과 일상적으로 접촉하였다.[11] WFP는 이런 집단으로 대상을 설정해, 주민통제 수단이자 특권층의 식량 공급에 이용되는 식량배급제를 지원한다는 비난을 피할 수 있었다. 이러한 취약집단에 초점을 맞추는 전략은 정치적인 이점은 있을지 몰라도 현실적인 이점은 다소 불확실하다.

우선 이렇게 특정 취약집단을 정의하는 것이 환경에 비추어 적합한지가 분명치 않다. 이들은 분명히 심각한 식량난을 겪은 사회에서도 가장 큰 타격을 입은 집단에 속했다. 그리고 수유 아동은 식량이 많이 필요하지 않기 때문에 여유분이 생기고 다른 가족 구성원의 식량이 된다. 그러나 빈곤 정도는 지역별로 많은 차이가 났고 원조대상으로 지정된 집단 중에는 식량난에서 보호받은 집단도 있었다. 국가의 모든 아동에게 식량을 공급하려고 할 경우 원조대상이 아닌 가정에 식량을 배급하는 경우가 생길 것이다. 또한 대상 집단을 이렇게 설정하면 학교에 다니는 아동이 없는 도시 가정의 경우 혜택을 받을 수 없게 된다.

이러한 비판도 일리는 있지만, 빈곤이 광범위하게 퍼진 환경에서 대상을 넓은 범위로 규정하는 것은 잘못된 처사일 것이다. 더 큰 문제는 제도적인 문제였다. 북한의 식량 체계에는 학교, 병원, 고아원 혹은 임산부나 수유부에 대한 배급경로가 별도로 마련되어 있지 않았다. 별개의 배급 경로가 있었다 하더라도 WFP가 이를 통제하지는 못했을 것이다. 이런 시설들과 개인에게 갈 식량은 군 단위 창고와 군 단위의 인민위원회를 거쳐 전달되었다. WFP가 1998년 세운 공장에서 생산된 식량도 마찬가지로 처리되었다.[12]

지방 인민위원회 위원들은 관할권 내 주민들의 굶주림을 파악하는데 관심이 없었다. 이들은 평양에 있는 정부보다 주민들과 더 가까웠다. 많은 원조 담당자들은 지방 공무원들이 상관들보다 일반적으로 더 적극적이고 반응이 빨랐다고 언급했다. 모니터링을 하면 이런 군 단위 공무원들 역시 행동에 제약을 받아 소득에 영향이 있었을 것이다. 이 문제에 대해서는 아래에서 좀 더 상세히 다루겠다. 그러나 이러한 당 간부 및 행정 간부들이 받은 식량은 지역에 주둔한 군대 및 주요 기업소에서부터 '소매' 배급소(식량배급소)에 이르기까지, 또한 부정행위와 시장으로 전용하려는 유혹에 이르기까지 필요로 하는 곳이 많았다.

WFP가 누구를 대상 집단으로 정했든 간에 다자 간 식량 원조는 식량배급제와 동일한 기본 배급 경로를 통해 전달되었고, 결과적으로 공급원에서 나온 식량과 뒤섞였다. 취로사업 대상자들도 본질적으로 동일한 배급 경로를 통해 식량을 공급받았다. 이런 점에서 비평가들의 지적은 확실히 옳다. 식량 원조는 식량배급제를 통해 전달되었고 식량배급제를 지원했다.

따라서 여기에서 제기될 수 있는 중요한 의문점은 국가의 배급 경로인 식량배급제에 의존하는 것이 의도한 수혜자에게 식량이 전달되는 수준에 영향을 미치는가 하는 점이다. 우리는 이런 논의가 어느 정도 잘못되었다고 본다. 본질적으로 국가의 배급경로를 이용하는 것이 문제가 아니라 이 과정에서 정부의 협조성이 문제가 됐기 때문이다. 아무래도 정부의 협조는 부진했다.

▣ 실무 원칙 2 : 모니터링 체제

거의 10년 동안 북한 정부는 북한 내에서 WFP의 활동이 용이하게 이루어지도록 도와야 한다는 기본 의무사항을 줄곧 위배해 왔다.[13] 식량난이 심각한 시기에도 북한 관료들의 태도는 전술적인 양보에 그칠 뿐이었다. 그 반대의 경우도 마찬가지였다. 2005년의 경우처럼 원조와 수확량 증가로 공급 부족 현상이 완화되었을 때도 정부는 접근을 엄격히 제한했고, WFP와 NGO를 철수시키겠다고 위협했다. 결과적으로 원조체제는 마지못해 '두 걸음 전진, 한 걸음 후퇴' 식으로 전개되었다.

가장 말썽이 된 제약 중 하나가 바로 지역 제한이었다. WFP를 비롯한 원

[도표 4-3] **출입가능한 군과 제한된 군(1995~1996년)**

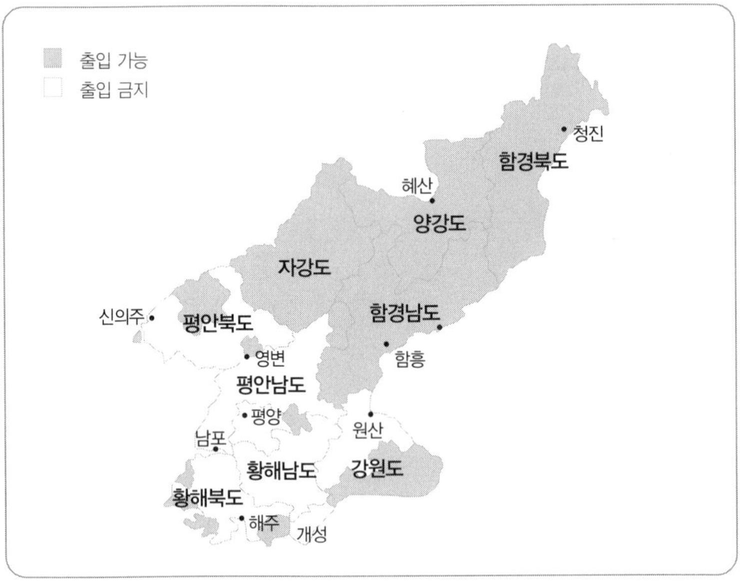

(출처) WFP 아시아 사무국, 개인적 정보교환, 2005

조기관들은 북한의 특정 지역에 출입이 거부되었는데, 특히 취약한 지역으로 추정되는 곳이었다. 모니터링의 지역적 범위에 관한 북한의 행동이 [도표 4-3], [도표 4-4], [도표 4-5]에 나와 있다. 처음에는 모든 도가 출입금지 지역으로 규정되었고, 출입가능한 도에서도 모니터링을 목적으로 한 방문은 엄격히 제한되었다.[14] 2000년 말까지 WFP는 210개 군 중에서 약 167개를 방문했다. 그러나 이러한 실적은 2000년과 2005년 사이에 거의 변동이 없었다. 많은 지역이 출입금지 상태로 남아 있었고, 출입가능한 군의 수가 근소하게 증가했다 해도 새로운 군에 출입이 거부되었기 때문에 결과적으론 마찬가지였다. 예를 들어, 2003년 1월 개성직할시의 일부가 출입 금지되었다. 남한 기업과 함께 공업단지를 개발하고 있다는 것이 이유였다.

- ■ 출입 가능
- □ 출입 금지

청진
함경북도
혜산
양강도
자강도
신의주   함경남도
평안북도
• 영변   • 함흥
평안남도
• 평양   원산
남포
황해남도   강원도
황해북도
• 해주   개성

(출처) WFP 아시아 사무국, 개인적 정보교환 2005년

이 문제를 둘러싼 수많은 직접적인 대립에서 외부의 압력에 대응하는 북한의 행동을 알 수 있었다. 이 사례들은 또한 Part 1에서 선별^{Triage}에 대해 우리가 내렸던 결론을 지지해 준다.⁽¹⁵⁾ 첫 번째는 동부 해안지역의 개방과 관련되어 있었다. 나치오스에 따르면, 초기 WFP 국장 3명(1995년 8월부터 1997년 5월까지 근무)은 모두 북동부지역과 자강도를 방문하려는 계획을 직접 거절당했다.

초기에 모니터링을 위한 방문은 서부 해안지역으로 제한되었다. 1997년 3월, WFP 사무총장 캐서린 버티니^{Catherine Bertini}가 북한을 방문했고, WFP가 북동부 지역에서 상황조사를 할 수 있도록 허용하겠다는 약속을 받아 낸 것

출입 가능
출입 가능 – 자유 무역 지구(인도주의 프로그램 불필요)
출입 금지

청진
함경북도
혜산
양강도
자강도
신의주   평안북도
함경남도
영변
평안남도   함흥
평양
남포   원산
황해남도   강원도
황해북도
해주   개성

(출처) WFP 아시아 사무국, 개인적 정보교환, 2005

처럼 보였다. 버티니는 이 임무를 위해 5월에 버마인 국제공무원 툰 미야트 Tun Myat를 북한에 파견했다.

다시 한 번 나치오스를 인용하자면, 미야트는 북동부 지역으로 가지 못 하게 한다면 WFP가 지원을 중단하겠다고 강경하게 압박했다고 한다. 북한 정부의 태도가 누그러졌고 동부 해안지역을 개방했다. 이런 압력은 기근이 최고조에 달했던 시기의 곤궁기에 이루어졌고, 1997년 말까지 WFP는 원칙 적으로 159개 군에 접근할 수 있었고, 실제 방문한 군은 110개였다.

출입을 둘러싼 계속적인 대립은 1998년 4월에 극도로 악화되었고, 버티니 사무총장이 북한을 방문해 WFP가 식량 분배를 모니터링하지 못하면 210개

군 중 50개에서 활동을 중단하겠다고 경고했다. 이 시기도 곤궁기였다. 이후 정부는 11개 군을 더 개방했지만 39개 군은 계속 출입이 금지되었다. 그리고 이들 중 많은 군은 아직까지도 출입이 불가능하다. WFP는 제시했던 원조를 5만 5,000미터톤, 즉 이들 군에 할당되었을 식량의 양만큼 축소시키는 것으로 계속해서 경고의 메시지를 보냈다. 그 성과는 애매모호하다. 압력 때문에 일부 도가 새로 개방되었지만 정부는 강경한 입장을 보였던 군을 끝까지 개방하지 않았다. 이들은 아마 군사 설비나 수용소가 있거나 특히 상황이 나쁜 곳, 혹은 이 셋 모두에 해당되는 군일 것이다.

WFP는 지역적 접근 문제뿐만 아니라 외부 모니터요원의 숫자에 대해서도 북한 정부의 끊임없는 반대에 시달렸다. WFP 프로그램이 뉴욕 주나 루이지애나 주 크기의 국가에 매년 수억 달러를 제공함에도 불구하고 WFP의 북한 주재 직원 수는 2001년 약 50명일 때가 가장 많았다. 북한 당국은 또한 기관의 인원 규모는 원조의 금전적 가치에 따라야 한다는 원칙을 줄곧 고수해왔다. 활동규약에 이 점이 명확하게 반영되어 있으며, 기부금이 줄면 직원도 떠나라고 요구했다. 2005년 북한이 WFP의 완전 철수를 처음으로 요청하며 교착상태에 빠질 때까지 해외 직원의 수는 약 40명으로 감소했다.

공식적인 구호 기관이 한국어 구사자, 즉 한국계 직원을 배치하도록 허용되지 않은 점도 인도주의적 활동에 걸림돌이었다. 북한 정부가 WFP 직원이 한국어 수업을 받게끔 허가한 것도 2004년부터였다. 북한이 영어 통역 교육만 받은 사람을 구호 활동에 배치한 것도 많은 의미를 지니는데, 가장 명백한 것이 직원의 충성심 관련 문제였다. 한국어를 구사할 수 있는 구호기관의 직원이 없는 상태에서 WFP를 비롯한 구호 기관들은 북한 정부가 보낸 통역사에 의지해야 했는데, 이들은 월급을 지불하는 구호 기관이 아니라 FDRC(큰물피해대책위원회)에 소속감을 지니고 있었다. 한 관찰자가 언급했듯이 이들은 거의 항상 정부 편에 서서 일했다.

현재 북한에 근무 중인 한 직원은 이를 더 노골적으로 표현했다. "다른 나라에서는 현지 국민이 우리 편이다. 북한에서는 운전사조차 당신을 속이려고 한다." 개인적인 인터뷰에서 한 직원은 이해관계가 걸린 문제가 아니면 매우 재미있을 법한 상황을 들려주었다. 한국말을 하거나 한국어로 된 표지를 읽지 못하는 원조기관 직원들은 자신들이 방문을 요청했던 시설에 실제 안내받고 있는지 알 수가 없었고, 같은 기관에 두 번 데려간 것이 아닌지 강한 의심이 드는 경우가 여러 번 있었다고 한다.

직원에 대한 제한은 직원 수급과 이들의 성실성에 제약을 불러왔을 뿐 아니라 품질에도 영향을 미쳤다. 실질적인 분야보다는 주로 영어교육을 받은 직원이었기에 현지 직원들은 운송, 영양, 의료 분야에 대한 지식 등 원조활동을 관리하기 위한 전문 기술능력을 갖추지 못했다. 2005년 다머스Dammers, 팍스Fox, 히메네즈Jimenez는 유니세프UNICEF에서 근무한 북한 측 직원 10명 중 특정 기술적 혹은 부문별 전문가는 전무했다고 진술했다.

한국어 구사자 고용에 관한 예외적 상황은 남한 기관의 인도주의적 원조 참여가 증가한 것이었다. 남한 정부 관료들과의 인터뷰 결과 2005년 중반 남한은 6개 주요 도시의 12개 배급소에서 60명이 모니터링 활동에 참여한 것으로 나타났다. 그러나 남한 적십자는 북한 적십자와 함께 일해야 했고, 모니터링을 둘러싼 대립을 피했다. 또한 남한의 NGO들은 북한 측 해당 기관과의 상호작용이 매우 제한되었다.

인력 문제와 관련된 이러한 제약은 허가 없이 외국인과 접촉하는 것을 금지한 북한의 법 때문에 더욱 강화되었다. 이 법은 북한 주민들이 정권의 눈치를 보지 않고, 있는 그대로의 정보를 알려 주는 것은 고사하고 외국 원조요원들과 접촉하는 것조차 꺼리게 만들었다. WFP 직원들은 모니터링 방문 시에는 WFP의 관심사에 호의적인 현지 공무원뿐 아니라 FDRC 직원도 동행해야 한다. 정치 체계의 엄격한 권위주의적 성격을 감안하면 중앙 정부의 대표자가 등장할 경우, 지방 공무원과의 협력과 네트워크 형성이 어려워지고 정부에 불리한 정보는 얻을 수 없게 된다. 소문에 의하면 원조단체와 너무 친해진 현지 공무원은 해임되었다고 한다.

북한 정부는 철저하게 외국인 요원까지 광범위하게 통제하고 감시하여 허가 없이 접촉할 가능성을 제거하려고 했다. 2000년 4월이 되어서야 평양 외 지역의 WFP 사무소 직원들이 동행인을 수반하지 않고도 호텔 밖으로 출입이 허가되었다. 현재 우리는 외교관과 북한에서 일한 외국인의 시각에서 쓰인 북한 생활에 관한 여러 가지 개인적 진술을 보유하고 있다. 이들은 모두 개인 물건을 일방적으로 뒤지고, 전화를 도청하고, 개인적인 이동이나 접촉이 감시받았던 사건들을 때로는 재미있게 때로는 분노에 차서 들려준다. 북한 정부는 지역과 인력을 제한하고 허가받지 않은 접촉을 막는 것을 넘어서서, 원조활동에도 다양한 제한을 가해 만족스러운 모니터링을 할 수 없게 만들었다. WFP가 원조활동이 올바로 이루어지고 있는지 확인하기 위해 핵심적으로 이용하는 방법이 현장 방문이다.

원칙적으로 그러한 방문에는 학교, 병원, 식량배급소, 취로사업 현장 같이 원조를 최종적으로 받는 시설이 포함되어야 한다. 또한 무작위나 심지어는 불시에 방문해 연출된 상황이 아니라 일상생활을 관찰할 수 있어야 한다. 전체 식량 소비에 있어 시장의 비중이 커진 것을 고려하면 원조요원들이 농민 시장을 비롯한 기타 시장에서의 식량 가격을 조사해 시장 동향을 파악하는 일도 중요하다. 마지막으로 모니터요원들은 원조의 효과를 보증하고 높이기 위해 예컨대 영양 상태 등에 관한 체계적인 통계자료를 수집할 수 있어야 한다.

2000년 이후 이런 면이 개선되었다는 증거가 있다. [도표 4-6]은 1999년 중반부터 2005년 초까지 매월 방문 횟수를 추적하여 시기별 WFP 요원의 모

니터링 방문횟수를 보여준다. 접촉 횟수는 많으며 꾸준히 상승하는 경향을 보이고 있다.[16]

2000년 정상회담 당시의 특별 여행제한 조치를 제외하고는 월별로 차이가 나는 것은 접근 제한보다는 주로 날씨와 직원의 가용성이 이유였다. 모니터링 방문은 다양한 시설을 대상으로 이루어졌다. 대체로 식량배급소와 원조대상 시설이 가장 많이 차지했고, 항구도 포함되었다. 방문할 때는 사전통지가 필요했으며 특정 장소의 방문은 원칙적으로 금지되었다.

표준 절차는 WFP가 매주 특정 지역의 시설을 방문하겠다고 요청하면 북한 당국이 이를 검토하는 것이었다. 2002년에는 요청의 약 8%가 거부되었

[도표 4-6] **월별 모니터링 방문 횟수(1999년 6월~2005년 3월)**

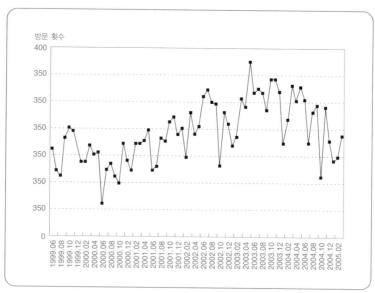

(출처) WFP Monthly Updates(여러 호), www.wfp.org/DPRK; USAID 2005
(주) 2005년 3월 수치는 잠정적임

다. 2003년까지 이 비율은 1%로 떨어졌고 2004년 말까지는 거의 모든 요청이 성사되었다.

[표 4-3]은 접촉 횟수만 헤아리는 것을 넘어 모니터링 체계의 질적 발전을 알려주고 있다. 앞에서 언급한 것처럼 많은 NGO들이 철수하기로 결정했지만 일부 NGO들은 활동 분위기가 조금 나아졌다고 보고했다(Smith 2002). WFP의 모니터링 방문 횟수가 늘었을 뿐 아니라 2002년부터 프로그램이 많은 실질적인 성과를 거두었다. 표적 집단^{Focus Group}이 새로이 주요 정보원이 되어 WFP 직원이 원조대상 집단과 수입원 및 식량 출처에 관해 대화를 나눌 수 있게 되었다. 표적 집단 활동은 이후 몇 년간 발전하여 WFP는 국가 수준의 전체적인 식량 보장 문제에서 가정 수준의 식량 보장 문제로 초점을 옮길 수 있었고 취약계층이 누구인지를 보다 세심하게 이해하게 되었다. 정부는 또한 새로운 영양 조사를 실시하기로 합의했다. 2002년에 1차 조사가, 2004년에 2차 조사가 이루어져 새로운 정보를 얻을 수 있었다(Part 3 참조).

그러나 이러한 근소한 변화가 일어난 반면에 WFP에서 이뤄낸 성과가 물거품이 될 수도 있음을 보여주는 뚜렷한 증거가 나타났을 뿐 아니라, 모니터요원이 자유롭게 이동하는데 상당한 제한이 가해졌다는 점도 분명히 해야 한다. 대규모 인도주의 원조활동에서 모든 거래를 모니터링을 하는 것은 불가능하다. 따라서 무작위의, 예고되지 않은 사찰이 원조활동의 본래 목적을 지키는 데 필수적이지만 이는 북한에서는 허용되지 않았다. WFP 관료들은 사전 통보를 해야 하는 체계 속에서도 실제로 무작위성을 높일 수 있었다고 주장한다.

예를 들어, 특정 군에 있는 고아원들(가령 고아원 7개가 있을 경우) 중 한 곳을 방문하겠다고 제안한 후, 방문하는 날 당일 7개 고아원 중 특정 고아원을 지목해 가보는 것이다. 그러나 방문한 장소에서 인터뷰 대상자를 무작위로

[표 4-3] 모니터링 체제의 발전

지원요청	정책 발전	WFP 외국인 직원 (연말 기준)
1995년 9월 ~1996년 6월	초기의 모든 모니터링 방문은 서부 해안 지역으로 한정됨 황해남북도, 평안남북도, 평양, 남포	4명
1996년 6월 ~1997년 3월	6월: USAID 모니터링 보고서는 식량배급제 이용 반대를 주장했으며 식량을 차별적으로 배급한 증거를 보고함	5명
1997년 4월 ~1997년 12월	WFP는 직접 하역과 모니터링이 가능하도록 북동부에 위치한 도의 개방을 협의함. 하지만 자강도 일부와 양강도 전체가 기본적으로 접근이 금지됨. 지원요청 활동 초기에 WFP는 211개 군 중 159개 군 방문이 허용됨 청진, 함흥, 신의주에 WFP 사무실 개소	24명
1998년	WFP는 모니터링이 허용되지 않을 경우 210개 군 중 50개 군에 계획 중이던 원조를 중단하겠다고 위협함. 이에 북한은 전체 인구의 2%가 거주하고 있는 11개 군을 개방해 1998년 5월 총 개방된 군의 수가 171개에 달함. WFP는 계획했던 원조 5만 5,000톤(3,300만 달러)을 삭감하며 원조를 축소함 5월: 원산에 WFP 사무소 개소 9~10월: EU, UNICEF, WFP가 북한 정부의 협조 하에 영양 조사 실시 10월: 혜산에 WFP 사무소 개소 11월: 1999년 지원요청에 참여했던 NGO들이 인도주의 원칙을 만들었고, 북한에서 활동하는 모든 UN 기구, NGO, 원조단체들 간의 최초의 합의문이 나옴. 이 합의문은 효과적인 모니터링을 포함해 구호 원칙과 인도주의적 원칙을 이행할 것을 표명함	35명
1999년	4월: 새로운 원조단체를 반영하여 인도주의 원칙을 업데이트 함	41명
2000년	모니터링 활동을 분산화하기 위해 지역별 프로그램 모니터링 팀(Regional Programming Monitoring Team)이 결성됨	37명
2001년	4개 군이 새로 모니터링에 개방됨(3개는 황해남도, 1개는 평안도 소재) 3월: 새로운 원조단체를 반영하여 인도주의적 원칙이 업데이트 되고, 3차 합의문이 나옴 8월: 정부가 전체 수혜 시설 목록을 WFP에 제공하기로 약속함	51명

지원요청	정책 발전	WFP 외국인 직원 (연말 기준)
2002년	당국은 2조 협력 모니터링을 허용함. 같은 날 같은 도에서 2개의 WFP 팀이 동시에 모니터링 활동을 수행할 수 있게 됨 표적 집단을 활용해 식량 출처와 수입원에 대한 정보를 수집할 수 있도록 허용됨 평양과 5개 지구국에 위성통신 설비를 허용하는 위성 합의안이 도출됨 정부는 영양 조사를 실시한다는 약속을 이행함 중요 인력이 동행인 없이 호텔 밖으로 외출이 허용됨 8월: 북한과 WFP가 영양 조사 실시에 관한 계획안에 서명함	39명
2003년	1월: 남한 기업과의 공업단지 조성을 이유로 개성의 한 개 군의 모니터링이 금지됨 5월: 사스(SARS)와 관련된 국내 여행 제한으로 함경북도와 신의주에서의 모니터링이 지연됨 10월: 평안남도의 1개 군이 새로 개방됨	45명
2004년	군 단위 공무원이 시장 가격으로 곡물을 판매하고 구매하는 점에 관해 정부에 협의함 가을부터 모니터링을 둘러싼 대립이 고조됨. 정부는 인도주의 활동을 검토하고 자강도의 7개 군에 접근을 제한함. 또한 전체 현장 방문 횟수를 줄이려고 했으며 표적 집단과 설문조사에서 묻는 질문의 성격을 제한함 12월: WFP는 '방문하지 못하면 식량을 제공하지 않음' 이라는 원칙 하에 자강도에 대한 원조를 중단함	42명
2005년	3월: WFP 아시아 담당관장인 토니 밴버리(Tony Banbury)가 북한 당국과의 협의 하에 새로운 모니터링 체제의 구성 요소를 정함. 식량배급소 방문 증대, 보다 광범위한 기준 조사, 조사대상 집단 확대, 식량 출하의 전자적 추적 등이 포함됨 이 체제는 실현되지 못함. 연말에 지역 사무소, 식품 공장, 취로 사업 프로그램이 폐쇄됨	43명 (1월 말 현재)
2006년	3월: 다수의 인원 감축, 평양 이외 지역 프로젝트에 대한 모니터링 기회 축소(분기별)등 대폭적인 프로그램 제한 조치를 둘러싸고 WFP와 북한이 협상을 벌임	10명 이하로 예상

(출처) FAO/WFP 1995년, 1996년, 1997년, 1998년a. 1998년b, 1999년a, 1999년b, 2003년, 2004년: UN-OCHA n.d.a

선택할 수 없기 때문에 이런 방법도 완벽하지는 않다. 더구나 2005년 말 당시 북한 정부는 여러 해에 걸친 지속적인 요청에도 불구하고 대외 원조를 받는 시설의 전체 목록을 WFP에 제공하지 않았다.

■ 일반적인 WFP 발송분

　이러한 다양한 제약들이 실제 어떻게 작용하는지 알려면 WFP의 일반적인 식량배급 과정을 검토해보는 것이 유용하다.[17] 원조요청을 하여 원조국의 약속을 받은 후 WFP는 원조국과 협력해 물자를 발송하고 이 물자가 북한의 항구에 도착한다. WFP와 FDRC는 각 발송분에 대한 배급 계획을 세우고 합의하는데, 지방 관할구와 대상 집단별로 원조의 최종 배급지를 명시한다. WFP와 FDRC가 항구에서 식량을 받는다. 그러나 북한 내에서의 운반은 FRDC가 아니라 수매양정성Ministry of Food Administration이 주관하고 결과적으로 식량은 식량배급제를 통해 전달된다.

　1997년 초, 식량을 운반할 트럭과 연료 부족이 식량을 효율적으로 배급하는 데 큰 장애물임이 드러났다. WFP는 북한 정부에게 연료 보조금을 제안하는 한편, 군 단위 창고에 트럭으로 운반되는 식량을 추적하고 보조금의 근거를 보이기 위해 북한 당국과 함께 발송을 모니터링 하는 '화물 운송장 시스템'을 개발했다. 이 시스템 하에서 영어와 한글로 된 화물운송장을 사용했으며, 화물의 내용과 목적지가 명시되었다. 북한 당국이 특정 화물에 대한 운송장을 작성한다. 배달이 완료되면 연료비 상환을 위해 운송장이 WFP에게 보내진다. 그러면 WFP가 발송 데이터베이스를 관리한다. 이러한 체계에서 식량이 누출될 틈은 많다. 항구에서 식량이 대량으로 빼돌려지는 것 같진 않지만, 많은 식량이 항구에서 트럭으로 바로 가는 게 아니라 기차와 짐배에 실린 후 트럭으로 옮겨진다. 또한 이러한 발송 과정은 추적되지 않는다.

WFP 지방 사무소의 직원은 배달 계획서 사본을 받는다. 원칙적으로 창고 관리자도 계획서 사본을 받도록 되어 있다. WFP 직원은 WFP가 요청한 문서작업의 상당 부분이 사후에 조작되었다는 의혹을 수차례 보고했다. 하지만 이런 조작이 전용을 감추기 위한 것인지, 단순히 행정능력이 부족하기 때문인지는 말하기 어렵다. WFP의 현장 사무소는 방문할 수 있는 군 창고들을 모두 확인하려고 했다. 방문이 제한되기는 했지만, 베네트는 기근이 절정에 달했을 무렵 "내가 방문했던 군에서 지정된 대로 화물이 도착하지 않은 경우는 매우 드물었다"고 주장한다. 그럼에도 불구하고 증언들은 이 단계에서 배급망에 문제가 있었음을 알려준다. 예를 들어, 커크^{Kirk}, 브룩스^{Brooks}, 피카^{Pica}는 1998년 유럽연합이 기부한 식량이 군인들이 타고 있던 군용 트럭에 실려 유럽연합의 원조 프로그램에 해당되지 않는 도(道)로 향하는 것을 목격했다고 보고했다.

또 다른 예는 전 조선인민군 중사이자 운전병이었던 진용규의 진술이다(1998~2002년). 진용규는 군대가 외국의 구호물자를 어떻게 전용했고, UN 모니터요원들을 어떻게 속였는지 자세하게 설명했다. 또한 좋은 벗들은 전용에 관한 최근의 사례를 제공했다(2005). 일단 식량이 군의 창고에 도착한 뒤 식량배급소건 원조대상 시설이건 최종 목적지로 배달되는지 여부와 최종 목적지에서 식량을 어떻게 사용하는지에 대한 점검은 WFP 지방 사무소의 현장 점검이 유일한 확인방법이었다.

배급망의 상위 단계에서 대규모 전용도 가능하지만, 모니터링이 가장 약한 곳이 이런 하위 단계이며, 따라서 전용이 일어나기가 가장 쉽다. 열악한 근무 환경에서 수만 개에 이르는 최종 수혜 시설에 대한 공급을 추적하기란 너무 방대한 일이다. 아이러니하게도 소규모로 활동하는 일부 NGO들은 모니터링을 그다지 엄격하게 하지는 않지만 자신들이 기부한 물자의 최종 도착지가 어디인지 더 정확하게 알 수 있었다.

최종 목적지가 약 4만 3,000개에 이르고 모니터링에 많은 제약이 가해졌기 때문에 WFP와 NGO 지도층들은 식량이 어디로 가고 있는지 확실히 말하기가 매우 어렵다. 다음 Chapter에서 전용 문제를 더욱 상세히 다루겠지만, 다머스, 팍스, 히메네즈가 아주 흥미로운 예를 보고했다(2005).

UNICEF는 유럽연합의 후원을 받아 치료용 우유를 공급하는 프로그램을 운영했다. 치료용 우유는 관리를 잘못하면 치명적일 수 있다. 2003년과 2004년의 합의안에 따르면 이 우유는 적절한 교육을 받은 직원이 3개 도의 병원에 공급하도록 되어 있었다. 그러나 2003년 11월 모니터링 방문 동안 유럽연합의 기술 보좌관은 우유가 혜산 시와 청진 시의 가정에 배급되고 있음을 발견했다. 북한은 2004, 2005년 원조에 대해 157개의 다양한 갱생 센터에 이 제품을 배급하자고 제안했다. 다머스, 팍스, 히메네즈는 이러한 위탁조건의 변경은 분명히 비용 효과가 낮으며 잠재적 위험이 존재한다고 설명했다.

중앙의 지시에 따라 원조식량을 전용하려는 모의도 존재했을 수 있지만,[18] 원조 발송과정을 재구성해보면 중앙 정부 당국보다 지방 정치인이 식량의 최종 배급에 더 중요한 역할을 했을 것으로 보인다. 군(郡) 단위의 행정관이 원조물자의 배급에 상당한 영향력을 행사했다. 이들은 우선순위를 원조제공 측과 다르게 보는 것에서부터 지방 정치인의 보편적인 현상인 서로 돕기, 개인적인 금전적 이익을 챙기는 데 이르기까지 수많은 자극을 받았다. 이들 중간급 정부 관료와 당 간부들이 급격히 가치가 하락하는 원화 봉급을 쪼개어 살고 있다는 점을 고려하면 후자의 경우는 특히 큰 의미를 지니는데, 이는 Part 3에서 보다 상세히 논의하겠다.

WFP 관료와의 인터뷰에 따르면, WFP 직원들은 가끔 식량배급소를 방문해 최종 원조수혜자에 대한 배급을 관찰했다. 그러나 한 UN 관료가 말했듯 "우리가 경험이 없는 것은 아니다. 우리는 한 달에 300회의 모니터링 방문을 한다. 하지만 무작위 방문이 아니기 때문에 의미가 없다는 말이 틀리지 않다."

미국과 유럽연합의 공식 모니터요원들 모두 '각색 Staging'이 이루어졌으며, 특정 시설의 수혜자 수에 대한 보고내용과 1997년과 1998년 사이에 실제 관찰된 수 사이에 상당한 차이가 있음을 지적했다. 더 중요한 점은 난민 인터뷰가 창고에서부터 군대 및 특권을 지닌 당원에 이르기까지 전용이 행해졌음을 알려준다는 것이다.

▓ 결론 : 2005~2006년의 고립

이번 Chapter에서 우리는 식량 원조에 관한 모니터링 원칙과 이 원칙들이 실제 어떻게 전개되었는지 살펴보았다. 우리는 사실상 원조단체와 정부 간에 이 원칙들을 둘러싸고 계속적인 협상이 진행되었으며, 출발점이 낮기는 했지만 2000년 이후 일부 개선의 조짐이 나타났다고 본다. 그러나 이러한 성과는 원상복귀가 불가능할 만큼 확고한 것은 아니었으며, 2004년 외세의 모니터링에 대한 반발이 일어나 결국 WFP는 북한에서의 활동을 가까스로 유지하게 되었다.[19]

이러한 반발은 북한 당국이 UN의 연간 통합지원요청에 참여하지 않겠다고 통보한 여름에 시작되었다. 북한은 2005년 8월 이후, 평양의 UN인도주의지원조정국을 해산하라고 요구했으며, 충분한 양의 원조를 제공하지 않는 NGO는 추방하겠다고 위협했다. 2004년 9월, 정부는 많은 제한 조치를 취하기 시작했다. 전체 방문 수를 제한하고(한 달에 500회 이상에서 약 300회 정도로 제한), 자강도 전체와 여러 군을 폐쇄하고(일부 군은 이후 재개방되었음), 가정에 식량과 직접 관련되지 않은 질문을 하지 못하도록 제한했다. 논평자들은 이러한 현상에는 다양한 동기가 있었다고 보았다. 최악의 식량위기가 완화되고 남한의 원조가 대량으로 유입되기 시작함에 따라 북한은 심한 간섭을 받아야 하는 다른 원조를 받아야 할 필요성이 줄었고, 이런 원조를 얻기 위해 정치적으로 양보하는 것을 꺼리게 되었다.

모든 정보 출처를 검토해봤을 때 북한은 충분한 식량 원조를 받고 있었고, 대체(代替)가 더 용이한 개발 원조를 선호했다. 더구나 북한 당국은 식량배급소를 방문하고 물자를 운반하는 트럭을 뒤따르고 수혜자 및 표적 집단과 더 많은 인터뷰를 하려는 WFP의 요청에 질려 있었다. 한 WFP 관료의 언급에 따르면, 북한은 40명의 WFP 모니터요원들이 '자기 나라를 여기저기 돌아다니는 것'에 진절머리를 냈다고 한다.

그러나 북한 정부의 두려움이 사실 정당하다는 또 다른 설명도 일리가 있다. 2000년 이후 이동 전화, 비디오테이프, 중국 여행 등을 통해 다른 정보 출처와의 접촉이 늘어나면서 국외의 정보가 북한에 점점 더 많이 들어오게 되었다. 따라서 북한의 강경노선은 국내에서의 정치적 통제력 손실과 가시적인 외국의 모습이 이 과정에 미칠 영향에 대한 정부의 우려를 반영하는 것일수도 있다. 물론 더 단순한 해석도 가능하다.

모니터링에는 실제로 행위 조사도 포함되어 있었다. 아래에서 설명하겠지만, 전용에 가담한 북한 정부 관료들은 단순히 이 때문에 모니터링 체계가 덜 엄격해지길 원했을 수도 있다.

이러한 대립으로 인해 북한 당국과 WFP는 모니터링 문제를 둘러싸고 팽팽한 협상을 진행했다. 광범위한 배급이 이루어진 2005년 3월에 열린 기자

회견에서 WFP 지역 담당관인 앤서니 밴버리는 정부와 WFP가 모니터링 체계를 변화시키는 데 '원칙적으로' 합의했다고 밝혔다.[20] WFP는 전체 방문 수를 줄이는 대신 모니터링 체계에 네 가지 변화를 제안했다.

- 가정의 식량 사정 정보 : WFP는 4개월마다 기초적인 가정 조사를 실시하고 지역 공무원과 주민(농민, 공장 관리자 등) 들을 인터뷰한다. 또한 표적 집단과의 대화를 지속적으로 이어나가고 관찰 보행을 실시한다. 2005년 6월에 가정 조사가 최초로 실시되었다
- 배급 모니터링 : WFP는 배급소와 취로사업 프로젝트도 모니터링 할 수 있게 되고, 그 곳에서 식량 원조를 받는 이들을 인터뷰한다. 또한 가정 외 시설(예: 군(郡) 창고, WFP 상품으로 식품을 생산하는 공장, 식량 원조를 받는 시설)에 대한 모니터링 방문을 늘린다
- 배급표 : 모든 WFP 수혜자는 WFP가 디자인하고 인쇄한 배급표를 받을 것이며, 배급 시에 WFP가 이를 체크할 것이다. 2005년 8월 당시 표의 배급이 거의 완료되었다
- 물자 추적 : 운송장 번호로 물자를 추적하는 더욱 통일되고 일관된 시스템을 시행할 뿐 아니라, WFP 요원이 항구에서부터 군 창고, 군 당 3~6개의 공공 배급소에 이르기까지 실제로 식량 원조 루트를 따라다니도록 허용될 것이다. 궁극적으로 항구에서 마지막 배달 지점까지 모든 짐을 추적할 수 있는 전자식 시스템 도입이 최종 목표다. 식량배급소의 최초 방문이 2005년 6월에 시작되었다

이러한 발전은 희망적이었다. 완벽하게 실행되고 유지된다면 모니터링 활동이 크게 진전될 것이다. 그러나 이어진 사건들은 북한이 더 정밀한 조사를 받을 의사가 없음을 보여 주었다. 오히려 그 반대로 북한이 원조증대

와 수확량 향상 덕분에 WFP를 압박할 수 있게 되었다. 2005년 가을, 북한은 10년 만에 수확량이 최고에 달했고 남한은 원조를 늘렸다.

이렇게 공급 상황이 완화되자 북한 정부는 WFP에게 식량 원조에서 개발 원조로 전환하고 민간 원조단체의 모든 외국인 직원이 북한에서 철수할 것을 요구했다. 또한 개인적인 곡물 거래를 금지하고, 식량배급제 부활을 발표했으며, 농민에게서 곡물을 몰수했다. 이러한 정책 변화는 Chapter 7 결론 부분에서 더욱 상세히 다루도록 하겠다.

WFP의 평양 상주 대표인 리처드 레이건 Richard Ragan 에 따르면 이러한 조치가 이루어진 데는 모니터링 체계가 주요 원인이 되었다. 레이건은 북한이 '우리의 모니터링이 너무 과도하다고 계속 강조했다' 고 전한다. 하지만 개발 원조는 외국인과의 접촉이 더 많이 필요하며 금융 활동의 투명성이 요구된다는 점을 감안했을 때 이러한 주장은 모순적이다.[21] 북한의 한 외교관도 이런 맥락에서 미국에서의 북한인권법North Korean Human Rights Act 통과를 언급했는데, 이 법은 인도주의적 활동이 지속적으로 지원을 받으려면 투명성이 제고되어야 한다고 규정했다. 북한의 이러한 조치에 대해 UN은 북한의 상황이 계속 불확실하며 UN의 도움이 필수적이라고 강조했다. 인도주의적 측면에서 어떤 이점이 있든 이러한 입장은 사실상 WFP가 북한에서 철수할 의사가 없음을 나타낸 것이며, 결과적으로 개입조건에 관한 북한과의 협상에서 불리한 위치에 서게 되었다.[22]

그 후 외교적 공방이 이어지다가 결국 2005년 말, 북한에서의 WFP 활동이 중단되는 결과를 낳았고, 2006년 2월 WFP 이사회는 매우 축소된 프로그램 제안에 동의했다. 이 프로그램은 예전에 목표로 한 주민의 1/3이 채 안되는 약 190만 명에게 식량을 공급할 것이며, 약 1억 200만 달러에 상당하는 15만 미터톤의 식량이 필요했다. 북한 정부는 외국인 직원을 10명 이하로 줄이고 평양 외 지역에 있는 사무실을 폐쇄하며 직원들은 평양에만 머물고 사업 현장은 1분기 당 한 번만 방문하라고 요구했는데, WFP는 이런 놀라운 양보안을 제안에 포함시켰다. 이러한 조치는 북한 정부가 모니터링을 꺼려한다는 우리의 주장을 확인시켜 준다.

2006년 현재, 개입 조건의 중요한 측면은 북한 정부와 협상해야 하는 과제로 남아 있으며, 미국은 이 협상의 결과가 나올 때까지 입장 표명을 하지 않고 있다. 그러나 이 협상은 투명성과 모니터링 문제를 둘러싼 북한과의 협상이 지닌 전략적 성격에 대해 우리가 여기에서 짚어보았던 기본 요점을 분명히 나타내고 있다.

즉, 정부는 상황이 좋을 때는 접근을 제한하는 쪽으로 변하며, 어려운 상황에서는 적어도 적절한 원조를 확보하기 위해 양보한다는 것이다. 원조국에게 투명성과 모니터링이 중요한 것은 단순히 인도주의적 차원에서만은 아니다. 이는 원조가 허용되지 않은 용도로 전용되고 있는지 여부에 관한 정치적으로 민감한 문제다. 이제부터 이렇게 말썽이 되고 있는 전용 문제를 다뤄보도록 하겠다.

전용

원조가 전용Diversion되고 부패되었다는 주장은 1995년 북한에서 구호 활동이 시작되었을 때부터 끈질기게 제기되었다. 식량 원조가 전용되는 것을 염려하는 데는 세 가지 이유가 있다.

첫 번째는 명백히 인도주의적인 이유다. 원조는 가장 취약한 계층의 고통을 덜어주려는 데 그 목적이 있다. 원래 의도했던 수혜자가 원조를 받는 것은 취약성이 덜하거나 수혜자 자격에 해당하지 않는 사람이 소비하는 것보다 훨씬 나은 결과다.

두 번째 이유는 원조를 받을 만한 사람이 아니라 받을 자격 조건에 해당하지 않는 사람들과 관련되어 있다. 대부분의 전용이 부패를 수반한다. 의도한 수혜자가 할당된 식량을 받지 못하고 덜 취약한 사람이 식량을 받게 되는 문제뿐 아니라 부패한 관료와 기타 인물들이 이 과정에서 부를 쌓게 된다는 문제가 생긴다.

그러나 세 번째 요인은 이러한 직접적인 복지 문제를 넘어선다. 전용이 성행할 경우, 원조제공국에서는 구호 프로그램에 대한 정치적 지지가 떨어질 수 있다. 2001년 2월, UN의 식량권리 특별 보고관인 진 지글러^{Jean Ziegler}는 "국제 식량 원조의 대부분이 군대와 정보기관, 정부에 의해 전용되었다"고 보고했다. WFP 사무총장인 캐서린 버티니는 이러한 평가를 삭제해 달라고 요청하면서 "가장 큰 걱정은 이러한 잘못된 정보가 우리 원조제공국들의 정치적 의지를 손상시킬 것이라는 점입니다"라고 인정했다(NAPSnet Daily Report 2001).

전용 문제는 논쟁이 분분하지만 제대로 밝혀지지는 않고 있다. 따라서 우리는 전용 과정의 미시경제학적 측면으로 논의를 시작하겠다. 전용은 분배의 문제다. 전용된 원조는 허공으로 사라지지 않는다. 누군가가 소비하는 것이다. 따라서 다른 사회 집단 간에 누가 얼마의 득을 보고 손해를 입는지 알기 위해서는 주의 깊은 분석이 필요하다. 우리는 역사적으로 시장이 억압되어 온 북한의 경우 원조식량의 전용이 시장 발전에 기여했다고 주장한다. 이러한 제도적인 환경 변화는 총 수요량 중 시장을 통해 충족되는 비중이 늘어남에 따라 전용으로 인한 득실의 분배 양상을 변화시켰고 전체적으로 식량 취약성의 의미도 바꿔버렸다.

이러한 체계에서는 의도한 수혜자에게 가야 할 원조식량을 전용하고자 하는 강한 동기가 생겨난다. 더구나 모니터링 체계가 취약했기 때문에 분명 전용 기회가 많았을 것이다. 그러나 부정행위의 실제 규모를 산정하기란 쉽지 않다. 평가를 내릴 때 우리는 다양한 출처의 증거를 참조했다. 목격자 및 관계자의 진술, 인도주의적 원조실무자와의 인터뷰, 난민 설문조사, 사진과 비디오 필름 같은 다큐멘터리 증거 등을 망라했다.

마지막으로 우리는 이렇게 다양한 출처에서 도출된 추정치가 북한 식량

경제의 다른 측면에 관한 자료(신뢰성이 다소나마 더 높음)들과 정량적이고 계산적인 의미에서 일치함을 보여주는 대차대조표를 제시할 것이다. 종합하자면, 전용의 범위는 대규모였을 것이며, 아마도 총 원조의 30% 이상일 것으로 추산된다. 전용의 규모에 대한 증거들을 검토하기 전에, 지글러가 의미한 것처럼 정부 관료나 군에 의한 중앙에서의 대규모 '전용Centralized Diversion' 이라는 일반적인 이미지의 전용과 하급 공무원에 의한 소위 분산화된 '전용Decentralized Diversion' 을 구분하는 것이 중요하다. 또한 정부가 통제하는 식량배급제 환경에서는 원조로 들어온 식량뿐 아니라 국내 생산 분량과 식량배급제에서도 식량이 전용될 수 있다.

더구나 전용된 원조식량은 수혜자 자격에 들지 않는 사람이 직접 소비할 수도 있지만 시장으로 흘러들어갈 수도 있다. 전용된 식량을 시장에서 구매했을 때 최종 수령자는 군대와 정계의 엘리트 및 원조대상이 아닌 집단이 포함될 수 있다. 하지만 원조대상 집단도 전용된 원조식량을 시장에서 구매할 수 있는데, 이들은 식량을 무료로 받지 못하고 값을 지불하게 되는 셈이다.

자체적인 이익을 위해 당과 군대의 지시에 따라 중앙에서 대규모로 일어나는 표준적인 이미지의 전용에 대해 먼저 살펴보겠다. 분명 북한의 군대는 원할 경우 이러한 방식으로 원조식량을 전용할 역량을 갖추었다. 운반 능력을 보유했기 때문이기도 하고 모니터링 체계가 대체로 약했으며 군사적으로 민감한 지역은 제외되었기 때문이기도 하다. 증언에 따르면 기부된 식량 중 적어도 일부는 군대와 당 간부에게 전해졌다고 분명히 확인해주었다. 이런 측면에서 자주 언급되는 이야기가 한 민간 NGO가 1997년 좌초된 북한 잠수함에서 식량 깡통을 발견한 것과 1998년 북한을 방문했던 미 하원 대표단의 목격담이다.

그러나 군대에서 직접 소비하려는 목적으로 중앙의 지시에 따라 인도주의적 원조식량을 대규모로 전용했다고 보기에는 몇 가지 미심쩍은 점이 있다. WFP의 존 파월^{John Powell}이 미 의회에서 매우 솔직하게 증언한 것처럼 "군대는 국내 수확분에서 원하는 식량을 우선적으로 충분하게 가져갈 뿐 아니라 한국인이 선호하는 쌀을 대부분 가져간다."

WFP 원조의 대부분을 차지하는 밀, 옥수수, 단백질 비스킷 등은 선호도가 높은 식량을 얻을 수 있는 엘리트들에게는 간절함이 덜하다. 더구나 WFP를 거치는 원조만 있는 것이 아니었다. 모니터링을 안 받아도 되는 다른 해외 원조공급원도 있었다. 익명을 요구하며 직접 겪은 사실을 들려준 한 WFP 관료는 북한 군대는 중국이 기부한 원조를 얻는다는 협정을 설명했다. 이는 WFP의 식량이 군대로 직행하지 않는다는 WFP의 주장을 뒷받침해준다.

그러나 소위 '분산화된 전용'이라는 더욱 그럴듯한 두 번째 과정이 있다. 이는 당, 행정부, 군대의 하급 직원이 의도한 수혜자에게서 다른 소비자로 식량을 전용하는 다양한 행동들을 말한다. 군대는 기근과 심각한 식량난을 겪는 동안 분명히 이런 행동을 일부 저질렀겠지만, 중앙의 지시에 의한 것은 아니었을 것이다. 실제로 거의 정확하게 반대의 경우였다. 일선 부대 급에서 전용 의지가 생겨난 것은 군의 중앙지휘 체제가 공급을 조정할 능력이 되지 않았기 때문이었다. 탈북자들은 하급 군인들과 특정 지역에 주둔한 군인들이 식량난에서 보호받지 못했다고 여러 번 증언했다.

1993년 초, 군대 내의 영양실조와 불평에 대해 진술했던 한 탈북 군인은 "민간인에게 가기로 되어 있는 정부 식량을 빼돌리도록 가끔 병사들을 선정했다"고 언급했다. 기근이 더욱 기승을 부린 1997년에 수행된 난민 인터뷰는 군 당국이 부분적으로 와해되었음을 보여주었다. 심지어 일부 군(郡)에 있는 부대는 폐쇄되어 병사들에게 귀향을 명령했다.

이 보고서들은 군대와 당이 식량배급에서 우선시되었다고 주장하는 난민 인터뷰와 일치하지 않는다.[1] 심각한 기근 시기를 반영하고 있는 이 인터뷰들은 인도주의적 원조가 도착하기 전에도 이미 식량배급제에서 전용이 일어났음을 알려준다. 다른 보고에서는 북동부 지역에 주둔한 군인들이 단순히 공식 경로에서 식량을 전용했을 뿐 아니라 중국에 친척이 있는 가정에서 식량과 돈을 탈취했다고 전한다. 한 탈북자의 증언을 전체 인용할 만하다.

"군인들은 1일 배급을 받지만 생계를 이어가기에도 충분하지 않았다. 그래서 내 아들이 근무했던 부대에서는 부대장이 군인들에게 식량을 구해오라고 지시했다. 군인들은 소규모로 짝을 지어 마을의 비축 식량을 훔치러 갔고 곡물 창고에 식량이 없으면 가정을 약탈했다. 하루는 내 아들이 항의하면서 사람들의 물건을 훔치러 군대에 온 것이 아니라고 말했다. 아들은 바로 총에 맞았다."

이 짧은 증언에는 극적인 사건뿐 아니라 많은 정보가 담겨 있다. 군이 병사들에게 식량을 공급하는 능력이 붕괴된 점, 대응전략으로 조직 차원에서 약탈을 자행한 점, 그 결과 어쩔 수 없이 폭력이 행사된 점, 항의한 이들의 죽음 등이다.

군대에서 소비하기 위해 분산화된 전용이 이루어진 사실과 관련된 정보는 나치오스가 '농업의 군대화Militarization of Agriculture'라고 부른 현상에서도 나온다. 우수한 노동력을 늘리고 곡물 은닉을 막기 위해 1996년부터 군대가 국영농장과 집단농장에 대거 등장했다. 농민들이 곡물을 조기 수확하고 전용하는 것을 막기 위해 소위 곡물 보초가 배치되었고, '도둑'은 죽이라는 명령이 내려졌다. 그러나 곡물 보초를 서는 사람들도 제대로 식량배급을 받지 못했고, 농민들은 이들을 식량으로 매수할 수 있었다.

군대나 기타 비적격 집단이 자체 소비하기 위해 자행하는 분산화된 전용의 정치적이고 윤리적인 의미는 일반적인 인식보다 다양하다. 분명히 총을 겨누며 식량을 탈취하는 것을 묵과하기란 어렵다. 그러나 북한 군대는 강제

징집된 병사들로 구성되며, 이들은 오랜 기간 동안 스파르타식 환경에서 복무한다. 분산화된 전용은 군 지도층에게서 일어나거나 저항할 수 없는 국가의 권력 때문에 발생한 것이 아니라, 군대가 군인들에게 식량을 배급하지 못했기 때문에 하급 군인에게서 발생했다. Chapter 3에서 언급한 김정일의 연설에서 알 수 있듯이, 정부가 식량난의 규모 공개를 꺼려하는 것은 군대의 가장 기본적인 기능이 악화되었음을 감추기 위해서라는 설명이 설득력을 갖게 된다.

지금까지 우리는 정치적으로 논쟁이 되고 있는 군대의 전용 문제를 주로 다루어왔다. 그러나 이는 그 밖의 비적격 집단들과 시장으로의 전용을 포함해 식량이 전용되는 다른 경로와 수혜자들을 간과한 것이다. 우리가 살펴본 것처럼, 외부 원조단체들은 어린이, 임산부, 수유부, 빈곤층, 병약자, 노령층 등 취약계층을 우선시한다. 원조단체에 따르면 북한 정권은 우선순위를 다르게 두었으며 핵심 지지자들을 보호하려 했다. 군대와 당 간부뿐 아니라 평양 시민과 주요 분야의 생산 인력도 보호 대상이었다.

정치적인 생존을 위한 이러한 노력은 지방에서도 마찬가지였다. 군 단위의 위원회도 정치적 영향력이 없는 취약계층과 생산인력 및 농민 간에 식량을 어떻게 할당해야 할지 선택해야 했다. 다음에 더욱 상세히 다룰 남한 NGO의 한 보고서는 이런 우선순위를 정확히 보여주는 증거를 발견했다고 주장한다. 이 증거란 원조가 군대뿐 아니라 국영기업과 행정부서 근무자에게도 전해져야 한다는 정부 지시사항이다. 반대로 북한에서 상당한 경험을 쌓은 한 NGO 근무자가 최근 보고한 바에 따르면 2005년까지 전체 방문 횟수가 늘어났고, 지방으로 운전해 갈 수도 있게 되었지만, NGO의 대상 집단 중 하나인 장애인과의 만남은 계속 거부되었다.

▓ 원조와 시장화

　더 복잡한 문제는 소비나 비축용이 아니라 시장에 판매하기 위해 전용하는 것이다.[2] 다시 한 번 강조하지만, 이러한 전용은 원조뿐 아니라 국내에서 공급되는 식량으로도 일어날 수 있다. 우리는 군대가 단백질 비스킷 같이 맛없는 식품을 먹기 위해 식량을 전용했다는 데는 회의적이다. 그러나 조직, 운반 능력, 복종을 강요할 수 있다는 점으로 볼 때 당과 국가, 군(軍) 관료가 개인적인 이익을 위해 원조를 시장으로 전용하는 데 관여했음은 분명하다. 우리는 이 문제에 더 많은 관심을 두고 살펴볼 것이다. Chapter 6에서 다룰 북한의 개혁과 시장 중심 체계로의 전환이라는 보다 개괄적인 문제에 매우 중요하게 작용하기 때문이다.

　이런 형태의 전용을 일으키는 동기에는 세 가지 주요 변수가 작용한다. 세 변수란 식량의 가격, 시장의 존재, 공적 사명감을 지닌 당국이나 원조 제공단체가 전용을 제한할 수 있는 능력 정도다. 경제적인 동기는 식량난의 정도와 시장화의 범위에 따라 시기별로 다양한 양상을 보이며, 아래에서 이에 대해 다시 상세하게 다룰 것이다.[3] 그러나 식량이 부족한 상황에서 이런 전용으로 얻을 수 있는 소득은 엄청나다. 전용을 하려는 동기가 매우 강력했다는 사실은 의심의 여지가 없다.

　식량은 저장될 수 없지만(식량을 저장할 때의 안전성 문제 때문에) 시장이 기능을 발휘하는 가장 간단한 사례를 들어보자.

　원조가 고아, 빈곤층, 시설에 전적으로 의지하는 계층 등 물자를 관리하지 못하는 개인에게만 주어진다면 식량의 시장가격에 영향을 미치지는 않을 것이다. 이들은 어떤 경우에도 식량을 구매할 만한 재원을 갖추지 못한다. 원조는 순수하게 추가적인 것이다. 이런 극단적 경우에 수혜자는 원조의 혜택을 전적으로 다 받는다. 그리고 이들이 받을 원조를 전용하는 것은 제로섬 게임 Zero-Sum Game이다. 이 경우 전용은 대상 집단에게 돌아갈 복지 혜택을 직접 줄이게 된다. 이렇게 전용하여 얻은 이익은 판매자와 구매자가 나눠먹게 된다.

그러나 북한의 경우 원조는 이런 취약 집단뿐 아니라 시장에서 식량을 구매하기도 하는 가정과 개인에게도 제공되었다. 앞에서 살펴본 것처럼 시간이 지남에 따라 식량배급제에 대한 의존이 줄어들었고, 점점 더 많은 개인이 식량을 얻기 위해 시장을 비롯한 다른 방법을 이용하게 되었다. 이 경우 식량 원조의 효과는 더욱 복잡하다.

첫째, 원조는 본래의 목적에 맞게 수혜자의 수요를 일부 만족시킨다. 그러나 시장에서의 전체 수요를 줄이는 부차적이고 간접적인 효과도 있기 때문에 시장가격의 하락으로 이어지게 된다([도표 5-1] 참조). 달리 말하면, 원조는 식량을 직접 전달하는 것으로도 도움이 되지만 시장에서 식량을 구매

[도표 5-1] **식량 원조가 식량의 시장가격에 미치는 영향**

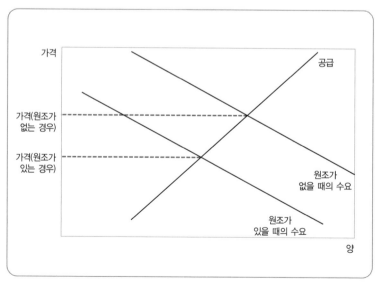

하는데 드는 지출을 감소시켜 소비자에게 보다 전반적인 혜택을 제공하기도 한다.

반면 경작자들은 상품 가격이 떨어져 손해를 볼 것이다. 경작자에게 미치는 영향도 무시할 수 없다. 공평성 문제 때문에 농민들은 보통 도시 거주자보다 소득이 낮다. 따라서 원조제공은 분배를 원래대로 되돌리는 효과를 지닌다. 마찬가지로 중요한 사실은 생산가가 낮게 유지되면 의욕이 상실되고 따라서 만성적인 식량난 해결에 부정적인 영향을 미칠 수 있다.

북한의 국내 식량 생산은 식량난 이전 수준으로 회복되지 않았는데, 여기에는 농민들의 의욕 상실이 분명한 요인이 되었다.

수요의 일부분이 시장에서 공급되고 있는 이런 실제 상황에서 전용은 어떤 영향을 미치는가? 우리의 첫 번째 가설에서처럼 전용은 무료로 식량을 공급받을 사람의 복지는 직접적으로 떨어뜨리고, 전용을 자행하는 사람의 복지는 증대시킨다. 그러나 나머지 인구에 미치는 영향은 복합적이다. 식량을 구매하는 집단에게 원조물자가 전용될 경우, 전용은 식량 가격을 떨어뜨려 소비자에게는 이익을, 생산자에게는 손해를 가져온다.[4]

식량배급제 권한 부여와 시장의 분화라는 두 가지 복잡한 제도적인 문제가 더해지면 전용의 영향을 평가하기가 더욱 어려워진다. 북한의 관료들은 식량배급제가 도시 소비자에게 보조금을 제공한다고 줄곧 주장해 왔다. 그러나 Chapter 7에서 살펴보겠지만, 식량배급제의 가격이 시장 가격에 가깝게 바뀜에 따라 이러한 보조금의 크기는 시간이 지나면서 감소해왔다.

이런 환경에서의 권한 부여 체계는 일종의 계단식 구조로 생각할 수 있다. 특권층은 식량배급제 배급량을 우선적으로 받고 배급제를 이용하는 데 따른 보조금을 누린다. 이들의 필요량이 충족되고 나면 식량배급제의 물자는 취약집단을 포함해 선호도가 더 낮은 집단에게 돌아간다. 따라서 식량배급제의 물자가 전용되면 모든 계층이 동일한 영향을 받는 게 아니라 식량 권한 계층 중 최하위 계층의 소비량이 줄게 될 가능성이 높다.

마지막으로, 전용을 분석할 때는 북한의 시장이 완전히 통합되지 않았다는 사실을 고려해야 한다. 장거리에 걸친 도매망이 존재한다는 증거도 있긴 하지만, 운반이 원활하지 않고 차액을 노리는 중간 상인이 없다는 점은 시장 분화가 타당성 있는 가설임을 시사한다.

따라서 우리가 설명한 이러한 계단식 체계의 영향은 지역에 따라 매우 다른 양상을 보였고, 군(郡) 별로 상당한 차이가 나게 된다. 한 지역에 추가로 공급된 식량은 그 곳에서 처리되어 그 지역의 소비자에게 혜택을 주지만(생산자에게는 피해를 주고), 꼭 더 넓은 지역에 영향을 미친 것은 아니었다. 군별 가격차에 대해 우리가 Chapter 7에서 제시하는 증거는 북한의 시장이 분화되었다는 점을 강하게 지지해준다.

■ 전용의 규모

물론 전용의 명확한 증거는 얻기 어렵다. 전용은 적어도 국제 원조단체의 시각에서는 부정행위이기 때문이다. 따라서 부정확하고 단편적인 증거를 평가할 때는 사전예측이 중요한 역할을 한다. 하지만 이 증거들을 살펴보기 전에 환경을 다시 설명할 필요가 있다. 북한 주민들은 전용을 하려는 다양한 동기를 지니고 있다.

우리는 앞에서 소비 목적의 전용을 설명하면서 분배에 대한 북한 정부의 우선순위가 원조단체의 우선순위와 어떻게 다른지 이미 언급했다. 그러나 단순한 욕심이라는 동기도 배제해서는 안 된다. Chapter 7에서 가격 변화에 대해 좀 더 상세히 설명하겠지만, 여기에서는 공식 가격과 시장 가격 간의 차이를 불러온 원인에 관해 간략하게 검토해 보도록 하겠다. [표 5-1]은 2000년 7월 단행한 가격 개혁 전과 후의 쌀과 옥수수의 다양한 가격차를 보여주고 있다. 표의 요점은 매우 단순하다. 개혁 전에는 쌀과 옥수수 등 기본 식량의 공식 가격과 시장 가격 간에 차이가 컸으며, 북한이 기근 상황에 접어들고 식량의 실제 가격이 높아짐에 따라 격차는 더욱 커졌다.

기근이 절정에 달한 몇 년 동안 농가는 쌀을 시장에 팔면 국가에 팔았을 때보다 거의 100배나 많은 돈을 받을 수 있었다. 따라서 수확물을 국가가 허용한 경로보다는 비공식적인 경로로 보내려는 동기가 높아졌다. 이러한 차이는 2002년 7월 개혁 이후 급격하게 줄어들었지만, 이후 공식 가격이 고정되고 인플레이션이 일어나자 다소 격차가 커졌다. 그러나 개혁 후에도 시장 가격은 공식적인 구매 가격보다 여전히 몇 배나 높았다.

경제적인 이유로 농부가 물자를 다른 데로 돌리려는 동기도 크지만, 공무원이 식량(원조 받은 식량 포함)을 빼돌리려는 동기는 그보다 더 크다. [표 5-1]에서 뚜렷이 나타나듯이, 식량배급제와 시장 가격 간의 차이는 수매 가격과 시장 가격 간의 차이보다 훨씬 더 크다. 북한에서 식량의 실질가격이 높다는 점을 감안할 때, 경제가 몰락하고 생활필수품을 구하기가 점점 어려워지는 환경에서 기부 받은 곡물을 시장으로 돌릴 기회가 있다면 사실상 부를 보장받는 것과 마찬가지였다.

물론 유혹이 큰 만큼 위험도 크다. 부패 이론에서 으레 언급하듯이, 부패 행위를 일으키는 동기는 벌어들일 수 있는 수익의 크기뿐 아니라 들킬 가능성과 처벌 강도에 따라 영향을 받는다. 국가가 부양능력을 상실했으며 규칙을 지키는 것이 실상 죽음을 향해 가는 것일 수 있는 환경이라도 처벌이 신속하고 가혹하면 일부 집단에 억제 효과를 발휘한다.

그러나 정치적으로 연고가 있는 사람에게 처벌이 확실했거나 심각했는지

[표 5-1] **가격 차이**

	공식 수매가	식량배급제 가격	시장 가격	수매 가격 대 시장 가격(배)	식량배급제 가격 대 시장 가격(배)
쌀					
1990년	0.8	0.08	20.0	25.0	250.0
1992년	0.8	0.08	25.0	31.3	312.5
1996년	0.8	0.08	100.0	125.0	1,250.0
1997년	0.8	0.08	102.5	128.1	1,281.3
1998년	0.8	0.08	77.0	96.3	962.5
1999년	0.8	0.08	64.0	80.0	800.0
2000년	0.8	0.08	46.6	58.3	582.5
2001년	0.8	0.08	49.5	61.9	618.8
2002년	17.1	18.40	52.5	3.1	2.9
2003년	40.0	44.00	156.6	3.9	3.6
옥수수					
1998년	0.5	0.06	39.6	80.8	660.0
1999년	0.5	0.06	32.6	66.5	543.3
2000년	0.5	0.06	27.2	55.5	453.3
2001년	0.5	0.06	31.8	64.9	530.0
2002년	8.6	10.00	35.0	4.1	3.5
2003년	20.0	24.00	115.6	5.8	4.8

(출처) 1990~1997년 - S. Lee, 2003; 1998~2003년 - Lim, 2005
(주) 가격은 원/킬로그램임. 1990~1997년, 1998~2003년에 대한 수치는 각기 다른 출처에서 인용한 것이며. 따라서 직접적인 비교 대상은 되지 못함

는 분명치 않다. 고위급 당국자들은 부하들을 감시해야 하는 문제에 부딪쳤다. 반면 책임 체계가 없었기 때문에 전용의 희생자들이 책임자들을 법적으로 처벌하기가 불가능했다.

모니터링 체계의 취약성은 항구에서부터 최종 수혜자에 이르기까지 공급망 전체에서 전용이 일어날 기회를 높여 주었다. 세계 최첨단의 전자식 재

고 관리와 보안 시스템을 갖춘 월마트 같은 다국적 소매업체의 도난율이 거의 2%에 이른다. 엄청난 제약 조건 하에서 일을 해야 하며, 루이지애나 주나 뉴욕 주의 땅덩어리 크기와 맞먹는 국가에서 4만 개가 넘는 소매상을 책임져야 하는 40명의 비 한국어 사용자 외국인들이 이 기준을 맞춘다면 그것이 더 놀라운 일일 것이다.

그러나 여기서 언급할 만한 모니터링 체계의 또 다른 한계점은 시장과 관련되어 있다. 기근 시기와 그 이후의 시장은 식량 유통 장소로써 중요성이 커졌다. 인도주의적 원조요원들은 시장에 대한 모니터링을 중요한 도구로 인식했다. 식량부족의 정도를 명확하게 알 수 있기 때문이다. 그러나 외국인 감시자들은 시장에 가까이 가지 못했다. 시장에서 불법 활동을 목격할 수 있기 때문이다.

따라서 우리는 타당성을 중심으로 논의를 시작하겠다. 가장 기본적으로 전용이 일어났다는 이야기는 설득력이 있다. WFP 관료가 공개적으로 인정하기까지 했다. 원조가 전용되지 않았거나 전용되었다 해도 정도가 미미했다는 가정을 지지하는 것은 다양한 증거들뿐 아니라 인간의 행동에 대해 우리가 알고 있는 바와도 모순된다. 의도적으로 불신을 없애야 가능하다.

이렇게 전용이 일어나는 것이 근본적으로 타당하다고 생각하지만, 그럼에도 불구하고 우리는 전용의 성격과 규모를 밝힐 수 있는 증거들을 검토해봐야 한다. 시장의 규모를 추정하기에 앞서 원조실무자, 문서들, 난민 인터뷰에서 나온 증거를 간단히 검토해보겠다.

이 문제에 관해 가장 신뢰할 만한 정보 출처는 아마도 인도주의적 원조단체 직원들과의 인터뷰일 것이다. 앞에서 언급했듯이 일부 단체는 의도한 수혜자에게 원조가 제공되지 않는다는 이유로 북한을 떠나기까지 했지만, WFP나 어떤 NGO도 전용의 규모를 알기 위한 공적인 노력을 기울이지 않왔다.[5] 그럼에도 불구하고 이 직원들은 북한에서의 광범위한 경험을 지니고 있으며 모니터링 체제의 제약을 잘 알고 있다. 사적인 비공식 담화에서 일부 직원들은 소속 기관의 프로그램에서 전용되는 비율을 전체적으로 추정해보기도 했으며, 이 추정치는 10~30%에 이른다. 그러나 최근에 모니터링이 개선되어 왔다는 점을 고려하면 과거에는 손실 비율이 더 높았을 것으로 추정된다.

NGO에서 나온 좀 더 확실한 증거가 남한의 좋은 벗들이 발간한 2005년 보고서에 실려 있다. 좋은 벗들은 1990년대 중반부터 북한의 식량 문제를 널리 알리는 데 앞장서 왔다. 그러나 이 기관은 남한 정부의 원조활동에 대해 공공연하게 회의적인 입장을 표명해 왔다는 점을 밝혀둬야 한다. 그럼에도 불구하고, 좋은 벗들의 2005년 보고서는 남한이 제공한 식량 원조의 할당 원칙을 개략적으로 기술해 놓은 북한의 내부 문서를 확보했다고 주장했다. 이 문서에는 원조된 식량이 1차로 인민무력부(30%)에 배정되고, 그 다음은 특수 정부 기관(10%), 세 번째는 군용품 제조 공장과 기타 국영 기업(10%), 나머지는 각 시와 군의 식량배급제 양정사업소(약 50%)에 할당된다고 나타나 있다.

남한은 북한에게 최소한의 요구만 했기 때문에, 원조된 식량을 이렇게 배정한다 해도 엄밀한 의미로 봤을 땐 전용은 아닐 것이다. 게다가 좋은 벗들의 주장을 뒷받침하는 증거의 신뢰성을 확인할 길이 없었다. 그럼에도 불구하고 문서에 표현된 우선순위는 우리가 설명해 온 광범위한 정황에 비추어 볼 때 분명히 타당성이 있으며, 전용의 규모가 우리의 추정치보다 더 높음을 시사해준다.

NGO 단체인 '국경없는 의사회'의 경험은 전용의 규모 평가 문제를 더욱 정확하게 제시해준다. 국경없는 의사회는 북한에 들어간 최초의 NGO 중 하나였다. 소아과 병동과 도립병원에 급식 센터를 세워 심각한 영양실조 상태인 5세 이하 어린이를 지원하는 것이 주요 활동 중 하나였다. 프로그램 초기에 FDRC는 국경없는 의사회에 각 군의 모든 의료 시설 목록을 제공했다. 그러나 현장 방문 시에 국경없는 의사회 직원은 제공된 목록에 없는 시설을 보게 되었고 프로그램을 이용하지 못하게 한 어린이들이 있다는 증거도 발견했다. 정부가 제공하는 인구 정보는 점차 국경없는 의사회와 다른 유럽 NGO들에게 신뢰를 잃어갔다.

국경없는 의사회는 평안남도 어린이의 25%가 고아이거나 버려졌으며, 이들은 북한 정부가 처음에 존재 사실을 숨겼고 따라서 원조활동을 펼치도록 개방되지 않은 시설에 수용되었다고 추정했다. 국경없는 의사회는 이 시설들에 대한 원조 제공이 부모의 정치적 신분에 따라 체계적으로 조절되었으며, 결과적으로 대상 인구 중 많은 수가 실제로 원조를 받지 못하고 있다는 증거를 발견했다. 다른 NGO들도 해당 관할권 내에서 비슷한 결론에 도달했다.

국경없는 의사회를 비롯한 유럽 NGO들이 겪은 문제는 전용 그 자체보다는 구호 활동에 있어서의 한층 심한 은폐를 나타낸다. 북한 정부는 실제로 특정한 대상 인구, 즉 취약한 아동, 특히 기근 때문에 고아가 되거나 버려진 많은 아이들에게 접근하지 못하도록 하고 있었다. 하지만 이는 특권층을 선호하느라 정치적으로 적대적인 가정을 포함해 일부 원조대상 인구가 식량을 얻지 못하게 하는 전용의 과정을 타당성 있게 보여주는 유익한 사례다.

두 번째 형태의 증거는 전용을 직접 기록한 증거들이다. 이 확증적인 증거는 규모 문제는 알려주지 못하지만 제도적인 중요한 세부사항들은 보여준다.

북한민중구조 긴급행동 네트워크Rescue the North Korean People Urgent Action Network, RENK라는 일본의 한 NGO와 관련된 네트워크가 중요한 증거들을 많이 내놓았다. RENK는 북한 주민들을 지원해 왔으며, 이념적 혹은 금전적 목적으로 카메라를 가방에 숨겨 북한의 시장 모습을 비디오로 몰래 촬영했다. 비디오는 중국 국경을 따라 몰래 반출되었다. 이런 비디오테이프는 1998년에 처음 촬영되었다. 전용 사실을 암시하는 최초의 비디오테이프는 2003년 8월에 촬영되었는데, 남한과 미국 WFP의 원조식량이 원조국 이름이 찍혀 있는 자루에 담긴 채 양강도 혜산 시의 한 시장에서 판매되고 있는 모습이 담겨 있었다.

당시 원조기관들은 이 비디오에 강한 이의를 제기했다. 특히 전반적으로 물자가 그렇게 부족한 경제 환경에서는 인도주의적 원조로 보내진 쌀을 담았던 자루도 가치가 있고 재사용된다고 주장했다. WFP 아시아 지국장인 앤서니 밴버리는 WFP의 자루가 식탁보로 재활용되고 있는 재미있는 예를 언급했다. 원조라고 표시된 자루에 든 쌀이 사실은 북한산일 수도 있다.

두 번째 비디오는 2004년 7월에 촬영되었으며 본 저자들도 그 비디오를 보았다. 여기에는 함경북도 청진 시 수남 시장의 모습이 담겨 있으며, 몇 가지 흥미로운 특징이 있다. 비디오는 남한, USAID WFP, 적십자, 몇몇 NGO 등 다양한 원조기관들이 보내온 개봉되지도 않은 쌀자루를 보여주는데, 개봉된 자루에 들어 있는 식료품의 종류가 자루에 표시된 내용과 일치했다.

물론 자루는 다시 봉해졌을 수도 있고, 상인은 '콩'이라고 표시된 자루에는 콩만 보관하는 강박관념에 사로잡힌 사람일 수도 있다. 그러나 비디오는 적어도 자루가 재사용되고 있다는 해석에 이의를 제기한다. 더구나 비디오에서 상인은 약품뿐 아니라 식량도 외국에서 온 것이며 중국 국경 근처 용천역 열차 폭발사고에 뒤따른 추가적인 인도주의 원조와 관련된 것이라고 공공연하게 말하고 있다.

용천과 청진 간의 거리와 운반 사정이 계속 나빴던 점을 고려하면, 비교적 고위급의 군(軍)이나 관료가 개입하지 않고 식량이 이렇게 시장으로 보내겼다고 보기는 어렵다. 쌀 가격은 분명히 시장 가격이었다(킬로그램 당 430원으로 공시 가격의 약 10배). 식량이 판매되고 있다는 점은 의심의 여지가 없다. 2005년에 RENK가 내놓은 세 번째 비디오는 일본에서 특히 논쟁을 일으켰는데, 2004년 일본 수상 고이즈미의 방문과 연계해 제공된 일본의 원조와 일본이 파키스탄에서 사들인 쌀이 아주의 남홍 시장에서 판매되고 있음을 보여주었다.

이 영상 증거자료에 대해서는 적절한 주의를 기울여야 한다. 가장 중요한 것은 규모를 말해주지 못한다는 점이다. 그럼에도 불구하고 2005년 말 시장에 대한 단속이 이루어지기 전의 새로운 풍습은 보여준다. 기부된 쌀을 시장에서 공공연하게 판매하는 개인 상인이 있다는 사실은 적어도 이 시기의 중요한 제도적 사항을 다음과 같이 알려준다.

첫째, 이 시장들의 위치와 원조식량이 용천에서 왔다는 사실을 참조하면 식량이 장거리로 운반되었음을 알 수 있다. 이 사실은 운송기능에 대한 통제권이 있는 사람이 연관되었으며, 장거리에 걸친 불법적인 도매 체계가 존재했음을 의미한다. 또한 좀 더 넓은 지역을 아우르는 거래망이 점진적으로 생겨났다는 정보와도 일치한다. WFP의 보고에 따르면, 지방의 식량배급제 담당 공무원들은 관할권 간에 수요와 공급의 균형을 맞추기 위한 한 방편으로 서로 식량을 교환했다고 한다. 앞에서 언급했던 EU가 기증한 이유식의 경우도 기증된 물건이 의도한 수혜병원에서 상당한 거리를 이동했음을 보여준다.

둘째, 원조식량이 공개적으로 판매되었다는 사실은 지방 공무원과 시장 관리자 사이에 실질적인 공모가 이루어졌음을 나타낸다. 식량은 몰래 팔리는 것이 아니라 드러내놓고 판매되고 있었다.

마지막으로 비디오는 직접 소비하기 위해서 뿐만 아니라 시장에 판매하기 위해 전용이 이루어졌다는 우리의 핵심 주장도 뒷받침해준다.

마지막 정보 출처는 좀 더 간접적이긴 하지만 난민 조사다. 개인적인 식량 사정에 관한 난민의 증언은 전용에 대한 명확한 증거가 되지 못한다. 식량부족이 나타난 데는 다른 많은 요인이 있기 때문이다.[6] 그럼에도 불구하고 난민의 증언은 배급 체계의 성격에 관해 뜻 깊은 정보를 제공한다.

Part 1에서 지적했듯이, 1990년대 후반의 난민 인터뷰는 인구의 1/3을 대상으로 한 대규모 원조활동이 시작된 후에도 식량배급제가 붕괴되었음을 보여준다. 이러한 초기 연구는 장^{Chang}이 수행한 최근의 조사에서 확인되었다(2006). 물론 이런 조사의 표본이 그러하듯이, 응답자들이 북한 전체를 대표하지는 않는다. 그럼에도 불구하고 그 결과는 매우 흥미롭다.

원조가 존재한다는 사실을 알고 있는 응답자는 57%에 불과했다. 인도주의적 활동을 벌인지 10년이 지났는데 인구의 40% 이상이 원조 사실을 모르고 있었다. 식량 원조가 존재한다는 사실을 알고 있었던 사람들 중에서도 원조식량을 받았다고 답한 사람은 3.4%뿐이었다(원조 배급품임을 몰랐던 사람들까지 포함해 전체 샘플 중 2% 이하였다).

물론 이 수치가 원조수혜자가 전체 인구 중 3%에 불과하다는 의미는 아니며, 전용이 이루어졌다는 증거자료도 아니다. 응답자들은 기부된 식량이라는 것을 모르고 받았을 수도 있다. 그러나 응답자들은 정부가 엄청난 정보 통제력을 행사한다고 증언했다. 앞으로 설명할 것처럼 식량배급제로 배급되는 전체 식량 중 원조가 주요 부분을 차지하고 있음에도 불구하고 많은 사람은 이 물자가 해외 기부라는 사실을 알지 못했다. 원조수혜자가 누구인지 묻는 질문에는 94% 가까이 '군대'라고 답했다.

다시 한 번 말하지만, 응답자들은 군대가 식량 원조의 주 수혜자였다는 것을 입증하지는 못한다. 그러나 이들이 군대에 주어진 특권을 인식했다는 사실만은 확실하며, 많은 사람이 분명히 이를 직접 목격했을 것이다.

■ 시장의 규모

전용에 관한 여러 대립되는 주장들을 평가할 만한 다른 방법이 있을까? 확실하지는 않지만 한 가지 방법은 기본으로 돌아가는 것이다. 경제적 교환에 있어 모든 구매는 동시에 판매를 의미하며, 유통되는 경로에 상관없이 매매량은 일치해야 한다.

타당성 검토를 위해 우리는 전용 추정치들을 북한의 식량경제에 관한 여타의 데이터들과 맞춰 보는 간단한 대차대조표 계산을 수행했다. 생산량, 원조량, 수입량에 대한 데이터를 식량배급제를 통해 전달되는 식량의 추정치와 비교했으며, 그 결과 전체 공급량 중 시장으로 흘러간 비율이 대규모라는 추정치를 얻을 수 있었다.

앞으로 설명하겠지만, 이 추정치는 전용이 어느 정도 규모로 이루어졌는지 파악하는 데 매우 적절하다. 또한 WFP가 실시한 가정 조사 등의 정보를 이용해 삼자 비교도 가능하다. 우리는 수치가 계산이 맞다는 결론을 내렸다. 전용 규모가 상당했음을 나타내는 이 추정치는 북한의 식량 경제에 관한 여러 다른 출처들에서 나온 정보와 일치했다.

외부 원조가 증가하자 WFP는 식량공급 프로그램 대상을 주민의 약 30%로 어림잡았다. 대상 집단의 규모는 2003년 기부가 줄어든 후 조정해야 했다. 그러나 최저 10%에서 좋은 벗들의 보고서에서 인용된 것처럼 최고 50%에 이르는 전용 추정치들과 WFP의 원조대상자를 결합시켜 보면 주민의 3~15%에게 공급할 수 있는 식량이 전용되었다고 나온다. 이러한 양을 어떻게 해석해야 할까?

첫째, 사소한 양은 아니라는 것이다. 전체 수요 측면에서 보면 크지 않지만, 의도한 수혜자에게서 상당한 양의 원조식량을 전용하고 식량에 대해 통제권을 지닌 사람들에게 많은 수익을 주기에 충분한 양임이 분명하다.

동시에 전용은 시장화라는 보다 넓은 과정에 영향을 미칠 만큼 큰 규모다. 원조의 전용은 정부의 통제를 벗어난 추가적인 공급원으로 작용했을 것이다. 그리하여 공급할당을 중재하는 역할을 하는 시장의 발전과 범위 확산에 이바지했을 것이다. 전용은 적어도 최악의 기근 상황이 완화되기 시작했을 때부터 2002년 이후 인플레이션이 고조되기 전까지 시장 가격이 낮아지는 데 한 몫을 했을 것이다([표 5-1] 참조). 이것이 사실이라면 원조는 시장에서 식량을 구매하는 소비자에게는 도움이 되고 생산자에게는 손해를 입힌 것이 된다.

시장화 과정이 어디까지 진행되었으며, 원조와 원조의 전용이 여기에 어떤 역할을 했을까? 우리는 농민에 대한 곡물 할당량, 평균적인 식량배급제 배급량, 식량배급제에 의존하는 인구비율(사실상 비 농민 인구)에 관한 자료를 보유하고 있다.

인구 중 근로자 비율과 부양가족 대비 근로자에게 할당되는 배급량에 관해 간단하지만 타당성 있는 가설을 세워 보면, 모든 출처에서 나온 총 식량 공급량 중 식량배급제를 통해 전달되는 비율이 어느 정도인지 개략적으로나마 추정할 수 있다. 나머지는 몇몇 형태로 시장으로 보내지거나 식량배급제 외의 방법으로 거래된 식량이 총 공급량 중 차지하는 비율이 된다.

우리가 살펴본 것처럼 협동농장에서 일하는 지방 주민들은 추수 때 곡물을 받으며 자체 경작한 토지에서 이를 보충할 수 있다. 도시에서는 이야기가 더욱 복잡해진다. 도시 가구가 식량을 얻는 경로는 네 가지가 있다. 식량배급제에서 매달 받는 배급량, 학교나 병원 등의 시설에 대한 WFP의 지원, WFP의 취로사업 프로그램[FFW], 그리고 시장이 그것이다. 계산상의 편의를 위해 우리는 중국과 남한에서 주로 들어오는 비 WFP 원조가 식량배급제로 전달되어 월간 배급량을 지원한다고 가정했다(우리는 군대를 도시 주민에 포함시켰으며, 따라서 중국의 원조가 군대에 전용되고 있다고 간주하지 않았다).

우리는 상대적으로 작은 규모이긴 하지만 취로 사업 프로그램이 식량배급제에 속하지 않으며 전용되지 않는다고 가정했다. 취로사업 외의 배급은 시장으로 전용되기 쉬웠다고 가정했으며, 인도주의 단체들에서 발췌한 추정치에 따라 전용 비율을 10~50%로 가정했다. 우리는 WFP의 원조가 식량배급제의 월간 배급망으로만 가거나 시설로 간다고 가정했다. 학교, 병원 같은 시설로 갈 경우 이런 시설에서 지원을 받는 가족은 그만큼 월 배급량이 줄어들어 결국 원조량이 동일해진다고 가정했으며, 이는 WFP 직원의 확인을 받은 사항이다.

예를 들어, 식량배급제에서 특정 배급량을 받기로 되어 있는 한 가족에 학교에서 식량을 받는 아동이 한 명 있을 경우 그 가정은 식량배급제 배급량이 그만큼 줄어든다. 이러한 가설은 순량(純量)으로 볼 때 WFP의 원조가 식량배급제 체계의 범위를 확장하지 않는다는 의미를 지닌다. 이 가설은 부록 3에 대수 용어로 상세히 설명되어 있다.

마지막으로, 전용이 미치는 영향을 검토해야 한다. 우리는 일단 식량이 시장으로 전용되면 이는 식량배급제에 손실이 되며 배급제는 문서상으로 계획되어 있는 것보다 적은 양을 소비자에게 공급하게 된다고 가정했다. 즉 국가는 손실된 분량을 보충하기 위해 이후 경작자들에게서 식량을 더 추출하지 않는다.[7]

이 대차대조표 계산을 소비자의 관점에서 보면 전용은 식량을 시장으로 보내 시장화를 진전시키는 역할을 할 것이다. 그러나 생산자 관점에서 보면 차이가 없다. 일단 정부가 협동농장의 생산량 중 국가의 몫을 가져가면 그 곡물이 최종적으로 어떻게 처분되는지는 문제 삼지 않았다. 우리는 또한 국내에서 생산된 식량은 전용되지 않고 원조만 전용된다고 가정했다.[8]

식량은 상당양 대체가 가능하다. 따라서 어디에서 나온 식량이 어디로 가고 있는지 말하는 것은 불가능하다. 농부가 식량을 시장으로 빼돌렸을 수도 있고 원조물자가 전용되어 시장으로 갔을 수도 있다. 그럼에도 불구하고 우리는 시장화를 적어도 세 가지 방식으로 검토했다.

첫째, 국내 총 생산량(농부에게 배급된 분량은 제함)에서 시장으로 간 비율, 둘째, 식량 소비량 중 시장에서 구매한 식량의 비율, 셋째는 반대 지표인데, 시장이 아닌 경로로 전달된 식량에서 원조가 차지하는 비율로 따진 원조의 가치다.

1999~2003년까지 식량을 이런 방식으로 계산하자 놀라운 결과가 나왔다. 생산량의 84%가 농장에서 소비되거나 시장으로 갔다. 이는 국가가 식량배급제에 공급할 식량을 국내 생산량에서 많이 수매할 수 없었음을 의미한다. 원조의 10~50%가 전용되었다고 가정했을 때 소비자는 소비량의 약 절반을 시장에 의존한다(전용 비율을 낮게 잡으면 42%, 높게 잡으면 52%). 이 의미는 Part 3에서 설명할 WFP의 최근 조사 결과와도 일치하며, 상당수의 주민이 식량배급제가 아닌 시장에서 식량을 주로 얻는다는 난민 인터뷰와 탈북자 조사와도 일치한다.

마지막으로 우리는 식량배급제를 통해 전달된 식량에서 원조가 차지하는 비율로 원조의 가치를 표현할 수 있다. 뒤집어 보면 이 비율은 본질적으로 경작자 관점에서 본 시장화 추정치라고 할 수 있다. 국가가 식량배급제에 충당할 식량을 조금밖에 수매하지 못했기 때문에 본 계산은 식량배급제는 주로 원조물량을 배급하는 장치가 되었음을 시사한다. 식량배급제를 통해 배급되었다고 알려진 식량의 78%(거의 4/5)를 원조가 차지한다.

이 작업에는 많은 위험이 따를 수 있다. 하나는 인구에 대한 우리의 가설과 관련되어 있다. 또한 농민들은 공식적으로 주어지는 것보다 많은 식량을 간신히 확보해 잉여분의 일부를 시장에 팔기보다는 직접 소비하기로 결정할 수 있다. 이는 거의 자명한 사실처럼 보이지만 실제로는 분명하지 않다. 농부들은 합법적, 불법적 개인 경작지에서 재배한 식량을 얻을 수 있고 이렇게 노력을 다른 데로 돌리면 전체적인 생산량에 영향을 미칠 수 있다. 그러나 우리는 협동농장에서 많은 양의 주 곡물을 빼돌릴 수 있는지는 의문스럽다. 적어도 2005년 추수 때까지 할당량이 분명 늘었는데, 여기에는 바로 이 문제를 막으려는 의도가 있었다. 더구나 정부는 2005년 곡물 수매를 늘리고 식량배급제를 부활시키려는 노력을 기울이기 전에도 기근이 심한 시기의 곡물은닉 행위를 저지하기 위해 엄한 경계를 세웠다.

세 번째는 주민의 일부인 엘리트층이 이 수치들이 제시하는 것보다 많은 배급량을 받고 더 많이 소비할 가능성이다. 다시 한 번 말하지만 이는 가능한 현상이긴 하지만, 우리가 살펴본 것처럼 적어도 기근을 겪는 동안에는 그러한 엘리트층이 많지 않았고 개인이 먹을 수 있는 곡물의 양에도 한계가 있기 마련이었다.

더 많은 배급량을 받을 수 있을 정도의 특권층이라면 시장에서 식량을 구매할 수 있고 다양한 음식물을 먹을 수 있어 이 배급량을 보충할 수 있는 위치일 것이다. 따라서 우리는 엘리트층의 자체 소비를 위한 전용이 우리가 관찰한 전용량 중 많은 부분을 차지한다는 것에는 회의적이다.

대신 이 결과는 국가가 통제하는 경로에서 행해진 원조의 전용이 보다 광범위한 시장화 과정에 기여했다는 개념과는 일치한다. 북한의 자체 통계를 살펴보면, 시장에서 유통되는 식량이 늘어나게 되면서 의식하지 못한 사이에 식량배급제가 점차 원조물자를 배급하는 방법이 되었음을 알 수 있다.

▪ 결론

원조의 정치경제학에 관한 수많은 문헌들에서 알 수 있듯이, 원조제공자와 수혜자의 관계는 협상 게임과 같다. 원조제공자는 인도주의적이든 정치적이든 자신들의 목적을 달성하려 하고 수혜자는 원조에 따르는 조건은 줄이면서 원조는 최대로 받으려고 한다. 우리가 살펴본 것처럼 대북원조는 WFP를 통한 식량 원조가 주를 이루지만, 한편으로는 이런 기본 구조를 따른다. 다른 점이 있다면 지나치게 통제적이고 주민들이 극도의 궁핍을 겪도록 내버려두는 북한 정치 체계의 특성이 실제로 원조단체에 대해 엄청난 권력을 행사한다는 점이다.

국제 인도주의 단체, 주요 기부국의 인도주의 지지자, NGO들이 북한 주민이 겪고 있는 곤경에 큰 비중을 두기 때문에 북한 정부와의 줄다리기에서 교섭력을 발휘하지 못한다. 그 결과 외부 단체는 대부분 소위 북한 예외주의를 받아들여야 했다. 대북 원조체계는 대부분의 일반적인 원조환경에서보다 훨씬 많은 제약을 받았다. 2005년까지 시간이 갈수록 이런 체계에 점진적인 변화가 일어났고 과거에 비해 접근성이 근소하게나마 높아진 징조도 나타났다. 그러나 Chapter 4 마지막 부분에 설명한, 2005년 후반과 2006년 초의 사건들은 이러한 발전이 얼마든지 원래 상태로 되돌아갈 수 있는 것임을 보여주었다.

북한에서의 취약한 모니터링 체계가 지닌 다른 면은 이번 Chapter에서 살펴본 전용 문제다. 우리는 다양한 출처에서 나온 전용에 관한 증거들과 여러 다른 사회 집단의 복지에 전용이 미칠 수 있는 영향력을 분석했다. 우리는 2005년까지 원조의 30% 가량이 아마도 전용되었을 거라는 결론을 내렸다.

우리는 간단한 대차대조표 작업을 통해 이 추정치의 타당성을 검토했다. 그 결과 전용의 규모에 대한 이 추정치가 국내 곡물 생산량 중 시장에서 거래되는 비율 및 가정이 식량을 얻는 방법 중 시장이 차지하는 비율 증가에 대한 우리의 관찰과 일치하는 것으로 나타났다.

다음 두 Chapter에서는 이 두 가지 주제를 확대시켜 상세하게 설명한다. 다음 Chapter에서는 때로는 상충되는 원조국 간의 이해관계와 이러한 차이를 조정하는 문제를 더욱 상세하게 살펴본다. Chapter 7에서는 시장화 문제로 돌아가 북한 내의 경제 개혁과 지속적인 제도 변화가 식량 불안정의 강도와 범위에 어떤 영향을 미치는지 검토한다.

원조의 정치경제학

06

대기근 발생에 대해 논의하면서 우리는 북한 정부가 식량이 부족하다는 증거에 적시에 대처하지 못했다는 점을 특히 강조했다. 북한 정부는 수입(輸入)과 외국의 투자를 적극 장려하고, 최소한의 차관 능력을 유지하고, 인도주의적 원조를 좀 더 일찍 요청했어야 했다. 그랬다면 1990년대 중반에 겪은 극심한 궁핍에 시달리지는 않았을 것이다. 국가 경제 문제의 심각성이 더욱 분명해지자, 북한 지도층은 뒤늦게 외화벌이와 절약에 나섰다. 예를 들어, 수출 가공지구를 부활시키고 일본으로부터의 송금을 늘리고 불법 수출 행위를 확대하는 등의 정책을 시행했다.

원조확보는 이 새로운 전략의 중요한 구성요소였다. Chapter 4에서 지적했듯이, 북한의 원조요청은 모든 원조관계에서 나타나는 딜레마에 부딪쳤다. 북한 지도층은 최대한 많은 원조를 북한에 유리한 양허조건으로 받으려한 반면 정치적 자치와 자원 통제권은 가능한 한 최대로 유지하려 했다. 반면 원조제공자 측에서는 원조가 의도한 수혜자에게 전달되는지, 전용되지 않는지, 앞에서 설명한 원칙들이 잘 지켜지고 있는지 확인하려고 했다. 투명성, 접근성, 효과적인 모니터링, 평가, 심지어는 최종 수혜자에 대한 권한 부여와 조직화까지 원했다. 한마디로 북한 정권이 매우 싫어할 만한 목표였다. 오직 인도주의적인 동기에서만 원조를 제공한다고 해도 복잡한 게임이 될 것이다. 하지만 원조국들 앞에는 두 가지 추가적인 문제가 놓여 있었다.

첫째, 원조와 정치는 완전히 개별적이지 않으며 그럴 수도 없다. 사실 이러한 환상이 계속 반복되고 있는 곳이 바로 미국이다. 원조는 외교적인 목적으로 이용된다. 더구나 민주 사회에서는 국내 정치세력의 지지를 얻어야 한다. 주요 원조국 내에는 다양한 목적을 위해 원조를 확장하자고 주장하는 집단이 있는가 하면(개입), 원조 축소를 원하는 집단도 있었다(압력, 제재).

처음 북한이 홍수 피해를 발표했을 때 대북원조가 곧바로 제공되지 못하고 지연된 데는 이러한 알력이 작용했다. 국제 사회가 전혀 책임이 없다고 할 수는 없다. 남한이 초기의 대규모 식량 발송 후 북한의 행동에 분개한 것은 이런 점에서 특히 중요하며 미국과 일본 모두에게 영향을 미쳤다. 그러나 미국과 일본 역시 정치적인 목적 때문에 원조를 제한하려고 했다. 시간이 지나면서 정치적 계산에 따라 주요 원조국들의 지원에 변동이 심해졌다. [도표 6-1]은 5대 주요 원조국인 미국, 일본, 유럽연합, 남한, 중국을 중심으로 원조의 끊임없는 변동 양상을 보여 주고 있다.

미국의 원조는 1998~1999년 사이에 급격하게 늘어났지만 2000년에는 엄청나게 감소했다. 이후 조지 W. 부시 대통령의 초임 기간이 끝날 때까지, 즉 집권 1기가 끝날 때까지 꾸준히 하락하는 양상을 보였다. 남한의 원조는 거의 반대 방향으로 흘러갔으며, 2004년까지 미국의 원조감소를 많이 상쇄했다. 중국의 원조는 2001년까지 꾸준히 증가했지만 이후에는 줄어들었다.

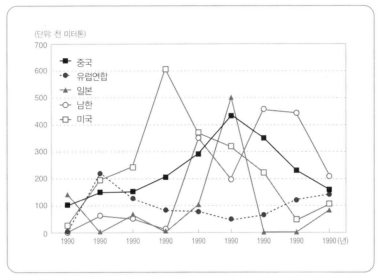

(단위: 천 미터톤)

(출처) WFPINTERFAIS, 2005
(주) 유럽연합에는 유럽위원회(European Commission)와 유럽연합 회원국들의 기부가 포함됨

유럽연합의 원조는 다소 가변적인데, 최근 미국의 원조가 줄어들면서 약간 상승했다. 마지막으로 일본의 원조 흐름은 급증과 하락 양상을 보였으며, 몇 번은 완전히 중단되기도 했다.

이렇게 심한 변동 양상을 보인 이유는 북한의 요구 변화를 반영했다고 볼 수도 있다. 하지만 우리가 설명한 것처럼 북한의 원조의존도는 물질적인 필요성 면에서 놀랄 만큼 꾸준했다. 오히려 이러한 변동은 원조국 내의 정치적, 정책적 흐름에 따른 것이라고 볼 수 있다.

두 번째 딜레마는 이렇게 국가별로 정치적 계산이 다르기 때문에 원조국들 간에 조정 문제가 발생했다는 것이다. 일단 원조가 유입되기 시작하자 북한의 외교술은 이러한 조정 문제를 이용하려고 했는데, 때로는 교묘했고 때로는 허술했다.

미국은 인도주의적 지원 제공 의사가 줄어들었고, 일본은 개입과 철저한 제재 사이에서 갈팡질팡했다. 반면 유럽연합과 특히 남한은 대북 원조 확대 의향을 나타냈다. 더구나 남한의 대외 원조는 북한과의 훨씬 광범위한 경제적 연대 전략의 한 구성요소였기 때문에 민간 차원의(일부 경우에는 보조금이 지원됨) 투자에서부터 여러 종류의 협력 프로젝트에 이르기까지 북한에 효과적으로 원조를 전달할 다양한 경로를 만들어냈다. 북한은 또한 중국과의 경제 관계를 그럭저럭 유지해 왔다.

두 사회주의 국가 간의 정치적인 관계는 기복이 있었지만, 북한 경제로의 중국의 비공식적 진출이 북한의 경제 전환을 불러온 중요한 외부 요인 중 하나로 판명되고 있다. 이렇게 대북 원조정책의 조정이 어렵다는 사실은 개입을 둘러싼 논쟁에서 중요한 의미를 지닌다. 호크스^{Hawks}를 비롯한 현행 원조활동의 비판자들은 시종일관 북한에 대한 봉쇄, 고립, 제재 조치를 주장해 왔다.[1] 반대로 개입 전략 지지자들도 그러한 개입이 선택적으로 이루어져야 하며 북한의 행동 변화를 불러올만한 동기를 부여해야 한다고 주장했다.

그러나 두 가지 전략 모두 원조뿐 아니라 북한의 대외 경제관계 전체에 대한 면밀한 연구를 필요로 한다. 특히, 미국과 일본의 강경론자들은 더욱 엄격한 대북 제재를 주장했지만, 중국과 남한의 외교 정책은 이런 전략에 반대할 뿐 아니라 때때로 북한을 고립시키려는 노력을 허사로 만들만큼 대북 원조의 양을 늘리곤 했다. 북한 정부는 원조확보 외교를 주의 깊게 조정해가며 1995년 이후 10년간 놀라울 정도로 일정한 수준의 지원을 용케 받아왔다.

그러나 2004년에 이르자 전략이 한계에 부딪혔다. 2002년의 2차 핵위기 발생은 이런 면에서 중요한 사건이라고 할 수 있다. 2002년 10월 미국은 북한이 핵무기 개발 목적으로 우라늄을 농축하고 있다고 비난했다. 미국이 북한 핵 개발에 맞서 1994년 북미기본합의서에 따라 약속했던 중유 공급을 중단하자 북한은 맞대응해 위기를 고조시켰다. 북한은 사찰단을 추방하고 핵확산금지조약에서 탈퇴했다. 또한 영변의 5MW(e) 원자로를 재가동하고 사용 후 연료를 플루토늄으로 재처리했으며, 2005년 2월 마침내 핵무기를 보유했다고 천명했다. 같은 기간 동안 북한 정권은 많은 일본인들을 납치한 문제로 일본과 충돌했다.

말할 것도 없이, 이러한 사건들과 북한이 불법거래, 위조, 미사일 수출에 관여하고 있다는 증거가 늘어나는 등 여타의 정치적 쟁점들은 개입의 효용에 관해 날카로운 의견충돌을 불러왔다. 북한이 국제적인 의무사항을 지키도록 더욱 적극적인 경제적 압박을 가해야 한다고 재차 주장했다. 유럽연합역시 한계에 달해 입장을 바꿨다. 그러나 2005년까지 이러한 요구는 효과가 없음이 판명되었다. 중국과 특히 남한이 북한과 기존의 경제적 관계를 유지했을 뿐 아니라 남한의 경우 더 많은 경제 협력을 약속했기 때문이다. 일련의 금융 제재가 북한의 무역 관계에 상당한 영향을 미치게 된 것은 2006년에 이르러서였는데 이 영향은 대부분 예기치 못한 것이었다. 하지만 이런 제제도 2006년 중반까지 북한을 협상테이블로 돌아오게 만들지는 못했다.

이러한 정치적 쟁점 때문에 원조가 제한되었을 뿐 아니라 인도주의 단체 내부에서도 대북원조에 대한 거부감이 높아졌다. 원조 강경론자들 중에는 핵문제에 골몰한 사람들만 있는 게 아니었다. Chapter 4에서 언급했듯이 많은 NGO들이 북한에서 철수했고, 인권단체들은 더 엄격한 태도를 취하라고 압박했으며, 저명한 탈북인사들은 북한정권이 무너져야 한다고 강경하게 주장했다.

또한 중동과 아프리카에서 위기가 계속되고 2005년 쓰나미가 남아시아와 동남아시아를 덮치는 등 다른 지역에서도 원조자원에 대한 수요가 높아졌다. 결과적으로 인도주의적 원조 지지자들은 장기간 계속됐으며 끝이 없어 보이는 대북 원조에 대한 회의론 증가에 부딪쳤다.

이번 Chapter에서는 5대 원조국을 중점적으로 검토하겠다. 우선 강경파인 미국과 일본을 살펴본 후 온건파인 유럽연합, 남한, 중국을 다루도록 하겠다. 각 나라에 대해 시기별로 원조 프로그램이 어떻게 전개되었는지 살펴보고 전체적인 경제 관계에서의 의미에 대해 알아볼 것이다. 그리고 국제 정세와 국내의 정치적 관심사가 원조의 규모와 성격에 어떤 영향을 미쳤는지 살펴보겠다. 이 과정에서 원조와 개입에 대한 지지 유형이 변화함에 따라 발생한 조정 문제와 위험천만한 핵외교를 다시 한 번 추진하면서도 외부의 경제적 보급로를 유지한 북한의 놀라운 능력을 집중적으로 살펴보겠다.

■ 미국

미국은 북한의 기근 후 대북 원조를 처음 제공한 국가는 아니며 원조를 서두르지도 않았다. 더욱이 두 나라 간에 정치적 긴장이 계속되고 북한이 정상무역관계^{NTR} 지위를 얻지 못했기 때문에 민간 투자와 무역이 제한되어 왔다.[2] 그러나 아이러니하게도 미국은 북한의 가장 큰 후원자였다([표 6-1]에 미국의 기부 현황이 나와 있다).

1995년과 2005년 사이에 미국은 10억 달러가 넘는 대북 원조를 제공했다. 이 중 40%가 1994년 체결된 북미기본합의서에 따라 미국이 한반도에너지개발기구Korean Peninsula Energy Development Organization를 통해 제공한 것이다.[3] 우리가 지적했듯이, 이 경로는 2002년 12월 미국이 중유 공급을 끝내기로

[표 6-1] 미국의 대북원조(1995~2005년)

연도(CY) 혹은 회계연도(FY)	식량 원조(회계연도별) 미터톤	식량 원조(회계연도별) 상품 가치 (백만 US 달러)	KEDO 지원 (연도별, 백만 US 달러)	의약품 및 기타 (회계연도별, 백만 US 달러)	합계 (백만 US 달러)
1995	0	0.0	9.5	0.2	9.7
1996	19,500	8.3	22.0	0.0	30.3
1997	177,000	52.4	25.0	5.0	82.4
1998	200,000	72.9	50.0	0.0	122.9
1999	695,194	222.1	65.1	0.0	287.2
2000	265,000	74.3	64.4	0.0	138.7
2001	350,000	58.1	74.9	0.0	133.0
2002	207,000	50.4	90.5	0.0	140.9
2003	40,200	25.5	3.7	0.0	29.2
2004	110,000	36.3	0.0	0.1	36.4
2005	25,000	5.7	–	–	5.7
합계	2,088,894	606.0	405.1	5.3	1,010.7

(출처) Manyin 2005; USDAFAS-〈식량 원조 보고서〉

결정하고 2005년 말 KEDO 자체도 위기를 겪으면서 막을 내렸다. 6억 달러가 넘는 나머지 원조는 WFP를 통해 전달되었고, 이 중 일부는 NGO 컨소시엄인 Private Volunteer Organization Consortium의 모니터링을 받았다.

1995년 하반기와 1996년 상반기에 기근의 증거들이 속속 늘어나자 많은 NGO들이 미국의 대북 원조에 대한 지지를 모으는 데 중요한 역할을 했다. 의회에서는 하원의원인 토니 홀Tony Hall(오하이오 주)과 상원의원 폴 사이먼Paul Simon(일리노이 주)이 원조와 정치가 분리되어야 한다고 강력하게 주장했으며, 초당파(超黨派) 조직은 특정한 모니터링 조건이 충족된다면 의회가 원조를 지지할 수 있다는 입장을 행정부에 표명했다.[4]

그러나 처음부터 원조는 북한에 개입하려는 클린턴 행정부의 노력과 밀접하게 연관되어 있었다([표 6-2]는 다양한 원조 안(案)의 외교적 전후관계를 추적하고 있다). 남한과 일본의 자문을 받아 만들어진 1996년 미국의 초기 전략은 실제로 원조를 완전히 보류하고 이후에는 북한의 협조에 대한 보상으로만 사용하자는 것이었으며, 대부분의 NGO 단체들이 여기에 거센 반대 입장을 보였다. 북한이 홍수에 따른 구호요청을 한 지 거의 1년만인 1996년 6월 미 국무장관 워렌 크리스토퍼Warren Christopher는 미국이 WFP의 지원요청에 추가적으로 소규모의 기부를 제공하겠다고 발표했는데, 이는 예상되는 부족분에 비하면 그다지 큰 규모는 아니었다.

당시 이러한 움직임은 북미기본합의서의 조항을 충실히 이행하고 4자 회담을 위한 예비회담에 북한의 참석을 유도하기 위한 것으로 해석되었다. 1997년 북미기본합의서의 이행을 둘러싸고 긴장이 조성되자 미국은 봄에 WFP에 추가로 조금 더 큰 규모인 2,500만 달러를 지원했다. 1997년 7월 샘 넌Sam Nunn 전 상원의원(조지아 주)과 제임스 레이니James Laney 전 주한미국 대사가 8월 개최 예정인 예비회담의 길목을 트기 위해 평양을 방문했다. 예비회담의 목적은 4자 회담의 안건을 정하는 것이었다.

미국, 중국, 남한, 북한 간에 열리는 이 협상은 북미기본합의서의 이행을 점검하고 한국전쟁 정전협정을 평화협정으로 대체하는 문제 등의 장기적인 쟁점을 해결하려는 목적이었다. 샘 넌과 제임스 레이니의 방북 후 미국은 곡물 270만 달러(10만 미터톤)를 기부하기로 발표했다. 1998년까지는 많은 양의 원조가 제공되지 않았다. 하지만 원조량을 늘렸을 때 미국은 '회담을 위한 식량(표 6-2)'이라는 가상 전략을 개시한 셈이며, 이 전략은 미국의 대북 원조가 가장 많았던 1999년까지 이어졌다.

클린턴 행정부는 전체적인 대북 정책에 대해, 특히 식량 원조를 북한을 회담에 끌어들이기 위한 도구로 이용하는 점에 대해 지속적으로 비난을 받았다. 초기에는 인도주의적 원조를 정치적 협조와 연계시키는 것을 우려한

[표 6-2] 미국의 회담을 위한 식량 지원(1995~2005년)

시기	가치(달러)	형태	경로	외교적 목적
1996년 2월	200만	식량	WFP	남북 간 긴장이 고조된 시기에 북한에게 북미기본합의서를 충실히 지키도록 권장
1996년 6월	620만	식량	WFP	미국, 북한, 남한, 중국 간의 4자 회담을 위한 비밀 제안과 관련해 북한의 융통성 촉구
1997년 2월	1,000만	식량	WFP	4자회담 제안에 관한 미국과 남한의 공동 브리핑에 북한이 참여하기로 합의한 데 대한 보상
1997년 4월	1,500만	식량 5만 미터톤	WFP	미사일 협상에 참여하기로 합의한 북한에 대한 보상
1997년 7월	2,700만	식량 10만 미터톤	WFP	4자 회담에 참여하기로 합의한 북한에 대한 보상
1997년 10월	500만	보조금	UNICEF	식량 원조 모니터요원 10명 추가를 수락한 데 대한 보상
1998년 2월	해당사항 없음	식량 20만 미터톤	WFP	4자 회담과 관련된 임시 위원회 회의에 참여하기로 합의한 북한에 대한 보상
1998년 9월	해당사항 없음	식량 30만 미터톤	WFP	미사일 회담 재개, 4자 회담 3차 본회담 참석, 2차 핵 의혹 시설에 관한 협상 참여, 테러지원국 명단에서 북한을 삭제하기 위한 회담 재개에 북한이 합의한 데 대한 보상
1999년 4~5월	해당사항 없음	식량 60만 미터톤, 감자 종자 1,000톤	WFP	지하 핵실험 의혹 시설에 대한 현장 방문과 4자 회담 및 미사일 회담 참석에 합의한 데 대한 보상. 조사단이 평양을 방문하기 하루 전에 40만 미터톤의 원조 약속이 발표됨
1999년 9월	해당사항 없음	제재 완화		미사일에 관한 원칙적 합의에 대한 보상
2000년 9~10월	구체화 되지 않음			보상 예정. 북한은 미사일 프로그램 중단에 대한 현금 보상 요구를 철회하는 데 합의하고 식량 등 이에 상응하는 현물 지원을 요구함. 다음 회담에서 미국은 구체적인 규모를 밝히지 않은 원조를 약속했지만, 회담이 결렬됨
2002년 6월	구체화 되지 않음			보상 예정. 부시 행정부는 방문과 모니터링 개선을 조건으로 15만 5,000미터톤 이상을 추가로 지원한다는 기본 접근방식을 발표함

시기	가치(달러)	형태	경로	외교적 목적
2003년 1월	구체화 되지 않음			보상 예정. 부시 행정부는 북한의 무기 프로그램 포기에 대한 보상으로 식량 원조를 포함해 '과감한 접근방식'을 제안함
2004년 6월	구체화 되지 않음			보상 예정. 부시 행정부는 북한이 핵 프로그램을 완전하고 검증 가능하며 돌이킬 수 없이 폐기하는 데 대한 대가로 구체적인 규모를 밝히지 않은 원조를 포함해 일련의 조치를 제안함
2005년 7~8월	구체화 되지 않음			보상 예정. 부시 행정부는 2003, 2004, 2005년에 매년 5만 미터톤을 제공하기로 약속했지만, 회담과는 무관하다고 주장. 핵문제 해결에 대한 대가로 구체적 규모를 밝히지 않은 원조를 제공하겠다는 약속 반복. 에너지를 공급하겠다는 남한의 약속지지
2005년 12월	해당사항 없음			WFP 추방에 따라 원조 중단

(출처) Noland(2000)에서 인용, 표 5-3

NGO들이 이런 비판을 내놓았다. 실제 원조가 제공되기 시작하자 다른 쪽에서의 비판이 높아졌다. 바로 미국이 너무 관대하고 보답을 제대로 받지 못한다고 주장하는 사람들이었다. 뿐만 아니라 북한이 원조 물자를 부적절하게 이용하고 있음을 보여주는 증거를 클린턴 행정부가 간과하고 있다는 비난이 이어졌다.[5] 심지어 국방장관 윌리엄 코헨 William Cohen은 북한 정권이 식량 원조를 군대로 전용했음을 의심하지 않는다고 공개적으로 말한 바 있다.[6]

2000년 미국의 식량 원조는 1999년의 최고치에서 급격하게 줄어들었고, 행정부는 원조정책에 더욱 신중을 기하게 되었다. 그러나 의회의 항의와 인도주의적 단체의 우려에도 불구하고 이 문제에 대한 주요 의회 보고서는 어떤 권고안도 포함하지 않았다. 또한 공화당 대다수는 미국의 원조를 삭감하기 위한 직접적인 행동을 취하지 않았다.

클린턴 행정부의 국무장관이었던 매들린 올브라이트 Madeline Albright는 회고록에서 경제적 보상이 북한의 미사일 프로그램에 관한 최후 합의안을 협상하는 데 노골적으로 사용되었음을 부인했다. 하지만 관계정상화와 경제적 원조가 중요한 보상임을 알고 있었다는 것도 분명히 밝혔다.

부시 행정부는 처음부터 전임자가 추진했던 개입 전략에서 후퇴했다. 인도주의적 원조는 계속되었다. 하지만 마닌 Manyin과 준 Jun에 따르면, 정부는 '북한에 식량을 계속 기부할 것인지, 만약 계속한다면 인도주의적인 면과 안보적인 면에서 북한의 행동에 조건을 붙여야 하는지, 만약 그렇다면 얼마만큼 붙여야 하는지에 관해 상반되는 조짐들을 보였다.'

2002년 6월 USAID는 미국이 기본적인 양인 15만 5,000미터톤의 식량 원조를 제공한다는 새로운 접근방식을 세웠다. 이후 모니터링이 검증 가능할 정도로 개선되어야 추가 원조제공을 검토할 것이다. 부시 행정부는 북한이 특정한 약속을 했다고 해서 이에 대한 보상으로 지원을 제공하는 것이 아니라, 북한이 먼저 행동을 보여줘야 추가 원조를 제공했다(표 6-2). 2002년 10월 북한이 우라늄을 농축하고 있다는 핵위기가 미국 정보기관을 강타했다. 이에 대한 대응으로 12월 KEDO 기금이 삭감되었고, 뒤이어 경제 재제에 대한 논의가 공개적으로 이루어졌다.

미국 관료들은 북한이 제안에 응답하지 않았다고 주장하면서 인도주의적 원조가 적어도 같은 수준으로는 제공되지 않을 것임을 암시했다. 모니터링에 대한 우려와 예산 과정 때문에 원조가 지연된다고 주장했지만, 정부는 인도주의적 원조를 핵위기와 연결시키는 것으로 보였다. 더구나 이렇게 원조가 지연된 시점은 WFP의 보급로가 부족해지고 따라서 인도주의적 문제와 정치적 문제를 분리한다는 약속을 미국이 역행하는 점을 우려하고 있던 때였다.

원조 감소를 부시 행정부의 정치적 선택 탓으로만 돌리는 것은 잘못이다.

우리가 살펴봤듯이 원조는 클린턴 행정부의 마지막 해에도 감소되기 시작했다. 그리고 세계 다른 지역에서 인도주의적 원조에 대한 요구가 늘어났기 때문에 어떤 정부 하에서도 대북 원조는 줄어들었을 것이다. 그럼에도 불구하고 핵위기와 추가적인 원조삭감이 동시에 일어났다.

2003년 2월 행정부는 비난에 밀려 4만 미터톤의 식량 원조를 약속했고, 모니터링 개선을 조건으로 추가 원조 6만 미터톤을 약속했다. 국방부는 2003년 12월과 2004년 7월에 각각 6만 미터톤(앞서 제시한 식량)과 5만 미터톤을 WFP에 기부한다고 발표했지만, 분명 과거에 비해 크지 않은 규모였다. [표 6-1]에 나타난 것처럼 미국의 원조는 2003년과 2004년에 모두 감소했다.[7]

WFP와 북한이 모니터링 문제를 둘러싸고 막 교착상태에 접어들었던 시기인 2004년 가을 108차 의회에서 북한인권법이 통과되었고 부시 대통령이 이에 서명했다.[8] 이 법안은 인권문제가 북한 혹은 '동북아시아의 다른 관련 국들' 과의 모든 협상에서 주요 현안이 되어야 한다고 규정했다. 이 법안은 전체적인 원조 및 특히 식량 원조와 관련해 미국의 정책에 많은 의미를 지닌다. 법안의 내용은 다음과 같다.

- 미국의 비인도주의적 지원은 북한이 특정 인권문제에 대해 '상당한 진전' 을 보이는 지에 달려 있다
- USAID는 북한 내부와 중국의 북한인에 대한 인도주의적 원조 보고서를 국회에 제출하고, 투명성, 모니터링, 식량 원조에 대한 접근성, 기타 인도주의적 활동의 변동사항에 대해 보고해야 한다
- 인도주의적 원조가 '상당히 증가' 하려면 투명성, 모니터링, 접근성에 대한 '상당한 진전' 이 선행조건이 되어야 한다

이러한 규정에 부가해 미국은 가장 심각한 피해를 입은 지역에 식량을 배급하기 위해 자국 식량 원조의 75%를 동부해안의 항구로 발송한다는 정책을 세웠다. 2005년 6월 행정부는 또 다른 5만 미터톤의 기부를 발표했는데, 2003년과 2004년에 제공된 것과 같은 규모였다.

이번 원조는 핵위기가 지속됨에도 불구하고 인도주의적 관심을 계속 중시한다는 증명이 되기도 했지만, 또한 모니터링에 의미 있는 진전이 이루어지지 않을 경우 추가적인 원조가 제공되지 않을 거라는 정책을 암묵적으로 확인시켜 주기도 했다. 2005년 후반 북한이 WFP를 추방하겠다고 위협하자 마침내 행정부는 활동 지속 여부를 두고 WFP와 북한 간의 협상이 이루어질 때까지 원조를 전면적으로 중단했다. 2005년에 제공된 원조는 600만 달러에 못 미쳤다.

미국의 정책은 중대하게 변화되어 왔다. 2001년 북한이 전례 없이 홍수 피해에 대한 구호를 요청한 직후 인도주의 단체는 문제의 규모를 놓고 의견이 나뉘었고, 행정부는 당시 남한의 선택을 지지하고 식량 원조를 미루었다. 그 후 원조가 많은 양으로 제공되기 시작했지만, 2001년 부시 대통령 취임 전부터 감소하기 시작했다.

'회담을 위한 원조' 정책을 시행하던 클린턴 정부는 인도주의적 원조는 계속하지만 협상의 실질적인 진전과 접근성 및 모니터링의 개선이 있어야 식량 원조를 늘린다는 접근방식으로 바뀌었다. 부시 행정부에 와서 이 정책이 더욱 뚜렷해졌고, 미국의 원조 약속은 비교적 낮은 수준으로 계속 감소하다가 2005년 후반 전적으로 중단되었다. 북한인권법은 모니터링 체계가 개선되어야 원조를 증가시킬 것을 요구하는 등 원조에 새로운 제약을 가했고, 미국은 2005년 후반에 대북 원조를 완전히 중단했다. 게다가 우리가 이 책의 결론에서 더욱 상세히 다룰 다른 다양한 구상(構想)들은 더욱 광범위한 통제와 제재 쪽으로 계속 기울고 있음을 시사했다.[9]

▪ 일본

　일본의 대북 원조 역사는 양국 간의 외교 관계라는 상위정치와 대규모 재일교포 친북 단체에서부터 1998년 북한의 미사일 발사 및 일본인 납치에 대한 대중의 분노에 이르기까지 일본 내의 다양한 정치적 제약 때문에 미국의 경우보다 훨씬 혼란스럽다.[10] 일본과 북한의 관계는 1970~1980년대에 약속과 실망의 시기를 거쳐 왔다. 남한의 민주화와 노태우 대통령이 1998년 취임연설에서 발표한 북방정책 Nordpolitick 은 관계 정상화의 길을 여는 것처럼 보였다.[11]

　이 공약은 1차 핵위기 발발로 무산되었지만 북미기본합의서는 다시 한번 타결 기회를 열었고, 일본은 KEDO의 주요 재정 후원자였다. 게다가 북

[도표 6-2] **일본의 대북 무역**

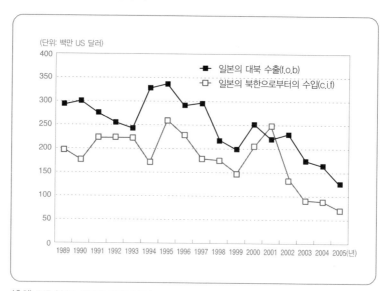

(출처) IMF 2005, 2006; KIEP 2004
(주) 2005년 데이터는 2005년 1~9월의 데이터를 기초로 하여 연이율로 환산한 것임

한 정권의 직접적인 요구에 의한 한일 단체로부터의 송금이 많을 뿐만 아니라 미국의 경우보다 북한과 더욱 광범위한 무역 관계를 유지해왔다.[12] 이러한 무역과 경제적 연계는 기근이 정점에 달한 시기에 특히 중요했다(도표 6-2). 무역보다 더 중요한 것은 원조 약속이었다. 1965년 일본과 남한의 관계 정상화에는 남한에 대한 경제적 지원이 포함되어 있었고, 북한 정부는 이와

[표 6-3] **일본의 대북 식량원조(1994~2005년)**

날짜	활동 및 환경	양
1994년 가을	북한이 원조요청, 일본은 요청 거절	
1995년 1월	북한이 원조요청, 일본은 요청 거절	
1995년 6월	일본은 남한과의 합의 하에 쌀 제공 약속, 일본은 국교정상화 회담 재개를 모색	15만 미터톤/무상 15만 미터톤/양여조건
1995년 10월	일본은 추가로 식량 20만 미터톤 발송에 동의, 하지만 남한 정부가 거부	
1996년 1월	북한이 원조요청, 일본은 요청 거절	
1997년 11월	자민당 대표단의 방북 후 양국은 국교정상화 회담 재개 의향을 밝힘, 일본은 원조제공 의향 발표	
1998년 8월	북한이 미사일 발사, 일본은 정상화 회담과 식량 원조, KEDO 지원을 보류. 이후 KEDO에 복귀	
2000년 3월	9차 정상화 회담에 앞서 일본이 식량원조제공 의사를 발표	WFP를 통해 10만 미터톤
2000년 10월	국교정상화 교섭에서 식량 원조 약속, 2001년에는 많은 원조가 이루어졌으나, 이후 일본인 납치 문제를 둘러싼 분쟁으로 연장되지 못함	WFP를 통해 50만 미터톤
2002년 9월	고이즈미 총리가 방북하여 국교정상화 교섭 재개 의사를 밝힘. 원조계획과 경제협력을 공동 선언함. 회담 재개는 일본인 납치 문제가 밝혀지면서 봉쇄됨	
2004년 5월	고이즈미 총리가 방북하여 국교정상화 교섭을 재개하기 위한 노력 차원에서 식량 원조를 발표하지만, 일본인 납치 문제에 대한 분쟁으로 완전히 이행되지 못함	25만 미터톤, 8만 미터톤만 WFP를 통해 제공됨

상응되는 식민지 지배에 대한 보상(청구권 문제 해결)을 기대하고 있음이 분명했다. [13]

미국과 대조적으로 일본의 원조는 대화를 시작하기 위한 노력의 일환으로 혹은 외교적 타개에 대한 보답으로 규모가 크고 개별적인 안들이 제시되었다는 것이 특징이다. [표 6-3]에서 주요 안들을 확인할 수 있다. 그러나 이 안들은 외교적 전략 때문에, 혹은 원조를 감축하라는 여론에 밀려 완전히 중단되었다. 북한은 1995년 8월 다국적 기관에 지원을 요청하기 전인 1994년 가을에도 일본에 원조 가능성을 타진했지만 거절당했다. 1995년 1월 평양은 지원요청을 되풀이했다.

김영삼 정부는 일본의 단독 행동에 비호의적인 입장을 표했고 다음 몇 년 동안 남한은 실제로 일본의 몇몇 원조 계획에 거부권을 행사했다. 그러나 1995년 6월 두 국가가 공동 대응하기로 합의가 이루어졌다(Snyder 1999). 남한은 15만 미터톤의 곡물을 국가표시가 없는 자루에 담아 제공했고, 일본은 15만 미터톤은 무상으로, 다른 15만 미터톤은 양여 조건으로 제공했다. 1995년 10월, 1996년 1월 북한은 재차 일본에게 원조를 요청했다. 기근이 진행된 중요 시점에 이루어진 이 두 번의 요청에 대해 남한과 일본 내 정치권에서 반대가 일어 거래가 무산되었다.

1997년 오랜 의혹을 받아온 북한 정보기관의 일본인 납치에 관한 새로운 증거가 나타났다. 또한 1998년 8월 북한이 발사한 다단식 로켓이 일본 상공으로 날아간 것도 일본에게 위협적인 사건이었다. 일본은 오랫동안 북한의 대포와 단·중거리 미사일의 사정권 안에 있었던 남한이나 미국보다 더 직접적인 위협을 느꼈다. [14] 일본에서는 이 때 당과 정부 차원에서 국교정상화 교섭을 재개하기 위한 논의가 이루어지지고 있었다. 하지만 이는 미사일 발사로 철회되었다. 따라서 식량 원조는 다시 줄어들었고, 일본은 미국과 남한으로부터 KEDO 지원을 재개하라는 설득을 받기까지 해야 했다.

1999년 8월 북한이 일본과의 관계 개선 의향을 밝히면서 원조활동이 재개되었다. 2000년의 국교정상화 회담 재개와 연계하여 모리 정부는 대규모 식량 원조를 발표했다. 그 해 일본의 원조는 WFP 전체 지원요청의 절반 이상을 차지했고, 미국의 원조 감소를 상쇄하는 데 중요한 역할을 했다. 그러나 모리 내각은 이 구상을 이용하기에는 너무 취약했으며, 고이즈미 정부 (2001년 4월 취임)로 넘어가면서 새로운 정치적 협상 국면으로 접어들게 되었다.

고이즈미 총리는 관계 정상화 추구 입장을 매우 공개적으로 밝혔으며, 이런 입장은 부시 정부와 주기적으로 불화를 빚게 되었다. 2002년 9월 김정일과의 정상회담은 이 과정에서 중요한 사건이었다. 일본 정부는 정상회담에 앞서, 혹은 이 회담과 연계하여 원조를 확대하지는 않았지만, 국교정상화 교섭 과정에서 인도주의적 원조를 포함해 광범위한 경제적 지원을 약속한다는 공동 선언을 발표했다.

그러나 국교정상화 교섭을 재개하겠다는 약속은 정상회담에서 북한이 일본인 납치를 자행했고 납치된 사람 중 다수가 죽었다고 인정함으로써 이행 여부가 불투명해졌다. 납치 사실이 드러나고 핵위기가 발발하자 일본의 정책과 여론은 다시 한 번 강경해졌다. 결국 2003년 12월 식량원조가 중단되었다.

2004년 5월 고이즈미 총리는 다시 한 번 북한을 방문하여 2002년의 선언을 재확인하였다. 당시 고이즈미 총리는 다국적 기관을 통해 25만 톤의 식량원조와 1,000만 달러에 달하는 약품을 제공하겠다는 의향을 밝혔다. 이 원조는 지연되고 있는 6자 회담과 국교정상화 교섭의 맥락뿐 아니라 고이즈미로 하여금 납치되었던 일본인 및 가족인원 5명을 일본으로 데려갈 수 있도록 한 데 대한 보상으로도 해석되었다.

WFP가 원조확보에 지속적으로 어려움을 겪고 있었기 때문에 2000년의 경우와 마찬가지로 이 원조는 시기적절했다. 국교정상화에 관한 1차 실무급 회의 직전인 8월에 약속한 원조 중 절반을 먼저 보내기로 결정하였다. 북한은 11월에 열린 3차 회의에서 북한이 사망했다고 주장한 납치자 중 한 명인 요코타 메구미의 사진과 유골을 일본에게 넘겨주었다.

일본 대표단이 돌아온 후, 사진과 유골은 엄청난 국가적 관심을 불러일으켰고 둘 다 위조된 것으로 보인다는 논쟁이 일어났다. 고이즈미 정부는 2차 식량 원조 발송을 중단했을 뿐 아니라, 일본이 더 많은 제재를 가해야 한다는 물밀듯한 감정적 여론에 직면했는데 여기에는 자민당 국회의원들도 포함되어 있었다. 그 때부터 일본 정부는 많은 단편적인 조치를 취했는데, 이를 종합해보면 일본-북한 경제 관계에 상당한 제약을 가하는 것이었으며 사실상의 제제 체제였다.[15] 2005년까지 일본은 이 사안을 핵 문제와 연계시켰다. 일본은 북한은 물론이고 다른 회담국들의 반대에도 불구하고 6자 회담에서 납치 일본인 문제를 계속 제기했다.

북한의 입장에서는 일본과의 접촉이 미국에 대한 정치적인 견제를 위한 것일뿐만 아니라 원조를 얻을 수 있는 또다른 통로이기도 했다. 그러나 상위정치와 식량원조와의 연계는 미국에서보다 일본에서 더 강했다. 정치경제학적 사안과 자민당 내에서 원조를 확장하라는 압력이 일었음에도 불구하고 일본 정부는 대북 원조를 완전히 중단하는 데에 있어 미국보다 더욱 적극적인 것으로 나타났다. 또한 고이즈미 정부는 단편적인 제재 체제 쪽으로 표류하였고, 이는 양자 간 무역과 금융 관계에 명백한 영향을 미쳤다(도표 6-2).

▪ 남한

　일본과 마찬가지로 남한의 대북원조는 중대한 정치적인 기복을 겪었다. 이는 매우 중요하면서도 복잡하기에 더욱 상세히 살펴보도록 하겠다.[16] 원조를 둘러싼 논쟁은 저지와 봉쇄 정책에서 포용 정책으로 전환한 남한의 더욱 포괄적인 외교 정책 변화 속에 포함되어 왔다.

　원조 문제는 남한 내에서 격렬한 논쟁을 일으켰지만 일본, 미국과는 대조적으로 1998년 이후 남한 원조정책의 일반적인 경향은 더 큰 관용을 베푸는 쪽이었다. 게다가 원조는 포용이라는 더욱 포괄적인 전략적 비전의 일환이었으며 그 결과 무역(도표 6-3)과 투자는 증가했고 심지어 삭제 불법 원조까지 이루어졌다.[17]

[도표 6-3] 남북 간 통상 무역

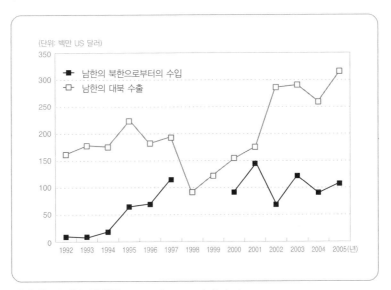

(단위: 백만 US 달러)

　■— 남한의 북한으로부터의 수입
　□-- 남한의 대북 수출

(출처) 한국 통일부-남북협력, www.unikorea.go.kr/index.jsp

외교 정책의 이러한 극적인 변화는 앞서 언급한 1988년의 노태우 대통령의 정책과 김영삼 행정부에 뿌리를 두고 있다. 그러나 김대중 대통령이 소위 햇볕정책을 추진하고 후임자인 노무현 대통령 하에서 이러한 접근방식이 미세하지만 중요하게 수정되었을 때에야 명확해졌다. 노무현 정부는 모든 단계에서 북한에 개입하려는 의지가 더 높을 뿐 아니라 이러한 정책이 미국에 대한 견제로 이루어졌다는 분명한 신호를 보내기까지 했다.

미국의 대북 원조는 기본적으로 식량과 석유 공급에 국한되었고 일본은 몇 차례 대규모로 식량을 지원하는데 그쳤다. 하지만 남한의 대북 원조는 그 구조가 훨씬 복잡하다. [표 6-4]에는 다자 간, 양자 간, 대규모 NGO 부문 등 남한이 이용한 여러 가지 채널이 나와 있다. NGO 부분은 과거에 준(準)공식적이기까지 했으면 지금도 정부의 직접적인 지원을 지속적으로 받고 있는 부분이다.[18]

남한의 원조에는 몇 가지 주목할 만한 특징이 있다.

첫 번째는 정부가 WPF를 통해 기부한 규모는 크지 않은 반면, 대다수의 공적 원조가 양여성 차관 형식으로 양자 간 경로를 통해 전달되었다는 점이다. 뒤에서 설명하겠지만 이는 양측 모두에게 유용한 방식이다. 시간이 지나면서 비료가 원조에서 차지하는 비율이 높아지긴 했지만 여전히 식량 원조가 정부나 NGO 채널 양쪽 모두에서 중요한 부분이었다. 공적인 양자 간 원조는 WFP를 통해 전달되지 않기 때문에, 그리고 엄밀히 말하자면 사실상 원조가 아닌 차관이기 때문에 대상 선정, 접근, 모니터링. 평가와 관련된 WFP의 규약을 따르지 않는다.

2004년까지 남한의 원조는 전혀 모니터링 되지 않았다. 2004년 7월 북한은 마침내 남한의 식량 원조에 대해 모니터링 체제를 수립하기로 합의했지만, WFP 체제보다 훨씬 약했고 대상주민을 선정하려 하지 않았다.[19] 원조

[표 6-4] 남한의 인도주의적 원조(1995~2005년)

(단위: 백만 US 달러, 표시된 부분은 제외)

	1995	1996	1997	1998	1999	2000	2001	2002	2003	2004	2005	합계
총 공적원조	232.0	3.1	26.7	11.0	28.3	78.6	53.3	83.8	87.0	115.1	123.9	720.6
다자 간 원조	0.0	3.1	26.7	11.0	0.0	0.0	0.6	18.0	17.4	25.9		104.3
(공적원조에서 차지하는 비율, %)	0.0	100.0	100.0	100.0	0.0	0.0	1.12	1.5	19.9	22.5		14.5
WFP	0.0	2.0	20.5	11.0	0.0	0.0	0.1	17.4	16.2	24.0	0.0	91.2
(형식)	–	CSB	CSB, 옥수수, 분유	옥수수, 밀가루	–	–	옥수수	옥수수	옥수수	옥수수	–	
WFP 외	0.0	1.1	6.1	0.0	0.0	0.0	0.5	0.6	1.2	1.9	1.8	13.1
(경로)	–	UNICEF, WMO	UNICEF, WHO, UNDP, FAO	–	–	–	WHO	WHO	WHO, UNICEF	WHO, UNICEF	WHO, UNICEF	–
양자 간	232.0	0.0	0.0	0.0	28.3	78.6	52.7	65.8	69.7	89.3		616.3
(공적 원조에서 차지하는 비율, %)	100.0	0.0	0.0	0.0	100.0	100.0	98.9	78.5	80.1	77.5		85.5
(형식)	쌀	–	–	–	비료	비료	의류, 비료	비료	비료	구호 물자, 비료		–

	1995~1997	1998	1999	2000	2001	2002	2003	2004	2005	합계
총 NGO 원조	22.4	20.9	18.6	35.1	64.9	51.2	70.6	141.4	88.7	424.8
대한적십자사	22.4	20.9	13.1	9.4	22.0	6.9	5.9	37.0		137.5
(NGO 원조에서 차지하는 비율, %)	100.0	100.0	70.1	26.8	33.9	13.5	8.3	26.2		32.4
기타 NGO	0.0	0.0	5.6	25.7	42.9	44.2	64.8	104.1		287.3
(NGO 원조에서 차지하는 비율, %)	0.0	0.0	29.9	73.2	66.1	86.5	91.7	73.8		67.6
기타 NGO 수	0	0	10	12	19	25	29	33		

(출처)1995~2004년−한국 통일부 2005a; 2005년 비 WFP 데이터−한국통일부 2005b, 2006; 2005년 WFP 데이터−WFP 2006b

된 식량은 바로 식량배급제로 할당되어 식량배급소로 전달되었다.

소수의 반체제 남한 NGO들이 언급하였듯이, 원조식량이 식량배급제를 통해 배급되었으며 대상 설정이 이루어지지 않았고, 모니터링 체제가 허술했다는 점 때문에 쌀이 엘리트 계층과 기타 비적격 집단, 혹은 시장으로 전용되지 않는다고 보장하기가 더욱 어려워졌다(Chapter 7). 또한 남한의 원조는 쌀로 주어졌는데, 쌀은 보리나 기장 같은 곡물보다 엘리트 층이 더 선호하는 식품이다. 보리, 기장 같은 곡물이 엘리트층으로부터 덜 선호되었기 때문에 전용되는 경향이 적고 따라서 취약 계층에게 전달될 가능성이 높았다.

모니터링의 수준이 최소한에 그쳤다는 사실은 남한의 기본 전략 및 목표가 미국이나 일본과 다르다는 것을 나타낸다. 원조정책의 동기는 분명 보다 광범위한 정치적 개입 전략과 북한 정부의 붕괴를 막고자 하는 것이었다. 북한의 붕괴는 남한이 받아들이기 힘든 재정적 부담을 안길 것으로 여겨져 왔기 때문이다.

남한 원조의 두 번째 특징은 NGO를 통해 전달된 비율이 37%로, 높다는 것이다. 그러나 이 점은 몇 가지 중요한 측면에서 오해를 일으킬 수 있다. 1999년까지 남한의 적십자사는 정부 및 민간 대북 원조의 주요 채널이었고, 북한 적십자사와 직접적으로 일했다(북한 적십자사는 거의 이 업무만 수행하는 것처럼 보였다). 햇볕정책을 전개하면서 정부는 보다 직접적으로 각료 접촉을 이루어냈고 통일부는 남북 간 민간 교역에 관한 규약을 만들었다. 꾸준한 기금 조성 실적이 있으며 1년 동안 인도주의적 활동을 수행한 NGO에게는 북한 지원단체라는 인가를 신청할 수 있는 자격이 주어졌다. NGO 조직들은 다양해졌고, 식량 원조와 식량 확보를 넘어서는 갖가지 프로젝트에 관여하게 되었다.

그러나 정옥님이 요약한 것처럼, '이들은 인도주의적 원칙을 철저하게 지키는 것보다는 빈번한 접촉을 통한 신뢰구축에 더 중점을 두었다.' 미국과 유럽의 NGO들이 북한에서의 활동을 줄인 반면 남한 단체들은 활동을 대폭 확대했다. 더구나 이 단체들을 통해 전달된 원조의 일부분은 남북 간 협력기금Inter-Korean Cooperation Fund에서 조성된, 궁극적으로 공적인 것이었다. 이 기금은 이산가족상봉 같은 인도주의적 노력과 활동에 자금을 지원할 뿐 아니라 도로 및 철도 연결, 개성공단 등의 남북 인프라 구축 프로젝트에 자금을 조달하고, 대북 무역 및 투자에 참여하는 민간 기업에 융자를 제공하기도 했다.

마지막 특징은 미국과 일본에서처럼 원조가 정치적 주기를 따랐다는 것이다. 1995년의 대규모 기부는 정치적 타결에 도움이 되기를 바라는 김영삼 정부의 의사표현이었다. 그러나 이러한 기대는 곧 실망으로 바뀌었다. 북한 당국은 협정을 위반해 최초의 쌀 수송선에 강제로 인공기를 게양하도록 했고 이후 구호물자를 실은 다른 선박의 선원을 억류했다. 남한 정부는 예상대로 분노했다. 정부는 추가적인 원조 가능성을 배제했을 뿐 아니라 다른 국가에게도 남북관계 개선을 조건으로 원조를 제공하도록 적극적인 로비를 펼쳤다.

앞에서 살펴봤듯이, 미국과 일본 모두 남한의 뜻에 따라 1996년 초에 대북 원조를 중단하였다. 하지만 김영삼 대통령은 임기 마지막 해인 1997년, 기근 상황이 악화되고 있다는 증거가 쌓이고 대북 지원에 대한 정치적 지지가 높아짐에 따라 이 정책을 변경했다.[20] 남한의 연구원들은 북한의 식량 현황을 평가하기 위해 상당한 노력을 기울여왔다. 북한의 재배 조건과 가장 근접한 비무장 지대 근방에서 북한에서 사용하는 농법으로 실제 곡물을 재배해보기까지 했다. 그 결과 수요 추정치와 공급 추정치 간에 상당한 부족분이 존재한다고 밝혔다. 그러나 이 연구원들은 북한이 군대의 대규모 재고를 꺼내어 사용함으로써 이러한 차이가 벌충되고 있다고, 혹은 벌충될 수 있다고 추정했다.

다른 분석가들은 식량난의 심각성에 대한 여러 상충되는 증거를 제시하였다. 우리가 앞에서 언급한 우리민족서로돕기불교운동본부^{KBSM}(이후의 '좋은 벗들')의 보고서도 일반의 주목을 끌기 시작했다.

1997년 5월 최초의 적십자 협정이 체결되었고, 적십자사를 민간의 대북 기부 창구로 정했다. 1997년 6월부터 적십자사는 식량 5만 3,800 미터톤을 남포항과 홍남항을 통해 신의주, 남포, 남양으로 보냈다. 1998년 김대중 정부 출범과 햇볕정책의 발효로 더욱 광범위하고 지속적인 원조를 제공할 기반이 마련되었다.

그러나 김대중 정부 원년에 국내의 금융위기와 야당이 입법부를 장악하면서 이 신임 정부는 좌절을 겪었다.⁽²¹⁾ 그 결과 정부는 내각의 중요한 자리를 내주고 개입은 엄격한 호혜원칙 하에서만 추진한다고 약속하는 등 김대중 연합의 보수파에게 양보해야 했다. 그럼에도 불구하고 정부는 북한에 더 깊이 개입하는 제도와 정책을 수립하기 위한 많은 조치를 취했다. 가령 1998년 4월 민간의 대북 투자를 위한 법적 기반이 마련될 것이라고 발표한 것을 포함해 경제와 정치가 분리되어야 한다는 원칙을 초기에 선언하였다. 초기에 일어난 또 다른 변화는 적십자 외 기관의 활동을 허용한 것이다.

[표 6-4]에 나와 있듯이, 남북협력기금이 증가하고 다수의 NGO들이 농업에서부터 건강, 영양, 교육 분야에 이르기까지 북한에서 활동을 개시함에 따라 이 시점부터 전체 NGO 원조에서 적십자사가 차지하는 비율이 떨어지기 시작했다.⁽²²⁾ 1999년 1월 4일 정부는 국가안전보장회의^{National Security Council}를 개최해 원조정책의 전체적 방향에 관한 많은 주요 결정을 내렸다. 정부는 긴급 식량지원은 계속하는 한편 비료, 종자, 살충제도 공급하여 농업 발전에 초점을 맞추기로 결정했다. [표 6-4]에서 볼 수 있듯이, 총 원조 중 비료는 계속 높은 비율을 차지했다. 남한은 1999년에는 20만 미터톤, 2000

년에는 30만 미터톤, 2001년에는 20만 미터톤, 김대중 정부 마지막 해인 2002년에는 30만 미터톤의 비료를 북한에 지원했다.

두 번째 결정은 다국적 통합지원요청 절차에 대한 남한의 참여와 관련되어 있다. 비료를 제공하게 된 동기는 최소한 부분적으로라도 원조 배분의 투명성에 꾸준히 관심을 기울였기 때문이다. 비료의 전용(轉用)은 식량의 전용보다 원조 프로그램의 무결성을 덜 위협하는 것으로 보인다. 그럼에도 불구하고, 남한은 주로 양자 간 원조 형태로 그리고 엄밀하게는 기부가 아니라 융자 형식으로 식량 지원을 늘릴 거라는 결정을 내렸다. WFP에도 기부했지만 총 원조에서 차지하는 비율은 낮았다.

정부가 2000년 봄 김대중 대통령과 김정일 주석 간의 정상회담 성사를 위해 다각도의 노력을 기울임에 따라 양자 간 식량 및 비료 원조가 급격하게 증가하였다. 우리가 후에 알게 된 것처럼, 공개적인 원조와 더불어 복잡한 일련의 공적인 보상과 민간 차원의 보상이 주어졌다.(23) 정상회담에서 두 정부는 원칙에 대한 광범위한 합의에 도달했을 뿐 아니라 남북경제협력추진위원회Inter-Korean Economic Cooperation Promotion Committee를 구성했다. 이 위원회는 인도주의적 원조뿐 아니라 교역관계와 협력 인프라 정상화에 관해 협의하는 장이 되었다.(24)

보수파들은 처음부터 정상회담 결과에 의문을 표했다. 2000년 6월 성사된 정상회담의 도취감이 옅어지고 북한 측에서 기대했던 만큼의 보답이 오지 않자 햇볕정책에 대한 국내의 반발이 쌓여갔다. 김대중 대통령의 외교정책이 직면한 어려움은 북한 측의 상호작용의 미진함이나 보수파들의 높아진 반대에 의한 것만은 아니었다. 미국에서는 클린턴 정부가 부시 정부로 교체되었고 신임 대통령이 햇볕정책에 대해 공개적으로 회의를 표하며 북한 정권에 대해 적대감을 드러냄에 따라 상황이 더욱 어려워졌다.

그러나 김대중 정부 말기에 정책 구상이 크게 둔화되긴 했지만, 정치와 경제의 분리는 끝까지 김대중 정부 전략의 중추로 남아 있었다. [표 6-4]에서 볼 수 있듯이, 햇볕정책에 대해 국내에서 반대의 목소리가 높아졌지만, 총 원조량은 2000년과 거의 비슷한 수준으로 유지되었다. 또한 김대중 대통령 재임 5년 동안 공적 경로와 NGO 경로를 통해 총 4억 5,000만 달러가 넘는 원조를 제공했다.[25]

노무현 대통령은 2002년 후반의 2차 핵위기 발발 직후에 당선되었다. 선거 운동 막바지에 미국의 위기관리가 중요한 쟁점이 되었고, 노무현은 남한이 미국의 접근방식과 거리를 두겠다는 의향을 표했다. 노무현 대통령의 당선은 햇볕정책의 계승을 의미하는 것으로 보였다. 하지만 실제적으로 신임 정부는 경제적 연계를 이용해 폭넓은 정치적 화해를 진행시킨다는 정책을 전정권보다 더 강력하게 지지하였다. 노무현 정부의 평화와 번영 정책Policy for Peace and Prosperity은 원조, 교역관계, 투자, 협력 프로젝트를 한반도뿐 아니라 동북아시아를 포괄하는 광범위한 지역 통합 프로젝트의 구성요소로 포함시켰다.

노무현 정권은 취임 후 곧 WFP에 기부했지만(옥수수 10만 미터톤), 원조정책은 2000년의 정상회담 이후 전개되었던 양자 간 원조 형식으로 되돌아갔다. 쌍무적인 남북경제협력추진위원회가 원조 이행을 논의하는 장이 되었다. 미국과의 핵 교착상태가 계속되던 2003년 5월 북한은 비료 20만 미터톤과 총 50만 미터톤의 곡물을 요청했고, 남한 정부는 요청된 비료를 전달했다. 곡물 50만 미터톤이라는 양은 남한이 그 해에 결과적으로 제공한 약 40만 미터톤보다 조금 많은 양이었고, 북한의 당해 년도 곡물 부족분이라고 알려진 양(즉 WFP가 추정한 국내 생산량 및 교역을 통한 수입량과 총 수요량 간의 부족분)의 거의 절반에 해당했다.

이후 2004년 6월에 열린 쌍무적 경제협력위원회 회의에서 북한은 이런 수준의 지원을 유지해달라고 요청했고 남한 측은 이를 승낙했다. 이 약속에서 몇 가지 주목할 만한 점이 있다.

첫째, 공개된 총 식량 부족분이나 WFP의 총 지원요청 규모와 비교했을 때 매우 큰 분량이라는 점이다.

둘째, 이 약속은 처음에 모니터링 체계를 요구하지 않았다. 융자 명목으로 원조를 제공한 점도 한 이유가 된다. 책임성을 강화하라는 압력이 이어지자 이듬해가 되어서야 모니터링이 이루어졌다.

셋째, 남한은 원조를 제공하면서 핵 문제의 진전을 조건으로 내세우지 않았고, 심지어 양자간 관계에서도 마찬가지였다. 2004년 6월 이후 냉각된 양자 간 관계는 남한의 고위급 사절이 남북대화와 6자회담 노력을 재개하기 위해 김정일과 직접 만난 6월까지 풀리지 않았다. 김대중 정부와 마찬가지로, 포용 정책은 인도주의적 원조뿐 아니라 교역 관계에 있어서도 정치와 경제를 분리한다는 입장을 명백히 했다.

이 약속은 2005년 2월 10일 북한이 6자 회담 참석을 보류하고 핵무기를 보유했다고 발표하자 시험대 위에 올랐다. 이러한 중대한 발표를 하기 겨우 1개월 전에 북한 정부는 남한 정부에게 비료 50만 톤이라는 사상 최대의 원조를 요청한 바 있다.

[표 6-5] 북한의 본질에 관한 남한의 여론(2003년)

(단위: %)

질문) 귀하가 생각하기에, 북한은⋯	1996년	2003년		
		전 연령층	20대	50대 이상
우리의 원조를 필요로 한다	22.3	11.8	6.4	14.4
협력해야 한다	45.7	46.1	63.1	28.4
선의의 경쟁관계이다	4.0	2.7	3.1	2.3
남한의 발전을 방해한다	6.3	31.4	25.1	40.2
국가 안보를 위협한다	19.2	7.8	2.4	14.4

(출처) Bong 2003, 표 6

남한 정부는 2월 10일 선언에 어떻게 대응할지에 대해 의견이 나뉘어졌고, 원조요청을 들어주지 말라는 미국의 압력을 받았다. 남한의 여론도 통일되지 않았다. 야당인 한나라당은 더욱 엄격한 모니터링을 주장했고, 남한 인도주의 단체의 소수파도 원조의 상당량이 군대로 전용되고 있으며 식량 원조를 대폭 줄여야 한다고 강력하게 주장했다.[26] 그러나 [표 6-5]에 나와 있듯이, 2차 핵위기 발발에도 불구하고 최근 남한의 여론이 극적으로 변화한 사실을 알 수 있다. 원조 반대 의견이 최저 수준으로 낮아졌으며, 조건부 원조를 지지하던 의견도 남한이 부대조건 없이 원조를 확장해야 한다는 쪽으로 방향을 틀었다.

노무현 대통령은 회담에 진전이 있어야 추가 원조가 결정될 것이라고 말했지만 인도주의적 원조(정부는 여기에 정부의 비료와 식량 지원도 포함시킴)는 그러한 조건부가 아니었다. 더구나 후일 밝혀진 것처럼, 6월에 타결이 이루어지고 2005년 중반에 양자간 회담 및 6자 회담이 재개된 데는 관대한 경제적 지원 약속이 큰 몫을 했다. 여기에는 인도주의적 원조 뿐 아니라 전력 공급, 교역관계 발전, 정부 대 정부간 프로젝트 확장 등 광범위한 약속이 포함되었다.[27]

2006년 초 미국이 원조를 중단하고 제재를 강화하는 와중에 남한은 북한이 6자 회담 참가를 계속 거부함에도 불구하고 북한과의 경제협력 예산을 두 배로 늘린다고 발표했다. 노무현 대통령과 남한 관료들은 인도주의적 원조와 심지어는 더욱 광범위한 경제 협력까지도 다른 정치적 문제의 진전 사항과 연결되어서는 안 된다는 원칙을 고수했다. 남한은 북한과의 협의 하에 원조와 관련된 결정을 내렸고 다국적 협조 사항이나 미국을 비롯한 6자 회담 내 다른 당사국과의 조정에 따르지 않았다.

남한의 관료들은 시종일관 제재 조치에 대해 우려를 표했고, 따라서 점차 확고해지던 원조전략의 상당한 조정이 필요했다. 더욱이 남한 정부는 현재 및 장래의 경제적 원조를 정치적 협력을 촉진시키는 수단으로 관대하게 활용하자는 입장을 지지했다.

▌유럽 원조의 혼란

전체적인 원조활동에 대해 우리가 강조했던 조정 문제는 유럽연합에서도 재현되었다. 유럽연합에서는 국가 간에 접근방식이 다양했을 뿐 아니라 북한에 대한 가장 효과적인 개입방법에 대한 견해가 시간이 흐름에 따라 변화하였다.[28] [표 6-6]에는 기근의 시작 시기부터 2005년까지 유럽의 대북 원조액수가 나와 있다.[29] 전체적으로 보면 유럽 국가들은 기근에 신속히 대응했다. 하지만 이후 몇 년간은 인도주의적 의무가 약해지고 여러 주요 국가들이 북한과의 정치적 관계를 어떻게 구성할지에 대해 불분명한 입장에 머무르면서 원조가 잠시 중단되었다.

김대중 대통령의 햇볕정책은 보다 광범위한 관계정상화와 개입의 길을 열었다. 평양 역시 이 시기에 손을 내밀기 시작했다. 2000년 남북 정상회담 이후 원조 약속이 전체적으로 강한 회복세를 보였다. 구성 면에서도 통합 지원요청 위주에서 기술 지원을 포함한 여타의 프로그램 쪽으로 약간 변화했다.[30] 그러나 개입 전략과 유럽이 동북아시아에서 독자적인 정치적 역할을 할 거라는 일부의 기대는 인권 및 원조의 무결성에 대한 우려와 2차 핵 위기가 발발이라는 문제에 부딪쳤다. 결국 2005년까지 원조가 급격히 감소하였다.

유럽연합 가입국이건 비가입국이건 각 국가들이 개별적인 원조정책을 내

[표 6-6] 원조 기관별 유럽의 인도주의적 원조(1996~2005년)

(단위: 백만 US 달러)

	1996. 7	1997. 8	1998	1999	2000	2001	2002	2003	2004	2005
UN 통합 지원요청 내										
원조국										
· 유럽위원회	8.6	27.5	9.5	8.0	4.8	0.0	9.5	16.0	15.6	해당사항 없음
· EU 회원국	2.5	12.4	6.8	7.2	8.9	14.8	7.7	19.2	25.6	해당사항 없음
· 그 외 유럽 국가	2.7	3.7	4.1	2.3	3.2	4.3	1.4	13.2	3.8	해당사항 없음
유럽 NGO	0.0	0.3	0.0	0.0	0.1	0.1	0.0	0.2	0.7	해당사항 없음
UNICEF 국가 위원회										
· EU 회원국	0.0	0.9	1.2	0.1	0.7	0.0	0.0	0.0	0.0	0.7
· 그 외 유럽 국가	0.0	0.1	1.7	0.1	0.0	0.0	0.0	0.0	0.0	0.0
소계	13.9	45.0	23.4	17.8	17.7	19.2	18.7	48.7	45.7	0.7
UN 통합지원요청 외										
원조국										
· 유럽위원회	0.5	36.2	36.0	0.3	0.2	0.0	6.1	4.1	15.3	13.4
· EU 회원국	1.4	5.7	3.1	2.5	2.4	3.2	5.3	4.3	10.2	17.8
· 그 외 유럽 국가	0.7	9.9	6.2	0.3	0.2	3.5	1.3	0.6	1.6	4.0
유럽 NGO	0.0	8.0	5.7	0.0	0.0	1.5	3.4	1.3	1.6	0.0
적십자 국가 위원회										
· 유럽위원회	1.2	1.3	0.7	0.4	1.7	0.0	0.0	0.0	1.7	1.6
· 그 외 유럽 국가	0.2	2.2	1.0	1.1	0.6	0.0	0.0	0.0	0.0	0.0
민간	0.0	0.0	0.1	0.0	0.0	0.0	0.0	0.0	0.0	0.0
소계	4.1	63.3	52.8	4.6	5.0	8.1	16.0	10.4	30.5	36.9
총계	18.0	108.3	76.1	22.3	22.7	27.4	34.7	59.0	76.2	37.6

(출처) UN-OCHA

(주) 2005년에는 통합지원요청이 없었음. UNICEF 국가 위원회에 표시된 수치는 통합지원 절차에
포함되지 않은 것임. 본 데이터는 UN-OCHA FTS 등에 명시적으로 기록된 유럽의 기부금만
반영하였음. 그 외 유럽 국가에는 체코공화국, 아이슬란드, 리히텐슈타인, 모나코, 노르웨이, 폴
란드, 러시아, 슬로바키아, 스위스, 터키가 포함됨

세우고 있고 참여 정도와 시기가 제각각이라는 점을 감안하면 유럽의 원조
에 관해 논의하는 것 자체가 잘못된 것일지도 모른다.

스칸디나비아 국가들은 처음부터 통합지원절차를 대규모로 꾸준히 지원

했고, 각 국가별 프로그램을 운영하거나 통합지원절차 외의 방법으로도 기부했다. 2004년 스웨덴의 총 원조 규모는 1,000만 달러가 넘었다. 스칸디나비아 국가들은 포르투갈, 오스트리아, 스위스와 더불어 초기에 북한과 관계를 정상화한 국가들에 속했다.

두 번째 그룹은 1997~1998년 초기의 인도주의적 요청에 응한 국가들로, 이탈리아와 독일이 대표적이다. 이후 북한이 미국에 대한 정치적, 경제적 견제 차원에서 이들 국가에 적극적으로 손을 내밀자 더욱 기꺼이 도와주는 입장이 되었다. 이 그룹에 속한 국가들(특히 독일)은 북한과의 관계 정상화에 대해 다양한 관심을 표현해 왔지만, 이탈리아가 남한의 햇볕정책을 언급하며 2000년 초에 먼저 관계를 정상화했고 뒤이어 같은 해에 영국, 스페인, 독일이 관계를 정상화했다. 다른 많은 국가들도 신속하게 그 뒤를 따랐다.

세 번째 그룹의 국가들은 최소한의 지원만 제공하거나(영국) 사실상 원조를 제공하지 않기로했다(벨기에, 오스트리아, 스페인, 프랑스). 특히 프랑스는 핵무기 문제나 인권문제 등 근본적인 정치적 쟁점이 해결될 때까지 북한에 원조를 해서는 안 된다는 원칙을 고집했고, 어떠한 대북 원조제공도 단호하게 거부했다.[31]

유럽의 원조를 논할 때 또 다른 축을 이루는 유럽위원회 European Commission 의 원조 프로그램을 빼놓을 수 없다. 유럽위원회는 유럽위원회인도지원국 European Commission Humanitarian Aid Office, ECHO과 식량 원조·식량 안보 예산선 Budget Line에서 1995년과 2004년 사이에 3억 2,000만 유로 이상을 지원했다. 이 중 약 절반이 통합지원요청을 통해, 나머지는 다른 경로로 전달되었다. 북한이 홍수를 겪은 후 위원회의 식량 원조/식량 안보 예산선에는 식량 원조, 비료, 농업 재건 프로젝트를 포함한 상당한 인도주의적 원조지급이 책정되었다(1997년에는 5,900만 유로, 1998년에는 5,500만 유로). 현재도 대부분의 원조가 ECHO 기금으로 제공된다.

햇볕정책이 시행되고 특히 2000년 정상회담이 성사되자, 정치적, 경제적 목적이 결합된 광범위한 접근방식이 형성되었다. 일부 분석가들은 동북아 안보 문제에 있어 유럽이 독자적인 힘을 펼칠 수 있도록 하자고 제안하기도 했다.[32] 인도주의적 원조는 식량 안보 예산 선에서 충당되었지만, 여기에 ECHO를 통한 활동도 추가되었다.

유럽의 지침과 위원회 보고서는 신중을 기하고 있다. 2001~2004년의 '국가전략보고서(유럽위원회 2001)'에는 원조가 신중하게 제공되어야 하며 EU의 관심사 수락을 조건으로 제공되어야 한다고 나와 있다. 2000년의 인도주의적 전략은 특별한 목적을 위해 필요시에 원조를 제공한다는 것이며 북한 정부가 각 프로젝트에 대한 '양해서Letter of Understanding'에 서명하도록 요구했다. 이 '양해서'는 최소한의 인도주의적 기준이 명시되어 있는 유럽위원회 조항을 담고 있다. 또한 위원회는 인도주의적 원조를 장기간 제공할 때의 위험을 일관되게 강조했다. 그리고 원조의 초점을 식량 문제에서 기술 지원을 통한 재건과 장기적인 개발 문제로 변화시켜야 한다고 주장했다.[33]

2차 핵위기가 불거지기 이전에는 농업에서 건강, 영양 분야에 이르기까지 많은 개별적인 EU 프로젝트가 이러한 방향으로 움직였다. 그러나 이 프로젝트들은 핵위기로 인해 이행되지 못했으며, EU는 다시 인도주의적 원조에 초점을 맞추게 되었다.

이러한 신중함에도 불구하고 위원회는 EU의 개입 효과와 기술 원조제공자로서 유럽이 개척한 영역에 대해 희망적으로 평가했다. 이전 5년간의 경험을 반영한 2001에서 2004년까지의 국가 전략 문서는 접근성이 중대하게 개선되었고 위원회를 통해 일부 재정지원을 받은 NGO가 선도적인 역할을 했다고 언급했다.[34] 유럽 NGO들의 북한 진출은 인도주의적 도움 외에도 북한의 개방 과정에서 주민의 마음을 여는 역할(ice breaker)을 하고 있다. 제약이 크기는 하지만 대부분의 경우 유럽 NGO들이 활동하는 지역의 북한 주민에게는 이들 NGO와의 관계가 외부 세계와의 유일한 접촉이다.

다머스, 팍스, 히메네즈(2005) 역시 전체적인 원조활동에 대해 희망적 평가를 내렸다. 이들의 보고서는 유럽의 입장에서 WFP를 통해 원조를 제공할 때의 장점을 주장했지만, 그것은 원조의 효용과 특히 식량배급제의 효과에 대해서는 고려하지 않은 결론이었다.[35]

2차 핵위기가 발발하자 유럽연합의 일반 및 대외관계 이사회General Affairs and External Relations Council는 북한이 국제적인 약속을 지킬 것을 촉구하는 엄중한 문건으로 된 결론문을 작성했다(2002). 이 결론문은 인도주의적 원조제공은 재확인했지만, 위원회와 회원국들에게 기술 원조 및 무역 조치를 포함한 대북 활동을 검토하도록 요청하고 있다. 더욱이 유럽 국가들은 공통적으로 북한의 인권 폐해에 관심이 높으며, 유럽연합은 북한의 인권 문제 해결을 위한 UN 인권위원회의 최초 결의안을 주도했다. 이 엄격한 결의안은 남한의 기권 하에 2004, 2005년에 재차 통과되었다.

핵문제와 인권 문제 때문에 경제적 개입과 개발 원조는 더 심도 있게 진행되지 못하고 중단되었다. 그러나 [표 6-6]의 데이터에서 알 수 있듯이, 전체적인 원조에는 즉각적인 영향을 미치지 못했다. 일부 기술 원조는 분명 인도주의적 원조로 재분류될 수 있기 때문이었다. 그러나 전체적으로 유럽의 개입은 분명 조건부로 진행되었고, 계속해서 견해 차이를 드러냈다. 일부 국가는 적극적이었으며, 더욱 제한 없는 개입으로 유럽의 독자적인 입장을 나타내야 한다고 주장했다. 그러나 다른 국가들, 특히 유럽의 핵보유국인 프랑스와 영국은 위원회 활동을 통한 간접 지원을 제외하고는 대북 원조를 제공하지 않겠다는 정책 결정을 내렸다. 그들은 2002년 후 개입 축소를 추진했다.

■중국

　중국과 북한의 관계는 보호자와 의존자라는 특전에 가려져 있다. 중국에서 들여온 수입품에 대해 북한이 지불하는 가격 같은 기본적인 정보도 알려져 있지 않다. 결과적으로 교역을 통한 수입(輸入), 물물교환, 순수 기부를 구분하기가 어렵다.[36] 우리가 보유한 무역 관련 자료에 나와 있는 추정치들은 범위가 매우 넓으며, 이는 2000년대 초에 급증한 국경무역으로 더욱 복잡해진다. 게다가 중국이 북한에 대해 어떤 정치적 동기를 지니고 있는지, 또한 경제적인 방법으로 북한에 어느 정도의 영향력을 행사할 수 있을지에 대해서는 간접적인 증거밖에 없다.

　중앙 집중화된 중국의 체계로 볼 때 무역상의 큰 변동은 상위 지도층의 정치적 결정에 따른 것임에 분명하다. 특히 식량이나 연료 같은 핵심 필수품에 대해서는 의심할 여지가 없다. 그러나 중국의 무역 규제가 풀리고 북한이 더욱 활발해진 양국 간 거래 관계를 묵인함에 따라 최근 몇 년간 두 국가 간에 분산된 상호작용이 급격히 늘어났다. 우리가 추정한 바로는 이러한 분산화된 무역은 2005년까지 중국 전체 수출의 80%를 차지했으며, 다음 장에서 설명할 시장화 절차에 박차를 가했다.

　공개적인 기록에 나와 있는 무역량, 원조량, 고위급 정치 거래 및 성명서들을 삼자 비교해 보면 관계의 발전을 일부 이해할 수 있다. 우리의 목적과 관련 있는 사항은 다음과 같다.

　첫째, 1992년 남한과의 관계 정상화가 불러온 충격에도 불구하고 중국은 소련 붕괴 후 북한의 주된 후원자로 등장했다. 그러나 1993년과 1994년, 특히 김일성 사망 이후 양자관계는 점차 긴장 관계로 접어들었다. 이 시기에 무역이 급격하게 줄어들었고, 이는 후에 전개된 기근의 한 원인이 되었다. 1994년 중국으로부터의 식량 수입이 엄청나게 감소한 이후, 양자 간 무역

관계가 회복되어 중국은 주된 경제적 지원국이 되었다. 중국은 1996년 소규모 국경무역에 대한 일부 규제를 풀었고, 북한 기업은 선택적인 관세 면제 혜택을 누리기까지 했다. 중국이 WTO 회원국이 아닌 북한에게 특권을 줄 의무는 없었지만, 북한은 중국이 세계무역기구^{WTO}에 가입했을 당시 받았던 관세 인하의 혜택까지 누렸다.

관계가 개선되자 중국은 식량뿐 아니라 북동부의 다칭^{Daqing} 유전에서 송유관을 통해 전달되는 석유 등 필수품에 대해 북한과 무역 관계를 유지하고자 했다. 이 필수품들은 틀림없이 '우호적인 가격'이나 '연불^{Deferred Payment}' 조건으로 주어졌거나, 전적으로 무상으로 제공되었을 가능성도 다분하다.

게다가 중국에서 수입하는 식량에 대해서는 WFP나 남한에서 전달되는 원조식량의 특징인 모니터링과 특정 대상에게 전달되어야 한다는 조건이

[도표 6-4] **중국의 대북 무역**

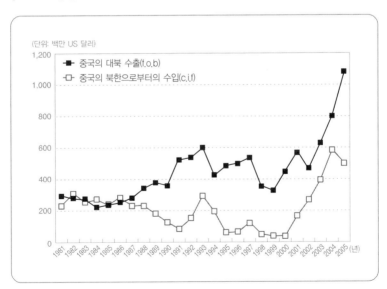

(출처) IMF 2006
(주) 2005년은 1월부터 9월까지의 데이터를 기초로 연이율로 환산한 것임

없었다. 우리는 중국에서 들여온 곡물의 최종 용도에 대해서 추측밖에 할 수 없지만, 북한 지도층이 군대를 포함한 핵심 계층에 이 곡물을 공급하는 데 제약이 없었던 것으로 보인다.

중국의 전체적인 대북 경제 지원은 1981년 이후 두 국가의 양자 간 무역을 검토해보면 잘 나타난다(도표 6-4). 1986년까지 무역은 대략 균형이 맞았다(다시 한 번 말하지만, 우호 가격이 적용되었고 북한의 수출가가 명확치 않다는 제약이 있긴 하다). 여기서 눈에 띄는 점은 이후 발생한 급격한 격차이다. 무역 재정에 국제 자본이 유입되지 않는 상태에서 중국이 북한과의 양자 간 무역에서 만성적인 적자를 거듭하고 무역 계정에서 대규모 연체가 축적되도록 허용하는 것은 대외 원조나 보조금 형태로 보아야 한다.

우리는 이러한 암묵적 원조의 가치를 누적하면 2002년까지 거의 60억 달

[도표 6-5] **북한의 곡물 수입량, 전체 및 중국으로부터의 수입**(1990~2004년)

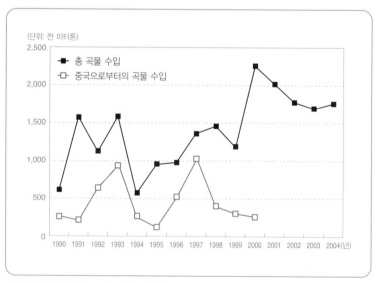

(출처) 전체 FAOSTAT; 중국으로부터의 곡물 수입 - Eberstadt, 2003

러에 이를 것으로 추정한다. 따라서 중국은 지난 10년간 북한의 가장 중요한 후원자가 된다. 그러나 그 즈음에 북한의 중국 수출이 상승하기 시작했다. 2004년과 2005년에 양자 간 적자폭이 커졌지만 이는 북한의 대 중국 수출이 큰 폭으로 늘어난 환경에서 도출된 현상이었다. 이런 양상이 나타난 것은 중국이 더 이상 무상으로 양자 간 무역을 수행하려 하지 않고 양자 간 무역의 적어도 일부분은 점차 교역 조건으로 수행된 점을 반영한다고 해석할 수 있다. 특히 식량거래와 관련해 우리는 두 가지 출처에서 나온 곡물 수입량 데이터를 보유하고 있다.

중국의 수출 데이터를 활용한 'Eberstadt 2003'은 곡물 양에 대한 추정치를 백만 미터톤 단위로 제공하는 반면, UN은 달러로 표시된 데이터를 제공

[도표 6-6] **중국으로부터의 곡물 수입의 가치(1992~2004년)**

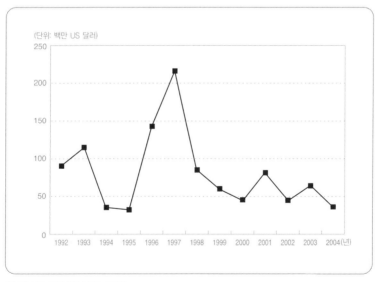

(출처) UN-COMTRADE, 2005
(주) 원 데이터는 중국이 보고한 것이며, 10%의 c.i.f/f.o.b 보정이 이루어짐, SITC(Rev.3) 4장 commodities에 근거함

한다(도표 6-5, 6-6). 중국은 김일성 사망에 뒤이어 1994년에 이미 북한에 곡물과 석유 공급을 늘리기로 약속했고 1995년에도 신중한 원조 약속을 했다. 하지만 이러한 초기의 북한의 지원요청과 중국의 약속이 곧바로 곡물 수출 증가로 옮겨지지는 않았다.[37] 그러나 상황의 심각해지고 국경을 넘어오는 난민 수가 증가하자 중국 리펑 총리와 북한의 홍성남 부총리가 1996년 5월 22일 고위급 접촉을 재개했다. 그리고 광범위한 경제 협력을 약속하는 내용의 합의서에 서명했다. 여기에는 대규모 식량 원조 약속도 포함되었다.

또한 중국은 통상 거래에 있어 명백히 우호 가격으로 되돌아갔다. 우리가 보유한 곡물 무역에 관한 추정치는 둘 모두 1996~1997년에 급격한 증가를 나타내고 있으며, UN의 데이터는 백만 미터톤이라는 Eberstadt의 추정치를 확인해준다.

중국의 곡물 발송은 규모가 축소되기는 했지만 1990년대 내내 계속되었다. 중국은 북한을 대신해 국제 사회에 더 많은 원조를 요청하기까지 했다. 1999년 초 양국 관계는 고위급에서 정치적 화해 조짐이 나타나기 시작했다. 중국 베이징을 방문한 노동당 김영남 의장은 주룽지Zhu Rongji 총리와 회담을 가졌고, 중국으로부터 더 많은 원조를 얻어냈다. 이 후 2000년, 2001년, 2004년에 김정일이 직접 중국을 방문했다. 2004년 방문 시 김정일은 공산당 정치국의 모든 상임위원과 만남을 가졌다. 2006년 다시 중국을 방문한 김정일은 1992년 덩샤오핑이 개혁을 주장하며 남부지방을 시찰했던 그 유명한 '남순강화(南巡講話)'와 유사한 경로를 따라 여행하면서 광저우를 방문했다.

이 시기 동안, 특히 2002년 핵위기 발발 이후 중국의 영향력은 사실상 비공식적인 성격이 되었다. 중국이 북한에 영향력을 발휘하여 북한의 행동을 압박하기 바란 미국의 입장 때문이었다. 그 결과 경제 원조를 활용하여 중국이 북한에 어느 정도까지 영향을 미칠 수 있는지, 혹은 영향을 미치기 바라는지에 대해 중국학자들 간에 의견이 분분해졌다.

한편 중국의 관료와 학자들은 북한의 경제 개혁을 더욱 공개적으로 요청하게 되었다. 중국 역시 정책적으로 한반도가 비핵화돼야 한다는 견해를 일관되게 고수해왔다. 베이징은 6자 회담 조율에 중추적 역할을 했다. 예를 들어, 2003년 8월 후진타오(Hu Jintao) 주석은 북한이 '부단한 전쟁준비'를 멈추고 경제개혁 추진에 힘쓰기를 공개적으로 제의했다(Lam 2003).

또 후진타오 주석은 북한의 핵개발 노력이 계속되면 중국이 북한을 돕기가 어려워질 것이라고 언급했다. 분석가들은 북한과 중국의 전체적인 경제 관계의 규모와 북한에게 있어서 이 관계의 중요성, 또한 연료 공급 중단 보고 등과 같은 에피소드들로 볼 때, 중국이 원한다면 협상의 진행에 영향을 미칠 수 있는 힘을 가질 수 있다고 했다.

비정부 기관들은 북한을 공공연하게 비판하고 있으며, 때로는 공식적인 정부 정책과 상충하기도 한다. 2004년 중국 잡지인 〈전략과 관리Zhanlue yu guanli〉는 북한의 국내 정책과 대외 정책을 비판하는 기사를 게재해 폐간되기도 했다. 하지만 다양한 보고서들과 중국 학계와의 토론에서도 북한에 대한 불만이 공공연하게 나타났다. 여기에는 북한과의 경제적 거래에서 화가 난 경제인들도 포함된다.

반면 이런 불만이 제재 적용으로까지 이어질 수 있다는 생각은 희망사항일 뿐이다. 중국은 북한에 경제적인 수단으로 압력을 가할 수 없거나 가할 의사가 없으며, 또한 이런 조치에 참여하지 않을 것임을 거듭 표시했기 때문이다. 중국은 북한 경제가 폐쇄적이고 양국의 경제관계가 변동적이기 때문에 북한에 대한 자국의 영향력이 생각보다 낮다고 주장했다. 그러나 사실 북한에게 중국과의 경제 관계는 시간이 지날수록 더 중요해졌다. 농업경제가 되살아남에 따라 식량 수입은 줄어들었지만 연료는 필수불가결한 품목인데, 북한이 기존과 유사한 조건으로 연료를 수입하지 못했음이 분명했기 때문이다.

중국의 역량에 관한 논쟁에서 우리는 중국의 영향력이 한정적이라는 주장이 더 타당하다고 본다. 이 주장은 무역이 점차 분산화되는 경향과도 연관이 있다. 일반적으로 중국의 수출은 베이징에서 엄격하게 통제하고 있다고 가정되는데 이는 어떤 의미에서 사실이기도 하다. 중앙정부는 대규모 식량 및 연료 발송을 제어하고 국경 통제를 강화하거나 완화시킴으로써 거래에 영향을 미칠 수 있다. 그러나 기업 단계별(중앙정부, 도, 시)로 세분된 중국의 수출 데이터를 보면 도(道) 이하 단계의 기업과 순수 민간 무역 업자로 인해 중국의 무역과 투자의 점점 많은 부분이 분산화되고 있음이 나타난다.

장기적으로 볼 때 이러한 중국의 경제망은 북한의 경제적 전환을 불러오

[도표 6-7] **중국으로부터의 연료 수입**(1992~2004년)

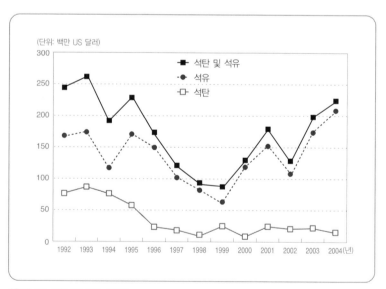

(출처) UN-COMTRADE, 2005
(주) 원 데이터는 중국의 수출 보고임. SITC 3장(전체), 32장(석탄), 33장(석유) 필수품에 근거함

는 가장 중요한 원천이 될 수 있다. 이는 엄격한 통제를 받는 남한과의 상호 작용보다 더 중요할 수 있다. 그러나 동시에 그 깊이로 볼 때, 중국이 북한과의 무역 관계를 통제할 능력, 또는 적어도 무역제재를 가했을 때 북한이 입을 피해를 크게 할 수 있는 능력에는 한계가 있을 수 있다.

중국의 영향력에 대한 두 번째 논의는 역량이 아니라 의향에 관한 것이다. 중국의 북한에 대한 경제적 효력 발휘는 어떤 행동을 못하도록 제약을 가하기보다는 회담에 참여하도록 유도하는 형태를 취하는 것으로 보인다. 중국은 난민 증가 문제 등 북한과 수많은 다른 이해관계에 처해 있다.

그러나 난민 문제는 빙산의 일각일 뿐이다. 중국은 북한의 경제 전략과 핵 야심에 대해 계속 염려해 왔지만, 북한에 경제적 압력을 가하는 것에도 마찬가지로 우려하고 있다. 경제적 압력은 정치적 격변, 2차 경제 붕괴, 밀려드는 피난민으로 이어질 수 있기 때문이다. 바로 이런 위험 때문에 북한은 중국이라는 후원자와의 관계에서 유력한 입장에 설 수 있게 된다.

지금까지의 증거에 따르면 중국은 북한에 위기가 발생할 경우 최후의 의지처로써 개입하기를 바라며(지체될 수는 있지만), 필요한 경우 결정적인 지원을 제공할 것으로 보인다.

■ 조정 문제 : 되풀이

1990년대 초 북한은 매우 어려운 국제 정세와 맞닥뜨렸다. 소련은 미하일 고르바초프 Mikhail Gorbachev 통치 하에서 외교 정책을 변화시켰고 남한과 관계 정상화를 수립하기에 이르렀다. 이어진 소련의 붕괴는 북한의 주요 후원국이 사라졌음을 의미했다. 중국이 그 틈으로 들어왔지만 순조롭게 진행되지 않았다. 기근으로 인해 북한은 이러한 기존의 관계를 발전시키는 한편 일본, EU와 그 회원국 그리고 아마도 가장 중요한 국가인 남한과 새로운 관계를 적극적으로 개척해야 했다.

북한은 1993년과 1994년 심각한 위기에 봉착했음을 인식했다. 그러나 북한은 지원 요청을 하고 대응하는데 능장을 부렸고 미국과 무모한 협상 게임을 벌여 초기에 원조를 확보하는데 어려움을 겪었다. 이 시기는 기근의 진행에 있어 매우 중요한 시점이었다. 시간이 지나자 북한이 발전시킨 여러 관계가 원조국에게 매우 색다른 문제를 불러일으켰다. 우리가 Chapter 4에서 다루었던 대상 선정, 모니터링, 평가라는 기본적인 문제를 포함해 원조의 조정이 점차 어려워진 것이다. 이 점은 미국의 원조정책에 대한 마닌의 2005년 연구(도표 6-8)에 나온 수치를 살펴보면 잘 알 수 있다.[38]

[도표 6-8] 대북 식량 원조(1996~2004년)

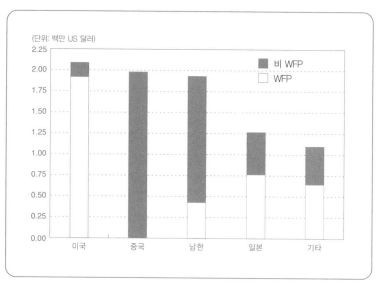

(출처) Manyin, 2005

이 그래프는 WFP를 통해 전달된 식량과 그 외의 경로로 전달된 식량의 비율을 보여준다. 이렇게 단순하게 나눈 기준에서 일본과 미국은 다자간 원조라는 특성을 가장 높게 나타냄을 알 수 있다. 대부분의 기부가 WFP를 통해 이루어졌다. 미국의 기부금 중 WFP를 통하지 않은 나머지 부분도 사실 WFP 관료와의 밀접한 협력 하에 이루어졌다. 그러나 유럽, 남한, 중국을 살펴보면 대북 식량 원조의 많은 부분이 WFP 채널 외에서 전달되었음을 알 수 있다. WFP가 이 분야에서 축적한 전문성을 감안하면 비효율적일 수 있겠지만, 원칙적으로 이러한 원조 역시 대상선정과 모니터링을 훌륭하게 수행할 수 있다. 그러나 우리는 이 가능성에 대해 회의적이다.[39]

이 책의 결론 부분에서 더 상세히 설명하겠지만, 원조의 조정과 모니터링 체제의 무결성은 밀접하게 관련되어 있다. 그러나 이 문제들을 다루기 전에, 기근의 영향으로 발생한 시장화와 이후의 경제 개혁 노력을 이해하는 것이 우선이다.

P·A·R·T 3

변화하는
북한에 대한 논의

Famine in
North Korea

대처, 시장화 및 개혁 :
새로운 취약요소

Chapter

07

기근은 반감기가 길다. 심각한 식량난의 영향은 단기적으로만 느껴지는 것이 아니라 타격을 입은 정치와 사회에서 여러 세대에 걸쳐 반향 된다. 가령 이사를 가고, 식량을 구하러 다니고, 자산을 팔고, 물물교환을 하고, 시장거래를 하는 등 다양한 대처 행동을 해야 하며, 이는 경제 판도를 근본적으로 바꿀 수 있다.

이번 장에서 우리는 기근과 기근에 대한 대처 행동이 북한경제가 점차 시장화 된 근원이 되었다고 주장한다. 시장화는 방금 우리가 언급한 바로 이러한 대처행동들의 결과로 나타난 상향식 과정이었다. 시간이 지나면서 사실상의 시장화는 정부에 압력을 가했고, 기근 후에 다양한 경제 개혁을 일으켰다. 이 중 2002년 여름에 도입된 일련의 개혁 정책들이 가장 두드러졌으며, 우리는 이를 다소 상세하게 분석하도록 하겠다.

시장화는 북한에 깊은 사회적 영향을 미쳤다. 기근이 일어나기 전, 사회주의적 권한부여 체계는 무엇보다도 정치적 지위(충성·동요·의심; 당원·비당원), 그 다음에는 직업(식량배급제의 배급량에 관해서는 [표 3-1] 참조)에 근거한 특정 형태의 사회적 계층을 따랐다. 우리는 이번 장에서 식량에 관한 권한이 점차 시장에서 식량을 구매할 수 있는 능력에 의해 좌우되게 되었음을 보여줄 것이다. 그러나 정부의 시장화와 개혁 시행은 기껏해야 시험적인 수준이었고, 초기 대응은 정치적, 사회적 안정을 위협한다고 판단되는 행동을 단속하는 것이었다. 정권의 촉각은 주로 더 엄격한 통제를 가하는 쪽으로 향했다.

앞으로 논의하겠지만 2002년의 개혁조차도, 특히 주요한 물가 개혁도 국가의 통제 밖에서 정부에게 손해를 끼치며 활동하는 시장에 대한 통제를 회복하고 자원을 확보하려는 정부의 필사적인 노력이라고 볼 수 있다. 이러한 개혁 활동의 결과 혼합형 전환 형태가 나타났는데, 이는 다른 사회주의 국가들의 개혁과 중요한 측면에서 차이가 난다. 중국과 베트남에서의 개혁이나 러시아와 동부유럽에서 일어난 개혁과는 달리, 북한의 개혁을 추진한 주체는 정치적 통제 유지가 최대 관심사이며 통제를 느슨하게 할 수 있는 어떤 정책 조치에 대해서도 매우 신중을 기하는 현직 공산당이었다.

북한의 개혁은 분명히 정치와 경제가 함께 전환된 사례는 아니다.[1] 오히려 북한의 개혁은 상향식 시장화 과정 때문에 어쩔 수 없이 허용된 것으로 해석되어야 하며 이후 정권은 이를 통제하려고 애썼다. 북한의 경제 전환이 지닌 또다른 차이점은 개혁 초기에 얻은 성과에서 찾아볼 수 있다. 북한은 비교적 산업화된 국가로 농업국인 중국이나 베트남보다는 동부유럽이나 구소련의 일부 지역에 가깝다. 중국과 베트남에서 개혁이 시작되었을 당시, 노동력의 70% 이상이 농업에 종사했고 초기의 농업 관련 정책 변화가 큰 효과를 불러 왔다.

반면 북한은 사실상 몰락 조짐을 보이던 산업 부문을 다루어야 했다(도표

7-1).[2] 이러한 정치적, 경제적 환경을 고려할 때, 지금까지의 개혁 노력의 결과가 기껏해야 혼합적으로 나타난 사실이 놀랍지는 않다. 또한 북한 경제는 정부의 태도 덕분이 아니라 정부의 태도에도 불구하고 전환되었다고 할 수 있다.

우리는 우선 기근의 정치적 영향, 즉 '선군(先軍)' 정치의 등장과 통제 유지 노력을 살펴보겠다. 그 다음에 Chapter 3에서 이미 언급했던 시장화의 기본 과정을 더욱 상세히 검토한 후, 정책 개혁과 개혁이 식량 확보에 미친 영향을 다루도록 하겠다. 또한 2002년 단행된 일련의 개혁보다 앞서 실시된 농업 개혁을 살펴 본 후, 식량 확보에 큰 영향을 미치는 산업 분야의 주요 동향과 거시경제 정책을 다루도록 하겠다.

[도표 7-1] 북한의 생산량 구성

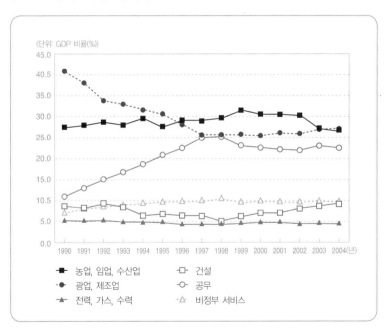

(출처) 한국은행, 2005

우리는 사망률을 살펴보면서 기근에 대한 검토를 마무리하였다. 이제 1990년대 중반 이후 연달아 시행된 아동 영양 조사를 살펴보며 최근 상황을 평가하겠다. 아동은 식량부족과 잘못된 권한부여 문제 모두에서 본질적으로 약자이기 때문에 인도주의적 구호 활동에서 특히 관심의 대상이 된다. 가족이 있는 아동도 마찬가지이다. 조사에서 나온 데이터는 매우 냉혹하다.

장기적으로 봤을 때 개선되어온 조짐이 보이기는 하지만, 기근이 발생한 지 10년이 지난 후에도 여전히 만성적인 영양부족의 징조를 발견할 수 있다. 이렇듯 기근과 그에 따른 식량난의 여파가 지속되고 있는 것으로 나타났다. 우리는 식량배급제를 부활시키려는 노력을 포함해 2005년과 2006년 초에 일어난 사건들을 검토하면서 이 장을 마치겠다. 이러한 진행사항들이 장기적으로 어떤 의미를 지닐지 확고한 결론을 내리기에는 시기상조일 것이다. 그러나 기근 후 10년 동안 북한에서 발생한 사실상의 분산화와 시장화에 대해 정권이 계속 양면적인 태도를 보인 점은 분명하게 나타난다.

▪ 정부의 대응 : 통제 모색

기근은 1차 핵위기, 김일성 사망, 그리고 김정일의 최종적인 정치권력 계승과 동시에 일어났다. 김정일은 권력을 쥐자마자 사실상의 경제 붕괴에 직면했으며, 기근이 발생하자 대규모의 사회적 분열이 일어났다. '선군' 정치의 등장은 이런 맥락에서 이해돼야 한다. 북한에서 군대는 오랜 기간 특권을 누려왔다. 김일성의 정통성을 주장하는 주된 근거가 항일 게릴라 투쟁 경력이다. 그러나 '선군' 정치는 김일성 사망 이후 일어난 북한 정권의 정치적, 조직적, 이념적 기반의 중요한 변화를 지칭한다.

군대를 새로이 강조하는 것은 1995년 시작된 '고난의 행군' 시기에 분명히 나타났다. 고난의 행군은 기근으로 인한 궁핍을 지도층이 완곡하게 표현한 것이다. '선군정치'라는 용어는 1997년에 처음 공식적으로 등장했고, 김일성 사망 후 3년간의 공식적인 애도 기간이 끝난 뒤인 1998년에 정치 규율의 이념적 토대로 자리를 잡은 것처럼 보인다.

'선군정치'라는 신조에는 두 개의 중요한 정치적 요청이 반영되어 있는데, 하나는 외부적인 것이고 다른 하나는 내부적인 것이다. 외부적인 요인은 1992~1994년 핵문제를 둘러싸고 미국과 대치하는 동안 국가 안보가 새롭게 강조된 것이다. 외부의 위협이 생길 때 군대의 위상과 중요성이 높아지는 점은 그리 놀랄 만한 일이 아니다. 2002년 2차 핵위기가 발생한 후에도 공식 연설에서 군대의 중요성이 거듭 강조되었다.

그러나 '선군정치'가 발표된 시기를 보면 외부 환경이 주된 요인이 아님을 알 수 있다. 오히려 선군정치의 주창은 권력 계승과도 관련된 내부적인 복잡한 정치적 계산을 반영한다. 김정일은 김일성이 정치적 합법성을 주장한 핵심 근거였던 군대 경력이 없었다. 김일성은 아들이 권력 계승 전에 군대의 통제권을 획득하는 것을 우려했음에 틀림없다.

김정일은 1990년부터 군대의 요직을 맡아 국방위원회National Defense Commission, NDC에서의 지위와 임용 및 지출 권한을 이용해 중요한 지지 기반을 다질 수 있었다.[3] 이에 대한 증거는 권력 계승 전에도 존재했으며 1994년 7월 김일성 사망 이후 더욱 분명해졌다. 1998년에 단행된 헌법 개정에서 국방위원회는 정치권력의 중심 기관으로서 조선노동당 중앙위원회보다 사실상 위상이 높아졌다. 이때부터 김정일은 당이나 정부에서의 직위보다 국방위원장으로서 국가를 통치했다. 주석이라는 지위는 김일성에게 영구히 부여되었다.

그러나 여기에 세 번째 동기가 추가되어야 하는데, 이 사항은 그동안 충분히 조명되지 못했던 것으로 보인다. 즉, 군대(준 군사 부대 및 예비군을 포함)를 사회적 규율과 계급제의 모범으로 활용하고 기근으로 인한 광범위한 사회 혼란에 대응하는 추가적인 통제 도구로 이용하려는 것이다.[4]

김일성대학에서의 연설(1996)에서 김정일은 당에 활력이 부족하다고 개탄했으며 고위층의 부패가 늘어나고 있음을 암시했다. 반면 군대의 기강과 혁명 정신은 칭송했다. 문제의 성격은 또한 단기적이기도 했다. 식량이 부족하고 기근이 일어나는 동안 사람들이 식량을 찾아 이동하는 것은 기본이다. 그러나 모든 국내 여행이 통제되었고 반드시 허가를 받아야 했다. 그러나 1992년에 북한 정부는 식량을 구하기 위해 국내에서 이동하는 데 대한 규제를 완화하기 시작했다.

이 후 이러한 이동이 가속화되었고 앞에서 말한 김정일의 1996년 12월 연설에서 언급되기까지 했다. 그러나 증명서를 지참하지 않고 이동하는 것은 여전히 불법이었기 때문에 하위계층에서 금품수수와 부정행위가 일어났다. 2000년 난민 512명을 대상으로 좋은 벗들이 인터뷰한 조사에 따르면, 조사 대상중 거의 절반이 허가 없이 여행한 데 대해 처벌을 받은 적이 있으며 70%가 벌금을 내거나 공무원에게 뇌물을 준 것으로 나타났다. 국내 이주자는 치안 담당자에게 시달리기도 했지만 사실상 보호조차 받지 못했다. 인터뷰한 512명의 난민 중 42%가 돈을 뺏긴 적이 있다고 답했고, 98%가 치안이 문제라고 확신했다. 요컨대, 정부는 국내 이주와 다양한 형태의 거래 등 기근에 대한 주요 대처 행위들을 범죄시했다.

정부는 또한 국경을 넘어가는 행위를 단속했다. 국가를 떠날 권리는 북한 정부가 가입해 있는 세계인권선언Universal Declaration of Human Rights과 시민적 · 정치적 권리에 관한 국제규약International Covenant on Civil and Political Rights에도 나와 있다. 그럼에도 불구하고 북한의 형법은 허가 없이 국가 이탈 시 최고 3년까지 수용소 징역형을 선고할 수 있다고 규정하고 있다. 이 수용소들은 극심한 궁핍과 고문, 높은 사망률로 악명 높다.

1990년대 중반 식량 사정이 악화됨에 따라 중국의 국경 지방으로 도주하는 피난민의 수가 급격하게 늘어났다. 난민 규모(수만 명에서 50만 명까지 추정됨)가 크고 중국 내 북한 난민의 강제 송환이 늘어나면서 최근 몇 년간 이들에 대한 관심이 높아졌다.[5] 인터뷰에 따르면 대다수의 난민이 식량 문제나 경제적 이유로 이주했으며, 일부는 소액의 돈이나 식량을 가지고 북한과 중국을 오갔거나 또는 이를 희망한다고 한다. 국내 이주자와 국경을 넘는 난민이 늘어나자 북한 정부는 다양한 방법으로 여기에 대응했다. 그중 하나가 임시 수용 시설을 설치한 것이다. 여기서도 마찬가지로 난민들은 극심한 궁핍과 고문에 시달려야 했으며, 중국에서 강제 송환된 임산부의 경우 낙태와 영아살해를 당하기도 했다.

불법적인 국내 이동에 연루된 성인과 기근으로 고아가 된 아동(일명 꽃제비, '떠돌아다니는 제비' 라는 뜻)은 김정일이 수용소를 설립하라고 명령한 날짜(1995년 9월 27일)를 따서 이름을 지은 소위 '9·27 수용소' 에 수용되었다. 국경을 넘은 16세 이상의 남성은 수용소에 투옥되었고, 상습적 탈북자나 장사를 한 사람, 인신매매를 당했거나 중국인과 결혼한 경우, 남한 사람이나 난민 보호에 적극적인 기독교인을 만난 경우 등 더 넓은 혐의가 있는 사람은 강제노동 수용소인 정치범 수용소에서 오랜 기간 징역살이를 해야 했다.[6]

기근과 기근이 미친 영향에 대한 두 번째 지휘통제식 대응은 협동농장과 산업 현장에서의 권위 회복을 목적으로 군대를 이용하는 것이다. 그 일환으로 예비군(노농적위대)을 경작과 수확에 투입하는 목적 외에 보안 목적으로도 동원하였다. 앤드류 나치오스는 이 새로운 상황을 '농업의 군사화' 라고 불렀으며, 이는 Chapter 5에서 설명하였다. 난민 인터뷰에 따르면 미리 추수하기나 곡물을 빼돌리는 행위를 막기 위해 1997년에 옥수수 보초가 파견되었다고 한다. 또한 배급제, 극심한 식량부족, 그리고 식량의 높은 시장 가격을 고려하면 사실상 불가피한 것으로 보이는 현상이 늘어났다. 바로 농민과 군대 간의 뇌물 수수와 부정행위이다. 1997년 8월 사회안전성 Public Security Ministry은 곡물을 훔치거나 이를 판매한 사람에 대한 처벌 규정인 곡물 축적과 절취에 관한 법령을 발표했다.

산업현장에서도 유사한 문제가 발생했고 이를 해결하기 위해 국내 치안 병력이 동원되었다. 산업 경제가 전체적으로 붕괴하자 기업 경영진들은 생산 지속에 필요한 자재 조달과 근로자들에게 공급할 식량 확보를 목적으로 한 다양한 대처 방안을 마련했다. 토지나 기타 자원을 보유한 국영기업은 식량을 재배하거나 식량으로 전환 가능한 물자를 수확하려고 하였다.

중국 국경을 따라 이루어진 삼림벌채는 이러한 대처 행동이 단순히 개인이 저지른 것이 아니라 그 지역 군대나 기업이 주도한 매우 조직화된 활동임을 입증한다. 이렇게 아래로부터 일어난 적응 과정과 자생적인 민영화는 결국 정부의 제재를 받았고 제도적으로 규제되었다.

그러나 기업 역시 자산을 빼내고 절취하는 데 관여했다는 증거가 있다. 스콧 스나이더 Soctt Snyder의 초기 보고서(1997)는 이러한 대처 전략을 알려준다. 스나이더는 기근 시기에 중앙 정부의 대표단 외에 지방과 도 관청을 대표하는 수백 명의 무역업자가 국경 근처의 단둥을 비롯한 중국 도시에 나타났음을 발견했다. 스콧 스나이더는 이러한 활동이 한창일 때는 참여 기업이 800여 개에 달했다고 추정했다. 하지만 시간이 지나면서 무역 활동이 성공을 거두지 못하자 이 수치는 줄어들었다. 이들은 지방 관청이나 심지어는 개별 기업을 대신해 물물교환 거래를 수행하고 다른 물자를 구매하도록 허가받았다.

예를 들어 스나이더의 보고서에 의하면 황해도 정부의 한 대표자는 고철이나 목재를 팔아 밀가루를 받을 수 있게 허가받았고 이 밀가루는 지역에 배포하기 위해 도 관청에 전달되었다고 한다.

그러나 이러한 불법 무역의 일부는 공장 설비를 떼어내 팔아서 이루어졌고 개인적인 부 축적에 이용되기도 했다. 베커Becker는 국가 재산을 절취했다는 죄로 1998년 2월 황해철강에서 자행된 공개 처형 이야기를 들려준다. 이 이야기는 2명의 난민이 진술한 것이다.

이 사건은 재일 북한인 대표단과의 인터뷰에서 김정일이 직접 확인했다. 브래들리 마틴Bradley Martin은 기업이 식량 확보를 위해 노력을 기울였지만, 경영진이 자재를 확보하려고 애쓰면서 부패와 뇌물도 만연했으며 이런 행위를 처벌하기 위해 주기적인 단속이 이루어졌다는 많은 난민들의 진술을 제시했다. 다시 한 번 말하지만, 이 사실을 가장 잘 보여주는 증거 중 하나가 김정일의 1996년 12월 연설이다. 김정일은 '인민들이 스스로 식량 문제를 해결하도록 내버려두는 것' 의 위험을 인식했다.

김정일은 "당이 적절한 작업 노력과 국가 자산 보호를 보장할 올바른 정치적, 이념적 활동을 수행하지 못하고, 기업소를 적절하게 통제하지 못하고 있으며 경찰을 비롯한 법집행 기관이 수행하는 법적 조치에 의존하고 있다"고 비난했다.

■ 대처와 시장화

북한 정부는 불법 행위를 단속하고 사회적 통제를 회복하려고 했다. 그러나 동시에 이전에는 용납하지 않았던 여러 행동들을 승인까지는 아니라도 묵인해야만 했다. 이 대응책들 중에는 모든 기근 환경에서 나타나는 생존을 위한 끔찍한 방편들이 포함된다. 사람들은 기근에서 살아남기 위해 풀이나 나무껍질 같은 형편없는 식량을 사거나 구하러 다니고, 구걸하고, 범죄를 저지르고, 심지어는 인육(人肉)을 먹기까지 한다. 그러나 대응책의 중요한 구성요소는 몇 가지 형태의 거래이다.

즉 물물교환을 하고, 재산을 팔아 식량을 사고, 매춘을 하거나, 먹을거리를 구해 와서 이를 팔아 곡물을 구매하는 행동을 말한다. 이러한 행동의 상당수는 원조로 제공된 곡물 및 기타 식량 뿐 아니라(Chapter 5) 농가에서 보유한 식량과 식량배급제의 식량을 새로 등장하는 시장에 판매함을 의미했다. 그 결과 식량 확보는 점차 시장에서의 개인이나 가정의 지위에 의해 결정되었다. 여기에는 지리적 위치(식량 과잉 혹은 부족 지역), 직업(도시 혹은 농촌), 그리고 점차 외화확보 능력(공식적인 직업이나 비공식적 경제 활동에서 벌어들이거나 일본이나 중국의 친척들이 보내는 송금)이 영향을 미쳤다.

이런 시장화 과정은 다음 장에서 논의할 2002년의 개혁이 일어나기 훨씬 전에 그리고 심지어는 기근 전에 일어났던 단편적인 정책 변화를 일정 정도 반영한다. 이 정책 변화는 기본적으로 두 종류로 분류될 수 있다.

개인 토지 이용을 정식으로 허용하여 공급 측에 영향을 주는 것과 시장을 정식화하여 새로운 식량 유통 경로를 제공하는 것이다. 한 가지 혁신적인 점은 식량배급제에 속하는 주민, 특히 국영농장에서 일하는 사람들이 기타 식료품뿐 아니라 옥수수와 쌀 이외의 곡물을 재배하도록 허용한 것이다. 이러한 개인 경작지는 1987년에 보조 공급 경로에 공식 포함되었었다. 당시에 정부는 모든 국영 농장에 일정량의 토지와 영농시간을 할당하고 옥수수 재배를 허용하도록 지시했다. 이는 분명히 식량배급제의 배급 능력이 떨어진 데 대한 보상 차원이었다(1995년 군인에게도 개인 토지 경작 권리가 주어졌다. 하지만 이상하게도 국영농장과 군대에 대한 이러한 허용이 1998년 헌법으로 제정될 때까지 정부에 의해 공식적으로 승인되지 않았다).

1987년 정부는 또한 협동농장의 가정에게 개인 토지에 원하는 곡물을 종류에 관계없이 재배할 수 있도록 허용했었다. 이는 전체적인 공급을 보충하는 역할을 했지만 우리가 Chapter 2에서 살펴본 대로 의욕 문제를 불러일으키기도 했다.

정부는 이렇게 공식 허용된 토지뿐 아니라 다양한 불법적인 개인 토지(뙈기밭)를 묵인했다. 여기에는 도시의 집이나 직장 근처의 밭도 포함되었지만, 주로 국영농장이나 협동농장의 농부들이 가파른 산허리 등의 변두리 토지를 개간한 불법적인 소유지를 뜻했다. 그러나 이는 단지 묵인한 것일 뿐 허가된 것은 아니었고, 따라서 향후 정책이 바뀔 경우에 대한 공신력 문제가 존재했다. 1989년 정부는 그러한 토지가 불법이라고 발표했다. 1992년에는 이러한 비사회주의적 활동을 근절하기 위한 단속반이 농촌에 파견되었다. 따라서 지방 관료들은 이러한 공급원을 묵인하는 한편 아마도 부패와 뇌물 풍조가 만연했을 것으로 추측된다.

마지막으로 북한 정부는 농민 시장의 기능 확대를 허용했다. 1940년대 말 개인적인 곡물 거래를 금지했을 때부터 1980년대에 개인 토지가 부활될 때까지, 농민 시장은 전체 유통 체계에서 최소한의 역할만 수행했고 품목은 주로 보조 식료품으로 한정되어 있었다.

1982년에 시장이 더욱 상설화되도록 허용되어 열흘마다 한 번씩 열리던 시장이 매일 열리게 되었다. 1984년 5월에는 더 많은 시장이 허용되어, 군 단위별로 3~4개 꼴로 늘어났다. 1990년대 초 식량배급제의 배급능력이 흔들리기 시작하자 이런 시장에서 곡물이 거래되도록 허용된 것이지만, 공식적으로 제도화되지는 않았다.

식량배급제가 쇠퇴함에 따라 이러한 시장이 확산되었다. 남한 통일부의 연구에 따르면, 전국 모든 군을 통틀어 1998년에 이미 시장 수가 300~350개에 달했다고 한다. 거래되는 물품 역시 늘어나 보조 식품과 곡물 위주이던 것에서 산업 생산품까지 포함되었고, 농가 뿐 아니라 전문 상인, 심지어는 입국하여 장사하도록 허가받은 중국동포까지 참여하게 되었다. 그러나 이 시장에서의 장사는 여전히 불확실한 사업이었다.

김정일은 1996년 12월 연설에서 이런 활동에 대해 반감을 드러냈다. 그는 "당과 정부가 인민의 생활을 돌보고 복지를 완전히 책임져야 한다. 당이 인민이 직접 식량 문제를 해결하도록 내버려두면 농민과 상인들만 번영할 것이고, 이기주의를 불러와 계급차별이 없는 사회의 사회적 질서가 무너질 것이다"라고 강조했다. 1999년 1월 김정일은 정부에 농민 시장에 대한 국가의 통제를 강화하고 노동력이 여기에 쏠리지 않도록 막으라고 지시했다.

다시 요약해 말하면, 2002년 개혁 이전의 정책 방향은 식량 배분 방법의 일환으로 시장을 묵인은 하되 제도화는 하지 않는 것이었다. 하지만 북한의 시장 활동이 북한의 경제에 정확히 어떤 역할을 했는지 생각해볼 필요가 있다. 우리는 다시 한 번 난민 인터뷰에서 나온 증거를 중심으로 이야기를 시작하겠다. 모든 인터뷰에서 이 문제가 다루어진 것은 아니지만, 여러 조사에서 나온 결과를 차례로 종합해보면 시간이 지나면서 시장화가 진전된 과정이 나타난다. 존스홉킨스 대학 연구팀은 1994년에서 1997년까지 식량을 얻은 주된 경로가 무엇인지를 질문하였다. 그 결과는 [표 7-1]과 [표 7-2]에서 볼 수 있다.

첫 번째 표본조사에서는 기근이 심화되면서 식량을 구하러 다니는 데 주로 의존했다고 답한 비율이 급격히 증가했고, 1997년에는 그 비율이 40%에 이르렀다. 그러나 1994년에 식량 구매가 주된 방법이었다고 답한 응답자가 16%였고, 4%는 물물교환에 의존했다고 답했다. 1997년까지 주로 식량 구매에 의존한 비율은 39%였는데, 이 중 26%는 구매했고 13%는 물물교환이었다. 1998년에 시행된 더 큰 규모의 두 번째 표본조사에서 다시 이 질문을 던졌을 때, 식량을 주로 구매해서 먹는다고 대답한 비율은 약간 더 높아졌지만(31%), 물물교환(25%)과 직접 재배(16%)에 의존하는 비율은 훨씬 더 높아졌다.

표본조사에서 주로 구매와 물물교환에 의지하는 사람들을 '시장화된 부류'라고 분류하면, 전체 응답자의 56%를 차지한다. 임Lim(2005)은 남한의 통일부가 500명을 대상으로 실시한 미발표 조사에서도 유사한 결과가 나왔다고 언급했다. 이 조사는 1990년대 후반까지 일반 시민이 얻는 전체 식량 중 시장을 이용하여 얻은 비율이 60%까지 이르렀다고 결론 내렸다. 흥미롭게도 이 결과는 Chapter 5에서 언급한 비농가 주민이 전체 식량 중 시장에서 얻는 비율의 추정치와 거의 일치한다.

[표 7-1] 식량 확보의 주된 방법에 관한 존스홉킨스 대학의 1999년 조사 결과(1994~1997년)

연도	정부의 배급*		구매		물물교환		식량 구하러 다니기		재배		기타		합계	
	n	%	n	%	n	%	n	%	n	%	n	%	n	%
1994	260	60.6	70	16.3	16	3.7	51	11.9	18	4.2	14	3.3	429	100.0
1995	122	28.4	99	23.1	60	14.0	98	22.8	29	6.8	21	4.9	429	100.0
1996	42	9.8	117	27.4	67	15.7	148	34.7	31	7.2	22	5.2	427	100.0
1997	24	5.7	108	25.8	54	12.9	168	40.2	36	8.6	28	6.7	418	99.9**

* 정부가 농부와 군대에 할당하는 양뿐 아니라 식량배급제도 포함됨
** 반올림 때문에 합계가 100이 되지 않음
(출처) Robinson 외, 1999

[표 7-2] 식량 확보의 주된 방법에 관한 존스 홉킨스 대학의 2001년 조사 결과(1995~1998년)

연도	정부의 배급		구매		물물교환		식량 구하러 다니기		선물		재배		기타		합계	
	n	%	n	%	n	%	n	%	n	%	n	%	n	%	n	%
1995	802	30.1	651	24.4	479	18.0	339	12.7	34	1.3	269	10.1	93	3.5	2,667	100.1*
1996	242	9.1	756	28.4	696	26.1	416	15.6	39	1.5	384	14.4	130	4.9	2,663	100.0
1997	56	2.1	760	28.6	754	28.4	433	16.3	37	1.4	422	15.9	195	7.3	2,657	100.0
1998	50	1.9	833	31.4	679	25.6	397	14.9	45	1.7	422	15.9	223	8.4	2,649	99.9

* 반올림 때문에 합계가 100이 되지 않음
(출처) Robinson 외, 1999

1998년 실시된 좋은벗들의 인터뷰는 존스홉킨스 대학의 첫 번째 인터뷰에서 발견한 사항 중 일부를 확인해 준다. 좋은벗들의 인터뷰에서는 정부의 식량 배급이 중단된 이후 가족이 어떻게 살아갔는지를 질문했다. 복수 응답을 허용했으며 그 결과 북한 가정의 대응책을 포괄적으로 알 수 있었다. 주된 대응 방법이 식량을 구하러 다니는 것과 질 나쁜 식품을 섭취하는 것이었으며, 57%가 이 방법에 의지한다고 답했다. 그러나 46%가 물물교환을 했으며, 자산을 팔았다고 한 응답자는 45%에 가까웠다(집을 팔았다고 한 사람도 4%에 달했다). 응답자 중 농부가 5%에 불과했는데도 13%가 산간지대의 땅을 경작했다고 답했다. 그리고 6%는 산나물을 모아 식량으로 교환했다고 답했다.

좋은벗들은 2004년 인터뷰에서 응답자들에게 각자의 거주지에서 장사를 했던 가구의 비율을 추정해 달라고 요청했다. 50%에 달하는 응답자가 90% 이상이 장사를 했을 것이라고 추정했다. 장사를 한 가구가 80% 이하일 거라고 추정한 사람은 20%에 불과했다. 또한 장사 여부를 개인적으로 묻자 해봤다는 답변이 전체의 92.5%를 차지했다. 이 중 60%가 식량을 거래했다고 답했다. 이 결과는 많은 난민들이 상인이었거나 상인이 되었음을 나타낸다.

이러한 결과는 난민들이 북한 사회를 어떻게 인식하고 있는지를 잘 보여준다. 적어도 이번 인터뷰 응답자들의 추정에 따르면, 북한 사람들이 장사에 적극 매달린 것은 살아남기 위해서였다. "장사를 할 수 없는 사람은 죽은 지 오래된 사람뿐이다"라고 말한 난민도 있었다. 실제로 [표 5-1]에 나타난 것처럼 공시 가격과 시장 가격의 차이가 컸기 때문에 물자를 공식적인 경로 밖으로 빼돌리려는 동기가 컸음을 짐작할 수 있다. 이러한 동기는 2002년 7월의 물가 개혁에 의해 약화되긴 했지만, 아래에서 설명하는 것처럼 상당 기간 지속되었다.

시장화 과정에 대한 추가적인 증거는 가격 동향을 검토하면 알 수 있다.

중국의 학자들과 중국·한국 단체들이 모니터링해온 결과에 따르면, 암시장에서 원화의 가치하락 정도는 북한의 경제적 난관이 얼마나 심각한지 보여주는 지표 중 하나다.

식량위기가 악화되면서 비공식적인 암시장의 환율은 1990년대 초의 달러 당 90원에서 1997년 6월에는 220원으로 치솟았다(1997년 공식 환율은 2.2원, 월 평균 임금은 100원에서 350원 수준이었다). 중국 국경을 따라 형성된 암시장에서 원/달러 환율은 1996년 늦가을에 최고치에 달해 달러 당 250원에서 280원에 이르렀다. 같은 시기에 쌀 1킬로그램의 암시장 가격은 4배로 뛰어 올라 킬로그램 당 80~90원이 되었고, 1996년 10월에는 킬로그램 당 150원으로 높아졌다.

이 같은 사실은 외화를 얻을 수 있는 사람들은 위기상황에서의 보호능력이 높아졌고, 원화 수입에 묶여 있었던 사람들, 즉 대다수의 도시 주민들은 시장에서의 원화가치 하락으로 어려움을 겪어야 했다는 사실을 환기시켜준다.

■ 정책 개혁 I : 농업 분야의 개혁

2002년의 개혁 훨씬 이전인 1990년대 중반부터 정부는 수확 부진에 대응해 농업 분야에서 여러 가지 단편적인 개혁을 실시했다. 이모작을 확장, 수확량이 높은 품종을 도입, 감자, 버섯, 토끼, 염소 같은 특수 식품을 증산하기 위한 여러 특화된 캠페인 등이 이때 취해진 정책들이다.[7]

이 새로운 정책 중에는 원조단체로부터 기술 지원을 받은 합당한 정책도 포함되었다. 그중 한 예인 감자 증산 운동의 경우 1960년대부터 내려온 정책 제도와 1970년대의 이념적 캠페인으로 인해 파괴되어 왔던 전통적이고 환경 친화적인 경작 방식으로 되돌아간 것이라고 해석할 수 있다. 그러나 이 개혁 목록은 기술적인 해결책이 두드러지는 점, 더 많은 노력을 기울이도록 촉구하는 데 의지한다는 점, 농부들의 의욕을 높이는 조치가 부족하다는 점이 눈에 띈다. 1998년 '농업 생산을 높이기 위한 중대 대안'으로 대자연 개조 구상Nature Remodeling Program을 부활시킨 것도 이러한 태도를 잘 보여 준다.

이 구상은 원래 1976년에 시작되었다. 김정일에 따르면 이 프로그램은 말 그대로 북한의 농촌을 불도저를 이용하여 '전면적으로' 다듬어 '바둑판처럼 일정한 모양'의 땅으로 만든다는 것이었다. 개혁의 의도는 농촌의 기계화에 박차를 가하고 토지의 외형을 '알아볼 수 없을 만큼' 바꾸어 옛 지주와 토지의 종속성을 끊으려는 의도였다. 마찬가지로 김정일이 추진한 감자 증산, 토끼 · 염소 사육 장려 운동은 노력동원 캠페인 형태로 운영되었다. 기술적으로 정당하고 외부의 지원을 받은 것일지라도 마찬가지였다. 이는 김일성이 '밥에 고깃국을 먹게' 해 주겠다고 했으나 실패로 돌아갔던 계획을 연상시킨다.

그러나 이 시기의 북한의 농업정책은 적어도 한 측면에서는 개인의 동기 부여 문제를 인식했다. 초기에 단행된 토지 개혁은 경작자들에게 혜택을 주었고 정권에 대한 초기 지지기반을 형성했다. 그러나 식량 몰수뿐 아니라 집단화(북한 용어로는 '협동화')는 가정과 개인의 동기를 유발시키지 못했다. 1996년 정부는 제한적으로 즉, 시범 프로젝트 형식으로 특정 지역 협동농장의 작업반 규모를 기존 10~25명에서 7~10명으로 감축하는 방안을 도입했는데, 이는 가족 단위로 작업반을 구성하기에 적합한 수치였다. 이 개혁안은 거의 20년 전에 도입되어 엄청난 생산량 증가를 이룩한 중국의 가구 책임제 Household Responsibility System와 일부분 유사하다. 동시에 북한 정부는 임의적인 결정이 아니라 이동평균 공식에 따라 생산 목표를 세우는 체계를 도입했다. 이 방식에서는 수확량에서 정부가 가져갈 양과 농부에게 할당될 양을 어느 정도 예상할 수 있었다. 이 새로운 체계는 생산자가 목표 이상으로 생산된 양을 보유해 자체 소비하거나 원하는 대로 처분할 수 있게 허용하는 것이기도 했다.

앞에서 설명했듯이 북한 정부의 정책은 기근의 발생과 악화에 중요한 역할을 했다. 기근에 영향을 미친 정책에는 잉여 생산물이라 할지라도 정해진 가격에 국가에 판매해야 하는 것을 들 수 있다. 뿐만 아니라 생산 목표가 독단적으로 정해져서 농부가 몰수 정책을 피해 스스로를 보호하기 위한 자구책을 강구하게 된 것도 빼놓을 수 없다. 그러나 작업반의 규모를 축소하려는 안은 몇 가지 난관에 부딪혔다.

첫째, 개인과 가족의 책임감과 노력은 증가했지만 이에 상응하는 수준으로 의사결정 권한이 부여되지 않았다. 사실상 새로운 정책은 단순히 축소된 작업 단위에 곡물 생산 목표를 강요하는 정도였으며 이에 상응해 생산기법, 영농자재, 작물 종류를 조절할 재량권을 주지 않았다.

둘째, 홍수가 끝나고 식량원조가 증가했지만 이러한 사실이 산업경제의 회복을 의미하는 것은 아니었다. 농업생산의 경우 산업경제에 의존하는 비율이 여전히 높았다. 각 가정에서 생산량 감소를 효과적으로 조절한다 하더라도 영농자재가 부족했기 때문에 새로운 공식 하에 도출된 목표량을 달성하기란 본질적으로 어려웠다. 결국 이 목표량 역시, 농가는 직접 소비하는 데 필요한 양만큼만 식량을 보유할 수 있고 그 이상의 생산량은 사실상 국가가 모두 가져감을 의미했다. 더 근본적인 문제로, 단지 새로운 목표설정 방식을 발표한다고 해서 정부의 정책에 대한 농부들의 인식을 바꿀 수 있었는지가 의심스럽다.

결국 과거 생산량의 이동평균에 근거한 공식은 과거 수확량이 높았던 형태가 아니라 투입재가 한정되어 있는 기존 상황에 적합한 목표를 산출하기 시작했다. 그 결과 협동농장의 농부들이 가외의 노력에 대해 보상받을 수 있는 가능성이 제시되었다. 그러나 이러한 변화가 단기적으로 볼 때(그리고 2005년까지는), 농민들의 식량 축적과 빼돌리기를 근절시키지 못한 것이 확실하며, 이런 행위를 했을 때의 정치적 위험을 최소화시키기 위해 이용되었다.

대북 식량원조가 급속히 늘어나자 북한 정부가 개혁정책을 실시해야 한다는 압력이 줄어들기는 했지만(원조는 교역을 통한 수입량뿐 아니라 국내 생산량까지 간접적으로 대체함), 원조단체들은 효과적인 농업정책 도입을 장려했다. 1998년 UNDP가 주관한 농업복구 및 환경보호 Agricultural Recovery and Environmental Protection, AREP 회의에서 원조단체 측 대표자들은 정책변화를 매우 중시한다는 점을 솔직하게 밝힌 바 있다. 그러나 북한은 자연재해와 대외 무역 몰락이 위기를 불러왔다고 계속해서 강조했다. 북한 정부는 AREP 프로그램의 세 가지 우선순위인 농지 복원 및 재건, 관개 시설 복구, 비료 생산 시설의 긴급 개선을 인정했지만, 개혁안을 제도화하는 것이나 동기부여식 개혁은 단호하게 거부했다. 1998년 열린 AREP에 관한 1차 주제별 원탁회의에서 북한 대표단장인 외무성 차관은 AREP 프로그램은 기존 제도를 통해 시행될 것이라고 밝혔다.

시장화 과정은 2002년 7월 북한정부가 미시경제적 정책 변화, 거시경제적 정책 변화, 경제특구 건설, 해외 원조 확보를 위한 노력 재개라는 네 가지 요소로 이루어진 주요 경제 정책 변화를 발표했을 때 힘이 실렸다. (우리는 다음 부분에서 이 개혁 사항에 관해 상세히 살펴보겠다.)[8] 그러나 정부는 중국의 사례를 따라 시범 프로젝트로 소규모 작업반 제도와 소작료 고정 제도를 도입하는 등 농업에 동기부여식 개혁이 실시되었다고 주장했다. 남한의 한 정부 출연 연구소가 북한의 '폐쇄적인' 계획안의 부적절성에 대해 평가한 내용은 상세히 살펴볼 만하다.

'관개 시설이 능률화되어야 하며 가급적 중력을 이용한 수로와 연결되어야 한다. 비료를 더 많이 투입하는 것만으로는 농업 생산량이 지속적으로 증가하지 못할 것이다. 다른 혁신적이고 환경 친화적인 농법(녹비(綠肥))을 이용한 토지의 비옥도 향상, 화학 비료 대체품 사용, 윤작, 종합적인 병충해 관리, 정책 개혁 제도화 등)이 실현되어야 한다. 이미 피폐해진 토양에 쌀과 옥수수를 재배한 후 밀과 보리를 심어 이모작 재배를 하는 것은 지속되기 어렵다. 윤작에 콩류를 도입하는 것이 필수적이다.'

어떤 의미에서 보면 2002년 7월에 일어난 농업 정책변화는 초기의 동기부여식 개혁이 충분한 효력을 거두지 못했음을 뒤늦게 인식한 결과로 해석될 수 있다. 이 시기의 가장 중요한 변화는 곡물 수매 가격이 급격하게 상승한 것이다. 기근과 만성적인 식량부족으로 시장의 식량 가격이 천정부지로 뛰어 오른 반면, 농부에게 지불하는 가격은 변하지 않았고 식량배급제를 통해 배급되는 식량의 가격도 매우 낮았다.

가격 개혁으로 국가의 수매가가 당시 시장가의 약 80% 수준으로 올랐다. 분명 가격개혁의 목적은 식량배급제에 입수되는 식량의 양을 늘리고 농민의 자체 소비를 위한 전용, 민간 시장으로의 전용, 혹은 술을 빚는 등 다른 용도로의 전용을 제한하며, 공급 측면에서는 주로 곡물을 재배하던 데에서 담배 같은 상품작물(환금작물)에 경작지를 재할당하는 것이었다. 또한 수요 측면에서는 소비자를 국가 통제하의 제도로 되돌리려는 의도가 숨어있었다.[9] 동시에 당국은 중앙계획방식을 완화하여, 일부 협동농장에게 재배 작물 종류를 선택할 수 있는 재량권을 부여했다.

또한 정부는 협동농장의 개인 토지 규모를 약 100평방미터에서 1,320평방미터로 늘리도록 허용하는 한편, 협동농장에서 집단적으로 관리하는 토지가 그만큼 줄어드는 것을 보충하기 위해 임대료나 세금 체계를 도입하도록 했다. 그러나 임대료가 사전에 정해지지 않았기 때문에 농부들은 이런 토지를 경작하는데 적극적으로 응하지 않았다. 다시 한번 말하자면, 농부들이 국가에 얼마만큼의 산출물을 내야 되는지 확실치 않았기 때문에 재산권의 안정성과 신뢰성에 대한 우려가 중요한 제약으로 작용했다.

2002년 7월 도입된 정책 변화로 악성 인플레이션이 촉발되자 농부들은 국가의 공식적인 경로로 생산물을 보내고자 하는 의지가 더욱 줄었다. 2002년 7월 이후 물가가 상승했다. 기근 시기에 최고치에 달했다가 이후 전체적으로 하락 추세였던 쌀과 옥수수의 시장 가격이 3배 이상 뛰었다. 그 결과 국가의 곡물 수매가와 농부가 생산물을 빼돌려 시장에 팔았을 때 받는 가격의 격차가 급격하게 벌어졌다. 국정가격과 시장가격 간에는 개혁 전 시기만큼은 아니지만 상당한 차이가 있었다.

비료 부족에도 불구하고 생산량이 유지된 것은 원자재가 부족한 상황에

[도표 7-2] **가격 동향(1998~2003년)**

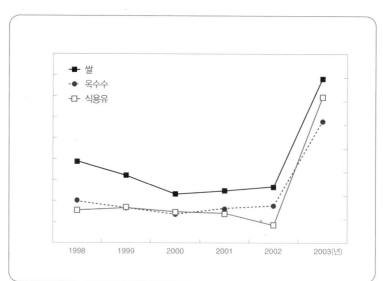

(출처) Lim, 2005

적응하여 생산성이 향상되었음을 나타내며, 이는 적어도 부분적으로는 1996년 이후 도입된 동기부여식 정책 변화 덕분으로 볼 수 있다. 그러나 동기 변화가 크지 않았고 확신이 부족했으며 보조 투입재가 부족했기 때문에 생산량은 계속 부진했다. 남한이 비료를 공급하고 기상 조건이 나아졌지만, 2005년 북한의 생산량은 1990년대보다 여전히 낮았다(도표 2-3). FAO에서 나온 준공식적 수치를 받아들인다면 생산량은 최고 수준이었을 때의 절반에도 미치지 못했다. 이러한 생산 부진을 나쁜 기상조건 탓으로만 돌리기는 어렵다.

▪ 정책 개혁 Ⅱ : 산업 조정과 거시경제적 불안정

2002년의 개혁은 농업과 관련된 것이었지만 그 핵심에는 산업 분야의 광범위한 가격, 임금, 동기 개혁도 들어 있었다. 개혁의 본래 의도가 경제 운영 방식을 근본적으로 변화시키는 것인지, 단순히 사회주의 체계의 기능을 향상시키는 것인지는 아직까지 논란의 소지를 띠고 있다. 어느 쪽이든 2002년의 개혁 조치는 과거로부터의 변환점이 되었다. 식량에 대한 접근성이라는 관점에서 보면 정책 개혁의 두 가지 사항이 특히 관련된다. 산업 분야에서의 미시경제적 개혁은 도시 근로계층의 식량 수요에 영향을 미쳤고, 거시경제적 정책 개혁은 지속적인 극심한 인플레이션을 초래했다.

북한의 경험은 중앙계획식 자원할당 방식에서 시장 중심 방식으로의 전환이 농업 분야에 비해 다른 분야에서 더 복잡하고 어렵다는 점을 확인시켜 준다. 이 점은 산업분야의 비중이 큰 북한에 특히 잘 들어맞는다(도표 7-1). 산업분야의 개혁이 중요한 이유로 세 가지를 들 수 있다. 첫째, 우리가 언급했듯이 북한의 농업 체계는 영농자재에 대한 의존도가 높고, 농업과 산업 분야 간의 거래 조건은 더 큰 사회적 계약의 중요한 구성요소가 된다. 원자재나 최종 소비재가 공급되지 않을 경우 농부들은 부문 간의 공식적인 거래 경로를 전적으로 피하고 싶은 동기를 강하게 가지게 된다. 둘째, 산업분야의 발전은 식량의 수요 측면에서 중요하다. 시장화가 진행되면 도시 근로자의 식량 구매 능력은 이들이 일하는 회사의 건실함에 크게 좌우된다. 그러나 추측하건데 가장 중요한 세 번째 이유는 산업 분야의 회복이 식량 수입 대금을 지불할 수출 소득을 벌어들이고 만성적인 식량 불안문제를 단번에 해결하는데 핵심적이기 때문일 것이다.

미시경제적 개혁은 두 가지 요소로 구성되었다. 첫 번째는 행정적인 명령을 내려 국가가 관리하는 상대 가격과 임금을 기반 가치나 잠재 비용에 더 가깝게 바꾼 것이다. 두 번째는 기업소 단계에서 더 유연한 의사결정이 가능하도록 제도 규정과 관례를 바꾼 것이다. 이 중 두 번째 변화는 개혁의 성과로 나타난 것은 아니며, 보조금 감소와 중앙계획방식의 붕괴에 적응하면서 기업 경영진의 결정권이 높아진 덕분이라 할 수 있다.

이러한 변화들은 개혁에 착수할 때 나타났던 거시경제적 불안정의 요인이자 결과였다. 개혁은 극심한 인플레이션을 불러 일으켰고, 이 지속적인 인플레이션은 2005년까지 북한을 괴롭혔다. 사실 북한은 가격 면에서 개별적인 세 가지 변화를 겪었다. 상대 가격이 변화했고, 전체 물가 수준이 일시에 뛰어올랐으며, 마지막으로 물가 수준의 지속적 상승 과정, 즉 인플레이션이 일어났다. 이들은 각각 서로 다른 정치 경제적 의미를 지니고 있다.

첫 번째 상대가격의 변화부터 이야기해보자. 상대가격은 제품 시장에서 가령 쌀이라는 품목의 가격과 텔레비전 같은 다른 품목의 가격 간의 관계나, 노동 시장에서 광부가 받는 임금과 의사가 버는 임금과의 관계를 말한

[표 7-3] **2002년 7월 1일의 가격 개혁 전후의 소비재 국정 가격**

(단위: 북한 원화)

상품	단위	개혁 전 가격	개혁 후 가격	변동률(%)
된장	킬로그램	0.20	17.00	8,400
콩	킬로그램	0.08	40.00	49,000
닭	킬로그램	18.00	180.00	900
옥수수	킬로그램	0.06	24.00	39,900
청어	킬로그램	10.00	100.00	900
유치원 식대(유아)	월	50.00	300.00	500
돼지고기	킬로그램	17.00	170.00	900
쌀	킬로그램	0.08	44.005	4,900
간장	킬로그램	0.20	16.00	7,900
밀가루	킬로그램	0.06	24.003	9,900
석탄	톤	34.00	1,500.00	4,312
디젤	리터	40.00	2,800.00	6,900
전기	킬로와트	0.03	52.10	5,900
가스	톤	923.00	64,600.00	6,899
석유	리터	40.00	2,800.00	6,900
맥주	병	0.50	50.00	9,900
담배	갑	0.35	2.00	471
페니실린	앰풀	0.40	20.00	4,900
버스표(시내 교통)		0.10	2.00	1,900
평양–청진간 기차요금		16.00	590.00	3,558
전차 요금		0.10	1.00	900
지하철 표		0.10	2.00	1,900
세수 비누		3.00	20.00	567
빨래 비누		0.50	15.00	2,900
남성용 운동화		3.50	180.00	5,043
신사복		90.00	6,750.00	7,400
남성용 스니커즈		18.00	180.00	900
안경		20.00	600.00	2,900
동절기용 조끼		25.00	2,000.00	7,900
텔레비전 세트		350.00	6,000.00	1,614

(출처) Y.Chung 2003; Nam & Gong 2004

다. 중앙계획식 경제의 경우 이러한 상대가격과 임금은 보통 근본적인 결핍을 왜곡해 나타내며, 자원의 잘못된 배분, 비능률, 낭비를 조장한다. 2002년 7월 단행된 상대 가격 및 임금 변동 조치는 이들을 실제의 기반 가치에 맞추고 그로 인해 배분의 효율성을 향상시키려는 시도로 해석될 수 있다.

제품의 상대가격 변화, 특히 기본 식량의 가격 변화는 [표 7-3]의 마지막 열을 보면 분명히 알 수 있다. 가격 변동의 폭이 매우 크게 나타나 있다. 정부는 제품 시장의 상대 가격을 변화시킴과 동시에 노동 시장의 상대 임금도 변화시켰다. 군인, 당 관료, 과학자, 석탄 광부 같은 특혜 집단은 실질 임금 상승률이 평균보다 높았던 반면 여타 집단은 사실상 실질 임금이 감소되었다.

북한의 사례에서 특이한 점은 당국이 단순히 상대임금과 가격을 변화시킨 것 뿐 아니라 전체 물가 수준을 약 1,000% 상승시킨 것이다. 중국정부가 1979년 11월 개혁에 착수하면서 곡물 가격을 인상했을 때 인상률이 25% 정도였음을 감안하면 북한의 가격 변동이 어느 정도 규모인지 이해하는데 도움이 될 것이다.

북한 정부는 2002년 식량배급제를 통해 판매하는 곡물 가격을 이전의 공식 가격에 비해 거의 4만% 인상했다. 물론 이러한 공식가격 변화는 식량배급제가 사실상 제 기능을 해내지 못하고 전체 식량 공급에서 차지하는 비율이 매우 낮다는 사실을 어느 정도 인식한 결과였다. 따라서 개혁은 단순히 식량배급제의 가격을 시장과 일치시키려는 시도로 볼 수도 있다. 그러나 이러한 해석은 너무 경솔하다. 식량배급제가 식량을 얻는 주된 방법은 아니더라도 많은 도시 가정이 여전히 공식 가격으로 받는 배급량에 최소한 어느 정도까지는 의존하고 있기 때문이다.

두 번째 가격 변화 유형, 즉 전체 물가지수가 일시에 상승한 점은 농사를 더 열심히 짓고 석탄 채굴에 더 노력을 기울이도록 의욕을 불러일으킬 수 있는 상대가격의 변화를 불러오는 데는 그다지 도움이 안 된다.[10] 곡물 가격이 2만 5,000%가 아니라 25% 인상된 중국의 예에서 알 수 있듯이, 훨씬 적은 인상분으로도 그러한 의욕을 높일 수 있다. 그렇다면 왜 북한 당국은 상대 가격을 변동시키는데 그치지 않고 물가 수준을 필요 이상으로 인상했을까? 이 점에 관해서는 두 가지 가설이 있는데, 두가지 가설 모두 물가 수준을 인상하면 국내 통화 보유고의 가치가 떨어진다는 사실에 근거하고 있다. 이 중 북한 당국이 소위 과잉통화Monetary Overhang를 두려워했다는 해석에 공감이 간다.

지난 10년간 북한 경제는 너무나 급격하게 위축되어 왔기 때문에 정부는 시민들의 현금 보유액이 많아지는 것을 우려했을 것이다. 근로자들이 월급은 계속 받지만 살만한 물건이 없을 경우 이렇게 무의식적으로 저축이 쌓일 수 있다. 일단 경제가 시장화 되고 상품이 시장에 나오기 시작하면 축적된 현금이 상품을 쫓아가게 되고 따라서 가격이 올라가기 시작한다. 시장화는 종종 이러한 과도기적인 가격 상승을 한차례 수반하는 경우가 많다. 이 해석 하에서는, 정부가 행정적으로 가격을 인상시키는 것은 특혜집단의 실질소득이 더욱 상승하는 방향으로 이 과정을 통제한다는 의미이다.

공감이 덜 가긴 하지만 여기에 관한 또 다른 해석은 가격인상 조치의 목적이 못마땅한 집단, 즉 지난 10년 동안 새로 등장한 상인과 암상인 계층에 타격을 주기 위함이라는 것이다. 이 집단이 북한의 원화를 현찰로 많이 보유하고 있다는 점에서 전체 물가 수준이 대폭 상승하면 이들의 운영자본의 가치가 떨어질 것이고 잠재적으로는 사업 운영에 어려움을 겪게 될 것이다.

역사적으로 살펴보았을 때 사회주의 정부는 국가의 구속력을 벗어나는 경제 활동에 종사하는 이들을 겨냥해 국가 주도의 인플레이션 정책과 이 정책의 사촌격인 통화 개혁(11)을 주기적으로 사용한다. 하지만 북한 정부가 안고 있는 문제점은 북한 상인들이 이전에 통화 개혁을 세 차례 겪으면서 이

[표 7-4] 2002년 7월 1일의 가격 개혁 전의 월 급여

(단위: 북한 원화)

직업	개혁 전 급여	개혁 후 급여	변동률(%)
당원 및 관료	120~200	850~3,000	608~1,400
기업 경영진	250~300	3,500~4,000	1,233~1,300
기업 근로자	85~140	1,200~2,000	1,312~1,329
대학교수	200~270	4,000~5,000	1,752~1,900
교사	80~135	2,400~2,880	2,033~2,900
의사	80~250	1,200~3,000	1,100~1,400
기자, 방송인	150~200	4,500~6,000	2,900
광부	130~140	3,000~4,000	2,208~2,757
서비스직(미용사, 웨이터 등)	20~60	1,000~1,500	2,400~4,900
준장	247	6,670	2,600
대령	219	5,830	2,562
중령	185	4,610	2,392
소령	163	4,130	2,432
중위	95	2,970	3,026

(출처) Nam and Kong 2004, KIEP 2004

러한 정치적 위험을 인식하고 이미 미국 달러, 일본 엔화, 심지어는 중국 위
안화로 활동을 시작했다는 것이다. 그 결과로 나타난 원화의 교환가치 하락
은 아래에서 상세히 설명하겠지만, 화폐 가치가 너무 떨어지는 바람에 협동
농장에서 일하는 주민들까지도 가치 저장 수단으로 장신구를 더 선호한다
고 알려졌다.(12)

따라서 종합해보면 이 조치들은 경제를 개혁하고 시장화하려는 시도가
아니라, 국가의 핵심 계층에 대해 국가의 입지를 강화하는 한편 새로 등장
하는 상인들의 자산을 몰수하여 국가의 통제력을 회복하려는 시도로 해석
될 수 있다. 상인들을 겨냥한 이런 전략은 북한 대중, 특히 외화를 구할 수
있는 기회가 제한된 지역과 직종에 종사하는 사람들에게 직접적인 타격을
입혔다.

상대 임금 및 가격의 변화가 물가 수준의 1,000% 인상을 요하지 않았던 것처럼, 원칙적으로 물가 수준의 상승이 반드시 지속적인 인플레이션(우리가 세 번째 가격 효과로 꼽은 현상)을 불러일으키는 것은 아니었다. 물가 수준이 일회적으로 뛰어오르는 결과를 낳을 수는 있었다. 개별 제품 가격에 대한 데이터는 많지만 북한의 인플레이션을 경제전반적으로 평가한 분석은 나와 있지 않다.

인플레이션율의 전체적인 규모를 추정하기 위한 방법 중 하나는 북한 원화의 암시장 환율 가치를 살펴보는 것이다.[13] 암시장 환율이 인플레이션을 정확히 대변하는 것은 아니지만,[14] 높은 인플레이션 환경에서의 환율 변동은 인플레이션 격차에 좌우되기 쉽다. 외환 가격 데이터를 살펴보면, 2002년 8월 이후 3년 동안 북한 원화의 암시장 환율은 미국 달러에 대비해 매달 7~9%, 즉 연간 130~140%의 비교적 꾸준한 비율로 가치가 하락해 왔다.

이 기간 동안 미국의 인플레이션율이 북한과 견주어 볼 때 미미했기 때문에, 이러한 지표는 북한이 2002년 7월의 정책 변화 이후 3년간 매년 100%가 훨씬 넘는 지속적인 인플레이션을 겪었음을 의미한다.[15] 높은 인플레이션 환경을 보여주는 또 다른 지표는 2003년에 새로운 10,000원 권 지폐(유통되고 있는 최고 고액권은 5,000원 이었다)가 발행되고, 비공식 시장에서 월 명목 이자율이 10~30%에 이르렀다는 점이다.[16]

이러한 지속적인 인플레이션과 산업분야의 적응 부진은 상호 밀접한 인과관계가 있다. 정부는 국가나 지방정부의 예산에서 암묵적으로 보조금을 지급하거나 중앙은행에서 융자를 해 주어 주요 기업을 유지시키려 했음이 분명하다. 물론 이 중 융자 지원 방식은 인플레이션 과정에 직접적인 영향을 미쳤다. 급료총액을 충당하지 못하고 국가에서 보조금을 받거나 중앙은행에서 이자지불불이행 융자를 통해 간접적으로 지원을 받는 국영기업은 생산량에 비해 금융 규모가 과도하게 커지게 된다. 간단히 말하면 너무 많은 돈(원화)이 너무 적은 제품을 쫓고 있는 셈이다.

높은 인플레이션은 동시에 국영기업 경영자들의 변화를 어렵게 했다. 우리는 먼저 산업 분야의 적응 과정을 살펴본 후, 중앙정부의 거시경제적 정책 결정과 서로 어떤 영향을 주고받았는지 검토하도록 하겠다. 북한 경제는 2002년 개혁 당시 10년 넘게 하향 국면이었고(도표 7-3) 상당한 탈공업화가 진행되어 왔다(도표 7-1).[17]

국영기업의 많은 생산품에 대한 수요가 폭락했고, 일부 증언에 따르면 중앙 계획 체계 자체가 회복 불가능한 수준으로 붕괴되어 왔다고 한다. 김책제철연합기업소와 남포유리공장 같은 주요 시설이 가까스로 운영되거나 완전히 문을 닫았다. 일관된 적응 정책이 마련되지 않은 상황에서 관료들은 국영기업 경영자들의 불법 대처 행동을 그저 못 본체 할 수 밖에 없었다. 은행과 금융은 자원 할당에 중심적인 역할을 해오지 못했지만 1990년대 중반부터 금융의 탈중개화 Disintermediation가 진행되고 있었다. 국내 지불결제 시스템이 무너졌고 기업들은 현금이나 물물교환으로 결제할 만큼 힘든 지경에 이르렀다.

2002년의 개혁 도입과 함께 국영기업 경영진들은 비용을 자체적으로 감당해야 한다는 지시를 받았다. 이는 국가의 보조금이 더 이상 없을 거라는 점을 의미했다. 초기에는 경영진들에게 직원 고용, 해고, 승진에 어느 정도까지 권한이 허용되는지, 국가의 지시에 따를 때와 비교했을 때 급여가 어느 정도까지 시장에 의해 결정되는지 불명확했다. 기업에게 자체적으로 비용을 감당해야 한다고 지시한 반면 국가가 생산품 가격을 계속 관리하고 있었다.

더구나 공식적인 파산이나 기타 탈출 장치가 없는 상황에서 비용을 충당하지 못하는 기업이 조업을 중단할 방법도 마련되어 있지 않았다. 또한 사

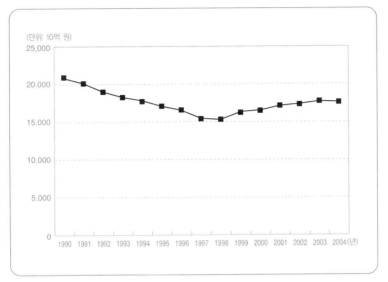

(단위: 10억 원)

(출처) 한국은행, 2005

회적인 안전망이 없었기 때문에, 문을 닫은 기업의 근로자들이 어떻게 살아
갈지도 명확치 않았다. 모든 사회주의 체계와 마찬가지로 지금까지 고용 보
장이 사회적 안전망의 핵심이 되었지만, 산업 분야가 몰락하면서 국가가 더
이상 이를 지킬 수 없게 되었다. 즉 경영진들은 스스로 기업을 책임져야·한
다는 지시를 받았지만 실제로 기업 운영에 관한 재량권 행사에는 반대되는
메시지를 받았다.

이렇게 상황이 근본적으로 불확실했기 때문에 기업 경영진들은 국가의
지시를 따르고자 하는 의욕이 떨어졌고 국가 계획 밖에서의 자영업 활동이
촉진되었다. 농민 및 가정과 국가 간의 사회적 계약의 붕괴가 아래로부터
사실상의 시장화를 불러온 것처럼, 기업 경영진과 근로자들은 중앙 정부의

지원 감소에 적응해야 했고 기존의 정책과 관례 하에서 제한된 자율을 개척해야만 했다.

두 제도가 이런 측면에서 특히 의미를 지닌다. 둘 모두 원래 중앙계획식 환경에서 도입된 것으로, 제한적이긴 해도 지역실정에 맞춘 조정을 허용하였고 식량배급제의 경우와 마찬가지로 군 단위에 적어도 일부 권한을 넘겨주었다. 1961년 시작된 태안 회계 모형Taean Accounting Model은 중앙에서 계획한 지시사항을 지역의 필요에 맞추어 재조정하는 제한적인 자치권을 지방 당국과 기업에게 부여했다.

1984년 '8.3 인민 소비품 증산운동(김일성이 선언한 날짜를 따라 이름붙임)'은 유휴 노동력(주부, 퇴직자, 장애인)과 지방 국영기업에서 나온 폐기물을 이용해 소비품 생산을 늘리고자 하였다. 8.3 운동의 경우 여기에서 생산된 제품의 판매가 1991년까지 중앙정부가 관리하는 판매량의 13%에 이른 것으로 보고되긴 했지만, 두 정책 모두 도입 당시 생산력을 급증시키는데 큰 성공을 거두지 못했다.

그러나 이러한 시도는 1990년대에 경제가 악화되자 자영업 활동이나 대처 활동에 국영기업의 자원을 활용할 수 있는 법적, 제도적 여지를 마련해주었다. 특히 8.3 조치는 국영기업, 심지어는 정부 기관과 연계되어 있는 기업가들(즉 소위 자금부대)에게 사유재산권이 거의 없는 체계에서 일부 정치적인 보호막 역할을 해주었다. 그 대신 이들을 후원하는 기관은 사실상 사적인 활동에서 벌어들인 이익의 일부분을 받았고, 심지어는 양측의 의무와 책임을 규정한 다년도 계약을 맺기도 했다.[18]

이 계약에는 명목상 후원 기관 소유인 자산에 대한 통제권 뿐 아니라 계약 기간이 만료되었을 때 이 자산을 이전하는 권한까지 포함되어 있었다. 개별 근로자는 '8.3' 근로자로 재분류되는 일일 세금을 내기만 하면 기업소에 대한 의무사항에서 벗어날 수 있었다. 그러면 이들은 자영업에 종사할 수 있었고, 결과적으로 내리막길을 걷고 있는 기업에서 일하던 노동력이 생산적으로 재배치될 수 있었다.

그러나 이러한 합의는 많은 취약점을 지니고 있었다. 진정한 재산권이나 계약권이 없었고, 사업상 불가피하게 발생되는 분쟁 해결을 위해 중립적인 제 3자에게 호소할 유효한 방법도 없었다. 그러나 보다 부가가치가 높은 활동에 자본과 노동력을 재배치하는 방법이 되었다.

자금부대와 근로자들만 자영업 활동을 한 것은 아니다. 경영진들도 망해가는 기업의 자원을 이용하여 부업을 했는데, 이는 합법적인 대응 방법이기도 했고 혹은 불필요한 인력을 해고하려는 속임수이기도 했다. 단순히 기업 설비를 뜯어다 중국에서 물물교환 하는 사람들도 있었고, 공식 임금이 상승했음에도 불구하고 임금을 삭감하거나 아예 기업을 폐쇄하는 경우도 있었다. 중앙의 통제 완화는 2004년 국가 경영 위원회State Planning Commission가 국영기업 경영진에게 더 높은 자치권을 부여하는 지시를 내리면서 사실상 승인되었다. 일부 산업 설비는 투자자들에게 현금을 받고 이전되고 있다. 즉, 민영화된다.

이렇게 위기에 대응한 활동들의 결과로 산업 경제가 상당히 분산화 되었고 지방 정치 당국과 경영자들이 더욱 중요한 역할을 하게 되었다. 이러한 벤처 제품이 국가의 통제를 받지 않는 가격으로 대중에게 직접 판매되는 직판점이 증가한 데서도 중앙집중식 분배 방식이 완화되었음이 분명히 나타난다. 또한 최근에는 중국 상품을 통제되지 않은 가격으로 판매하는 백화점도 늘어났고, 이는 식량의 경우 식량배급제에서 시장으로 전환한 것과 유사한 현상이다.

그러나 정부 당국은 시장과 이들 소매상점에 대해 양면적인 태도를 보였다. 이들을 안전판 역할을 하도록 묵인했지만, 정기적으로 단속하거나 특정 품목의 거래를 금지했다. 이렇게 통제를 받지 않는 유통 경로로 전달되는 제품의 양이 증가하자, 시장에서의 가격 차액을 노리는 국내 무역업체가 등장했다. 그 결과 중앙정부의 기획자들은 고정가격을 최고가격제나 가격등락 제한제로 교체하기 시작했다.

그러나 북한에서의 가격 조절 논의는 일관성이 없었다. 가격은 시장을 통해 조절되는 동시에 중앙의 계획 지침에도 따라야 했으며 중앙의 기획자, 지방 정부, 기업에 의해 조절되었다. 정부는 국가가 계획한 가격을 주기적으로 조절하기 위한 장치를 내놓지 않았다. 그 결과 시간이 지나면서 심각한 불균형이 진행되었는데, 식량의 공식가격과 시장 가격 간의 큰 격차에서도 이를 알 수 있다. 소매 단계에서는 국정 가격을 공식적으로 허용된 시장가격에 근접하게끔 조정하였다. 높은 인플레이션이 지속되었기에 이렇게 허용된 시장가격은 시장 외부에 게시되는 최고 가격을 따랐고 경찰의 단속을 받았다. 증언에 따르면 이러한 지침은 주기적인 조절에도 불구하고 점차 무시되었다.

정부는 산업 분야의 개혁을 시도하는 동시에 재원 확보 능력이 낮았기 때문에 근본적인 재정 및 금융 개혁을 추진해야 했다. 중앙 계획 방식이 무너지면서 정부는 중앙계획국이 관리하는 소위 거래세Transaction Tax에서 많은 수입을 올릴 수 없게 되었다. 임Lim(2005)은 김정일이 국가가 경제에 대해 통제를 잃은 것에 유감을 표하며 '솔직히 국가는 돈이 없다. 하지만 개인은 2년 예산은 보유하고 있다.'고 단언한 2001년 10월의 북한 내부용 문서를 인용했다.

국가가 재원을 확보하는 데는 두 가지 방법이 있다. 세금과 차관이다. 세금을 제대로 거두지 못하게 되자 정부는 2003년 3월 '인민생활채권People's Life Bonds'을 발행한다고 발표했다. 정부는 '채권은 북한 정부의 완전한 신뢰와 신용으로 보장된다.'고 발표했다. 하지만 이름과 달리 이 방법은 일반적으로 알려진 채권 개념보다는 복권에 더 가깝다. 10년 만기이며 5년 후부터 매년 분할하여 원금을 되돌려준다. 그러나 이자 지급 충당금도 없었고, 지급에 필요한 예산도 없었던 것으로 보인다. 프로그램이 시작된 지 처음 2년 동안은 정부가 한해에 2회 추첨을 하였고(이후에는 연 1회) 당첨자는 원금과 당첨금을 받았다.

추첨이 '공개적이고 객관적인' 원칙을 따른다는 것 외에는 당첨 확률이나 당첨금에 관한 정보가 알려지지 않았다. 더구나 채권 구매가 전적으로 자발적인 것이 아니라 각 도, 시, 군, 기관, 공장, 마을, 읍에 채권 판매를 촉진하기 위한 위원회가 설립되었고, 채권 구매를 '애국적 행위'로 선전했다는 증거가 있다.[19] 채권의 특성과 대대적인 판매 캠페인으로 볼 때 채권을 판매할 때의 주된 강조점이 개인의 재정 향상이 아니라 정치적인 사항이었음이 나타난다. 김Kim에 따르면 정부는 과거에 통화과잉 문제를 조절하려고 복권과 유사한 방법을 이용했는데 이 방법은 인기가 없었다고 한다(1998).

그러자 정부는 근본적인 재정 위기의 해결을 위해 국가 수입의 조달 방법을 변화시키려 했다. 즉 중앙의 계획에 따라 거래세를 징수하던 간접적 체계에서 이윤에 따라 기업에 직접 세금을 부과하는 방식으로 변화를 시도했다. 후자는 시장경제에서 볼 수 있는 방식이다. 그러나 이 시도는 많은 문제점을 드러냈다. 기업은 이러한 변화를 실행시킬 회계 시스템이 없었고 국가도 마찬가지였다.

50년 동안 경제는 금융 손익계산이 아닌 중앙에서 조정한 수량 계획에 기초해 운영되었다. 2003년 3월이 되어서야 회계법령이 제정되었고, 심지어는 집금소Tax Collection Agency(集金所)도 2003년 9월에야 설치되었다. 이러한 혼란 속에서 실시한 한 방책이 세금 징수 책임을 지방 정부로 떠넘기고 지방정부는 세금을 중앙정부와 나누게 하는 것이었다. 지방 정부가 이러한 책무를 원하지도 않았고 수행할 수도 없었던 것은 놀라운 일이 아니다. 그 결과 정부의 지출과 수입 간에 만성적으로 격차가 발생했다. 여기에 대한 대응으로 화폐를 찍어내는데 기댔고 따라서 인플레이션이 가속화 되었다.

요약하자면 다른 분야에서 상향식 시장화 과정이 이루어진 것처럼(다음 Chapter에서 다룰 식량 유통 분야, 가정 단위에서 낮은 수준의 서비스 및 소매 활동 등장), 산업 분야도 자생적이고 분산화 된 조절 과정을 거쳤다. 산업 분야에서 개혁의 윤곽을 읽기란 여전히 어렵다. 이 분야는 식량 분배 같은 다른 활동보다 외부인에게 덜 가시적이기 때문이다. 하급 정치 관료가 시장화 범위의 허가, 보호, 정의에 중요한 역할을 담당했음이 거의 확실하다. 그 결과, 개혁이 서서히 진행된 구소련과 동부 유럽의 사례에서 볼 수 있었던 관료 자본주의Apparatchik Capitalism나 정실 자본주의Crony Capitalism가 되기 쉽다. 특혜 기업에게는 후원이 계속되었고, 재산권이 매우 불확실한 환경에서 자생적인 민영화와 기회주의적 행위가 등장했다. 북한에서의 경험이 풍부한 한 서양 외교관이 말했듯이, 경제 정책이라는 문제에 대해서는 '일관성도 없고 통일성도 없다. 줄다리기일 뿐이다.' 이런 환경에서는 으레 불평등이 커지기 마련인데, 이 점은 식량 확보 문제에서 뚜렷하게 나타난다.

■ 식량 불안 I : 시장화와 식량 확보

우리가 방금 설명한 부분적 개혁 과정의 결과로 불완전고용 상태인 산업 프롤레타리아 계급은 실질 임금이 급격히 감소하고, 사회적 안전망이 없어졌으며 충분한 식량을 얻지 못하게 되었다. 2005~2006년 인도주의적 원조를 둘러싼 교착상태가 오기 전 WFP는 이런 현상에 관해 가정 조사를 실시하고 중앙 및 지방 공무원을 면밀히 조사하기 시작했다. 이 조사에서 많은 공장이 생산능력에 훨씬 못 미치는 수준으로 가동되고 있으며 그 결과 농업

외 인력 중 30%가 실직 상태인 것으로 나타났다.

산업분야에 고용된 사람들 중 불완전 고용 상태인 사람이 상당수를 차지했고 임금을 꾸준히 받는 근로자 중 일부는 임금이 50~80% 삭감되기도 했다. 가장 심각한 영향을 받은 집단은 여성으로 보이며 실업률이 남성의 2배에 달했다. 해고된 남성 근로자 중 많은 사람이 기업소가 운영하는 공인된 시장 활동이나 공공사업 프로젝트에 재고용되었다. 여성은 공식 시장이나 노점에서 장사를 하기 위한 허가를 얻을 때 우선권이 주어졌다. 외부 방문자나 난민 인터뷰에 따르면, 북새통을 이룬 영세 자영업 환경이 근소하게 완화된 것으로 나타났다. 나무 배달 서비스, 자전거 수리, 양복점, 신발 수선, 이발소 및 소규모 행상 등이 여기에 해당되며 여성의 활동이 두드러졌다.

이런 활동에 여성이 많이 종사한 것은 공식적인 분야에서 여성의 해고율이 높았다는 것을 알려준다. 또한 가정의 노동력 분담에서 사회복지와 배급 등의 혜택을 얻을 수 있는 공식적인 분야의 자리를 대개 남성이 차지한다는 사실이 반영되어 있다. 가이Gey는 2004년의 보고서에서 노동력의 6~8%가 이러한 활동에 종사했다고 추정했으며, 이후의 난민 인터뷰는 수치가 이보다 더 높을 수 있음을 암시했다.

시장이 계속 분화된 상태이며 지역에 따라 상당한 가격차가 지속된다는 조건 하에서 북한의 물가는 점차 시장 부족을 반영했다. 개혁 직후 시기 (2003~2006)에 북한을 방문한 사람들은 외환 및 소비재 가격이 평양을 비롯한 내륙 지방보다 중국 국경 지역에서 더 낮으며 국경지방의 생활수준이 이제 수도보다 높다는 새로운 양상을 보고했다. 반대로 심한 타격을 입은 북동부 지역의 산업 항구 도시인 청진의 물가가 평양과 비교했을 때 훨씬 높은 것으로 나타났다(표 7-5).

그러나 외환은 예외였다. 유로화는 청진에서 상당히 저렴했는데 청진이 항구여서 외환을 획득하기에 더 용이한 조건이었기 때문일 것이다. 국내 상

[표 7-5] **지역별 가격 격차**

(단위: 북한 원화)

품목	2004년 8월 평양	2004년 8월 26일 함경북도 청진
쌀(1킬로그램)	420(수입)*	900
옥수수(1킬로그램)	200	450~80
식용유(콩기름 1킬로그램)	1,500	2,000
달걀 1개	45	100
돼지고기(1킬로그램)	1,000	2,700
설탕(1킬로그램)	470	900
환율(1 유로)	2,000	1,300

* 통일거리 종합시장에서 북한 쌀의 실제 가격은 1킬로그램 당 680원

(출처) Nam n.d.

품 가격은 현지 통화일 때보다 외환으로 거래할 때 평양보다 청진에서 훨씬 높았다.

곡물 가격은 항상 계절별 특징을 나타내는데, 추수기가 지난 가을에 떨어지며 봄에 가장 높다. 그러나 개방된 시장에서 곡물이 판매되자 이런 경향이 더욱 뚜렷해졌다. 또한 물가는 공급 측에서의 충격에도 반응했던 것으로 보인다. 몇 가지 예를 언급하자면, 남한이 기부한 쌀 4만 톤이 도착한 후 2003년 6월 쌀 가격이 떨어졌다. WFP에 따르면 사실 남한이 대규모 원조를 발표하는 것만으로도 2005년 가격이 폭락했다. 2003년 7월 사스 공포로 중국과의 국경이 폐쇄된 후에는 쌀과 옥수수 가격이 급등했다. 정부가 군대용으로 지방의 곡물을 거둬들이고 다른 도(道)로의 수출을 금지했던 시기에 나타난 도(道)간 가격 격차에서 이 현상의 다른 측면을 볼 수 있다.

취약한 제도 하에서 진행된 경제의 시장화는 북한 내의 사회적 격차를 늘렸고 대부분 도시에 거주하는 식량부족 가정이라는 새로운 계층을 등장시켰다. 2002년 8월 시작된 인플레이션은 이런 측면에서 특히 폐해를 가져왔다. 기근 시기에 엄청나게 높은 최고치를 기록했던 식량의 시장가격이 점차

하락 추세를 보여 왔었기 때문이다.

　원칙적으로, 식량의 분배 방식으로 식량배급제를 이용하자고 고집하는 것은 모든 사람에게 최소한의 배급이 보장되어야 하는 사회적 계약을 유지하려는 시도로 해석될 수 있다. 주민들은 여전히 월 배급표를 발급받고 있다. 월별 배급량을 구매할만한 충분한 돈이 없을 경우 자동으로 이월된다. 식량배급제를 부활시키기 전, 배급량은 일일 최소 필요 칼로리의 절반 정도에 불과했다. 그것도 과거보다 훨씬 높은 가격에 공급했다. WFP가 2004~2005년 실시한 가정 조사에 따르면, 식량배급제에 의존하는 가정(사실상 도시 가정)은 수입의 약 1/3을 식량배급제에서 공급되는 식량을 구매하는데 소비했다. 외벌이인 일반 4인 가족은 이 비용이 가정 예산 중 40%를 차지했다. WFP가 조사한 가정 중 일부는 가정 수입의 50~60%를 식량배급제 식량에 지출하는 것으로 나타났다.

　그러나 2005년까지 식량배급제는 절대적으로 필요한 최소 칼로리의 절반가량 밖에 배급하지 못했다. 가정에서 수입의 1/3을 식량배급제 식량에 쓸 경우, 다른 1/3은 식량 외의 필수품에 지출한다고 추정하면 필요 칼로리량의 나머지 절반을 충당하기 위한 예산이 1/3만 남는 셈이다. 시장 가격은 보통 식량배급제보다 3배 이상 비싼 것으로 보인다. 결과적으로 WFP의 조사에 따르면, 가정에서 식량배급제 이외의 방법을 포함해 식량에 소비하는 비율이 총 지출의 80%까지 달한다고 나타났다.

　각 가정은 어떻게 대처했을까? 식량 원조가 크게 증가했음에도 불구하고 극심한 기근 시기와 현재 환경의 대처 행동들 간에 연속성이 있다는 사실이 눈에 띈다. WFP에 따르면 인터뷰한 가정 중 40%가 농촌의 친척에게서 식량을 받았다고 답했다. 또한 식량배급제에 의존하는 가정, 즉 도시가정의 60~80%, 협동농장에서 일하는 가정의 65%가 야생 식량을 모은 적이 있다고 답했다. 많은 가정과 직장에서 채마밭을 가꾸고 있었으며, 경제적인 난관을 겪는 세계의 다른 사례와 마찬가지로 가정에서 개인 소유물을 팔아 식량을 사거나 물물교환 했다는 증언들이 많이 있다. WFP에 따르면 한명이 벌어 가족을 부양하는 가정과 채마밭도 없이 식량배급제에 의존하는 가정이 가장 취약했다고 한다.

그러나 현실은 더 나빴을 수도 있다. 물가 인상을 단순히 식량배급제의 식량 가격을 시장 가격과 비슷하게 맞추려는 것으로 보는 해석도 있다. 그러나 결론부분에서 다시 다루겠지만, 정부가 보편주의를 가장하는 것조차 힘들어졌으며 식량배급표를 발급받는 가정의 수를 대폭 축소했다는 증거들이 있다. 이 보고들은 식량을 얻는 주된 방법으로 식량배급제에 의존하는 주민의 비율이 계속 줄어든다고 나타난 2005년 초의 난민 조사와 전적으로 일치한다.

창Chang이 인터뷰한 중국의 탈북 난민 중에서 2002년 7월의 법규 개정 이후 식량 가용성이 향상되었다는 진술에 '동의함' 이나 '매우 동의함' 이라고 답한 사람은 4%도 되지 않았다. 물론 이들이 북한 주민 전체를 대표하지는 않지만, 85%가 북한 주민이 만성적인 식량 부족에 대해 감정을 표현하고 있다는 진술에 '동의' 하거나 '매우 동의' 한다고 답했다.

현시대 북한의 이러한 새로운 모습에서 두드러지는 점은 개인들의 생활 기회가 비 일률적으로 된 점, 즉 각자 독특한 양상을 띠게 되었다는 점이다. [표 7-4]에 나타나듯이 2002년 8월에 이루어진 최초의 임금 인상은 공평하지 않았다. 또한 대부분의 고용인에게 이후의 임금인상(혹은 감봉)은 경제의 발전 뿐 아니라 비교적 무정부주의적으로 진행된 시장화 과정에서 개별기업의 경영진이 지닌 수완과 전반적인 능력, 국가에서 암묵적이든 명시적이든 보조금을 얻어내는 능력, 중국과의 지리적 근접성 등에 의해 좌우되었을 것이다. 따라서 근로자의 실제 생활 기회는 경영진의 기업가적 능력, 기업 자산의 성격, 기업이 속한 제품 시장 등 근무하는 기업소의 특징에 많이 의존했을 것이다. 어떤 방법으로든 외환을 벌어들일 수 있는 기업의 형편이 더 나았을 것이다.

높은 인플레이션 환경에서 외환 확보는 실질 가치로 구매력을 보존할 수 있는 보험 역할을 할 수 있다. 실제로 북한에서 미국 달러로 전환하는 절차가 진행 중이었던 것으로 보인다. 특정 측면에서 보면 두개의 경제가 병행했다. 첫째는 외환으로 거래되는 고품질의 북한산 제품과 서비스(북한산 쌀이나 고급 식당 등) 및 수입품이다. 둘째는 열등한 북한산 제품과 서비스로 구성된 원화 기반의 경제이다. 외환을 확보할 수 있고 따라서 달러로 된 호화경제를 이용할 수 있는 사람에는 전통적 특권층인 고위급 당 관료 외에 중국과 일본에 가족이나 혈연관계가 있는 가정이 포함되었다. 과거에 고의적인 차별을 받았던 이 집단의 구성원들은 국경을 넘는 연고를 이용했고 새로운 질서의 주요 수혜자로 등장했다.

요약하면, 2002년 7월의 정책 변화로 승자와 패자가 생겨났다. 승자에는 권력과 특권을 이용해 자산을 빼돌리고 여타의 자영업 행위를 했던 군 장교, 당 관료, 공무원이 포함된다. 성공한 '8.3' 근로자 역시 사실상 국가 체계에서 빠져나가는데 성공했다. 최와 구는 상업 분야에 대해 거의 전 세계적으로 존재하는 상인 계층을 설명했다. 외환으로 거래하는 상인 및 대규모 유통업자로 구성된 상위 계층, 도매상으로 이루어진 중간 계층, 시장 상인과 행상인으로 구성된 하위 계층이다. 패자에는 산업 프롤레타리아를 비롯해 규칙을 지킨 사람, 시장 활동에 참여하지 않은 사람들이 속했다.

▪ 식품 불안 Ⅱ : 영향에 대한 증거

Chapter 4에서 우리는 원조의 목적, 모니터링에 대한 제약과 다양한 용도 (소비 혹은 판매)로의 전용이 원조 수혜자에게 미치는 영향을 살펴보았다. 이번 Chapter에서는 시장화와 개혁 과정이 미친 영향과 새로운 취약 계층의 등장에 대해 알아보겠다. 현재 나와 있는 데이터로는 원조의 긍정적 효과와 개혁의 역효과라는 두개의 상쇄되는 효과들이 정확히 어느 정도인지는 구분할 수 없다. 또한 예를 들어 원조가 더 적었을 경우나 다른 개혁 방안이 추진되었을 경우 같은 다양한 반 사실적Counterfactual 시나리오 하에서라면 북한 주민이 어떤 생활을 했을지도 말할 수 없다. 우리가 할 수 있는 최선은 인도주의적 원조가 이루어진지 10년 후인 2005년에 취약 계층 주민이 어떤 생활을 했는지를 단편적으로 기술하는 것이다. 우리가 발견한 사실은 취약 집단이 지속적으로 비참한 생활을 해왔다는 것이다.

1990년대 중반 구호 활동이 진행되면서 많은 NGO들이 기아 문제의 규모와 빈곤한 주민층을 파악하고, 구호 활동의 효과를 평가하는 기준을 세우려고 하였다. 1997년 정부는 전통적 방식인 무작위 조사를 시행하겠다는 WFP의 요청을 거절했다. 광범위한 지역에 긴급 급식 활동을 수행하는 책임을 맡은 국경없는 의사회 역시 자체적인 영양조사 시행 허가를 얻지 못했다.

정부는 아동의 신체발육 상태에 대한 제한적인 평가에만 동의했다. 1997년 8월 WFP는 5개 도 19개 군에서 정부가 선정한 40개 시설의 7세 이하 아동 3,695명을 조사하였다. 그 결과 만성적인 영양실조의 증거가 명백히 나타났다. 급성 영양실조를 나타내는 신장 대비 체중으로 측정했을 때 17%의 아동이 극도의 쇠약 상태였다. 만성 영양실조의 척도인 연령 대비 신장으로 측정했을 때는 38%가 발육 부진 상태였고 연령별 몸무게로 측정했을 때는 42%가 저체중으로 나타났다(도표 7-4). 특히 연령별 수치는 북한의 식량 문

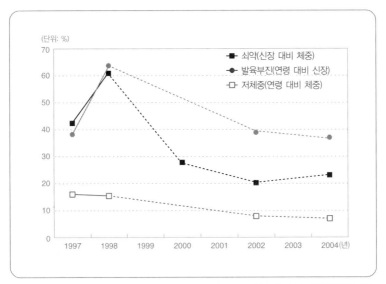

(단위: %)

■ 쇠약(신장 대비 체중)
● 발육부진(연령 대비 신장)
□ 저체중(연령 대비 체중)

(출처) 1997년-Katona-Apte & Mokdad 1998; 1998-WFP 1998; 2002년-북한 중앙통계성 2002; 2004년-중앙통계성, 어린이영양관리연구소, 2005

제가 1995년 발생한 홍수로 생겨난 것이 아니라 훨씬 오래 전부터 지속되어 왔음을 다시 한 번 시사한다. 따라서 이러한 증거는 기근 훨씬 전부터 식량의 가용성이 장기적으로 감소되어 왔다는 우리의 해석과 일치한다.

설문조사 설계자 두 명이 인정한 것처럼, 이 결과가 북한 전체뿐만 아니라 심지어는 선정된 기관을 대표하지는 못할 것이다. 하지만 여기에 치우침이 있다면 오히려 실제 상황보다 더 나은 청사진을 그린 쪽인 것으로 보인다. 따라서 실상은 조사결과보다 더 심각하다는 것을 짐작해볼 수 있다. 선정된 시설은 일반적으로 상황이 나아 보이는 수도나 '곡창지대'가 펼쳐진 군(郡)에 있었다. 자료를 수집한 날 기관의 출석률은 21%에서 100%까지 다양했다. 물론 지방 당국이 일부 아동들을 의도적으로 참여하지 못하게 하지 않았음을 확인할 방법은 없다.

일부 논평자들은 기준에 표시된 기본 인체 평균이 북한 주민에게 부적합하다고 주장했다. 특히 평균적인 한국 아동의 예상 치수가 높게 잡혔다는 것이다. 이는 '작지만 건강한' 인구의 존재에 관한 영양학자들과 인류학자들 간의 논쟁을 연상시킨다.[20] 북한 아동이 본래 타고난 체구가 작다면 실제 영양부족 정도는 이 수치가 가리키는 것보다 낮다는 의미이다.

하지만 우리는 한반도의 분단과 다량의 역사적 자료 덕분에 다른 인종이나 국적의 인체 표준과 대조하지 않고도 직접적인 비교가 가능했다.

에버스타트 Eberstadt는 1998년 조사(아래에서 설명)에서 측정한 북한 7세 남아의 평균 신장 및 체중이 각각 105센티미터와 15킬로그램이라고 보고했다. 남한 통계청 National Statistical Office에 따르면 같은 해 남한 7세 남아의 평균은 126센티미터에 26킬로그램이다. 이 보고대로라면 1998년 북한의 7세 남아는 남한의 7세 남아보다 신장이 20% 작고 체중은 40% 적게 나간다는 말이다. 이는 유전적인 차이나 부적절한 기준 때문이라고 볼 수 없는 큰 차이이다. 사실 1998년 당시 북한인은 통계청 조사발표가 시작된 1965년 당시의 남한인 보다도 훨씬 체구가 작다. 연 Yun(1987)이 보고한 일제 식민지 시절의 기록을 받아들인다면 20세기 전 시기의 한국 7세 아동보다 작다.[21] 영양부족의 수준에 관련해 '작지만 건강한 인구'라는 주장이 아무리 타당하다 하더라도 시기별 지표의 변화를 해석하는데는 영향을 미치지 못한다.

위에서 언급했듯이 7세 이하 아동 1,762명을 대상으로 한 2차 조사가 1998년 9월과 10월에 시행되었다. 첫 번째 조사보다 대상자는 적었지만 조사 지역이 확대되었다. 그러나 WFP에게 대부분 출입금지 지역이었던 2개 도(자강도와 강원도)는 제외되었는데 이들 지역은 유형지와 민감한 군사 시설이 위치한 것으로 알려진다. 북한 인구의 약 30%가 거주하고 있는 82개

군이 제외되었다(도표 4-3, 4-5). 표본 추출 절차는 1차 조사 때보다 뚜렷하게 향상된 것으로 보이지만 문제는 여전히 남아 있었다. WFP는 이 데이터를 UNICEF와 국경없는 의사회가 수집한 데이터와 상호 참조가 불가능했고, 방문한 가정이 실제로 조사팀이 선정한 가정인지 확인할 수도 없었다. 그럼에도 불구하고 일반적으로 2차 조사 결과가 표본 크기는 작지만 1차 조사결과보다 신뢰성이 높은 것으로 판단된다.

2차 조사에서는 쇠약 아동 비율이 16%로 집계되었는데, 1차 조사 결과와 유사하다. 그러나 만성적인 영양부족 상태를 나타내는 지표인 저체중과 발육부진 비율은 전년도에 관찰했던 비율보다 약 50% 높게 나타났다(각각 61%와 64%). 이 수치들의 상대적인 의미를 살펴보자면, 1998년 조사 결과는

[표 7-6] **지역별 영양 상태**

(단위: %)

	개성	남포	함경북도	함경남도	평안북도	평양	양강도	함경남도	황해북도	평안남도	전체
1997년											
쇠약	n.a.	n.a.	n.a.	15.9	n.a.	n.a.	n.a.	15.2	20.11	5.11	6.5
발육부진	n.a.	n.a.	n.a.	47.5	n.a.	n.a.	n.a.	35.9	26.0	53.1	38.2
저체중	n.a.	n.a.	n.a.	n.a.	n.a.	n.a.	n.a.	n.a.	n.a.	n.a.	n.a.
2002년											
쇠약	7.00	4.33	10.68	9.00	6.83	3.68	9.50	12.02	11.00	7.19	8.12
발육부진	44.4	23.2	42.8	39.4	42.4	27.0	46.7	45.5	38.6	42.2	39.2
저체중	20.7	14.7	20.3	20.7	17.8	14.8	26.5	24.2	20.2	18.7	20.2
2004년											
쇠약	n.a.	n.a.	10.0	7.9	6.0	2.8	9.1	10.8	7.6	4.9	7.0
발육부진	n.a.	n.a.	40.0	41.0	41.2	25.9	45.6	46.7	36.7	29.7	37.0
저체중	n.a.	n.a.	26.6	24.8	21.6	18.8	30.8	29.3	23.4	19.6	23.4

(출처) 1997년-Katona-Apte & Mokdad 1998; 2002년-중앙통계성(북한) 2002; 2004년-중앙통계국, 어린이영양관리연구소, 북한 2005

(주) n.a : 해당사항 없음

북한의 쇠약 아동 비율이 3년 동안 내전에 시달리고 있는 앙골라 Angloa의 두 배가 넘으며, 사실상 무정부 상태에 빠진 시에라리온보다 50% 더 높은 것으로 나타났다.

북한은 난처한 정보가 공식적으로 발표된 것에 격분했다고 알려졌으며 WFP의 후속 연구 요청을 거부했다. 후속 조사는 2000년에 북한 정부가 실시했으며, 영양 상태가 광범위하게 개선되었다고 보고했다. 하지만 우리가 알고 있기로는 이 연구는 공식적으로 발표되지 않았으며, 두 명의 UN 소속 분석가가 말했듯이 '국제적으로 인정되지 않았다'.

2002년 10월, 북한 중앙통계성 Central Bureau of Statiscs이 북한 어린이영양관리연구소 North korean Institute for Child Nutrition와 공동으로 6,000명의 아동과 2,795명의 어머니를 조사한 바 있다. UNICEF와 WFP는 재정과 물자를 지원했다. 자강도와 강원도를 포함해 인구의 약 20%가 거주하는 특정 지역이 조사에서 제외되었다. 조사 결과 영양상태가 엄청나게 개선된 것으로 나타났다. 체중미달 아동이 61%에서 21%로 줄어들었고, 발육 부진 아동 비율은 62%에서 42%로, 쇠약 아동은 16%에서 9%로 감소했다. 저체중 출생아의 비율 (6.7%)은 미국(7.6%)과 영국 및 웨일스(7.7%)의 경우보다 낮았다. 호전된 정도가 너무 놀라웠기 때문에 그 정확성에 관해 UN의 협력기구들 내부적으로 상당한 논쟁이 일어났다. 결국 UN 기구는 북한의 보고서를 받아들이고 유포하기로 결정했다.

본 데이터는 Chapter 3에서 우리가 강조했던 기근의 지역적 중요성을 확인해 준다(표 7-6). 아동과 어머니의 영양상태 변화는 지역에 따라 뚜렷한 차이가 났다. 예를 들어 수도인 평양과 항구도시인 남포의 발육부진과 체중미달 비율은 북동부 양강도에서 나타난 비율의 절반 정도였다. 평양의 쇠약아동 비율(4%)은 최악의 상황인 함경남도(12%)의 1/3 수준이었다.

2004년 10월에 북한 당국은 UN 기구의 지원을 받아 4,800명의 어린이와 2,109명의 어머니를 조사했다. 이때에도 특정 지역이 제외되어서 국가 전체를 대표한다고 볼 수는 없다. 사실 WFP가 활동했던 지역 중에서도 일부가 제외되었기 때문에 조사결과가 WFP의 활동지역을 대표한다고 볼 수도 없다. 이 조사에 참여했던 외국인들은 북한 당국이 표준적인 임의화 Randomization 절차를 방해하는 등 조사 수행 시 품질관리가 미비했던 점에 많은 불만을 표했다.

국가 수준에서, 만성 영양부족을 가리키는 발육부진 비율(연령 대비 신장으로 측정됨)은 6세 이하 아동 중 37%로 나타났다. 예전의 조사는 7세 이하 아동을 조사한 반면 본 조사는 6세 이하를 대상으로 했기 때문에 정확한 비교는 할 수 없지만, 42%였던 이전 조사 결과에서 약간 줄어든 수치이며 1998년 조사에서 나온 62%보다는 훨씬 낮은 수치이다. 저체중 비율(연령 대비 체중으로 측정)은 2002년의 21%에서 23%로 조금 높아졌다. 급성 영양실조(신장 대비 체중으로 측정) 비율은 2002년의 9%에서 7%로 낮아졌다.

이번 조사에서도 마찬가지로 지역별 차이가 상당한 것으로 나타났다. 예를 들어 평양의 발육부진 비율(26%)은 동부 지역인 함경북도(47%)와 양강도(46%)보다 훨씬 낮았다(도표 7-5). 마찬가지로 저체중 비율은 평양(19%), 평안남도(20%) 등 남부 지방과 비교했을 때 북동부 도인 양강도(31%)와 함경남도(29%)에서 50% 가량 더 높았다(도표 7-6). 쇠약 아동 비율의 지역별 격차가 가장 컸는데 평양의 쇠약아동 비율(3%)은 함경남도(11%), 함경북도(10%), 양강도(9%)의 1/3 혹은 그 이하였다(도표 7-7).

국가 수준에서의 장기적인 동향을 어떻게 평가할지는 1997년과 1998년에 행해진 두 조사의 신뢰성에 의해 많이 좌우된다. 1997년의 조사는 일반적으로 심각한 결함을 지녔다고 인식되고 있으며 다수의 의견은 그 결과를 신용하지 않는다는 것이다. 1998년의 조사는 방법론적으로 개선되기는 했

[도표 7-5] 발육부진 아동(2004년)

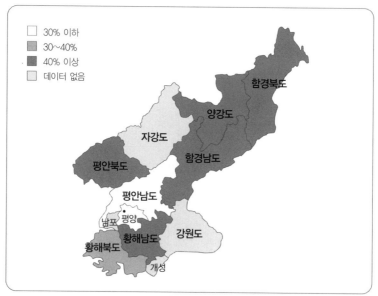

30% 이하
30~40%
40% 이상
데이터 없음

함경북도
양강도
자강도
함경남도
평안북도
평안남도
남포 · 평양
강원도
황해남도
황해북도
개성

(출처) 중앙통계성, 2005

지만 보고된 결과(앞이나 뒤의 조사와 비교했을 때 장기적인 상태를 나타내는 표지((標識)의 변동 폭이 넓은 것으로 나타남)는 의심스럽다. 빈곤을 알려주는 또 다른 지표인 모성영양상태는 호전되었다는 확실한 증거가 없다. 이전에는 국제기관에서 이 문제에 관해 조사하지 않았고 또한 북한이 2002년 조사결과를 개방하지 않았기 때문이다.

이렇게 이례적인 형태가 나타낸 데는 적어도 세 가지 설명이 가능한데, 이들은 상호 관련성이 있다. 첫 번째 설명은 1998년의 수치가 올바르며, 이후 아동의 영양 상태가 급격하게 향상된 것은 인도주의적 구호 노력 덕분이라는 것이다. 우리는 이를 '체계효력설System Worked' 이라 부르며, 북한과 UN 기구가 주장하는 견해다. 이 해석이 옳다면, 1998년과 2002년 사이 북한 아

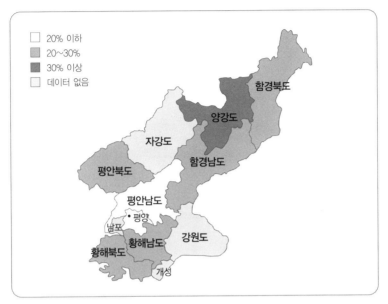

[도표 7-6] 저체중 아동(2004년)

□ 20% 이하
■ 20~30%
■ 30% 이상
□ 데이터 없음

함경북도
양강도
자강도
함경남도
평안북도
평안남도
• 평양
남포
황해남도
강원도
황해북도
개성

(출처) 중앙통계성, 2005

동의 영양 상태 개선은 우리의 정보로 보았을 때 역사적으로 유례가 없는 엄
청난 것이다.

　그러나 2004년 조사 결과는 1998년에서 2002년까지의 엄청난 발전이 지
속되지 않았음을 나타냈다. 실제로 세계보건기구WHO에 따르면 만성적인
영양실조를 나타내는 지표인 발육부진과 체중 미달 수준은 계속 '매우 높
은' 상태였다. 이러한 견해의 지지자들에게는 2002년 이후 왜 발전이 주춤
했는지의 파악이 과제로 남아있다. 우리가 설명한 것처럼 2002년 이후 원조
가 감소한 것을 한 요인으로 꼽을 수 있을 것이다(표 4-2). 또한 식량문제의
성격이 식량배급제의 붕괴에서 시장 중심의 분배 절차 등장과 관련된 권한
부여 실패로 옮겨간 것도 한 요인이 될 것이다.

[도표 7-7] 쇠약 아동

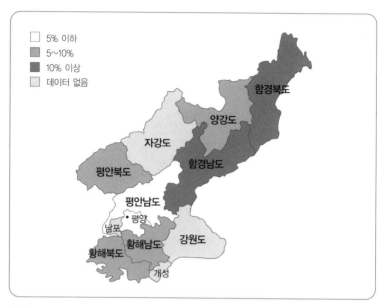

5% 이하
5~10%
10% 이상
데이터 없음

함경북도
양강도
자강도
함경남도
평안북도
평안남도
• 평양
남포
강원도
황해남도
황해북도
개성

(출처) 중앙통계성, 2005

　두 번째 설명은 보고 된 수치 중 적어도 일부분은 고의적으로 위조한 틀린 값이라는 것이다. 즉, 한 조사 참여자가 완곡하게 표현한 것처럼 '정치적으로 결정되었다' 는 것이다. 북한 정부는 현실보다 장밋빛 그림을 그리지 않았었다. 오히려 인도주의적 원조를 확보하기 위해 1990년대 중반에는 기근의 규모를 과장했다. 그리고 양여성 원조 프로그램을 계속하자는 정치적 지지를 높이기 위해 이후의 영양 상태 개선을 과장했다. 이러한 '통계위조설 Fabricated Figures' 의 입장에서는, 2002년과 2004년의 조사에서 아동의 만성적인 영양실조가 비교적 일정하게 높은 수치를 나타낸 것은 구호가 유지되기를 바라는 북한 정부의 조정으로 만든 선전용 데이터라는 것이다. 이러한 해석에는 북한이 데이터를 전략적으로 이용했을 뿐 아니라 표본을 조절하여 데이터를 임의적으로 조작했다는 전제조건이 세워진다. UN 통계 전문가들의 주장을 받아들인다면 내부적으로 통계 일관성 체크를 하여 명백한 위조를 잡아낼 수 있기 때문이다.

세 번째 '조사자 실수Human Error' 설은 보고된 수치 중 일부가 틀렸는데, 이는 전략적인 계산 때문이 아니고 여러 조사에서의 설계상의 문제와 측정이 잘못된 결과라는 것이다. 1998년의 조사에서는 절대적으로나 상대적으로 훨씬 낮은 쇠약 아동 비율에 비해 발육부진과 저체중 아동의 비율이 매우 높았다. 두 척도 모두 연령을 포함하고 있는데, 이 연령이 잘못 이해되었거나 잘못 전달되었을 수 있다.[22] 이러한 '조사자 실수' 설에 따르면 2002년과 2004년의 조사는 연령을 올바로 적용한 북한 정부에 의해 실시되었으며, 따라서 1998년과 2002년 조사 사이에 연령과 관련된 기준이 과잉하게 향상되었고 이후의 2004년 조사에서는 지표가 비교적 안정되었다는 것이다.

그러나 북한의 이례적인 경향을 해석하면서 우리는 다음 사항을 분명히 알 수 있었다. 거의 10년간의 구호 활동 후에도 영양 상태는 계속 지역적 특성을 나타냈다. 평균적으로 특혜 도시와 비옥한 남부지방의 아동이 다른 지역, 특히 북동부 지역의 아동보다 영양상태가 시종일관 훨씬 양호한 것으로 나타났다.

이렇게 지역별 격차가 지속되는 점은 최소한 '수치가 조작되었다는' 견해에 대응해 확신할 수는 없지만 '체계효력설The System Worked'에 더 믿음을 실어 줄 수 있다. 그러나 지역별 격차 문제(상당한 지역으로의 접근이 계속 제한되었기 때문에 문제가 더욱 복잡해짐)와 원조물자를 못 받았다는 탈북 난민의 증언으로 볼 때, 유상으로 식량을 배급하는 국내의 정규적인 방법이든 국제원조 프로그램이든 대대로 식량생산이 저조한 지역의 주민에게 충분한 도움을 주지 못하고 있음이 나타난다. '체계가 효력을 발휘했다고 해도' 기껏해야 대단히 좁은 의미에서 그러했을 것이다.

■ 결론 및 후기 : 삭감 시도?

기근은 정부로 하여금 개혁활동을 추진하도록 했을 뿐만 아니라 사실상의 상향식 시장화를 불러일으켰다. 이러한 개혁 활동은 복합적인 양상을 띠며 개혁노력의 범위와 속도에 대해 정부 내에서 의견이 나뉘었음을 알려준다. 한편으로는, 기근 발생으로 인해 변화된 현실을 인정한다는 전제 하에 일부 자율화가 진행되고 시장 활동 기회가 증가했음을 나타낸다. 또한 우리는 공식적인 발표로 인해 적어도 경작자와 경영진의 의욕이 변화했으며, 최소한 2005년의 추수 때까지 거래 조건이 농민에게 유리하게 바뀌었다고 알고 있다. 농민이 과거에 비교적 불리한 입장이었다는 점에서 이는 바람직한 결과라 할 수 있다. 더군다나 중국 개혁의 1단계의 특징이 이러한 상대가격의 변동이었고, 이는 농촌 지역의 생산성 향상과 소득 증가의 물결을 일으켜 결과적으로 산업 활동에까지 파급되었다.

그러나 협동농장에서 생산한 곡물 중 시장가격보다 훨씬 낮은 공식 수매가로 국가에 판매하는 비율을 공식에 의거해 결정한다는 정책을 정부가 어기기 시작했다는 보고가 2005년 나오기 시작했다. 또한 이 보고들은 정부가 원칙적으로 자유로운 처분이 가능한 개인 토지에서 생산된 곡물을 협동농장의 생산량으로 취급하여 국가에 판매하라고 강요했음을 알려주었다.

이런 보고들이 나온 후, 수확량이 평년작 이상이고 남한이 많은 원조를 제공하는 상황에서 10월 1일부터 곡물의 사적인 거래가 금지될 거라는 공식적인 발표가 이어졌다. 대부분 지역에서 폐지되었던 식량배급제가 부활할 예정이었으며, 이는 사실상 수요 측 개혁을 역전시키는 것이었다. 동시에 정부는 지난 10년간 전 주민의 1/3 가량에 식량을 공급했던 국제 구호기관을 추방한다고 발표했다.

게다가 부활된 식량배급제는 매우 차별화된 가격 구조를 지닐 것이다. 여기에는 시장 가격까지 포함된다. 국영기업에서 일하는 사람들에게 낮은 국정 가격을 적용하고 '우수한 일꾼'에게는 추가적인 할인혜택을 준다. 시장 가격은 국정 가격보다 약 15배 높게 책정되었는데, 이는 정책이 제정된 시기의 실제 차이에 가까웠다. 북한 당국은 시장이 금지된 경우 시장가격이 정해지지 않는다는 아이러니를 염두에 두지 않는 것으로 보인다. 새로운 가격 구조는 출근하는 국영기업 근로자들 즉, 국가의 통제 밖에서 자영업 활동을 하는 '8.3' 근로자가 아닌 사람들에게 큰 특혜를 주었다.

성실하게 이행된다면 이런 변화들은 북한의 식량 경제를 근본적으로 재편성할 수 있다. 이즈음 북한 가정이 식량을 얻는 주된 제도적 장치는 식량 배급제가 아니라 시장이었다. 국가는 한 번에 시장을 법으로 금지했다. 가정에게는 대다수의 지역에서 명맥만 유지해왔을 뿐 10년이 넘도록 제대로 운영되지 않던 체계를 통해 식량을 얻도록 요구하였다. 이러한 정책 변화들은 인도주의적 문제를 불러일으켰을 뿐 아니라 보다 광범위한 개혁 과정의 상태에 대해 의문을 가지게 했다.

이러한 행동에 대한 가장 관대한 해석은 정부가 단지 시장에서의 구매력에 따라서만 식량이 배분되도록 허용했을 경우 나타날 사회적 영향을 우려했다는 점이다. 2005년 수확량이 예년보다 높고 남한 및 중국의 원조 유입 덕분에 공급 실정이 좋아지자 정부는 단지 사회적 안전망을 재구축하려 했다는 것이다.

두 번째 가능성은 식량경제의 재편성이 인플레이션 억제 정책의 대응이라는 것이다. 이전 10년간 경제가 상당히 분산화 되었고 중국 소비재가 경제에 침투했으며 국가의 통제를 받지 않는 광범위한 소매 유통 체계가 발전되었다. 동시에 경제는 최소한 연간 100%에 이르는 지속적인 악성 인플레이션으로 마비되었다. 우리는 이러한 인플레이션에는 국가가 떠안은 근본적인 거시경제적 불균형이 반영되어 있다고 주장한다. 즉 국가는 세제 수입은 올리지 못하게 된 한편 국영기업 보조금과 군 경비등 대규모 지출은 지속해야 했다.

북한의 정책 입안자들은 인플레이션에 대해 개인적으로 우려하긴 했지만 대응방법에 대해서는 확실히 알지 못했다. 이들은 중국에서 들어오는 소비재의 가격을 통제할 수 없었다(아이러니하게도 중국 소비재는 세계 다른 지역에서는 디플레이션의 요인으로 간주된다). 소비자의 예산에서 식량이 큰 부분을 차지한다. 식량에서 제일 큰 몫을 차지하는 부분은 국내에서 생산된 것이나 국가가 통제하는 경로를 통해 직접 전달되는 원조 형태였다. 따라서 인플레이션을 통제하려면 우선 식량 경제를 통제해야 한다.

가격 통제는 경제적으로 거의 의미를 지니지 못한다. 가격 통제는 인플레이션의 근본 원인이 아니라 증상을 다룰 뿐이다. 그러나 명령통제 방식의 스탈린주의 경제와 표준적인 거시경제적 정책도구가 없었던 점, 혹은 이를 알지 못했던 점을 감안하면 북한 당국이 물가를 안정시키기 위한 도구로 가격을 직접 통제하려 했던 점도 매우 타당한 태도라 하겠다.

개혁의 몇 가지 특징을 살펴보면 세 번째 해석이 가능하다. 식량배급제의 부활은 시장화가 계속되고 경제적 의사결정이 사실상 분산되자 여기에 대응해 경제적, 정치적 통제를 회복하려는 노력을 나타낸다는 것이다. 차별화된 가격 구조는 국가 영역내의 일자리로 돌아오는 근로자들에게 보상 혜택을 주기 위한 일환으로 만들어졌으며 취약계층을 배려하지 않았다. 이런 진행상황을 산업경제의 소생에 좋은 전조로 환영하는 논평자들도 있다. 그러나 산업계 국영기업의 가동률이 낮다는 점과 이러한 거대 기업 중 다수가 경쟁력이 없다는 점을 감안해 볼 때, 근로자들을 기업소에 되돌아오게 하는 조치가 어떤 방법으로 긍정적인 효과를 불러올 지는 불분명하다. 반대로 소위 8.3 조치 하에서 근로자들의 이탈이 노동력을 좀 더 생산적 활동에 재배치하는 결과를 낳았다고 한다면, 이번 '개혁'은 전적으로 퇴행적이거나 단순한 징벌이 될 것이다.

　그보다도, 사양화된 지역을 회복시키기 위한 경제적 조치와 시장 금지 그리고 식량배급제의 부활은 식량분배체계를 통해 정치적 통제를 재확립하려는 시도로 볼 수 있다. 국가의 구속력 밖에서 활동하는 사람들보다 국가와 더욱 밀접하게 결부된 국영기업 근로자들에게 특혜가 주어진 점은 정치적 동기를 강조하는 해석에 부합할 것이다. 부활된 식량배급제는 지방 관청과 정부 관료들에게 권한을 부여할 것이고 중앙 정부에 충성하는 정치 네트워크를 재구성하는 장치가 될 것이다.

　이 글을 쓰는 현재, 북한 정부가 실제로 정책을 180도 방향전환하고 이를 유지하고 있는지는 확실치 않다. 수요 측면에서 보면 정부는 공고했던 500~700그램의 일일 배급량을 공급하지 못했다. 이러한 사정에서 예상할 수 있듯이 새로운 규정이 얼마나 성실히 이행되고 있는지는 지역별로 어느 정도 차이가 있을 것으로 보인다. 또한 시장에서 그리고 주민들 간에 암암리에 곡물 거래가 계속되고 있다는 보고들이 나와 있다. 실제로 좋은벗들은 식량배급제 물자의 가용성이 시장가격에 영향을 미쳤기 때문에, 지하에서 활동하는 대부분의 곡물 거래자들이 지방의 식량정책부Department of Food Policy 와 좋은 이해관계를 유지했다고 보고했다. 지방 관료들은 이러한 암시장 거래를 못 본체하는 것 뿐 아니라 부정이득을 얻거나 직접 이러한 활동을 수행하며 시장에 참여했을 수도 있다.

　공급 측면에서 보면, 몰수나 마찬가지인 곡물 징수가 얼마나 널리 시행되었는지는 분명하지 않다. 중요한 문제는 이에 대응해 농부들이 다음 수확기 동안 미리 추수하기, 은닉하기, 곡물 외 작물 재배하기, 불법 개인 경작지에 치중하기, 생산물을 불법 시장으로 빼돌리기 등 기근 시기에 수행했던 대처 행동들로 되돌아갔는지의 여부이다. 이런 대처 행동이 나타났다는 증거는 이미 나와 있다. Chapter 2에서 설명한 것처럼, 1995년 북한 정부가 농가 소비용으로 이미 할당된 곡물을 다시 받아내려 하면서 몰수에 가깝게 징수하자 다음해 북한 옥수수 수확의 절반가량이 '사라졌다.' 우리는 2005년 일어난 사건들이 깊은 외상을 남긴 10년 전의 사건들과 맞먹는다고 보지는 않는다. 수확이 계속 증가하고 원조가 지속적으로 주어진다면 이 정책이 유지될 수 있다. 그러나 농부들이 착취에서 자신들을 보호하려 하기 때문에, 다음 수확기 동안 농부들이 공급에 있어 어떤 대응을 보여주는지에 따라 다음 해 식량배급제의 운영이 훨씬 어려워질 수 있다. 국가와 경작자 간의 대치상황이 재발할 경우 적어도 세 가지 시나리오가 가능하다.

첫 번째 시나리오는 본질적으로 2006년 초의 현 상태를 유지하는 것이다. 시장이 금지되고 식량배급제가 변칙적으로 운영되며 암시장이 존재하고 농부들은 국가와의 거래에서 표리부동한 태도를 보일 것이다. 시장이 음성적으로 운영되기 때문에 그 효율성이 떨어질 것이다. 이런 결과가 이번 Chapter의 앞부분에서 설명했던 만성적인 영양 문제가 지속되는 요인으로 작용하였다.

두 번째 가능성은 수확 저조, 원조 감소, 농부들의 대처 행동이 공동작용하여 정책이 지속되지 않는다는 것이다. 이 경우 시장을 금지하고 식량배급제를 부활하려는 시도는 지속적인 개혁으로 가는 길 위에 놓인 과속방지턱 정도로 볼 수 있다. 정부는 1990년대 후반부터 2005년 가을까지 이루어진 상황을 조용히 따를 것이고, 시장이 주된 식량 배분 및 유통 시설로써의 역할을 회복할 것이다.

세 번째 가능성은 일어나지 않기를 바라지만 북한의 역사로 볼 때 이 가능성을 전적으로 무시할 수 없다. 즉 심각한 식량난이 재발하는 것이다. 농민들은 공식적인 토지 경작에 소홀하기, 미리 추수하기, 비축하기 등으로 대책을 강구할 것이다. 남한, 중국 그리고 아마도 다른 원조국들도 분명히 기근의 징조에 대응할 것이다. 그러나 WFP와 민간 NGO들이 북한 땅에서 대부분 추방되면서 국제사회는 이번에도 곤궁이 어떻게 분포되었는지 알지 못할 것이고 식량 배분에 영향력을 행사하지 못할 것이다. 기근의 재발도 배제할 수 없다.

최근의 정책 변화가 180도 방향 전환인지 단순히 조금 돌아가는 것인지는 더 지켜보아야 한다. 북한의 사회적 계약이 근본적으로 변화하고 일종의 혼합형 시장 체계가 점차 활발해지는 것은 분명하다. 2001년 10월 행해진 김정일의 훈시를 상세히 인용할만하다.

"우리 사회에는 선심성 행정이 너무 많고 국가 예산이 생산적인 지출보다 비생산적인 지출에 더 많이 사용되고 있다. 국가는 매년 시민에게 식량을 배급하는데 수백만 원을 지출하고 있다. 그 결과 과거의 사회주의적 배급 정책이 제대로 작용하지 않고 사회는 극단적인 형태의 평등주의를 겪었다. 그리고 인민들이 국가 재산을 불법으로 이용하는 행태가 일반화되었다. 이러한 상황은 시민들의 게으름을 불러 왔고 능률과 생산성을 떨어뜨렸다."

동시에 친애하는 지도자 동지는 시장의 출현에서 이러한 동향의 이면을 인정했다. "지난 몇 년간 정부가 식량을 효과적으로 공급하지 못했을 때 인민들이 직업을 버리고 개인적인 수입을 얻는 방법을 찾기 시작했다."

여기에서 북한 경제와 현재의 취약 요인에 대해 희망이 생긴다. 국가의 공급 능력이 떨어지자 시장이 등장했다는 것이다. 그러나 사회적 안전망이 없는 상황에서 도시 근로자 계층의 상당 부분이 지속적인 빈곤과 주변화, 불안정한 식량 확보 문제를 겪었다.

Chapter 08
국제적, 비교적 관점에서의 북한

20세기 들어 가장 파괴적인 기근 중 하나로 꼽히는 북한의 기근으로 인해, 1990년대에 100만 명에 달하는 북한인이 목숨을 잃었다. 또한 전체 아동 집단이 만성적인 아동기 영양부족으로 인해 무수한 신체적·정신적 손상을 겪었다. 이러한 비극은 북한의 잘못된 자립 전략의 결과다. 북한의 자립정책은 경제적, 자연적 충격에 대해 국가의 취약성을 높이는 역할만 했다. 폐쇄적인 독재 정부가 흔히 그렇듯, 북한 정부 역시 위기에 대한 대응이 느렸다. 원조에 대한 효과적인 대상설정, 모니터링, 평가에 제약을 가했을 뿐 아니라 기근이 기승을 부릴 때 반드시 필요했던 도움으로부터 국가 전체를 가로막았다.

기근 및 지속된 식량 부족은 이러한 정부의 대처와 무관하지 않다. 이 거대한 불행에서 국가의 과실은 북한의 기근을 인류에 대한 범죄 차원으로 끌어올린다.[1] 기근으로 인해 경제의 시장화와 개혁의 틀이 갖추어졌고, 따라서 국가가 전환되리라는 기대가 생겨났다. 그러나 2006년 중반까지 개혁은 부분적인 개혁에 머물렀고 중요한 측면에서 발상이 잘못되었다. 따라서 개혁이 북한의 경제적 어려움을 완화시켜 주리라는 약속은 매우 불확실하다. 북한이 변화하고 있다는 증거가 늘어나고 있긴 하지만, 이 변화는 정부의 태도 때문에 일어나는 것이 아니다.

우리는 결론을 두 부분으로 나누었다.

첫째, 북한을 이해하기 위해 우리의 조사 결과를 검토할 것이다. 기근이 북한의 경제적 전환에 의미하는 바는 무엇이며 무엇으로 전환했는가? 북한 경제에 대해 우리가 이해한 바에 비추어 봤을 때 체제 변화 전망 및 정치적 발전 전망은 어떠한가?

둘째, 우리의 연구 결과가 국제적으로 지니는 의미를 상세히 살펴볼 것이다. 먼저 인도주의적 노력을 살펴볼 것이며, 원조 게임이 어떻게 이루어졌는지 뿐만 아니라 북한을 도울 때의 윤리적 딜레마도 함께 검토할 것이다. 국제사회가 북한 같은 환경에 원조를 제공해야 하는가? 양자 간 경로가 아닌 다자 간 경로로 원조를 전달하는 의미는 무엇인가? 현재의 고통을 줄이는 것을 넘어 주민들에게 보다 긍정적인 미래를 보장하기 위해 원조국들은 북한에 어떻게 개입해야 하는가?

이러한 문제들은 한반도의 보다 광범위한 지정학적 전략의 맥락 밖에서는 제기될 수 없다. 즉 한반도의 분할을 유지시키는 복잡하게 얽힌 국제 정치를 고려해야 한다. 우리는 개입을 둘러싼 논쟁들을 검토하고, 2002년 시작된 2차 핵위기를 우리의 연구결과에 비추어 조명해 보면서 결론을 마무리하도록 하겠다.

북한의 기근과 개혁 I : 경제적 전환

북한은 1990년대 초에 심각한 정치적 · 경제적 충격을 겪었다. 소련이 붕괴되었고 핵 야심을 둘러싼 팽팽한 교착상태에 빠졌다. 정치적 전환은 불확실했고 자연재해가 이어졌다. 2002년 10월부터 북한은 핵무기를 둘러싸고 다시 한 번 국제 사회와 분쟁에 휩쓸렸다. 미국뿐 아니라 점차 회의적인 태도를 보이는 일본과 유럽의 '적대정책'에 직면했다. 이러한 명백한 외부적 충격들이 북한의 경제 고립을 불러왔고 정부에 심각한 정책 과제를 던져 주었다. 북한과 북한측에 공감하는 외부인들은 지난 15년간의 경제적 몰락을 이러한 외부적 요인으로 설명한다.

하지만 우리는 이러한 충격이 외부에서만 비롯되었다고 보지 않는다. 오히려 이러한 문제들은 정권 자체의 특징에서 나온 것이며, 여기에는 1990년대 중반의 대기근과 이후의 지속적인 식량난의 한 요인이 된 경제정책도 포함된다. 북한의 기아 문제를 해결하기 위한 열쇠는 농업과 식량배급 체계만 검토하는 데 있지 않다. 이를 위해서는 교역을 통해 필요한 식량을 구매할 수 있는 외환 소득을 올리는 경제 개발이 시급하다.

이러한 주장은 많은 사람의 생각과 배치될 수 있다. 식량 보장을 정당한 국가적 목표로 보며, 국가의 자급자족 정책을 지지하는 사람들도 있다. 그러나 식량생산의 자립 정책을 통해 식량을 원활히 확보하는 경우는 거의 없다. 특히 북한의 기본 조건 중 무엇보다도 '경지 부족'을 생각해 보면 더욱 그렇다. 사실 기근과 만성적인 식량난은 논쟁의 여지가 없는 상태인 것으로 드러났다.

이렇게 북한의 기아 문제에 대한 해결책은 경제개혁이라는 보다 광범위한 문제와 직접적으로 연관된다. 일본, 남한, 중국이 그랬던 것처럼 지속적인 교역을 기반으로 대량의 곡물을 수입할 수 있도록 수출 수익이나 차관을 통해 외환을 넉넉하게 벌어들여야 한다. 이 문제는 지출 내역을 전환하면 해결될 수 있을 것이다. 즉 수입(輸入)의 구성을 다른 우선순위와 다르게 가져가는 것이다. 그러나 기존의 지출 우선순위를 이와 같이 받아들인다 해도, 이러한 문제 해결에 필요한 수출 분야의 실적 개선 효과는 크지 않을 것이다. 연간 수입 적자폭이 수억 달러 수준으로 그리 크지 않기 때문이다.

그러나 이렇게 전체적인 공급 제약을 완화시키는 것으로 문제가 해결되지는 않는다. 우리가 검토한 기아 문제는 본질적으로 분배상의 문제이기도 하다. 식량배급제의 붕괴로 현재 북한의 많은 가정에서 안정적인 식량 확보를 하지 못하고 있으며 시장에서 식량을 구매할 만한 재원도 부족한 실정이다.

따라서 개혁의 목적은 자본과 노동을 포함한 자원을 장기적인 성장에 도움이 되도록 재할당하는 것이다. 우리는 불평등한 식량 확보가 미치는 영향을 개선하고 사회적 안전망을 제공하는 데 있어서의 정부 역할에도 관심을 가져야 하지만, 문제에 대한 궁극적인 해결책은 생산성과 소득을 높일 수 있도록 개혁을 추진하는 것이다.

그렇다면 무엇을 해야 할까? 북한이 중국의 모델을 따라야 한다는 주장이 자주 제기된다. 그러나 북한은 사회주의로부터 전환하는 상황에 있어 여러 면에서 중국과 다르다. 중국은 성공의 표상으로 간주되지만 그 성과가 명확히 평가되지 않고 있다. 우리는 북한의 특성을 고려하든 그렇지 않든 간에 북한이 중국식 개혁 경로를 따르고 있거나 따를 수 있다고 섣불리 판단해서는 안 된다. 비교적 성공적으로 개혁을 이룬 베트남이나 중국과 달리 북한은 대규모의 노동집약적 농업 분야가 존재하지 않는다. 생산과 고용의 분야별 구성으로 볼 때 북한 경제는 농업 중심의 아시아 개혁국가들보다는 루마니아와 구소련의 일부 지역과 더 가깝다.

노동집약적 농업 분야의 존재는 다음 관점에서 중요하다. 노동집약적 농업에는 비교적 간단한 생산기술이 이용되기 때문에 광범위하고 종합적인 개혁이나 영농 자재 없이도 상당한 생산성 향상을 이룰 수 있다는 것이다. 단지 가격왜곡을 없애고 대체 작물 재배에 경작지를 할당하고 농민들에게 일정한 인센티브를 제공하는 것만으로 생산 증가에 큰 도움이 된다. 이와 유사한 개혁으로 분명 북한의 농업 생산성도 향상시킬 수 있다. 2005년까지 정부 당국은 이러한 방향으로 옮겨가는 중요성을 인식한 것처럼 보였다.

그러나 북한 농민들은 중국이나 베트남의 농민들보다 산업에서 생산된 영농자재에 대한 의존성이 훨씬 높다. 농업 생산성은 지난 10년 동안 변화가 없었고, 이는 동기부여식 개혁이 심각한 생산 감소를 피하는 정도의 성과밖에 거두지 못했음을 시사한다. 2006년에도 여전히 옥수수 밭이 감시되고 있다는 NGO 보고서들은 전용(轉用)이라는 근본 문제가 해결되지 않았음을 알려준다. 따라서 농업의 거래 조건을 향상시키는 것이 장기적으로 볼 때 많은 장점이 있긴 하지만, 산업분야에서 생산된 영농자재 없이는 중국이나 베트남 정도의 성과를 거두지는 못할 것 같다. 따라서 북한에서의 개혁 성공은 산업 분야의 발전에 좌우된다.

한편 산업분야의 생산성 증가는 보다 광범위하고 종합적인 정책 지원이 필요해 결과적으로 성취하기가 훨씬 어렵다. 중국에서는 더욱 광범위한 개혁노력을 기울여 이 분야의 생산성 향상을 이룰 수 있었다.[2] 반면 북한에서는 산업분야의 비중이 이례적으로 크며 이 중 대다수가 손볼 수 없을 정도이다. 농업분야는 상대적으로 소규모이고, 생산성이 크게 향상된다고 해도 주요한 경제적 전환을 이끄는 분야가 되지 못할 것이다. 해외분야를 확장하고 도시 근로자들이 시장 중심의 활동으로 옮겨갈 수 있도록 허용해야만 효과적인 변화가 가능할 것이다. 이 과정은 아래에서 다시 상세하게 다루도록 하겠다.

중국이나 베트남의 경로가 비교적 성공한 것으로 보이는 두 번째 이유는 정치적이다. 동유럽과 구소련의 일부 국가와 달리 중국과 베트남은 경제 개혁 과정 중에도 독재주의 구조를 유지했다. 구조적인 상황이 분명 개혁이 더 쉽게 진행되도록 도왔을 것이다. 노동력 과잉 경제 환경에서, 농업에 최초로 생산성을 향상시키는 개혁을 시행하자 농업 생산이 늘어남과 동시에 생산성이 낮은 농업 인력이 국가 소유가 아닌 신생 경공업 분야로 이동할 수 있었다. 원칙적으로 경제의 세 주체 각각이 이러한 변화에서 혜택을 얻을 수 있다. 새로이 등장한 경공업 분야로 이동한 사람들은 농장에서 일하는 것보다 더 높은 임금을 받는다. 그대로 농업분야에서 활동하는 농민들도 소득이 늘어난다. 농민의 수는 줄고 생산량은 늘어나면서 농민들의 평균 생산성과 한계 생산성이 높아진 것이다.

가격통제를 해제한 후 초기에는 식품 가격이 높아지지만, 농업에서 충분한 식량이 공급되고 식량과 산업생산품 간의 거래 조건이 명확해짐에 따라 과거 국가 소유의 중공업 분야에서 일하는 도시 프롤레타리아 계층의 실질 임금도 높아졌다. 이러한 환경 하에서 개혁은 행복한 평형상태를 이루었다. 어떤 집단도 명백한 패자가 되지 않았다.

북한에게 중요한 문제는 이런 개혁 방식이 성공을 거두려면 노동력이 풍부한 농업 분야의 존재가 필수조건인지 여부와 이 조건만 갖추어지면 충분한지의 여부이다. 중국 모형의 핵심 요소는 농업의 초기 노임이 매우 낮아서 경공업으로의 이동이 쉬웠다는 점이다. 반면 북한의 산업분야는 산업 근로자들과 정실자본주의자들이 경제적 구조조정에 단호하게 반대한 소련 및 일부 유럽국가의 상황과 유사하다. 이 근로자들은 기업에서 비교적 높은 임금을 받을 뿐 아니라 주거와 의료보험 등 광범위한 사회복지 혜택을 받았다. 기업이 폐쇄되면 근로자들은 직업을 잃을 뿐 아니라 집과 의료, 심지어는 교육과 식량이용 혜택까지 잃게 될 것이다.[3]

우리가 제시했던 증거에 따르면 북한은 산업분야가 너무나 쇠퇴했으며, 북한같이 산업화된 경제에서는 향후 긍정적인 정치적 변동과 동시에 경제적 변동이 일어날 가능성이 낮다. 김책제철연합기업소의 근로자들이 불안정고용 상태 혹은 실직 상태이고 봉급과 복지 혜택을 받지 못한다면 혹은 어떠한 경우에도 공장이 다시 문을 열지 않을 거라는 믿음이 확산되면, 경영진, 근로자 그리고 권력층에 있는 이들의 대표자들은 대체 고용을 창출할 수 있을 개혁에 반대하지 않을 것이다. 하락세에 접어든지 십 수 년에 이르러 북한은 너무 몰락해서 불안정고용상태인 산업 프롤레타리아 계층이 정치적인 의미에서 중국의 잉여 농업 노동자들과 같은 상황이 될 수 있다. 즉 경제적으로 새로운 활동에 재배치될 수 있고 이를 열망하며, 정치적으로 근본적인 구조조정에 반대하지 않게 된다는 것이다.

이러한 논거가 옳다면, 우리는 산업화된 경제에서 생산성을 높이는 방법이 무엇인가 하는 근본적인 경제적 문제에 다시 한 번 부딪히게 된다. 북한에 관한 기존의 문헌들은 현재의 경제가 끔찍할 정도로 기형적이며 경제 전반적으로 자율화가 시행되면 경제구조, 생산의 구성, 부문별·지역별 고용 분포가 큰 영향을 받을 것이라고 한다. 그렇다면 노동과 자본은 어떤 새로운 활동으로 흘러가야 할 것인가?

북한은 영토가 좁은 점과 지리적 위치를 고려했을 때, 분명히 해외 부문에서 지금까지 해왔던 것보다 더 큰 역할을 해야 한다. 북한은 천연자원을 수출하고 있지만 경공업과 미디엄 테크*Medium Tech를 이용한 제품도 수출해야 한다. 또한 자본재, 중간 생산물, 식량을 수입해야 한다. 고용 구성은 새로이 등장하는 이런 수출 중심의 제조 분야로 이동할 것이고 사실상 북한 근로자 수백만 명의 직업이 달라질 것이다. 하위단계 제조 설비가 우세하고 기존 시설이 지역적으로 과도하게 분산되어 있는 점을 감안할 때 이러한 구

---

* 미디엄 테크: 연구개발집약도가 중간정도에 해당하면서 제품의 고급화나 산업의 고도화에 필수적인 핵심요소 기술 -역주

조개혁 절차를 실시하면 독자적인 분포 양상이 나타날 것이다. 지역적으로 치중되어 있던 러시아에서 경제 개혁 이후 나타난 현상처럼 북한도 마찬가지로 경제 활동이 특정 지역으로 상당히 집적될 것이다. 일부 기존 산업 도시들의 인구가 줄어들 것이고 항구 근방, 중국 근방, 혹은 남한과의 도로 및 철도연결망 근방 등 지리적으로 유리한 지역이 엄청나게 팽창할 것이다. 자연히 가장 큰 상대국은 중국, 남한, 일본이 된다.

해외의 투자가 이러한 소생 과정을 이끄는 근본적인 원동력이 될 것이다. 해외 기업은 북한 경제의 숨어있는 생산 잠재력과 세계 시장에서의 수요 간을 연결시키는 일종의 신경 연접부 Neural Synapse 역할을 할 것이다. 해외 기업은 상품 판매에 필요한 세계적인 유통망 및 마케팅 네트워크를 보유하고 있을 뿐 아니라 세계의 국가들이 어떤 제품을 구매하고 싶어 하는지도 파악하고 있다.

이러한 상호작용을 발전시킬 수 있는 세부원칙은 광범위할 것이다. 단기적으로는 개성, 신의주, 원산, 평양에 구축했거나 계획한 경제 특구, 수출가공 지구, 특수 공업지구를 해외 투자 지구로 삼으면서, 경제에서의 해외 투자자 역할 증대에 맞추어 정치체계를 조정해 나갈 수 있다. 장기적으로는 1960년대와 1970년대 남한의 경우처럼 더욱 자율화된 정책과 실행으로 이러한 활동을 경제 전반에 걸쳐 확산시킬 수 있다.

북한 경제의 전환이 해외 분야에만 의존하는 것은 아니다. 통제적인 사회주의 경제에서는 서비스 부문을 무시하는 경향이 있는데 북한도 예외는 아니다. 매우 불확실한 현재의 시장화 단계에서 우리는 이미 식당, 미장원, 소규모 상점 및 기타 상업 활동 같은 영세 서비스 활동이 급증했음을 목격했다. 더욱 면밀히 검토해보면 이러한 활동들이 이미 해외 무역을 아래로부터 전환시키고 있음을 알 수 있다. 다양한 합법적, 불법적 출처에서 벌어들인 경화 소득으로 지불되는 추세인 외국 제품의 유통망 확산에 이들이 기여하고 있기 때문이다.

그러나 북한은 이런 경로를 평탄하게 밟아나가지 못했으며, 정부는 스스로 많은 문제를 양산했다. 이러한 장애물에 관해서는 재 언급할 만한 가치가 있다. Chapter 7에서 설명했듯이 2002년의 경제정책 변화는 연간 100% 이상의 높은 인플레이션을 유발했다. 정부는 근본적인 재정 및 통화 문제 해결에 진전을 보이는 것 같았지만 이 문제들은 해결되지 못했다.

또한 복권에 가까운 채권을 발행하고 시장을 철저하게 금지하는 등 정부가 추진한 일부 해결책도 전망이 밝지 않다. 높은 인플레이션 환경에서 근본적인 개혁을 시도하는 국가는 대개 성공을 거두지 못한다. 높은 인플레이션은 정책 결정 과정을 복잡하게 만들며, 착오를 증가시키고, 개혁과 관련된 분배상의 갈등을 악화시킨다. 또한 인플레이션은 상대가격의 측정을 어렵게 하여 투자와 교역을 막게 된다. 종종 북한과 비교되곤 하는 중국은 개혁을 도입했을 때 현재의 북한처럼 심각한 거시경제적 불안정과 계획경제의 붕괴를 겪지 않았다.

더 근본적인 문제는 정권이 심각한 신용 문제에 부딪친 점이다. 우리는 지금까지 일어난 상향식 시장화의 상당부분이 정부 정책 덕분에 실현된 것이 아니라, 정책에도 불구하고 이루어졌다고 믿는다. 정권은 시장 활동을 마지못해 묵인했으며, 개혁 활동은 갈팡질팡하는 절차 때문에 계속 방해를 받았다. 결국 정부의 절차는 개혁활동이 무산되도록 하는 데만 기여했다. 식량배급제를 부활하기 위해 곡물을 강제 압류한다는 조치를 포함한 2005년 가을의 농업 정책 변화는 가장 최근의 예일 따름이다.

시장 참여자들은 사업의 범위를 제한하고 시장이 합법과 불법 사이의 암흑지에서 운영되도록 하는 취약하고 불확실한 경제 제도 속에서 활동하고 있다. 지금까지 사유재산권이나 계약권을 지지하는 정책 변화를 거의 보지 못했으며, 이런 변화가 이루어진 곳에서도 신뢰성이 의심스러운 상태이다.

현지 기업과 외국기업에 대한 대우 차이는 정부 내에서 해외경제관계를 정식화하자는 세력이 상대적으로 약함을 알려준다. 남한의 인건비가 높아지면서 경쟁력이 떨어진 남한의 중소기업들은 북한 제조 분야의 장래 투자자들이다. 개별적으로 이 기업들은 서울과 평양 모두에서 직접적인 정치적 영향력이 없으며 따라서 사적인 보상을 받을 기회가 적기 때문에 이들에게는 공식적인 제도 규정이 더 중요하다.

이런 면에서 세금이나 수익 송환 같은 문제들에 대한 남북 양자간 합의의 결론은 이러한 신용 문제를 해결하기 위한 장치로 해석될 수 있다. 남한정부의 사실상의 허가를 받았으며 위험을 명시적, 암시적으로 고스란히 사회화시킨 개성 공단의 설립 역시 이러한 기능을 수행한다. 그러나 북한의 행동은 당혹스러웠다. 북한은 개성 프로젝트를 실현시키는데 필요한 교통 연결망 완공을 계속 지연시켰다. 또한 북한이 요구한 임금 수준은 남한 기업이 북한으로 공장을 이전할 때의 최대 이점인 저임금 혜택을 무효화시킬 정도였으며 북한 측은 공단 기념식에서 남한관료들을 냉대했다.

지금까지 북한이 부적절한 정책을 시행해 온 요인에 대해서는 네 가지 가설이 유력하며, 이들은 상호 연관되어 있다.

첫 번째는 북한 당국의 의도는 좋지만 경험과 기술 역량의 부족으로 경제 정책이 실패했다는 설명이다. 말 그대로 무엇을 해야 할지 모른다는 것이다. 두 번째 가능성은 정부가 무엇을 해야 하는지 알고는 있지만 정치적 궁지 혹은 개혁이 정치에 미칠 영향을 두려워해서 필요한 조치를 취하지 못하고 있다는 설명이다. 세 번째 주장은 외부의 지원이 지닌 윤리적 위험에 초점을 맞추고 있다. 외국의 원조 제공은 미봉책이며 임시변통이라는 것이다. 네 번째 가능성은 정부가 무엇을 해야 할지는 알고 있지만, 통상정지나 제재 같은 외부적 제약 때문에 위축되고 있다는 것이다. 우리는 이 주장들 중 처음 둘을 이어서 다루고, 다음 부분에서 외부적 제약에 대해 설명하도록 하겠다.

첫 번째 해석을 뒷받침할만한 증거는 많다. 한 예도 북한의 경제정책입안 자가 방북한 세계은행World Bank의 한 관료에게 채권시장이 무엇인지 물어보 았다는 일화가 있다. 이 경우 기술 지원과 교육을 실시하면 큰 효과를 거둘 수 있으며 손실이 큰 터무니없는 실수를 막는데 도움이 될 것이다. 양자간 기술지원과 마찬가지로 세계은행과 국제통화기금(IMF)이 이런 면에서 중요 한 역할을 할 수 있다.[4]

그러나 아래에서 더욱 상세히 다룰 서구의 거부감 문제를 잠시 접어두더 라도, 북한이 이러한 권고를 받아들일지 확실히 알 수 없다. 중국조차도 외 부의 충고에 대한 북한의 거부감에 사적으로 불평을 하곤 한다. 북한 정부 는 궁극적으로 국제 금융기관의 회원에게 요구되는 개방성과 투명성을 받 아들이려 하지 않았다.[5] 개혁이 부분적이고 오락가락하며 진행된 점은 학 습이 필요함을 나타낸다고 볼 수도 있지만 더욱 심각한 정치적 균형상태를 반영한다고 볼 수도 있다.

한편 당국이 지금까지의 활동으로 나타난 결과에 두려움을 느껴 정치적 통제 유지를 위해 서서히 경제적 통제 회복을 꾀했기 때문에 개혁 과정이 방해를 받았다고 설명할 수도 있다. 중앙 정부의 관료들은 불평등 증대, 새 로운 중심 경제 세력 등장, 무역과 투자가 증가하면서 사상과 정보가 새어 나가는 등(특히 그리고 아이러니하게도 중국을 통한 정보 유출이 두드러짐) 지금 까지의 개혁으로 인해 정치적으로 불리한 점이 많이 나타나자 불안감을 느 꼈을 것이다.

이러한 우려를 암묵적으로 보여주는 증거들은 예컨대, 최초의 경제 특구 의 위치를 고립된 지역인 북동부 최극단에 선정한 것, 2004년 가입자가 늘 어나기 시작한 휴대전화의 개인적 사용을 금지한 점, 밀매된 남한 드라마 비디오테이프를 정기적으로 압수한 점 등을 들 수 있다. 더욱 국가 통제주의적인 시나리오를 생각해 보면, 정부는 취약한 조세기반이나 불충분한 외환 소득 같은 시급한 정책 문제의 해결에 전력을 기울이는 한편 정권유지를 위해 중국과 남한의 원조에 의존할 것이다. 예를 들어, 국가가 향상된 자원 지배력을 사회적 안전망을 재구성하는데 사용한다면 식량 확보 문제가 단기적으로 개선될 수 있다. 이는 2005년 10월의 식량배급제를 부활시키려는 노력과 일치한다. 그러나 통제회복을 위한 이러한 노력은 궁극적으로 더욱 광범위한 개혁노력을 지연시키게 된다. 즉 정권이 정치적 안정성을 중시함에 따라 개혁 과정이 분화되고 불완전하게 되는 것이다.

개혁이 불완전하게 이루어진데 대한 또 다른 정치적 설명은 지금까지의 개혁으로 양산된 경제 세력과 관련된다. 북한의 시장화 과정은 대부분 공식적인 규율과 제도 없이 이루어졌다. 보다 광범위한 경제적 변화를 이루기 위한 한 방법은 이렇게 아래로부터 이루어진 암묵적 개혁을 출발의 토대로 삼아 적법화하고 정규화하고 발전시키는 것이다. 그러나 중요한 문제는 기회주의적으로 행동해온 현직 책임자(예를 들어, 자산 횡령이나 자생적인 민영화에 관여해온 기업 경영진들)들이 사유재산권의 정식화나 일관되고 개방적인 규제 환경의 도입에 반대할 수 있다는 점이다. 분명한 경우지만 군대가 이러한 불법적인 경제 활동에 관여되어 했다는 점에서 이해관계는 특히 커진다.

이러한 환경에서는 중앙정부가 통제를 회복하려고 해서가 아니라 부분적인 자유화의 수혜자들이 더 이상의 개혁을 막을 만큼 충분한 영향력을 지니게 되었기 때문에 개혁이 평탄하지 않게 되고 비효과적으로 된다. 이 시나리오는 시장에 대한 의존도가 높아지면서 경제적 성과가 차츰 향상될 가능성을 제시한다. 그러나 이에 상응하는 사회적 안전망이 없는 상황에서 경제가 발전한다면 불평등이 증대되고 가정의 사정이 제각기 나뉘는 경향이 지속될 것이다. 또한 식량 불안이 이어질 가능성도 있다.

　이런 측면에서 북한 군대의 이해관계가 관련된다. 군대는 계속 자체적인 유사경제 Parallel Economy 를 운영해 왔다. 자체적인 무역업체가 있고 해외 기술과 수입품을 우선적으로 얻을 수 있는 군대는 개혁을 활용하기에 좋은 입장이다. 현재 군대는 동독의 콤비나트나 남한의 재벌을 본보기로 삼은 12개 이상의 복합기업을 관리하고 있다. '선군' 정치로 구체화된 것처럼 군대에 대한 김정일의 의존도가 커진 점을 고려하면 경제 정책은 점차 군 지도층의 특수한 이해관계를 반영했을 수도 있다. 이는 '루이 보나파르트의 브뤼메르 18일 Eighteenth Brumaire of Louis Napoleon' 에서 묘사된 엘리트층에게는 분명히 유감스럽고 아이러니한 형세일 것이다. 그러나 개혁에 대한 군의 입장은 여전히 잘 알려져 있지 않다.[6]

　군대와 군산복합체가 개혁절차에 참여했는지, 또한 어떻게 참여했는지는 경제개발 과정의 성격 및 성공전망, 그리고 외부 세계와의 관계와 근본적인 관련성을 지니고 있다. 여기에서 중국의 경우가 특히 연관성이 있다.

　중국이 개방정책을 시작한지 처음 10~15년간 빠른 속도로 경제개혁에 착수할 수 있었던 핵심 요인은 경제를 적극적으로 비군사화한 것이었다. 중국의 핵심 전략에는 군산복합체의 생산을 민영화하고 군대의 인력, 설비, 인프라를 민간용으로 대거 전환하고 군대 규모를 대폭 축소한 조치가 포함되었다. 동시에 정치 과정에서 군대의 정치적 영향력이 꾸준히 감소하기 시작했다. 개혁에 착수할 때 이러한 광범위하고 신속한 경제의 비군사화가 없었다면 중국의 경제 자유화의 속도와 규모는 훨씬 느리고 제한되었을 것이다.

　북한에서는 개혁 과정에서 비군사화가 진지하게 검토되거나 추진되는 조짐이 전혀 없다. 중국과 반대이다. '선군' 정치는 조선인민군의 지도층이 경제개혁을 군산복합체의 자원을 더 많이 벌어들일 기회로 보고 있음을 보여준다. 이 경우 국가 경제의 지속적인 군사화와 결합된 북한의 경제 개발모델은 중국보다는 1980년대 소련의 모습과 훨씬 공통점이 많다. 외부 환경은 북한 정치계의 개혁 지지파와 반대파가 어떤 승부를 지을지에 중요한 영향을 미칠 것이다. 이런 측면에서 북한 정부는 경제 개혁이라는 대의에 대해 완전한 지지도 아니고 전적인 반대 입장도 아닌 복잡한 상황에 직면했다.

미국과 일본이라는 두 주요 국가는 북한이 세계화에 성공하는데 상당한 외부적 제약을 가했다. 그러나 주요 거래국인 남한과 중국은 정치적 안정성을 다른 무엇보다 중요시하며, 오히려 지나치게 관대했다.[7] 결과적으로 미국과 일본의 정책은 개혁의 기대 효과를 감소시킨 반면, 남한과 중국의 정책은 북한이 임시변통으로 대응할 수 있게 해주어 개혁을 지연시켰다. 이러한 고찰은 개혁의 궤도가 점진적이고 부분적이며 외세의 행동과 밀접하게 연관되어 있음을 의미한다.

이러한 결과는 예상 밖이었다. 주의 깊게 살펴본다면 내부적인 발전의 조짐을 볼 수 있다. 두 가지 예를 들어 보자. 2004년 4월의 재정법 통과는 최소한 새로운 조세 시스템이 효력을 발휘하고 국가의 재정적 기반이 재확립되며 거시경제적 불안정이 줄어들 거라는 기대를 심어 주었다. 2006년 김정일은 중국 남부의 경제적 호황을 누리는 도시를 방문하고 중국식 모델이 '올바름'을 확인했다. 이미 일부 관측자들은 중국적 특성을 지닌 개혁의 시작으로 받아들이고 이를 환영하고 있다.

최고층에서 실제로 개혁을 이행하고 중국과 남한이 자원과 기술 지원을 제공하며 미국 및 일본에서의 외교적 압력이 가라앉는다면 북한경제의 상당한 부흥을 상상하기란 어렵지 않다. 그러나 여태까지 이러한 희망은 번번이 꺾이곤 했다. 예전에도 김정일은 상하이를 방문했고 중국의 개혁을 칭송했으며 북한이 '중국에서 추진하는 개혁정책을 지지하겠다.'고 선언했었다. 그러나 2006년 방문에서는 일종의 기시감(旣視感)이 느껴진다. 결국 낙관적인 시나리오는 광범위한 개혁에 착수할 북한 지도층의 의지와 개혁 절차를 내부적으로 관리할 수 있다는 자신감, 외부 환경이 근본적으로 꾸준히 협력적일 거라는 확신에 달려있다.

요약하자면 식량문제는 보다 광범위한 경제적 개혁의 맥락에서 보아야 한다. 개혁에 한 가지 길만 있는 것은 아니지만, 북한의 조건을 고려하면 농업 중심의 개혁 절차는 충분하지 못한 것으로 보인다. 더욱 광범위한 변화가 필요할 것이다. 여기에는 더 자유로운 교역을 허용하고 해외 투자를 촉진시켜 수출 중심 활동으로 경제를 재편하는 조치가 포함된다.

이런 전략을 더 적극적으로 추진하지 못하는 이유는 기술적인 지식과 학습이 부족해서일 수도 있지만, 정치적 통제나 특혜집단의 이해관계가 방해물일 수도 있다. 이러한 제약을 더 잘 이해하기 위해 북한의 정치적 전망을 좀 더 상세히 검토해 보겠다.

▪ 북한의 기근과 개혁 II : 정치적 결과

우리는 북한의 식량 문제가 궁극적으로 정치 체계의 근본적인 특징과 연관되어 있다고 주장해왔다. 식량배급제를 통해 식량을 얻는 방식을 포함해 사회주의적 권한부여 체계는 정치적 충성도에 따라 생활 기회가 크게 좌우되는 카스트제도와 유사한 복잡한 체계에 따라 직간접적으로 결정된다. 우리는 국가의 특정 지역(특히 북동부 지역)이 특별히 다른 지역(평양)에 비해 어떤 불이익을 받았는지 그리고 이 지역들이 다른 사회적 분류(당원 대 산업 근로자)와 어떻게 밀접하게 상호 관련되는지 설명하였다.

우리는 또한 식량부족의 징조에 대한 정부의 반응을 강조했다. 이는 아마르티아 센이 제시한 기근의 정치 이론에 동기를 부여한 문제이다. 우리는 지도층이 곤궁의 정도를 알지 못했다는 증언에 주의를 기울였지만, 또한 식량사정을 악화시킨 정부의 행동도 정리하였다. 이 행동에는 북동부 지역을 인도주의적 접근에서 제외시킨다든지 개인의 이동을 금한 것 등이 포함된다.

북한의 비극은 정치지도층이 사건현장에서 격리되어 있고 정치적 통제를 시민의 복지보다 우선시하는 체계에서 발생할 수 있다. 따라서 북한의 위기는 정부의 독재주의 구조, 시민에 대한 책임감 결여, 정치적·시민적 자유 및 사유재산권 부정이라는 문제와 밀접하게 관련되어 있다. 이 권리에는 최소한 정부 관료가 곤궁의 정도에 대해 알 수 있고, 보복에 대한 두려움 없이 정보를 공개할 수 있는 것도 포함된다.

시민들에게 안정된 사유재산권을 부여하고 거래와 사적인 생산에 자유롭게 종사할 수 있게 하고 이동할 수 있는 자유를 준다면 광범위한 사회적 복지 효과를 불러올 것이다. 더욱 포괄적으로 본다면, 시민들이 곤궁에 대응하여 집단적으로 뭉치고, 식량부족의 증거를 공무원들에게 제시하고, 민정실패에 대한 책임을 물어 이들을 교체할 수 있었다면 기근과 식량난은 피할수 있었을 것이다. 이러한 권리가 있었다면 대기근도, 지속적인 식량부족도 북한 시민들이 치룬 희생을 불러오지 않았을 것이다.

그러나 희망이 일을 성사시키는 것은 아니며, 체제 변화의 이점을 떠벌린다고 예측이 가능하거나 정책이 만들어지지도 않는다. 국가의 정치적 특성이 식량 상황과 일반적인 개혁 문제를 해결하는데 있어 근본적인 요소라면, 우리는 정치적 변화의 전망을 평가해볼 필요가 있다. 여기에 대한 평가를 하자면 지금까지 논평자들이 내놓았던 의견들을 어느 정도 비하하게 될 것이다. 1990년대 중반 이 문제에 대한 논의가 처음 이루어졌을 때는 국제적 고립, 경제적 곤궁 악화, 1994년 7월 김일성 사망 후의 권력계승에서 예상되

는 문제를 겪은 체제의 붕괴 전망에 논의가 집중되었다.[8]

　'붕괴파Collapsists' 들은 이러한 외부적인 충격에 더해 내부적 분열이나 제도적 취약성을 알려주는 수많은 정치적 특징에 주목했다. 이런 특성들로는 조선노동당 의회와 최고인민회의Supreme People's Assembly, SPA 회기, 심지어는 중앙위원회Central Committee 회의가 중단된 데서 알 수 있는 정치 제도의 명백한 쇠퇴, 김정일이 김일성의 지위 즉 국가 주석과 조선노동당 총비서를 맡지 못한 점, 친애하는 지도자 동지를 지지하는 대중 집회가 없었던 점, 엘리트 계층의 망명 증대, 특히 전 조선노동당 중앙위원회 위원이었던 황장엽의 망명, 김정일을 김일성과 비교하는 대중의 속마음을 드러내는 다양한 증언 등을 예로 들 수 있다.

　정권 붕괴에 대한 예측은 문헌에 널리 나와 있다. 1995년 미국의 분석가 니콜라스 에버스타드Nicholas Ebersadt는 '현재 김정일의 통치가 안정적이거나 장기적일 것이라고 예측할만한 근거가 거의 없다' 라고 썼다. 이 주제에 대한 에버스타드의 저명한 저서는 《북한의 종말 The End of North Korea》 (1999)이다.

　남한의 학자이자 외교관인 김경원은 '탈출구는 없다: 임박한 북한의 붕괴No Way out : North Korea's Impending Collapse' 라는 논설에서 '향후 몇 년 내에 김정일이 개혁주의자들이나 군의 강경론자들에 의해 밀려날 가능성이 현실적으로 존재한다' 고 썼다. 동료학자인 안병준도 김정일 일가 체제가 단명할 것이며 이후 혁신파 군부 쿠데타가 일어나거나 북한이라는 국가가 붕괴되어 사라질 거라고 예측하며 김경원의 평가에 공감을 나타냈다.[9]

　우리는 이 견해들의 흠을 잡으려고 언급한 것은 아니다. 모두 사려 깊은 분석가들의 의견이며 전형적인 견해였다.[10] 그럼에도 불구하고, 정권의 견고함을 과대평가하게 될 수 있는 위험을 무릅쓰고라도 북한이 왜 붕괴하지 않았는지는 검토할만한 가치가 있다.

극심한 경제 악화에서 살아남은 정부의 능력을 알려주는 증거는 북한의 경험을 더욱 광범위한 견지에서 비교해보면 찾아낼 수 있다. 우리가 이 책에서 경제적 몰락을 상세히 설명하긴 했지만 북한이 유례없는 경험을 한 것은 아니다. 한국은행이 수집한 정보에 따르면[11] 북한은 1990년에서 2002년까지 12년 동안 1인당 GDP가 약 25% 하락했는데 이는 매년 약 2%씩 감소한 것이다. 1990년과 1998년 사이에 약 33%로 가장 많이 하락했는데(1년에 복리로 5% 이상 의미), 이 때는 경제가 낮은 소득 수준으로 고정되기 시작하기 전이다. 1960년 이후의 국가별 경제 실적에 관한 세계은행의 데이터에 따르면, 12년 동안 1인당 소득이 25% 이상 하락한 국가는 북한 외에 42개국이며 이 국가들 중 14개국에서 1인당 소득이 50% 이상 감소했다.[12]

북한의 경제적 실적이 전적으로 드문 경우가 아니라면, 위기와 지속적인 독재주의 통치가 결합된 점이 특수할 것이다. 그러나 이러한 결론조차 성급할 수 있다. 가장 확실한 비교 국가는 쿠바이다. 카리스마적인 건국 지도자가 이끄는 공산주의 체제의 쿠바는 소련 붕괴 후의 엄청난 경제적 몰락을 견뎌냈으며, 막강한 생존력에 있어 북한보다 더 심하지는 않더라도 유사한 반감을 받고 있다.

이 외에 심각한 위기에서 살아남은 개인 독재주의 체제는 하피즈 알-아사드 및 바샤르 알-아사드 Hafiz &Bashir al-Assid 통치 하의 시리아와 프랑수아 뒤발뤼에 Francois Duvalier 및 장클로드 뒤발리에 Jean-Cluade Duvalier 하의 아이티, 니콜라에 차우체스크 Nikolae Ceaucescu 하의 루마니아를 들 수 있다. 이들이 권좌에서 물러난 것은 광범위한 혁명적 개발이 동유럽을 휩쓸면서 경제가 중대하게 몰락한 후였다. 이 예들이 보여주는 것은 심각한 경제적 위기는 정치적 불안정과 정권 변화의 가능성을 높여주지만, 반드시 권력 유지에 극복할 수 없는 장애는 아니라는 점이다. 이 중 최악의 경제 침체와 동시에 혹은 직후에 정권이 변화된 사례는 없다.

놀랜드(2004)는 여러 국가에 걸쳐 더욱 체계적으로 정권변화의 결정요인을 분석했는데, 여기에서도 이 사항이 확인되었다. 이 연구에서 사용된 소위 위험 모형Hazard Model은 국가 데이터를 이용해 보정될 수 있으며, 주어진 국가가 해당년도에 정권이 변화할 가능성이 어느 정도인지 제시해준다. 이 모형들 중 가장 타당성 있는 사양에 따르면 북한의 붕괴 가능성은 1997~1998년에 약 10%로 가장 높고 2002년에는 약 5%로 떨어졌다. 북한이 1990년 이후 근본적인 정치적 변화를 겪을 거라고 예측한 사람들은 이렇게 불리한 내기를 걸지 않았다. 더 광범위한 표본 사례에서도 10년 동안 누적 위험이 50%를 훨씬 상회했다.

이러한 모형들을 미래로 확장하고 향후 성장률에 관해 몇 가지 가설을 세우면 장래의 정권 변화의 가능성을 보다 폭넓게 점칠 수 있다. 이들 중 결정적인 매개 변수가 외부 환경의 성격이다. 이른바 '협조적 개입Cooperative Engagement' 이라고 부를 수 있는 시나리오를 생각해 보자.

이 시나리오 하에서는 6자 회담 절차가 이어지고, 북한의 핵 프로그램을 둘러싼 외교적 긴장이 최소한 일시적으로라도 완화된다. 북한은 포괄적인 화해의 결과로 남한, 중국, 유럽 심지어는 미국에서도 더 많은 원조를 받는다. 평양은 일본과 외교관계를 정상화하고 식민지 청구권 청산을 받기 시작한다. 북한은 다국적 개발은행에 가입하고 여기에서도 원조를 받기 시작한다. 이렇게 위험이 줄어든 환경에서 지도층은 국제적인 지원을 받으며 개혁 절차를 추진하고, 성장률이 1999년 기록했던 최고치인 6%로 돌아선다. 이 시나리오 하에서 정권 변화의 가능성은 1% 이하로 떨어진다.

반면 '네오콘의 꿈Neo-con's Dream' 시나리오에서는 6자 회담이 실패하거나 5개 국가가 북한의 계략에 지쳐서 김정일 정권에 압력을 가하기로 결정한다. 원조가 중단되고 무역이 줄어들고 성장률이 이전의 −6%로 떨어진다. 또한 미숙한 경제 정책 개혁이 지속적으로 높은 인플레이션 율을 불러온다. 이러한 '네오콘의 꿈' 시나리오에서 정권 변화의 가능성은 약 1/7로 높아진다. 우리가 '국제적 엠바고 International Embargo' 라고 부르는 더욱 과격한 시나리오에서는 북한이 핵무기를 시험하고 핵분열성 물질을 수출하거나 여타 군사적 도발에 참여해 더욱 완전한 경제적 고립상태에 빠진다. 무역과 송금이 완전히 중단되고 해외 무역은 통상금지에 부딪쳐 북한은 1990년대 중반의 위기 때보다 경제 실적이 더 악화된다. 이러한 환경에서 정권 변화의 가능성은 첫 해에 40% 이상으로 올라갈 수 있으며 중기로 가면 붕괴가 실제로 확실해진다.

이 계산은 액면그대로 받아들여서는 안 되지만, 당분간 외부의 경제적 압력이 정권 변화로 이어지지 않을 것임을 강력하게 시사한다. 김씨 왕조는 이미 최악의 위기에서도 살아남았고, 정권변화의 가능성을 높여줄 경제적 제재는 앞서 우리가 강조했던 조정 문제 때문에 적용하기가 힘들다. 시나리오와 반대 상황인 것이다. 북한 정권은 위험률이 높은 결과를 피하기 위해 행동을 신중하게 조정해 나갔고 그리하여 북한의 생존에 유리한 국제 환경이 조성되었다.

지금까지 우리는 정권 변화의 전망에 초점을 맞추며 경제적 성과와 정치적 변화 간의 상호관계를 살펴보았다. 그러나 보다 세세하게 이해하려면 그러한 변화가 이루어지는 메커니즘과 정권이 장악할 수 있는 정치적, 제도적, 강압적 자원을 검토해야한다.

해거드 Haggard와 카우프만 Kaufman은 경제적 위기가 독재적인 지도자의 지배력을 약화시킬 수 있는 세 가지 방법을 제시했다. 아래로부터 대규모 시위를 일으키고, 주요 경제 엘리트와 사업 엘리트로부터의 지원을 줄이고,

으레 권력 유지에 결정적인 역할을 하는 강제 기구 내의 분열을 조장하는 것이다. 왜 이러한 방법들이 북한에서는 다른 환경에서처럼 효력을 발휘하지 못했을까? 아래로부터의 대규모 시위에 대해 생각해보자면, 기근, 반복적인 식량난, 대규모 실업 및 불완전 고용은 정치적으로 치명적인 조합으로 보인다.

그러나 현 정권은 두 세대에 걸친, 누구와도 견줄 수 없는 정치적 세뇌와 거대한 사회 통제 장치에 기댈 수 있다. 반정권 행위가 있었다는 진술이 주기적으로 나오긴 했지만 보통 신속하게 잔인하게 처리되었다고 한다.[13]

마찬가지로 중요한 사항은 최소한 조금이라도 국가로부터 독립적이고 따라서 불만을 효과적인 정치적 행동으로 돌릴 수 있는 중재적인 제도나 시민사회 제도가 사실상 존재하지 않는다는 점이다. 국가가 통제하는 다양한 단체가 존재하긴 하지만 매우 엄격한 당의 통제 하에 있다. 폴란드와 같은 자유노조도 없다. 폴란드에서 계엄령 체제에 대항해 일어난 봉기나 필리핀에서 페르디난드 마르코스Ferdinand Marcos의 독재에 대항한 '피플파워People Power' 사례에서처럼 합법적으로 이의제기를 할 수 있는 가톨릭교회 같은 윤리적 권위를 지닌 대안세력도 존재하지 않는다.

대중행동에 대한 또 다른 제약은 사회에 대한 외부적 평가 기준을 제공하고 저항을 결집시키는데 도움이 될 만한 정보의 부족이다. 변화 조짐이 보이기는 하지만, 북한과 외부사회와의 고립은 보기 드물 정도이다. 모든 텔레비전과 라디오가 국영 채널에 고정되어 있다. 개조를 해야만 외국 방송을 수신할 수 있다.[14] 외국의 간행물을 읽거나 외국 방송을 청취하는 것, 혹은 이런 목적으로 텔레비전이나 라디오를 손보는 행위도 범죄시된다. 국가를 떠나는 것도 범죄이다. 하지만 최근의 국가 이탈 행위는 외부 정보 유입을 막는 댐에 큰 구멍을 냈다. 또한 외부 세계와의 거래로 남한의 음악과 비디오 같은 외국의 문화제품에 접할 기회가 증가하고 있다.

이렇게 충분히 입증된 정치적 통제 및 정보 통제와 더불어 식량난 중에도 핵심 지지 기반을 유지할 수 있는 독재 정권의 능력을 과소평가해서는 안 된다. 독재 정권은 강압정치만으로 살아남는 것이 아니다(Wintrobe 1998). 북한의 고위급 정치 엘리트들은 비교적 일관되고 통합된 것처럼 보이며, 당파 경쟁이 사실상 저지되었다. 김정일의 '선군' 정치는 분명히 조선인민군의 지지를 유지하거나 높이려는 노력을 나타낸다. 지난 10년간 특정 부대에서 항명이 있었거나 군 권력층 내에서 보다 조직화된 도전이 도모되었다는 보고는 나와 있다.[15] 그러나 일시적인 행동에 그친 사회적 항의와 마찬가지로 이들 역시 진압되었고, 김정일 통치에 대해 고위급에서 군사적 도전이 일어났을 가능성을 보여주는 신뢰할만한 증거는 알려져 있지 않다.

마지막으로 정권에 도전할 때 예컨대 투자 보류나 자본 도피를 통해 직접적인 정치적 역할을 수행할 독립적인 경제 세력이 없다. 1990년대부터 곤궁이 널리 확산되었음에도 불구하고, 군산복합체와 연계된 업체 등 특혜 기업은 보호받았고 외화를 얻을 수 있었다. 실제로 이들의 지위는 '선군' 정치 하에서 상승되었을 것이다.

정부는 저항을 막기 위해 정치적, 군사적, 경제적 핵심 엘리트 외에도 손을 써야하는 곳이 있다. 농촌의 반란이 없을 경우, 도시 대중의 동원이 가장 중요한 아래로부터의 위협이 된다. 북한에서 평양은 군대를 제외한 비농촌 인구의 4분의 1을 차지할 것이다. 1990년대 중반의 경제적 붕괴라는 제약 속에서 정권은 평양 주민들의 요구를 부지런히 채워주었다. 규모가 알려지지 않은 평양 외의 도시 인구도 아마 유사한 특혜를 누린 것으로 분류되어야 할 것이다. 재일동포와 재중동포를 포함해 소규모 자영업자와 무역업자들이 중산층으로 새로이 등장했으나, 이들은 최근 이루어진 시장화의 수혜자들이고 정치적 비난을 이끌기에는 역부족이다.

마지막으로 외부 환경이 경제적으로 협력적일 뿐 아니라 강력한 정치적

과제를 제시하지도 않는다는 점을 주목해야 한다. 북한의 인접국들은 김정일 반대 세력에게 피신처를 제공하지 않았다. 다국적 차원에서 피신처를 제공하면 북한의 변화를 촉구하는 한 방편이 될 수 있다. 중국 국경 지방의 탈북 난민들의 정치적 불만에 대한 증거는 늘어나고 있지만, 이들 중에서 김정일에 반대하는 정치적인 조직화가 이루어졌다는 증거는 찾아보기 어렵다. 중국에서는 공공연한 정치적 활동이 제한되어 있을 뿐 아니라, 1989년 헝가리가 국경을 개방하고 동독 난민들이 오스트리아를 경유하여 서독으로 피난할 수 있게 한 것처럼 정권을 근본적으로 약체화시킬 만한 틈이 생길 전망도 지금까지는 거의 없는 상태이다. 중국 당국은 북한의 안보 기관에 협력해 난민들을 송환했고 탈북자들을 정치 난민으로 다루라는 국제적 압력을 단호하게 거부해 왔다. 북한의 정권 변화를 겨냥한 공공연한 정치 활동이 진행되거나 난민 수가 증가하는 것에도 중국은 분명 신속하고 분명하게 대응할 것이다.

중국이 피난민 주도의 정권 약화 활동을 방해했을 뿐 아니라, 남한도 이런 측면에서 점차 신중해지고 있다. 탈북자들의 정치적 효용이 떨어지고, 탈북자들의 사회적 구성이 엘리트층에서부터 동화하기가 더 어려운 근로자와 농민 쪽으로 옮아가고, 남한 정부가 포용 정책을 더욱 적극적으로 추진함에 따라 남한은 점차 문을 닫는 쪽으로 움직였다.

우리는 남한의 정치적 상황이 안정적이라고 말하는 것은 아니다. 그러나 붕괴 시나리오에 초점을 맞추면, 정권변화까지 이르지 못하는 여타의 정치적 발전에 대해서는 주의 깊게 고려하지 못하게 된다. 공산주의 국가가 민주 통치로 점진적으로 이행한 사례가 없다는 점을 고려해보았을 때, 과연 북한 특유의 독재주의는 어떻게 변화하게 될 것인가?

'개혁가 김정일' 에 대한 수많은 진술에서 제시되어온 한 방법은 국민당 정부 체제의 타이완이나 박정희 정권 하의 남한 등 동아시아의 다른 신생 산업국과 유사한 발전지향적 국가로 전환하는 것이다.[16] 혹은 중국식 경로로 전환하는 것이 더욱 논리적이다. 하지만 북한 정권의 왕조적 성격과 한반도의 분할이 이런 방침에 잠재적인 장애물임을 간과해서는 안 된다. 두 체제 간의 이념적 차이를 흐리게 하고 남한 주민과의 접촉을 늘리는 경제개혁은 정권의 권위를 실추시킬 위험이 있다. 따라서 정권이 처음에 사회주의의 몰락에 반응하여 경제개혁에 대해 완고하고 공공연한 적대감을 드러낸 것도 놀라운 일이 아니다. 이는 소련 수정주의의 결정적이고 실로 치명적인 과실로 해석될 수 있다.

그러나 얼핏 보기에 국가의 가장 극우적 구성원의 득세를 의미하는 것처럼 보이는 '선군정치' 의 개시는 주체사상의 재해석과 과거 관행으로부터의 상당한 변화를 가능케 할 수 있다. '총대Barrel of Gun' 로 '강대하고 번영하는 조국' 을 건설하자는 '선군' 정치를 강조하는 현재의 선전 방식은 일본 메이지 시대의 '부국강병'· 슬로건과 기묘하게 닮아 있다. 국수주의는 오랫동안 그래왔던 것처럼 중요한 이념적 접착제 역할을 할 것이다. 회의적인 군부도 개혁절차에 대해 안심하게 될 것이다. 하지만 개혁 활동의 본 모습이 희석되고 자원이 계속 군산복합체로가게 되는 희생이 따를 것이다.

이러한 경로는 자유화라는 의미에서 정치적인 개혁을 수반하지 않지만, 국가 기구와 경제적 의사결정의 합리화가 필요할 것이다. 1998년 김정일의 공식적인 정치적 권위가 최종적으로 통합된 결과, 의사결정의 합리화가 진행되었다는 증거가 있다. 1998년 7월 10차 최고인민회의 선거가 시행되었고 그 결과 군부 대표자가 상당히 늘어났다(총 687명 중 현역 군장교가 45명에서 107명으로 증가함). 다른 많은 정치적 변화 중에서도[17] 새로운 헌법은 내각에 경제와 행정운영에 관해 더 많은 책임과 권력을 부여하였다. 여기에는 지방의 인민위원회People's Committees 감독 임무도 포함된다. 경제적 관료정치가 사라지고 합리화되었다.

분명 이러한 발전 과정을 무시하지는 못하지만 우리는 여기에 대해 회의적인 입장이다. 북한은 동아시아의 다른 개발지향적 국가와 중요한 면에서 다르다. 특히 개혁에 착수할 당시 민간분야의 규모가 달랐고, 또한 다른 국가가 민주적이지는 않았지만 정치 환경이 좀 더 개방적이었다는 점에서 차이가 있다.

더구나 북한은 잘 알려진 약점인 개인숭배 통치로 어려움을 겪고 있다. 이런 체계는 세습이라는 해묵은 문제 뿐 아니라 제도화가 취약하고 지도자의 결정권에 대한 견제가 없으며 공공과 민간 분야의 경계가 모호하고 민간 분야에 신뢰할만한 위임을 하기가 매우 어렵다는 점 등도 난제이다.

예를 들어, 1998년 헌법에서 국가 기구가 명백하게 합리화되었지만, 정부와 당의 핵심 관료들과 군 고위층 간의 연합이 늘어나고 김정일이 모든 핵심 경제 주체를 지정하고 기술관료의 의사결정을 무효화시킬 수 있는 권한을 지님에 따라 불필요하게 되었다. 정부 내에 강경파와 개혁파가 존재한다는 논의가 있긴 하지만, 의사결정 권한을 지닌 실질적인 대표단이 있다는 증거는 거의 찾아볼 수 없고 어떤 경우에도 책임 계통이 모두 같은 곳에서 끝난다.

지금까지 개혁의 수혜자가 민간 분야라는 가설 또한 북한의 체계와 일반적인 공산주의 환경에서의 점진적인 개혁이 지니는 성격을 잘못 설명한 것이다.[18] 공산주의 체계에서 부분적인 개혁은 정부와 연관된 주체(당 관료, 정부 관료, 군 장교 및 이들의 가족)에게 특혜를 주며, 매우 기형적인 모습이 될 수 있다. 이들은 이후 더 이상의 개혁에 반대할 수 있다. 이런 부분적인 개혁과 정치가 상호 연계되면 특혜집단에게 시장 기회를 부여하고, 끊임없이 착취를 하며, 보다 독립적인 민간 분야의 등장을 제한하는 특징을 지닌 일종의 정실 사회주의Crony-Socialist 국가가 된다. 이런 체계는 정치적 개혁 징조를 나타내기는커녕, 특권을 강화하고 경제적 박탈자들로부터의 저항을 막아야 하기 때문에 더욱 큰 정치적 통제를 필요로 한다.

김정일은 공공연히 군대에 의존하고 있는데 그 점이 특히 문제다. 한편으로는 수많은 발표들에서 김정일이 군산복합체를 경제 성장을 주도하는 분야로 본다는 점을 알 수 있다. 무기를 생산하고 수출하며, 건설에서 통신에 이르기까지 각종 관련 분야에 군대나 군 연계 기업을 참여시키는 데서 이러한 점이 드러난다. 다른 한편으로 군대의 특혜적 위치는 중국 인민해방군People's Liberation Army의 전철을 밟아 전혀 관계없는 사업 분야로 이동할 수도 있음을 알려준다. 중국에서의 이러한 경로를 매우 상세히 분석한 타이 밍 청Tai Ming Cheung(2001)은 군 기업이 어떻게 부패와 밀수, 부당이득 취득에 관여했는지를 설명하였다. 그러나 중국에서는 당이 포괄적인 비군사화 프로그램의 맥락에서 최소한 일부 군 사업의 철수를 조정할 수 있었다. 조선노동당의 권한이 상대적으로 약한 점을 고려하면 이런 현상은 북한에서는 일어나기 어려울 것 같다.

또 다른 좀 더 희망적인 시나리오는 정치 체계의 사실상의 분산화에 있다. 분명히 중앙 정부가 국가의 주요 기업을 소유, 통제하고 있으며, 지금까지 도(道) 이하 정부에게 정책을 공식적으로 이전했다는 조짐은 거의 찾아볼 수 없다. 그러나 중국과 베트남에서처럼 명령 계통의 저층부에 속한 정부 관료, 당 간부, 기업 경영진 심지어는 군 장교까지도 변화의 중개인이 될 수 있다. 지역적 요구와 수익 기회 양쪽 모두에 익숙한 이 관료들은 최근의 시장화에서 등장한 정치적인 동시에 경제적인 세력을 대표할 것이며 시장 활동의 지지자가 될 수 있다.

최고인민회의와 지방 인민위원회 선거는 경합을 벌이는 선거는 아니었지만, 지역적 요구에 민감하게 반응하는 관료가 이 경로를 통해 정계에 진출했을 가능성도 있다. 하지만 민신 페이Minxin Pei(2006)는 이들이 중앙정부의 관료들과 같은 동기를 지녔을 가능성이 크며 추가적인 개혁을 방해하고 지역 보호와 특정집단의 이익 추구를 제도화하는 세력이 될 수 있다는 주장을 펼쳤다. 그러나 이 세력은 현재로써는 중국과 베트남의 개혁에서 일정 역할을 수행했던 일종의 경쟁적 자유화와 아래로부터의 개혁을 위한 정치적 기반을 제공하는 쪽에 더 가깝다.

요약하자면 북한의 정치적 변화에 관한 논쟁은 너무나 오랫동안 붕괴 문제에 초점을 맞추어 왔고, 정치적 복원력을 간과했으며 기존 체계 내에서 다른 경로로의 변화를 고려하지 못했다. 여기에서 우리가 설명한 시나리오 중 정치 체계의 향후 발전과 관련해 희망적인 시나리오가 없음을 한 번 더 강조한다.

'위로부터의 현대화Modernization From Above' 모형은 높은 수준의 중앙 통제와 관련되어 있다. 우리가 설명한 좀 더 분산화 된 경로가 광범위한 정치 개혁에 반드시 도움이 되는 것은 아니다. 실망스럽게도 중국의 최근 정치 역사는 경제적 자유 증대가 정치적 자유 증대와 경쟁력, 심지어는 시민의 자유 및 정치적 자유 강화로도 이어지지 않음을 보여주었다. 경제 성장과 민주화 간에 관련성이 존재한다면, 유감스럽게도 중국은 그러한 관련성이 영향력을 발휘하려면 긴 시간이 걸린다는 사실을 상기시켜주는 국가이다.

■ 국제적 차원 I : 인도주의적 원조의 딜레마 재고

국제 사회는 북한 주민들에게 어떤 의무를 지니고 있는가?[19] 식량에 대한 권리는 북한이 1981년 12월 이후부터 가입한 세계인권선언Universal Declaration of Human Rights과 경제적 사회적 문화적 권리에 대한 국제규약International Covenant on Economic, Social and Cultural Rights, ICESCR 제 2조에 명확하게 기재되어 있다.

ICESCR 하에서 정부의 의무는 이후 광범위한 자문 절차를 거쳐 명확해졌고, 특히 경제적, 사회적, 문화적 권리위원회Committee on Economic, Social and Cultural Rights가 1999년 발표한 일반논평General Comment 12에 구체적으로 설명되어 있다. ICESCR은 충분한 식량을 얻을 권리는 점진적으로 실현될 수밖에 없다고 인정하지만, 일반논평 12는 국가가 이 권리를 '존중하고, 보호하고, 성취할' 의무를 지닌다고 명백히 밝히고 있다. 이 논평의 6절은 이 점을 매우 명시적으로 나타낸다. '국가는 심지어 자연재해나 기타 어떤 재해 시에도 제2조 2절에 규정된 대로 굶주림을 완화하고 경감시키기 위해 필요한 조치를 취할 의무를 지닌다.'

이 공약들은 정부가 반드시 자체적으로 이 의무를 충족시킬 수 있는 것은 아님을 인정하고 있다. 따라서 ICESCR과 그 후속 해석들은 촉진 의무(일반논평 12, 15절)와 더불어 곤궁이나 만성적인 빈곤을 겪고 있는 정부를 도와야 하는 국제사회 측의 상응하는 의무도 포함하고 있다. Chapter 4와 5에서 설명한 것처럼 대북 인도주의적 원조는 신속하게 이루어지지 않았고 정치적 계산 때문에 여러 가지 점에서 볼모가 되었다. 그러나 결국은 관대했다. 1995년 발생한 홍수 이후 10년 동안 국제사회는 식량원조의 명목으로만 북한에 15억 달러 이상을 제공했다.

그러나 우리가 이미 알고 있는 것처럼 북한 정부는 투명하고 효과적인 인도주의적 구호 활동을 시종일관 방해해 왔다. 원조가 공평하게 배급되었다고 볼 수 없다. 대규모로 전용이 행해지는 것이 틀림없으며 전체 북한 주민의 3~10% 이상에게 공급할 수 있는 양의 식량이 전용되는 것으로 보인다. 원조 중 일부는 분명히 군대를 포함해 정치적으로 연계된 집단이 소비하고 있다.[20] 시장으로의 전용은 일부 긍정적인 효과도 지니고 있지만, 국영 기업가와 이들의 동맹이라는 특혜 계층을 양산하고, 외화 및 식량을 얻을 수 있는 사람과 그렇지 못한 사람이 뚜렷이 구별되는 더욱더 계층화된 사회를 만드는 데에도 일조했다.

첫 번째 중요한 문제는 전체적으로 봤을 때 과연 국제사회가 북한에 원조를 제공해야 하는지 여부이다. 미국뿐 아니라 유럽과 남한에서도 다양한 비판자들이 대북 원조가 기존 정권의 수명을 연장시키는 역할을 한다고 주장해 왔다. 이들 중 일부는 북한을 세계 경제 및 심지어는 외부의 식량공급에서 단절시키는 조치를 공동으로 추진하면 북한의 정책 개혁이나 정권변화라는 목표가 앞당겨질 것이라는 결론을 내리기도 했다.

우리는 개혁주의 정부 혹은 더 나아가 정권의 평화적 교체가 매우 바람직하다는데 진심으로 동의한다. 또한 북한을 인도주의적 원조에서 단절시키는 공동의 전략이 정권변화의 가능성을 증대시킬 것이라고 제시하는 바이다. 그러나 정권변화의 이점에서 인도주의적 원조를 줄이는 정책으로 비약하는 것은 문제점이 많다. 북한 정부는 주민에게 극심한 궁핍을 떠안기는데 주저하지 않음을 여러 차례 보여주었다. 식량원조의 전면적 삭감이 상황 개선, 정책개혁 혹은 정권변화로 이어질 가능성은 여전히 불확실하다.

게다가 원조국들의 경쟁적인 정치적 이해관계를 고려하면 의도한(불확실하지만) 효과를 불러오는데 필요한 협조가 과연 가능한지에 대해서도 분명치 않다. 그와 반대로, 다자간 원조가 감소하면 남한과 중국의 양자간 원조가 여기에 필적해 증가했다. 따라서 어느 한쪽에서의 원조 축소는 그러한 조치가 의도한 효과를 불러오지 못할 가능성과 원조 철수로 인한 영향력 상실에 견주어 심사숙고되어야 한다.

인도주의적 규정을 위반하고 원조 프로그램에 결함이 있으며 전용 문제가 존재한다고 해서 원조의 긍정적인 효과가 전혀 없다는 의미는 아니다. 원조는 직접적으로는 전체 공급을 늘리고 가격을 낮추며, 간접적으로는 상업화와 시장의 성장을 촉진하는 긍정적인 효과를 지닌다.[21] 우리가 살펴본 최대 추정치(50%가 자격이 낮은 집단이나 군대로 전용됨)로 전용이 이루어진다 해도 여전히 나머지 50%의 식량은 취약 집단의 필요를 충족시키기 위해 전달된다. 시장은 분명히 발전해 왔고 2005년 후반의 축소 징책에도 불구하고 계속 발전할 것으로 보인다. 가장 중요한 사실은 식량 원조를 중단하자는 주장의 실리적인 논리가 매우 모호하다는 것이다. 즉 미래의 어느 시점에 생명이 구제되거나 생활이 개선될 거라는 불확실한 가능성을 위해 현재 무고한 사람들에게 희생을 강요하는 것을 윤리적으로 받아들여야 한다. 이런 주장은 국제 사회가 지키기 위해 노력하고 있는 기본 권리를 정면으로 거스른다.

우리는 스스로 그런 희생을 감내해 내겠다는 이들의 용기에는 박수를 보낸다. 하지만 외부 사회가 취약한 북한 주민을 위해 그런 결정을 내린다는 개념에는 동의할 수 없다. 북한에서 철수한 NGO들이 있긴 하지만 이들은 WFP, 양자간 원조국, 다른 NGO를 통해 원조가 지속되는 환경에서 철수한 것이다. 전체 식량원조가 감소되거나 전적으로 중단되어야 할지 검토할 때에는 계산 방식이 완전히 달라진다. 원조를 지속시키자는 주장이 명확해 보인다면, 동시에 우리는 성립된 계약의 성격을 명확히 해야 하며 인도주의적 원조의 근본 목적을 실현시키기 위해 계속 노력해야 한다. 원조국들은 가장 기초적인 권리인 식량권을 빼앗긴 사람들을 위한 양심의 목소리가 되어야 한다. WFP 및 관련 원조국들은

- 전용을 포함해 취약 집단으로의 식량 전달을 방해하는 정부의 관행에 계속 관심을 집중해야 한다
- 수혜자에 대한 권한부여를 포함해 인도주의적 원칙을 계속 지지해야 한다
- 효과적인 평가를 할 수 있도록 계속 압박하여 시민들이 겪고 있는 건강

및 영양 문제의 성격을 외부세계 뿐 아니라 북한 정부에도 알릴 수 있게 해야 한다

인도주의적 원조의 기본 규정을 지키지 못하면 복잡한 인도주의적 위기를 다룰 때 북한예외주의를 북한의 선례로 만들 위험이 생긴다.

우리는 식량원조의 중단에 반대하지만 북한이 인도주의적 원조를 끊을 수 있도록 국제사회가 일치된 공동의 노력을 해야 한다는 비평가들의 의견에는 동의한다. 여기에는 원조를 줄이는 방안(자연재해가 일어날 경우 반전되기 쉬움)을 계획하고 협의하는 것도 포함된다. 이 방안은 자립, 즉 교역조건으로 충분한 외부 물자를 수입할 수 있는 역량을 갖추는데 목표의 방향이 맞추어질 것이다. 가장 걱정스러운 점 중 하나는 북한이 부족한 외화를 식량에 지출하려 하지 않는다는 것이다. 우리는 이러한 관행이 지속되도록 해서는 안 된다.

지금까지 북한의 식량난을 해결하는데 필요한 재정 부담을 국제인도주의 단체가 짊어져 왔다. 하지만 이제는 이를 북한 자신에게 지우려는 우리의 의사를 밝혀야 한다. 국제 인도주의 단체는 북한 뿐 아니라 세계 다른 지역에서도 절박한 지원요청을 받고 있다.

인도주의적 원조를 줄이는 이러한 전략의 일환으로 개발 원조를 늘리겠다는 약속을 연결시킬 수 있다. 이러한 강조점 변화는 비교적 비정치적인 방식으로 포괄적인 기술 원조를 제공할 수 있는 세계은행, 국제통화기금, 아시아개발은행 Asian Development Bank과 같은 국제기구에 북한의 가입을 유도하면 촉진될 것이다. 2006년 현재 국제 금융기구 가입은 북한 핵 프로그램을 둘러싸고 진행 중인 협상에 볼모로 잡혀있다. 그러나 우리는 북한이 이런 조직의 가입에 대해 잘못 이해하고 있지는 않은지 의심스러우며, 그러한 원조가 효과를 거두기 위해서는 지속적인 협상이 필요하다.

북한이 인도주의적 원조에 불만을 품는 것은 어느 정도 외부 모니터링이 지닌 침해적 성격 때문이다. 그러나 국제금융기관들은 개발대출을 제공할 때 인도주의적 원조보다 더 부담스러운 조건은 아니라 하더라도 동등한 수준의 조건들을 덧붙인다. 이 조건에는 정책개혁에서부터 특정 프로젝트의 모니터링, 자금 사용에 있어서의 투명성과 책임성 요구, 유효한 데이터의 수집과 출판까지 포함된다. 북한이 이 기관들이 제공하는 혜택을 누리고자 한다면 이들 기관들이 구체화하고 있는 규정을 인정하고 지켜야 한다.

북한과 같은 나라에 대한 원조 제공 정책을 검토하는 과정에서 조정 문제를 간과할 수 없다. 우리는 중국과 남한이 대부분 WFP 영역 외에서 양허적 성격으로 식량을 판매하거나 증여해 왔음을 보여주었다. 또한 중국과 북한 간의 계약에 관한 직접적인 증거는 없지만, 중국이 전체적인 정책 개혁이나 계획적 설계, 이행, 모니터링이라는 보다 상세한 원칙을 조건으로 원조를 제공했다는 증거도 나온 바 없다. 남한의 경우 원조는 정부의 허가 하에 양허적인 조건으로 제공되어 왔고 모니터링 활동은 최소 수준에 머물렀다. 이러한 배치는 매우 불리하다. 중국과 남한이 계속해서 최종적인 의지처로 남아 있다면 북한 정부는 다자간 체제를 약화시킬 기회를 얻게 되고, WFP의 가장 기본적인 지시도 거부하게 된다. 이러한 우려는 2005년 중반 북한이 WFP의 철수를 요구하면서 현실로 나타났다.

이런 면에서 남한 정부의 정책 선택이 가장 문제 있는 것으로 판명되었다. 남한이 WFP가 필요로 하는 총 원조량의 90%에 달하는 대규모의, 비교적 무제한적인 원조 약속을 하자, 국제협정(남한도 가입해 있음)에 구현된 규정을 지키려는 WFP의 노력을 손상시키는 의도하지 않은 결과가 나타났다. 더 광범위하게 보자면, 우리는 무조건적인 경제 지원 전략이 정치적이나 경제적으로 필요한 긍정적인 효과를 불러올 수 있을지 의문스럽다. 포용 전략은 이전 전략들보다 진보한 것이며, 우리는 남한과 북한 주민을 끈끈하게 연결시키는 특수한 환경을 인정한다.

그러나 무제한적인 대규모 식량 원조 제공은 장기적으로 보면 북한의 자립을 돕는다는 대의를 진척시키지 못하며, 단기적으로 보면 투명하고 효과적인 인도주의적 구호 활동을 제공 측면에서 이루어온 발전을 손상시키기까지 한다. 따라서 우리는 논쟁의 여지가 없지 않지만, 중국과 남한이 양허적 식량 원조의 더 많은 부분을 WFP를 통해 제공해야 한다고 주장한다. 이들 국가의 경험과 의견은 WFP의 활동에 귀중한 도움이 될 것이며, 인도주의적 원조에 대한 북한의 의존성을 줄이기 위해 필요한 통합된 접근방식을 촉진시킬 것이다.[22]

우리는 여기에서 설명한 조건부 개입 전략의 모호성을 충분히 알고 있다. 여기에는 북한이 그러한 거래를 거부할 것이며 주민을 볼모삼아 다시 한 번 해볼 테면 해보라는 식이 될 수 있다는 사실도 포함된다. 그러나 전략은 원조를 제공할지 아닐지 여부를 결정하는 것만은 아니다. 인도주의와 인권이라는 대의를 위해 계속 압력을 가할 기회를 확보하고 소득을 얻기 위해 경계를 늦추지 않는 것도 전략에 포함된다. 그러나 이 경우 문제는 식량에만 집중되는 것은 아니다. 대부분의 인도주의적 재난에서와 마찬가지로 이들은 다양한 정치적 문제를 포함하며, 한반도에서 이 문제들은 특히 복잡하다.

▒ 국제적 차원 Ⅱ : 광범위한 지정학적 평형상태

경제 개혁, 정치적 변화, 인도주의적 활동에 대한 우리의 논의에서 우리는 상위 정치 단계, 즉 한국인들을 계속 두 개의 개별 국가로 분할하는 문제와 관련된 정치적, 군사적 쟁점들로 돌아가 거기서부터 다시 생각해야 했다. 북한 경제의 구조적 속성을 고려할 때 국제 무역과 투자에 대한 개방 확대가 북한의 경제 활성화의 중심이 될 것이다. 그러나 국가가 천덕꾸러기로 남아 있는 한 어떤 개혁 활동도 충분한 잠재력을 발휘하지 못할 것이다.

북한의 대외 경제 관계는 항상 정치적으로 다루어졌다. 냉전 시대에 북한은 동부 블록국가들에게서 특혜 대우를 받은 반면, 서구 국가들과는 문제가 있다고 할 만한 관계였다. 1950년 한국전쟁 발발 후 미국은 제1차 세계대전 시기의 적성국교역법 Trading with the Enemy Act을 기준으로 포괄적인 제재를 가했다. 이 제재들은 북미기본합의서의 일환으로 1995년 부분적으로 완화되었고, 장거리 미사일 시험에 대한 양자간 합의로 2000년 6월 남아있던 대부분의 무역 제한이 철폐되었다.[23] 그러나 몇 가지 잠재적으로 중요한 사항들은 남아 있다.[24]

부시 대통령의 집권 2기 동안 그리고 심지어는 그 전에도 미국은 위조, 밀수, 마약밀매 같은 불법 활동을 통해서는 수익을 올리지 못하게 함으로써 북한을 압박하는 노력을 강화해왔다. 미국은 대량살상무기확산방지구상 Proliferation Security Initiative, PSI을 발족시켜 대량살상무기WMD와 WMD 생산에 필요한 재료 및 장비의 운반을 막기 위한 공동 조치를 추진하려 했다. 2005년 말까지는 이와 관련된 조치가 취해지지 않았다.

남한과 중국은 PSI에 가입하지 않았지만 마약 밀매 같은 불법 활동을 중단시키기 위한 다국적 노력에 협조해왔다. 북한의 제한된 무역관계를 고려하면 금융제재가 더 큰 효과를 불러올 것으로 보인다. 일본은 대북송금 저지 정책을 강화했다. 2005년 미국은 북한의 역외금융망 전체와 광범위하게 연루되어 있는 마카오 소재 은행인 방코델타아시아Banco Delta Asia에 대해 중요한 위협 조치를 단행했다.

이러한 조치 외에 북한은 미국과 정상무역관계Normal Trade Relations, NTR 지위를 누리지 못하는 몇 안 되는 국가에 속한다. 그 결과 북한의 수출품은 1930

년대의 악명 높은 스무트홀리 관세법Smoot-Hawley Tariff Act에 기원을 두고 있는 소위 'column II' 관세율을 적용받는다. 이 관세는 북한이 특화하고 있는 의류 같은 노동집약적 제품에서 가장 높은 경향을 보인다. 일부 국가 특히 중국은 더 높은 column II 관세율 적용에도 불구하고 미국에 성공적으로 수출해왔다(결국 중국이 NTR 지위를 확보하긴 했다. 초기에는 매년 심의 대상국이었다).[25] 그럼에도 불구하고 사실상 북한이 미국에 수출하지 못하는 점은 대북 투자를 검토하고 있는 모든 국가의 기업에게 중요한 장애로 작용한다. 실제로 개성공단에서 생산된 제품을 '남한산'으로 다루어 무관세를 적용할지의 문제가 미국과 남한간의 자유무역협정 관련 논의에 올랐다. 남한은 관대한 원산지 규정을 요구하였고 미국은 거부 의사를 표했다.

현재 정치적인 것과는 별개로 미국의 외교에서 법적 구속력을 갖는 유일한 제약이 테러지원국 명단이다.[26] 북한은 1987년 이후 테러 활동을 수행하지 않은 것으로 알려져 있고 이후 테러리즘을 비난하는 여러 협정에 서명까지 했지만 여전히 미국 정부의 테러지원국 명단에 남아 있다. 북한의 다국적 개발은행 가입에 대한 미국의 지지 의사는 분명히 이런 측면에서 제3국 동맹 문제와 명백하게 연계되어 있다. 남한은 북한을 테러지원국 명단에서 제외시키는 것에 반대하지 않는 입장이다. 하지만 북한이 계속 숨겨주고 있는 일본 적군파 공중납치법 문제 뿐 아니라 일본인 납북자 문제가 테러리즘에 대한 미국 국방성 보고서에 명확하게 언급되어 있다.[27] 이 문제들이 해결되기 전까지는 미국이 북한을 테러지원국 명단에서 제외시킬지 의심스럽다.

일단 이 문제들이 해결되면 미국과 일본은 북한의 국제 금융 기관 참여에 대한 반대 의사를 거둘 수 있다. 북한이 국제금융기관에 가입하면 이 기관들은 즉시 기술지원을 제공할 수 있게 되고 결국 대출이 뒤따를 것이다. 게다가 그러한 일괄교섭으로 일본과 북한 간의 관계정상화와 식민지 청구권과 관련해 일본으로부터 상당한 금전적 보상까지 기대할 수 있다.

요약하면 우리는 외교적 타개가 양자간 금융지원과 국제 금융기관 가입으로 이어지고, 무역과 투자에 대한 제재 철폐에 따라 민간 기업들의 투자 의지가 높아지리라고 추측할 수 있다. 이러한 변화들은 경제 개방에 따른 보상을 높이고 따라서 평양이 개혁에 대해 호의적인 시각을 가지도록 할 수 있다. 그러나 이렇게 될 때까지 북한의 세계 경제와의 통합은 다소 불규칙적이고 불완전한 상태로 남아 있을 것이며 남한과 중국에 크게 치중될 것이다.

남한과 중국에서는 정치적 관심사 때문에 경제적 통합과정이 방해받는 정도가 다른 지역보다 심하지 않다. 그렇다면 북한이 미국 및 일본과의 외교적 분쟁을 해결할 가능성은 어느 정도인가? 당연한 사실부터 얘기해보자. 미국의 대북 정책은 주로 한반도의 안보 문제를 고려해 추진되어 왔고, 1980년대 후반부터는 특히 북한의 핵 야심에 대한 우려가 정책을 이끌어 왔다. 미국은 이 목적을 추진하는데 있어 봉쇄정책과 개입정책 사이에서 동요해 왔다. 조와 강(2003)이 본 문제에 대한 논쟁에서 보여주었듯이, 이 두 정책 방침들은 상호배타적이지 않다. 그러나 이 정책들은 한반도의 군사적 균형의 안전성 및 북한 행동의 논리를 바라보는 시각이 서로 다르다.

봉쇄정책 지지자들은 북한이 약하지만 위험한 존재이며 한반도의 안정을 당연한 사실로 여길 수 없다고 본다.[28] 우리의 취지와 관련해 더 중요한 사항은, 경제적 양보를 비롯한 양보 정책들이 정권을 강화하고 위협행동에 가담하는 성향을 줄이기보다는 증대시킨다는 강경론자들의 주장이다. 그 결과 북한이 국제적 약속을 지키는 대가로 사실상 보상을 요구하는 협박 형태가 나타난다는 것이다. 강경론자들은 긍정적인 인센티브(당근)의 효력을 의심스러워하며, 부정적인 제재(채찍) 사용과 심지어는 무력 사용도 반대하지 않는다. 이는 부정적인 제재가 문제 해결 조짐과 의도한 결과를 가져올 가능성이 더 큰 반면, 물질적 유인은 바람직하지 않은 구상('군대'로 해석됨)을 지원하는데 악용될 수 있다는 가설이 그 근거가 된 것으로 보인다. 더욱이 제재 정책은 정권에게 비용 부담을 안겨주고 정권 붕괴의 가능성을 높이는 추가적인 효과도 지니고 있다.

반대로 개입 정책 옹호자들은 현재 군사적 균형 상태가 근본적으로 안정적이며(전쟁 억지력이 효력을 발휘하고 있으며), 어떤 경우에도 핵 문제 해결을 위해 정치적으로 타당한 군사적 선택은 없다고 주장한다.[29] 안전성이 위협받을 경우 비난받아야 하는 것은 북한의 행동뿐만 아니라, 미국 측의 위협도 책임이 있다는 것이다. 그 이유는 미국 측의 위협이 북한이 미국의 약속을 신뢰하지 못하게 하고 심지어는 미국의 기본 의도에 대해서도 확신을 갖지 못하게 만들었기 때문이다.[30] 따라서 문제 해결의 핵심은 확고한 전쟁억지 태세를 유지하는 한편 북한의 불안을 줄일 수 있도록 북한에게 안보보장을 해 주는데 있다.

경제적인 통합은 광범위한 정치적 개입 전략에 핵심적인 역할을 한다. 경제적 동기는 신뢰를 구축하고 평화적인 의도를 나타낼 뿐 아니라 경제와 정치에 직접적인 영향을 미쳐 대립하려는 경향을 잠재우고 변화를 촉진시킬수 있다. 특히 경제적 결속은 무역, 투자, 지속적인 경제 개혁, 경제적 개방확대에 있어 기득권을 창출할 것이다. 또한 개방이 확대되면 외부의 정보와문화가 도입되어 시민사회의 독립성이 강화되고 따라서 정권의 정치적 통제력을 잠식하는 효과를 지닐 것으로 추정된다. 장기적으로 보았을 때 개방은 성장을 촉진하고 이는 정치적 자유화와 민주화를 위한 경제적인 기반 뿐아니라 정치적 토대도 마련한다. 이러한 접근방식들은 북한의 군사 및 교섭행동에 대한 대립되는 모형들에 따라 주로 결정되지만, 중요한 정치적 경제가설에도 의존한다. 우리는 이러한 문제를 원조 관계와 관련지어 검토해 보았다. 그러나 이 책에서 우리가 검토했던 시기의 더욱 광범위한 전략적 환경의 맥락에서 이를 재고해볼 만한 가치가 있다. 즉 1994년의 1차 핵위기 타결, 클린턴과 부시 행정부 간의 정책 변화, 2002년 10월 2차 핵위기 발발의 관점에서 생각해보도록 한다.

1차 핵위기와 북미기본합의서 체결 이후 북한과 미국 양자 관계가 더 이상 진전되지 못하고 답보상태에 머물렀다. 기본합의서 체결 직후에 북한은 김일성 사망에 이은 정치적 전환의 소용돌이를 겪고 기근이 최고조에 달하면서 경제사정이 극도로 악화되어 혼란스러웠다. 그러나 일단 이러한 직접적인 문제가 사라지자 평양은 한국전쟁의 최종 청산을 제도화하는 협상(소위 4자 회담, 1997~1999년)에 늑장을 부리는 한편 일련의 위협 행동을 자행했는데, 1998년 8월 소규모 위성을 발사한 사건이 가장 대표적인 사례라 할 수 있다. A.Q. 칸^{A.Q. Khan} 조직을 통해 밝혀진 파키스탄 정보에 따르면 이 시기(조지 W. 부시 당선 이전)에 북한이 우라늄 농축을 목적으로 기술과 장비 확보를 위한 움직임이 있었다는 점이 확실시되며 이는 수많은 국제적 약속을 직접적으로 위반하는 행위였다.

그러나 평양의 관점에서 보면 클린턴 정부 역시 북미기본합의서의 중요한 약속을 사실상 어긴 셈이다. 협정 하에서 북한은 경수로^{LWRs} 2기 건설, 경수로 완료시까지 중유 공급, 몇 가지 제재 완화 그리고 무엇보다도 미국과의 정치적 관계 정상화에 대한 대가로 핵 프로그램을 동결하고 최종적으로 해체하는데 합의했다. 한반도에너지개발기구(KEDO)가 경수로 건설과 관련된 초기 작업을 조정했고, 미국은 중유 공급과 제재의 부분적 완화와 관련된 약속은 대체적으로 이행했다. 그러나 1994년 11월의 중간선거 이후 미 의회에서 클린턴 행정부와 북미기본합의서에 대해 공화당 강경론자들의 압력이 높아졌다. 행정부에서 북한 문제는 다른 쟁점들에 밀려 우선순위가 떨어졌다. 북한의 입장에서 보면 미국은 관계정상화라는 핵심 보상을 위반함 셈이다.

1998년의 미사일 발사로 전 국방장관 윌리엄 페리^{William Perry}가 대북 정책을 광범위하게 검토하게 되었고 페리는 개입 논리를 다시 밝혔다. 안보보장과 관계정상화에 따른 경제적 혜택을 약속하여 핵문제와 미사일 문제를 타결한다는 전략이었다. 페리 보고서^{Perry Report}와 2000년 6월의 남북 정상회담은 클린턴 행정부 말기에 외교활동이 갈팡질팡하게 된 계기가 되었다. 여기에는 국무장관인 매들린 올브라이트가 평양을 방문하여 적성국교역법의 뒤를 이은 국제비상경제권법^{International Emergency Powers Act} 하에서 행정적으로 적용되었던 경제적 제재의 대부분을 취소한 것이 포함된다.

부시 행정부는 내부적 정책 검토에 착수하여 기본합의서를 더욱 까다롭게 해석하고 재래식 병력 배치를 포함해 전적으로 새로운 문제를 포함시켰다. 이는 페리 방식에서 손을 뗀다는 의미였다. 9/11 테러가 터지면서 모든 것이 변화했다. 북한은 악의 축에 속한 국가로 규정되었고 미국은 선제공격을 정당화하는 새로운 대량살상무기반확산^{Counterproliferation} 전략을 만들었다. 또한 대량살상무기 보유를 둘러싸고 사담 후세인과 대치하다가 결국 전쟁을 시작함으로써 이러한 위협이 엄포가 아님을 보여주었다. 이 모든 일이 빠른 속도로 잇달아 일어났다.

2002년 10월 북한의 우라늄 농축 프로그램에 대한 증거를 확보했다는 미국의 폭로는 2차 핵위기 발발을 알렸다. 북한이 일련의 계산된 단계를 통해 위기를 신속하게 고조시키자 미국에서는 협상하려는 분위기가 조성되지 않았고 북한과의 직접 협상 분위기는 없어졌다. 새로운 양보안 제공은 말할 것도 없고, 미국이 적대적 의사를 품고 있지 않다는 클린턴 정부 시절의 대통령 성명을 포함해 예전에 행했던 양보안을 되풀이하려는 분위기도 일지 않았다. 북한은 위기를 고조시키면서도 다른 한편으로 피상적이긴 하나 합의 도달을 위한 요구사항을 계속 표명했다. 핵 문제 해결에 대한 대가로 북한은 미국으로부터 소극적인 안보 보장, 워싱턴의 적대 정책 종결, 관계정상화, 북한의 경제적 관계(제 3국이나 국제 금융 기관과의 관계를 의미하는 것으로 해석됨)를 방해하지 않겠다는 약속을 얻어내려 하였다.

중국은 이후 3자 회담을 주최하여 미국과 북한 양쪽 모두의 체면을 세워주는 해결책을 모색했다. 3자 회담은 남한, 일본, 러시아까지 포함시켜 6자 회담으로 구체화되었다. 미국은 2004년 6월까지 이 회담에서 의미 있는 제안을 내놓지 않았다. 북한은 반응하지 않았고 핵 활동을 속행하는 한편 2004년 11월 미국 선거에서 좀 더 융통성 있는 협상 대표단이 선출되기를 기대했다. 미국 유권자들이 이 기대를 저버리자 북한은 6자 회담 참여를 보류했고 2005년 2월 최초로 핵무기 보유를 발표했다. 2005년 7월 북한은 강력한 다국적 압력과 남한의 상당한 경제적 유인 덕분으로 협상 테이블로 되돌아왔다. 그리고 그해 9월 예전의 여러 보상체계가 포함된 공동 성명서가 나왔다. 여기에는 북한이 핵 프로그램을 폐기하는 대가로 안전보장, 관계정상화를 위한 향후 단계 추진, 남한과 아마도 중국으로부터의 상당한 경제적 지원 제공이 포함되었다. 그러나 이 글을 쓰고 있는 2006년 중반 현재 협상은 타개될 전망이 보이지 않은 채 답보 상태에 있다.

이러한 간략한 역사가 봉쇄 전략과 개입 전략의 전망에 대해 말해주는 바는 무엇인가? 적절한 군사적 선택 안이 없는 상황에서 봉쇄 전략은 인도주의적 원조와 관련해 우리가 강조했던 것과 동일한 수많은 조정 문제에 부딪칠 것으로 보인다. 부시 행정부는 6자 회담을 미국이 북한에 공동의 압력을 가할 수 있는 수단으로 본 것이 분명하다. 그러나 중국과 남한은 북한의 고립이나 몰락이 불러올 위험을 직접 감수해야 하는 국가이며 자체적인 전략과 국내의 정치적 동기로 인해 미국의 의도에 회의적이었다. 이 중추적인 두 국가에게 6자 회담은 북한에게 압력을 가하는 장치라기보다 미국에게 더욱 적극적인 지원 입장이 되도록 압력을 가하는 장치에 더 가까웠다.

베이징은 한반도가 비핵화 되어야 한다는 믿음을 여러 차례 표명했고 외부 사회에는 보이지 않는 방식으로 북한에 압력을 가했을 가능성이 높다. 그러나 북한을 정치적으로 고립시키는 전략에는 계속 반대해 왔고 경제 제재는 역효과를 일으킨다고 거부했으며 협상에서 미국의 더욱 협조적인 자세를 요구했다. 아이러니하게도 미국이 남한과 맞닥뜨린 문제는 중국과의 문제보다 더 어렵고 해결이 힘들다. 전진 배치된 북한군 포병대의 바로 코 앞에서 수십 년간 살아오며 여기에 익숙해진 남한 국민의 대다수가 북한을 심각하게 위협적인 존재로 보지 않는다. 남한이 번성하고 자신감이 늘어나면서 공포와 혐오가 동정과 관용으로 바뀌었다.

남한의 세대교체와 정치적 변동이 이러한 전환을 주도했다. 예를 들어 2004년의 여론 조사에서 평화를 위협하는 주요 국가로 북한보다 미국을 꼽은 한국인이 더 많았다. 응답자의 연령대가 낮을수록, 교육수준이 높을수록 차이는 더 컸다. 조사 대상자 중 20대의 58%, 학생 및 화이트컬러 계층의 52%가 미국을 평화에 위협적 존재라고 표시했다. 다른 조사에서도 조사 대상자 중 남한 학생의 3/4 이상이 북한의 핵무기 개발을 사실상 지지하는 것으로 나타났다.

노무현 정부가 이러한 변화를 시작하고 이끌었다. 노무현 정부는 미묘한 반미 기반에서 운영되었고 김대중 정부가 내세운 햇볕정책의 기본 논리를 확장시켰다. 물의를 일으킨 2005년 초의 한 연설에서 노무현 대통령은 남한의 외교정책이 지역의 균형자 역할을 담당할 거라고 주장하기도 했다. 아마도 명목상의 동맹국인 미국과 북한 및 중국 간의 균형자 역할을 말한 것 같다. 봉쇄, 고립, 정권 교체에 대한 논거가 약해 보인다고 해서 반드시 개입 논리가 완벽하다는 것은 아니다. 2005년의 공동 선언문이 명확한 보상 체계를 구체화시킨 것으로 보이는 것은 사실이다. 이 글을 쓰는 현재 북한이 시간을 벌고 있고, 나머지 5개국 간에 전략을 둘러싸고 분열이 일어나길 기대하고 있을 가능성이 분명히 존재한다. 사실상 우리가 인도주의적 원조와 관련해 설명했던 조정 문제가 정치와 상호 연계되어 북한은 양쪽에서 유리한 것만 취할 수 있을 것이다.

즉 핵 프로그램은 유지하는 한편 그렇게 해야 하는 불가피성에 대해 미국을 비난하는 것이다. 실제로 10년간 인도주의적 원조 담당자들을 다루면서 정권이 드러냈던 말을 아끼는 태도와 노골적인 불신으로 볼 때, 핵무기 프로그램에 대한 확실한 검증 및 모니터링 체계가 구축될 것 같지 않다. 즉 일부 형태의 개입 전략 지지자들이 정당성을 입증 받는 것처럼 보일 것이다. 북미기본합의서가 나온 환경 자체가 모호하다. 미국의 무력 사용 의사 표시가 틀림없이 북한의 의견에 영향을 미쳤지만, 실제 협정은 카터 대통령이 북한에 전달한 확신과 수많은 중요한 양보안(경수로, 관계정상화 약속, 기타 경제적 혜택 제안) 덕분에 가능했다.

클링턴 행정부에 가한 공화당의 압력은 북한의 협조를 이끌어내지도 못했고, 일관성 있는 대체전략을 바탕으로 하지도 않았다. 부시 행정부 초기에도, 2002년의 위기에 대한 초기 대응에서도 아무런 진전을 이루어내지 못했다. 무역제재보다 금융제재가 효과적이라고 판명될 수 있지만, 남한이 제공하는 것 같은 관대한 식량 및 비료 원조, 대량의 전력 지원 약속, 신규 합작사업 착수 등 여타의 경제적 양보안이 있을 때만 적용되는 얘기일 것이다.

명시적인 경제적 보상체계는 협상이 계속되도록 돕지만, 개입전략의 보다 함축적이고 장기적인 일부 구성요소의 효과는 훨씬 입증하기가 힘들다. 더구나 인도주의적 개입과 관련해 우리가 언급했던 딜레마가 더 광범위한 정치적 영역에서도 나타난다.

개입전략의 밑바탕에는 북한 정부가 경제적 보상에 큰 비중을 두고 있으며 혜택을 포기했을 때의 손실과 제재를 받을 때의 고통 모두에 민감하다는 추정이 깔려 있다. 그러나 북한의 선호를 이렇게 해석하는 것이 옳은 지는 분명치 않다. 북한 정부가 일관되고 광범위한 경제 개혁에 착수하라는 압력을 어느 정도로 받았는지도 명확하지 않다. 반면 북한 정부가 생각하는 개혁이 서구의 전문가들이 의미하는 '개혁'과 비슷한지도 의문이 간다. 또한 개혁이 직간접적으로 정치적 통제 완화로 이어질지는 훨씬 더 모호하다. 사실 반대 경우인 것처럼 보인다.

개입전략이 북한의 군사 및 정치 행동에 긍정적인 영향을 미친다면 그러한 효과는 아이러니하게도 북한과 중국과의 융화와 서구식 사업 모형이 아닌 중국식 모형으로 사회화하는 데서 제일 처음 나타날 것이다. 미국, 일본, 유럽의 대북 경제관계는 계속 비교적 제한적인 상태일 것이다. 미국과 유럽의 경우 인도주의적 원조가 주를 이룰 것이며, 세 경우 모두 핵문제를 둘러싼 정치적 긴장의 지속으로 위축될 것이다. 남한의 대북 경제 관계는 지난 10년간 급속히 발전했고, 장기적으로 북한의 경제적 전환에 중요한 역할을 할 것임은 의심할 나위가 없다. 그러나 여기에도 중요한 제약이 있어 전환의 효과가 제한된다. 북한은 남한의 원조는 기꺼이 받아들였지만, 투자와 무역은 개성 공단과 금강산 관광 사업 같은 비교적 소규모 영역으로 제한되었다.

분명히 남한의 원조를 환영하고 철도와 도로 연결망을 제한적으로 개방했음에도 불구하고, 북한은 남한기업이 북한에 자유롭게 접근하도록 허용하려 하지 않는다. 많은 남한 NGO의 활동이 허용되었고 이들은 레이더망을 피해 영향력을 발휘하고 지역적 협조관계를 구축하고 있음이 틀림없다. 그러나 북한 당국이 이러한 관계가 심각한 정치적 결과를 초래하도록 내버려 두리라는 것은 지나치게 낙관적인 생각이다. 또한 개입 전략에서 나타났던 북한의 침묵 문제도 중요하다. 북한은 논의의 초점을 전적으로 핵무기 문제에 맞추려고 했다. 그러나 국제사회의 북한에 대한 관심사는 광범위하다. 지난 세기의 인도주의적 재난, 인권 문제, 심각해지는 난민 문제 등이다. 개입이라는 용어는 핵무기와 상위정치에 한정되지 않는다. 특히 정치 및 군사 행동과 정권의 근본적인 특성 간에 밀접한 관계가 있다고 믿는다면 더욱 그러하다.

간단히 말해, 인도주의 영역에서와 같은 종류의 딜레마가 정치 영역에서도 나타난다. 북한 정권은 핵무기 문제를 자국 보호 수단으로 이용하지만 개입 전략에서 소득을 얻기 위한 교섭 도구로도 이용한다. 불행이 심화되리라는 기대 속에 원조를 중단하거나 철수하는 전략이 정권 몰락을 불러올 수 있다는 생각이 매력적이긴 하지만 불확실한 미래에 얻을 수 있는 이점 때문에 현재의 고통 증가를 담보하자는 주장은 결국 설득력이 없다. 결과적으로, 현 상태를 유지하면서 점진적인 개선을 이루기 위해 노력하는 쪽으로 돌아갈 수밖에 없다.

우리는 북한의 식량 불안정 문제 해결에 기여할 수 있는 다양한 정책변화와 기술적 해결책을 제시하였다. 인도주의적 원조의 제품 구성을 바꾸는 것에서부터 농업의 동기부여식 개혁을 확대하는 것, 북한을 국제 금융기관에 가입시키는 것에 이르기까지 모든 사항을 다루었다. 그러나 이러한 조치들은 아무리 긍정적이고 바람직하다 하더라도 결국 그 해결책은 보다 기본적인 변화에 달려있다. 널리 읽힌 북한 수용소 체험 수기의 저자인 탈북자 강철환은 최근 다음과 같은 은유적 표현을 내놓았다. '소의 발목을 묶어 놓으면 소는 굶어죽을 것이다. 소가 돌아다니도록 하면 풀을 찾아 뜯어 먹을 것이다.'

이 은유적 표현은 표면적으로 드러난 것보다 더 많은 진실을 내포하고 있다. 시민에게 확고한 재산권을 부여하고 거래와 사적인 생산에 종사할 자유를 준다면 광범위한 효과를 불러올 것이며 북한 주민들이 스스로 최선책을 수행할 수 있게 될 것이다. 이것만으로 북한이 영원히 굶주리지 않는다고 보장할 수는 없지만(많은 차원에서 정책이 수행해야 할 역할이 있다) 사회적 통제 완화와 자유롭고 개방적인 사회의 기본 권리 확립은 필수조건이라 하겠다.

2006년 중반 이 책의 영문판이 출간된 직후 한반도의 핵위기는 새로운 국면에 접어들었다. 한국 현지 시각으로 2006년 7월 5일(미국 시각으로는 7월 4일, 독립기념일) 북한은 한 대의 장거리 미사일과 여러 발의 단거리 로켓을 시험 발사했다. 이 실험에 대한 국제사회의 반응은 놀라울 정도로 강경했다. UN안전보장이사회 United Nations Security Council 는 북한의 행동을 비난하는 결의안에 동의했고, 북에 아무 전제조건 없이 6자회담에 복귀할 것을 요구했다. 약 3개월 후인 2006년 10월 9일 북한은 소규모 핵장치 실험에 성공했다. 여기에 대한 대응은 더욱 강경했다. 안전보장이사회에서 오랫동안 북한의 옹호자였던 중국과 러시아도 처음으로 다국적˙대북 제제를 시행하는 결의안에 동의했다.

북한이 이런 실험을 강행한 요인이 집중적으로 고찰되어 왔다. 북한의 전체적인 안보 환경에 어떤 변화가 생겨 이에 대한 대응으로 실험이 이루어진 것은 아니었다. 그와 반대로 북한은 미국과 이라크 간의 불화와 대북 협상 관리 방법을 둘러싼 미국, 남한, 중국 간의 계속적인 의견 차이를 이용하고 있는 것처럼 보였다. 더구나 중국은 미사일 실험에 대한 불만을 강력하게 표명했고, 핵 실험에 대해 북한에 공개적으로 경고하는 드문 조치를 취했다. 강경파와 군부가 북한에서 주도권을 잡았을까? 북한이 핵무기를 실험하는 데 그치지 않고 유지하기로 결정한 것일까? 혹은 실험이 6자회담에서 협상 우위를 확보하기 위한 계산된 시도일까?

미사일 및 핵실험이 한반도에 안보 및 군사 문제를 불러온 데 주의가 기울여지지만, 우리가 이 책에서 강조했던 경제적 요인도 최근의 진행사항에 중요한 역할을 했으며 앞으로도 그럴 것이다. 북한은 6자회담에서 보여준 비 타협적인 태도에 대해 일관된 설명을 해 왔는데, 이는 분명히 실험을 추진하겠다는 결정까지 설명하는 것이기도 하다. 미국 재무부에서 마카오 방코델타아시아[BDA]가 북한이 연루된 돈세탁과 위조 활동에 관여했다는 보고를 내놓은 2005년 9월 이후 북한의 대외 교역과 금융활동에 대한 제약은 더욱 커졌다. 미국은 다소 부정직하지만 이런 조치가 북한의 위조 활동에 대한 대응일 따름이라고 주장하지만 북한은 이를 미국의 적대 정책을 반영하는 제재로 보고 있다.

이른바 이러한 제재가 지닌 많은 특징들은 미국 관료들이 이러한 조치를 도입할 때 인식했던 것보다 중요성이 높은 것으로 판명되었다. 첫째, BDA 사례는 2,400만 달러의 계좌 동결을 포함했을 뿐이지만, 이 계좌 중 일부는 북한의 최고위 지도층과 군부가 직접 관리하는 것으로 나타났다.

둘째, BDA에 대한 조치는 북한의 다른 해외 금융거래 경로에 대한 미국의 조용하지만 적극적인 작전에 뒤이어 취해졌다. 미국은 러시아에서 싱가포르, 몽골에서 베트남에 이르기까지 각국에 북한과 관련된 실사를 시행하도록 적극적인 로비 활동을 펼쳤다.

셋째, 국제 상업은행은 미국 재무부나 다른 정부들의 구체적인 조치와 별개로 북한과의 거래 위험에 대해 자체적인 결론을 내렸다. 이에 많은 국제 은행들이 북한과의 거래를 중단하기로 결정했다.

마지막으로 UN 제재의 대상은 사치품, 대단위 재래식 무기 체계, 대량살상무기^{WMD}와 관련된 제품으로 매우 좁은 범위였지만, 정부들은 다국적 제재를 행동의 상한선이 아니라 하한선으로 해석했다. 중국은 북한과의 은행 거래에 제약을 가했고 일본은 실질적인 대북 통상정지^{Embargo}로 나아갔다.

남한의 정책은 가장 심각한 양면성을 드러냈다. 미사일 실험 전 당시 남한 외무부 장관이었던 반기문은 북한이 실험을 강행할 경우 남한이 인도주의적 원조를 중단하겠다고 위협했다. 하지만 영리 위주의 금강산 관광 사업과 개성 공단 사업은 예외였다. 정부는 이미 발송이 계획되어 있었다고 주장했지만 후속 정책은 남한의 결의에 중대한 의문을 불러일으켰다.

정부는 북한의 홍수에 대응해 추가 원조를 제공했고, 남북교류 예산안에서 원조에 책정된 액수가 높아졌으며(야당 국회의원들의 주장에 의해 삭감되었다), 정부 내에서는 북한이 6자 회담에 복귀하기만 하면 원조재개라는 보답을 받아야 한다는 의견이 나왔다. 또한 핵실험 이후 정부는 개성 공단의 신규 입성을 일시적으로 중지시켰지만 이미 진출해있던 업체의 조업은 계속 허용했다.

2007년 1월 후반까지 비 긴급 인도주의적 원조를 보류하겠다는 위협이 지속되었지만, 인도주의적 비상사태가 발생할 경우 정치적으로 이를 지키기 어려울 것으로 판명될 수 있다.

북한의 국제 금융거래에 대한 제재는 우리가 이 책에서 예견한 몇 가지 진전 상황을 앞당긴 것으로 보인다. 첫째, 핵위기 발발 후 북한 무역의 전체적인 형태가 중대하게 변화했다. 일본과의 무역 및 일본으로부터의 송금이 급격하게 줄어들었다. 미국과의 무역은 미미했으며, 유럽의 기업은 경과를 관망하는 태도를 보였다. 그 결과 북한은 중국 및 남한, 중동과의 무역, 원조, 투자에 더욱 의존하게 되었다. 이러한 진전은 북한의 교섭력에 중대한 의미를 지닌다. 우리는 Chapter 6에서 주요 원조제공국들 간에 원조가 효과적으로 조정되지 않은 점이 인도주의 단체에 대한 북한의 권력을 증대시켰다고 주장했다. 따라서 보다 넓은 견지에서 보았을 때 중국과 남한이 북한에 경제적으로 개입하려는 의사는 6자 회담의 환경에서는 지니지 못했을 권력을 북한 정권에게 제공했다.

이러한 진전 사항이 개입Engagement 전략에 의미하는 바는 무엇인가? 개입이라는 개념에는 사실 다양한 전략과 예상이 포함되어 있다. 아마도 개입의 가장 일반적인 개념은 교섭 전략을 지칭할 것이다. 즉 무역, 원조, 투자라는 유인물을 제공해 협력을 확보하려는 노력을 말한다.

개입의 두 번째 개념은 더욱 광범위하다. 북한 내부에 충분한 구조적 발전을 촉진시켜 화해와 궁극적으로는 국가 통일을 위한 의미 있는 기반을 구축하는 것이다. 이는 이솝 우화의 북풍과 태양 이야기에서 명칭을 따 온 김대중이 내세운 '햇볕정책'의 본래 명분이었다. 이 우화에서 몸을 보호하던 옷을 벗도록 해 여행자를 변모시킨 것은 북풍이 아니라 태양이었다. 이러한 개입 논리 하에서는 북한의 관심과 인식이 경제적 교류를 통해 점차 바람직한 방향으로 변화할 것이다. 개혁 선호 집단이나 국제적인 경제 개방과 직접적인 이해관계가 있는 집단이 폐쇄적 입장을 지지하는 강경파에 비해 정치적인 영향력을 얻을 것이다.

이 두 개의 상이한 개입 개념과 관련된 증거에는 무엇이 있을까? 첫 번째 전략(호혜적 교섭 전략)이 효력을 발휘했다고 주장하기가 점차 어려워졌다. 부시 정부가 북한과의 거래를 거부해 남한의 노력이 더욱 어려움을 겪은 것은 분명한 사실이다. 그러나 이러한 입장을 유지하기가 점차 어려워졌다.

첫째, 북한은 6자 회담에 비적극적이었을 뿐만 아니라 남한과도 사교적

이지 않았다. 남북 간의 관계는 2006년의 실험 전후로 별다른 진전을 보이지 않았다.

둘째, 미국의 대북 정책은 사실상 꾸준히 전개되어 왔다. 2006년 핵 실험이 실시되자 미국은 북한의 협조에 대한 보상으로 광범위한 양보안을 작성했다. 게다가 미국은 북한과 직접적인 양자간 대화를 실시했다. 우리는 그러한 전략이 결실을 맺을지에 대해 점차 회의적인 입장이 되었다. 2007년 2월 초 현재 6자 회담과 관련해 일부 희망적인 징조가 나타났다. 그러나 이러한 희망은 예전에도 존재한 적이 있었다. 북한과 미국 간의 신뢰도는 여전히 낮으며, 2005년 9월 도달한 원칙 합의안의 이행은 북한에게 확인을 거부하고 연기시킬 수 있는 기회를 주었다. 북한은 2009년 1월 미국에 새로운 정부가 들어설 때까지 기다리는 데 만족하는 것처럼 보인다. 그러나 미국이 북한에 개입하기 위해 노력하지 않았다고 말하는 것은 잘못이다.

두 번째 개입 논리에 대해서는 어느 정도까지 증거가 존재하는가? 북한은 국제적인 경제 및 정치 교류 증가로 인해 변화되고 있는가? 이에 대한 증거들은 매우 복합적이다. 첫째, 당연한 사실부터 언급해보자. 미사일과 핵무기를 실험하겠다는 결정은 분명히 지도층이 국제적인 경제 관계 개선에 우선순위를 높게 두지 않음을 의미한다. 이 책의 결론 부분에서 주장했듯이 중국의 개혁 방식은 국내 개혁이 중국 경제를 점진적으로 개방하겠다는 공산당 지도층의 강력한 방침과 결합되었기 때문에 성공을 거두었다. 북한의 지도층도 절박한 나머지 비슷한 제스처를 취했고, 특히 중국의 투자가 증가했다. 그러나 군국주의적 외교 정책은 어떤 보상이 제시된다 하더라도 서구나 일본 투자자들에게 확신을 주기는 어렵다. 북한은 사업 수행에 있어 여전히 극도로 위험한 위치에 있다.

그러나 더 깊이 파고들어가 보면 최근의 진전 사항은 다소 다른 시장화 경로를 제시하는데, 이는 흥미롭게도 기근의 영향에 대한 우리의 논의와 유사하다. 우리는 Chapter 7에서 기근으로 인한 제약이 북한 경제에서 아래로부터의 시장화를 유발했다고 주장했다. 국제적인 대북 경제 제재가 이와 유사한 경제 혁신 과정을 낳을 수 있다는 증거가 일부 존재한다. 이러한 시기에는 중앙정부로부터의 지원이 제한적일 수밖에 없었을 것이다. 또한 외화가 심각하게 부족해지고 국제사회에서 금융지원이나 심지어는 원조조차 확대하려고 하지 않자 기업소와 개인은 다시 한 번 자구책을 강구하지 않을 수 없었다. 예를 들어, 북한 기업은 필요한 수입품과 자재 대금 지불을 위한 새로운 외화 벌이 방법을 찾도록 압력을 받았다. 그러자 북한에서는 중국으로의 수출이 핵위기 발발 이후 급격하게 증가했다. 예전과 마찬가지로 중앙정부의 태도는 양면적이었다.

대규모 중국 기업과 많은 합작 계약을 체결하는 동시에 또 한편에서는 새로 등장한 시장 중심 활동자를 희생양으로 삼아 전통적인 국영기업을 보강하려는 목적이 분명한 정책에 착수했다. 우리는 기근 시기 동안 이러한 혁신 중 최소한 일부는 분산화되어 일어났고 중앙정부의 직접적인 힘이 미치는 범위를 넘어섰거나 불법 무역과 연계된 부패 관료들로 구성된 비공식적 네트워크에 포함되었으리라고 추측한다. 즉 혁신과 상향식 경제 변동은 공식적인 개입 경로(개성, 금강산, 경협 사업)가 아니라 비공식 분야의 경제 활동, 소규모 원조 사업, 불법 거래, 밀수 및 공식 경로 외의 활동 활성화 등 비공식적 방법을 통해 이루어졌다.

이러한 처음 두 가지의 개입 개념은 북한을 변화시키는 것을 목표로 한다. 또한 정치적 행동을 변화시키거나 보다 광범위한 개혁을 촉진하려 하는 것이다. 우리는 노무현 정부가 개입의 세 번째 개념으로 나아갔다고 믿는다. 이러한 개입 개념의 목적은 이 목표들 중에 있지 않으며 개입 자체가 목표로 간주된다. 이러한 개념은 평가를 허용하지 않는다는 점이 중요하다. 개입 자체를 남북관계의 진전이나 화해의 한 형태로 본다면 단순히 정치적,

경제적 혹은 사회적 영역에서 남북 간 연계를 증가시키기만 하면 성공을 거둔 것이 된다. 그러나 우리는 이러한 견해에 회의적이다. 유감스럽게도 경제적 개입 및 다른 형태의 개입은 정치 환경이나 북한 경제체계의 기반 성격을 근본적으로 개선시키지 못할 가능성이 높다.

이 책은 지난 15년간의 북한경제의 광범위한 혁신을 다루고 있지만, 우리의 출발점은 식량체계의 붕괴와 인도주의적 원조 활동이었다. 본 글을 마치면서 이 분야의 진행상황을 검토해 보는 것도 의미가 있을 것이다. 유감스럽게도 여전히 많은 우려가 남아 있으며 심지어 심화되기도 하였다. 우리는 Chapter 4 끝 부분에서 2005년 후반과 2006년 초 북한이 수확 향상과 양자간 원조 증가를 세계식량계획World Food Program ,WFP과의 관계 재협상에 어떻게 활용했는지 설명했다. 그에 따라 나온 프로그램은 1억 달러 이상의 지원을 요청하는 결과를 낳았으며 지금까지 WFP의 대북 프로그램 중 가장 낮은 응답을 받았다. 2007년 1월 말까지 목표의 12%도 달성하지 못했다. 2006년 늦여름 홍수가 재발하고 남한이 예전과 동일한 양의 식량과 비료를 계속 공급하겠다는 의사를 표하지 않자 북한은 다시 한 번 식량부족과 굶주림이 재현될 상황에 처했다.

그러나 이러한 불리한 상황에도 불구하고 인도주의 단체에 대한 북한의 태도가 크게 변화했다는 징조는 거의 찾아볼 수 없다. 남한의 비공식 원조 단체가 지역 수준에서 진전을 보이긴 했지만 대규모 외부 식량 원조의 모니터링은 더욱 약해졌다. 또한 WFP 요원이 감축되었고 원조 요원이 방문할 수 있는 군(郡)의 수도 1995년 이후 최저 수준으로 줄어들었다. 신임 WFP 평양사무소 조정관인 캐나다인 장 피에르 드 마저리Jean-Pierre de Margerie는 최근 다음과 같은 결론을 내렸다. '북한은 아마도 WFP가 원조한 국가 중 가장 어려운 국가는 아니라도 가장 어려운 국가 중 하나에 꼽힐 것이다.'

원조의 전용문제도 해결되지 않았다. 반대로 외부 모니터링이 이루어지지 않고 정권이 외화를 확보하기가 더 어려워진 점은 아마도 이 문제를 확산시켰을 것이다. 2007년 초 북한에서의 유엔개발계획^{UNDP} 활동에 관해 드러난 사실은 WFP와 관련해 우리가 규명했던 전반적인 문제들과 많은 유사성을 보여주었다. UNDP는 운영을 위해 예컨대 폭등한 임대료를 보상하라는 명목으로 정부에 거액의 현금 지불을 강요받았으며 프로젝트를 거의 감독하지 못했다. 또한 정부가 선택한 북한 측 직원에 의존해야 했는데 이들은 중요 협력 분야에 관한 자질을 갖추고 있지 못했다. 2006년 개성공단 근로자 임금 지급을 둘러싼 논쟁은 기업과 근로자 간의 중재자 역할을 하는 정부가 지닌 유사한 문제점을 드러냈다. 정권은 고평가된 환율로 근로자 임금 지급을 요구하고 근로자에게는 보다 현실적인 환율을 반영하는 원화로 봉급을 지불하거나 물품이나 약속어음으로 지불하여 사실상 임금의 많은 부분을 걷어갔다.

우리는 북한 정권이 몰락하거나 일부 근본적인 전환을 겪을 것이라는 가능성을 배제할 수 없다. 세습은 이런 유형의 독재주의 체계의 아킬레스 건으로 남아 있다. 우리는 또한 6자회담에서 미국과 함께 타개책을 찾을 가능성도 있다. 그러나 낙관적인 문안으로 결론을 맺기는 힘들다. 우리가 이 책에서 검토했던 정권의 많은 근본적 문제들이 2007년 초 현재 여전히 지속되고 있기 때문이다.

샌디에이고와 워싱턴에서

스테판 해거드 & 마커스 놀랜드

부록

Famine in
North Korea

불법 활동

부록

01

Chapter 2에서 우리는 소련-러시아 및 중국의 지원 감소와 산업 경제의 몰락으로 북한 정부는 외화를 벌어들이겠다는 동기가 높아졌다고 주장했다. 그러나 정부는 수출을 늘리고 외국의 투자를 장려하고 국제 자본 시장으로의 진입을 회복하는 등 여기에 필요한 개혁을 착수할 의지도 역량도 없는 것으로 판명되었다.

그러나 이러한 평가는 한 가지 중요한 측면에서 잘못되었다. 1990년대에 다양한 불법 활동과 무기 판매가 엄청나게 증가했기 때문이다. 이 활동들은 이 책의 핵심 주제를 벗어난다. 하지만 그 범위와 규모, 그리고 2002년 이후 미국의 대북 정책에서 이러한 활동의 중요성이 커졌다는 점을 감안하면, 이들을 살펴보고 규모를 추정해볼만한 가치가 있다. 게다가 북한의 불법 무역 활동을 간략하게 정리해보면 정권의 성격 변화에 대해 흥미로운 통찰력을 얻게 된다. 이러한 불법 활동의 대부분이 고위 지도층의 지시 하에, 혹은 지도청이 알고 있는 상태에서 착수된 것으로 보인다. 하지만 최근 사건들은 이 활동 중 최소한 일부는 좀 더 분산화된 성격이며 다양한 국가와 범죄망 내의 복잡한 다국적 관계와 연루되어 있음을 알려준다.[1]

아마도 정권이 출범한 후 얼마 동안 북한의 외교관들은 외화를 벌어들여 해외 공관 유지비를 지원하라는 압력을 받았다. 이렇게 하는 가장 간단한 방법 중 하나가 외교적 특전을 활용하는 것인데, 가장 중요한 방법이 국제 관습에 따라 기밀성과 무결성이 보호되는 외교행낭을 이용하는 것이었다.

최초의 평양 주재 스웨덴 영사인 에릭 코넬Erik Cornell은 1970년대 중반 일어난 초기의 불법 활동 사례 중 하나를 설명했다. 스칸디나비아 4개국의 경찰은 북한 대사관이 외교관 면세 특권을 이용해 술과 담배를 대량 구매해 암시장에 되팔고 있다는 사실을 적발했다. 그러나 더 많이 남는 장사는 마약 밀매였다. 체스트넛Chestnut은 기근이 최고조에 달했던 1996년 이후 압류된 마약 총량이 급격하게 올라갔다고 보고했다. 체스트넛은 또한 여기에 연루된 사람에는 외무부 외 관료(경제 및 정보기관 관료) 혹은 공식 칭호를 가지지 않은 개인(무역 회사의 직원) 뿐 아니라 협력자나 중개인 역할을 한 아시아 범죄조직까지 포함되었음을 알려주었다. 북한 밀매 활동의 주류는 마약이었지만, 아프리카 내전 지역의 소위 분쟁 다이아몬드Conflict Diamond*, 코뿔소 뿔, 상아 등 다른 제재품목을 거래했다는 증거도 있다(외교적 추방).

두 번째로 중요한 불법행위는 위조이다. 미국의 정부 관료들은 1989년에 나타나기 시작한 정교한 100달러짜리 위조지폐인 소위 슈퍼노트〈Super Note〉의 발행지로 오랫동안 북한을 의심해왔다. 그러나 2005년이 되어서야 일련의 범죄 사건이 일어나고 미 재무부가 마카오의 한 은행에 대해 제

---

* 분쟁 다이아몬드: 테러집단이나 반란세력의 불법 자금을 마련하기 위해 거래하는 다이아몬드 -역주

재 조취를 취하면서 이 문제가 좀 더 밝혀지게 되었다. 체스트넛의 연구는 탈북자 인터뷰에서 얻은 설득력 있는 증거를 첨부했다.

마약 밀매와 마찬가지로 슈퍼노트 판매는 복잡한 '도매' 및 '소매' 유통 망과 연루되어 있다. 미국은 2005년 공식 아일랜드 공화국 군IRA 지도자인 션 갈랜드Sean Garland를 러시아, 벨로루시, 폴란드, 덴마크, 체코 공화국, 독 일에서 2,800만 달러의 위폐를 유통시킨 혐의로 기소했다. 또한 미국에서 2 건의 함정 수사를 벌여 위조 통화 600만 달러에 대한 기소가 이루어졌다. 그러나 더욱 흥미로운 것은 재무부가 2001년의 테러대책법에 따라 마카오 의 방코델타아시아Banco Delta Asia를 우선적인 돈세탁 우려 대상 기관으로 지 정한 것이다. 은행은 범죄행위를 부인했지만 마카오가 국가간 통화 보고 요 건이 없다는 점은 이 은행이 북한의 재외금융 활동의 거점임을 확실시했다.

미국의 조치에 부응해 일본, 한국, 유럽의 거래은행들에서 답신과 압력이 이어지자 뱅코델타아시아는 약 40개의 북한 기업 및 개인 계좌(군이나 당 관 련 계좌가 많을 것으로 보임)를 동결했고 간부 몇 명을 교체했으며 마카오정부 가 임명한 감독기구에게 운영을 맡겼다. 위조는 화폐에만 국한되지 않았다. 북한이 담배와 의약품의 위조에도 관여했다는 증거가 존재했다.

북한 무기 거래의 상당 부분이 불법은 아닐 것이다. 북한은 미사일 및 관련 기반 기술 판매를 계속하고 있지만 미사일기술통제체제Missile Technology Control Regime, MTCR 하에서 축소되고 있다. 북한은 이 협정에 가입하지 않았다. 2002 년 12월 이로 인한 분쟁이 발생했다. 캄보디아에 등록된 북한 선적이 스커드 미사일 15기와 탄두, 로켓추진기를 싣고 예멘을 향하던 중 아라비아 해에서 스페인에게 나포된 것이다. 후일 미사일이 리비아에 전달되었다고 밝혀졌지 만, 당시 미국은 화물을 풀어주기로 결정했다. 예멘이 9/11 사태 이후 미국과 동맹관계를 맺었기 때문이다. 이외 북한의 미사일 또는 미사일 기술 고객에 는 파키스탄, 이란, 이집트, 시리아, 베트남이 포함된다.

불법 활동이 어느 정도 규모인지 추산하는 것은 우리가 이 책에서 추정했던 다른 어떤 사항보다 훨씬 더 위험하다. 여러 가지 이유로 인해 그러한 거래는 다른 경제적 활동보다 기복이 심하며, 따라서 주어진 년도에 대한 추정치가 매우 잘못될 수도 있다. 1998년~2002년 사이에 일본이 도매가 7,500만 달러에 상당하는 메탐페타민을 압류한 사건이나 글란드 기소 등의 압류와 체포 사건들은 거래량이 엄청난 양임을 나타내는 것 같지만, 이후에 거래망이 붕괴되거나 거래가 급속하게 감소되었을 수 있다. 무기 판매 역시 '기복'을 보였다. 특정 국가에 수출을 성공했다고 반드시 후속 거래가 이어지는 것은 아니었다. 2002년 미국의 한 관료는 2001년에만 5억 6,000만 달러를 판매했다고 언급했다. 그러나 이 진술이 정확하다면 아마도 판매가 높았던 시점을 나타낼 것이다. 이후에 고객 기반이 줄어들었기 때문이다.

압류나 특정 무기 판매와 관련된 증거들을 근거로 추정하는 것보다 국가의 외부 계좌를 토대로 풀어나가는 것이 더 맞을 것이다. 일례로 애셔Asher (2005)가 이런 작업을 수행했다. 애셔는 2003년 범법 행위와 무기 판매가 전체 북한 무역의 35~40%를 차지했으며 총 현금 소득에서는 더 높은 비율일 것이라는 결론을 내렸다. 이 수치는 우리가 Chapter 2에서 인용한, 전체 수출량의 약 1/3을 차지한다는 놀랜드(2000)의 추정치와 대체로 일치한다.

인도주의적 원조 활동의 범위

[부록 2-1] **부문별 총 인도주의적 원조**

(단위: 백만 US 달러)

연도	식량	농업	보건	식수 및 위생	교육	조정 및 지원 서비스	기타	합계
1996/7	36.16	4.73	4.02	0.00	0.00	0.06	5.38	50.35
1997/8	243.35	8.83	27.09	1.49	0.00	0.23	11.47	292.46
1998	312.14	7.09	6.35	3.55	0.62	0.30	5.04	335.09
1999	180.82	41.62	10.26	0.27	0.00	0.84	1.99	235.80
2000	150.21	59.03	7.37	0.23	n.a.	1.01	6.36	224.22
2001	270.75	55.52	20.19	0.31	0.18	1.22	29.28	377.59
2002	213.25	70.87	14.68	5.18	0.32	0.84	55.66	360.83
2003	124.02	5.31	24.44	0.95	0.93	0.23	30.79	186.70
2004	128.07	67.41	27.72	10.75	1.72	1.55	63.24	300.49
2005	29.79*	2.33	4.21	1.21	n.a.	1.36	24.64	63.56
합계	1,688.59	322.75	146.33	23.96	3.79	7.78	233.86	2,427.10

*로 표시된 값은 비 WFP-UN-OCHA 수치($107,563)와 WFP가 보고한 기부량($29,683,835)에서 도출된 값임

(출처) UN-OCHA, n.d.a.; WFP 2006b

(주) 중국이 포함되지 않음. UN-OCHA는 1996-1999년 시기를 조금 다르게 분류함. 식량 안전성, 조정, 식량 원조, 건강·영양, 식수·위생, 교육, 기타
열과 행의 합계는 원본에서 정확하게 합계되지 않음

[부록 2-2] 기관별 통합지원요청 인도주의적 원조

연도	WFP	FAO	FAO/ UNDP	UNDP	UNICEF	WHO	OCHA (DHA)	UNFPA	NGO	합계
1996/7	26.21	2.29	0.00	2.28	3.49	0.07	0.06	0.00	0.00	34.39
1997/8	134.34	1.66	1.03	2.50	17.20	1.60	0.06	0.00	0.00	158.38
1998	202.65	0.90	5.12	0.00	5.73	1.17	0.30	0.00	0.00	215.87
1999	177.91	0.00	3.09	0.00	6.16	1.90	0.84	0.00	0.00	189.89
2000	145.58	0.00	3.04	0.00	2.51	1.30	0.68	0.00	0.00	153.10
2001	240.08	0.00	1.84	0.00	3.47	1.57	0.49	0.10	0.42	247.97
2002	206.11	0.00	1.09	0.00	6.07	2.29	0.60	0.00	3.85	220.01*
2003	117.78	1.36	0.00	0.00	5.98	3.47	0.23	0.11	4.16	133.10
2004	118.86	2.38	0.00	0.00	17.31	5.53	0.53	0.19	6.78	151.58
2005**	–	–	–	–	–	–	–	–	–	–
합계	1,369.53	8.60	15.20	4.78	67.91	18.88	3.80	0.40	15.21	1,504.31

* WFP에서 이월된 9,932만 달러 포함
** 2005년에는 통합지원요청 인도주의적 원조 절차가 없었음
(출처) UN-OCHA n.d.a.
(주) 추가원조는 통합지원요청절차에 속하지 않은 기관에서 제공됨. 중국이 포함되지 않음

[부록 2-3] 부문별 통합지원요청 인도주의적 원조

연도	식량원조	식량 안전성	보건/영양	식수 및 위생	교육	조정	합계
1996/7	26.21	4.57	3.55	0.00	0.00	0.06	34.39
1997/8	134.34	5.80	16.52	1.49	0.00	0.23	158.38
1998	202.65	6.04	2.71	3.55	0.62	0.30	215.87
1999	177.91	3.09	8.01	0.00	0.00	0.84	189.89
2000	145.58	3.04	3.80	0.00	0.00	0.68	153.10
2001	240.08	2.26	4.64	0.31	0.18	0.49	247.97
2002	206.11	1.53	7.39	4.06	0.33	0.60	220.01*
2003	117.78	2.27	10.93	0.95	0.94	0.23	133.10
2004	120.34	3.00	19.09	6.69	1.73	0.73	151.58
2005	–	–	–	–	–	–	–
합계	1,371.01	31.59	76.64	17.06	3.80	4.17	1,504.31

* WFP에서 이월된 9,932만 달러 포함
(출처) UN-OCHA n.d.a.
(주) 중국을 포함하지 않음. 식량 안전성에 농업 포함. 조정에 역량구축 포함. 열과 행의 합계는 원
  본에서 정확하게 합계되지 않음

요청	대상 주민 및 적용 범위	주
1995년 9월 ~ 1996년 6월	홍수 피해자 5만 명	
1996년 6월 ~ 1997년 3월	총 158만 명, 여기에는 다음 대상이 포함됨 · 홍수 피해를 입은 집단농장 농민 50만 명 5세 이하 아동 52만 5,000명(동일 연령집단의 25%) · 근로자 12만 5,000명과 부양가족 42만 5,000명	
1997년 4월 ~1997년 12월	10만 미터톤, 애초에 전체 수혜자가 명시되지 않았음 · 원조의 80%는 홍수 피해 지역의 취로사업 지원 · 20%는 5세 이하 아동 지원	4월: 6세 이하 아동 260만 명을 포함한 470만 명(동일연령 집단의 100%)에게 원조를 제공하도록 최초 지원 요청을 확대함 (탁아소 및 유치원을 통해 12개월 간 영양 지원) 7월: 대상 아동에 배급량을 늘리고 영양실조 아동과 입원환자에게 특수식을 제공하기 위해 지원 요청을 더욱 확대함
1998년	총 747만 명. 여기에는 다음 대상이 포함됨 · 아동 552만 명 · 입원환자 50만 명 · 근로자 50만 명(부양가족 2인 기준으로 가족 배급)	연도 기준으로 요청이 변경됨; 최초 요청은 WFP 역사상 최대 긴급구호 활동임
1999년	총 804만 4,000명, 여기에는 다음 대상이 포함됨 · 6개월~4세 아동 147만 명 · 5~6세 아동 66만 5,000명 · 소학교 아동 136만 2,000명 · 중학생 194만 7,000명 · 고아 1만 명 · 입원환자 12만 명 · 60세 이상 노인 50만 명 · 취로사업 근로자 및 부양가족 165만 명	보고된 대상자는 7월에 시작된 긴급구호활동에 해당함(EMOP 5959.01). 이 활동은 544만 명을 대상으로 1월부터 실시된 활동에서 확장된 것임 (EMOP 5959) 3월: WFP는 영양 강화 비스킷과 영양식의 지역별 생산을 지원하기 시작함. 2000년 1999년과 동일 1999년 7월에 시작된 긴급 구호 활동 지속 9월: 필요량 충당을 위해 12월까지 추가 요청 실시

요청	대상 주민 및 적용 범위	주
2001년	홍수 피해자 5만 명총 762만 명, 여기에는 다음 대상이 포함됨 · 임산부 및 수유부 34만 6,000명 · 수유 아동(6개월~4세) 131만 2,000명 · 유치원 아동 63만 1,000명 · 소학교 아동 135만 2,000명 · 중학생 185만 명 · 고아 6,000명 · 소아과 병원 환자 2만 4,000명 · 노인 60만 명 · 취로사업 근로자 및 부양가족 150만 명	2월: WFP는 지역별 생산과 취로사업 배급량 확대를 포함해 기존 프로그램을 보완하기 위한 특별 활동 승인 WFP는 영아용 특수 영양식과 아동용 비스킷, 임산부용 영양 강화 국수를 생산하는 공장을 추가로 설립, 2001년 말까지 18개 공장 가동 봄 가뭄 후 소아과 병원의 보충급식 프로그램을 포함, 지원활동이 확장됨 2002년 2월 지원요청에 대한 보급 중단 사태가 발생했으며 기부 속도가 둔화됨에 따라 목표 미달 위험 발생
2002년	총 646만 명, 여기에는 다음 대상이 포함됨 · 고아 7,000명, 탁아소 아동 136만 명, 유치원 아동 65만 명, 소학교 아동 139만 명, 중학생 67만 6,000명 · 임산부 및 수유부 35만 7,000명 · 소아과 병원 환자 및 환자 母 2만 4,000명 · 영양회복 센터 환자 1만 명 · 취로사업 근로자 30만 명 및 부양가족 9,000명 · 춘궁기에 안전한 식량공급이 필요한 사람 14만 4,000명 · 재해 피해 주민을 돕기 위한 임시 지급 25만 명	북동부 지역의 도시 취약 주민을 대상으로 한 원조 비율이 늘어남 4월: WFP가 목표 대비 부족분을 맞추기 위해 긴급 요청을 제기함 5월: 기부 부족으로 배급 수혜자를 백만 명으로 축소 9월: 서부 해안지역의 일부 소학교와 유치원에 식량배급이 중단됨. 이후 취로사업과 WFP 공장을 포함해 동부 해안 지역에도 배급이 축소됨 7월 1일: 물가 개혁 도입
2003년	총 643만 6,000명, 여기에는 다음 대상이 포함됨 · 탁아소 아동(6개월~4세) 115만 명 · 유치원 아동 57만 7,335명 · 소학교 아동 127만 명 · 임산부 및 수유부 20만 8,000명 · 노인 55만 1,000명 · 소아과 병원 환자 및 환자母 2만 2,000명 · 취로사업 근로자 72만 5,000명과 부양가족 145만 명 · 재해지역 임시 지급 24만 7,000명	개혁에 대응하여 WFP는 도시 취로사업을 포함해 식량배급제에 의존하는 도시 가정에 더욱 중점을 둠 재고 때문에 대상 주민에게 불규칙적인 배급이 이루어짐 1월, 2월: 원조약속 감소 및 공급 부족으로 예전 요청에 비해 목표대상이 계속 줄어듦. 새로운 원조가 도착하여 3월에 프로그램이 재개되었지만, 7월에 다시 한 번 축소되었고 10월에서 12

요청	대상 주민 및 적용 범위	주
		월까지 재 축소되었음 8월 : 프로그램을 충당하기 위해 북한 정부가 WFP에게 재고를 빌려줌 (1만 4,000 미터톤)
2004년	총 615만 명, 여기에는 다음 대상이 포함됨 · 탁아소 아동(6개월~4세) 98만 4,000명 · 유치원 아동 50만 5,172명 · 소학교 아동 114만 명 · 임산부 및 수유부 29만 7,955명 · 소아과 병원 환자 및 환자 母 2만 1,000명 · 노인 70만 9,533명, 접근이 허용된 군에서 식량배급제에 의존하는 사람의 50%에 해당됨 · 저소득층 가정 36만 6,634명, 가장 도시화된 17개 군에서 식량배급제에 의존하는 저소득층 가정의 15%에 해당됨 · 취로사업 근로자 72만 5,000명 및 부양가족 145만 명 · 재해지역 임시 지급 11만 1,111명	8만 명의 수유부 및 임산부를 제외한 모든 주요 수혜자들이 1, 2월에 배급량을 받지 못함. 배급량이 줄어들면서 학교 출석자에 대한 현장 방문 보고서도 줄어듦. WFP는 신속한 기부와 기부량 증대를 촉구하는 긴급 요청 발행. 3월에 급식 재개 4월: 용천역 열차 폭발 사고 이후 UN에 새로운 대북지원요청이 이어짐
2005년	총 652만 명, 여기에는 다음 대상이 포함됨 · 탁아소, 유치원, 소학교 아동 및 고아 270만 명 · 임산부 및 수유부 30만 명 · 노인 90만 명(식량배급제 의존자) · 저소득 도시 가정 36만 명 · 취로사업 근로자 72만 5,000명 및 부양가족 140만 명 · 재해지역 임시 지급 10만 명	
2006년(제안)	총 188만 명 · 모성 및 아동 건강 97만 7,100명 · 학교 식량 프로그램 42만 4,100명 · 지역사회 개발용 식량 30만 명 · 자연재해 피해자 10만 명 · 최고 취약 집단 7만 6,000명	

(출처) FAO/WFP 1995, 1996, 1997, 1998a, 1998b 1999a, 1999b, 2003, 2004; UN-OCHA n.d.b.

부록

시장화 대차대조표

03

본 부록에서는 시장화에 관한 대차대조표 계산을 설명한다. 우리는 WFP의 취로사업[FFW] 프로그램이 식량배급제 외에서 이루어졌으며 전용되지 않았다고 가정한다. 또한 비 FFW 원조 중 10~50%가 전용되었다고 가정하며 아래에서 d=[.1, .5]로 표시하였다.

식량배급제 대상[Target PDS]은 공고된 월별배급량(PDS^{mr})과 동일하며, FFW 원조, 비 FFW 원조, 북한 국내에서 공급된 부분으로 분해될 수 있다(우리는 이 외 방법으로는 비 FFW 원조 중 WFP에서 제공된 것과 WFP 외에서 제공된 것을 구별하지 않는다). 우리는 공고된 월별 배급량인 PDS^{mr}, FFW 원조량, 비 FFW 원조량을 보유하고 있다. 따라서 나머지를 계산하면 북한 농민에게서 공급된 부분(PDS$_{nk}$)을 알 수 있다.

$$PDS = PDS^{mr} = [PDS_{nk} + AID^{non\text{-}FFW}] + AID^{FFW}$$

$$PDS_{nk} = PDS - AID^{non\text{-}FFW} - AID^{FFW}$$

우리는 암묵적으로 비 FFW 원조가 추가적인 것이 아니라고 가정하였다. 즉 비 FFW 원조는 식량배급제 대상의 값을 올리는 것이 아니라 PDS_{nk}를 대체한다.

이제 전용을 나타내는 매개변수[.1, .5]를 비 FFW 원조분에 적용하면(즉, 국내에서 공급된 분량이 아닌 원조만 전용됨; 이것은 의심스런 가설임) 의도한 수혜자에게 도착하는 원조의 규모를 계산할 수 있다.

$$PDS_{aid} = AID^{non\text{-}FFW} \times (I\text{-}d)$$

반대로 우리는 전용이 공급원마다 똑같이 이루어졌다고 가정할 수 있는데, 그러면 시장화 정도에 대한 추정치가 높아지는 결과가 나타날 것이다.

우리는 현재 정부가 전용된 원조량을 보충하기 위해 농부들로부터의 수매량을 증가시키지 않는다고 가정한다(즉, 실제로 식량배급제는 공고한 배급량을 전용된 원조량 만큼 배급하지 못하게 됨).

우리는 농부가 현물로 소비하기 위해 보유한 식량의 양(INKIND)을 알고 있다. 따라서 나머지를 계산하면 시장을 통해 거래되는 식량의 양(MKT)을 알 수 있다.

$$S = S^{nk} + S^{aid} = D = PDS_{nk} + PDS_{aid} + AID^{FFW} + INKIND + MKT$$

$$MKT = S - PDS_{nk} - PDS_{aid} - AID^{FFW} - INKIND = S\text{-}[PDS^{mr}\text{-} [AID^{non\text{-}FFW} - AID^{FFW}] - PDS_{aid} - AID^{FFW} - INKIND$$

PDS$_{aid}$는 전용을 나타내는 함수이기 때문에 더 큰 전용(즉 매개변수 d가 더 커짐)이 이루어질 경우 시장화를 증대시킨다는데 유의한다.

[부록 3-1] **시장화(1999~2003년)**

기본 가설

		인구(백만)	
	합계	식량배급제 비율	농업 비율
1999~2003년	22.3	71%	29%

원조('000 미터톤)

			대상 .						
S^{aid}	WFP 총	WFP FFW	WFP FFW	AID^{wfp}	AID$^{non-FFW}$	PDS^{aid}		AID^{FFW}	AID$^{non-wfp}$
	대상	대상	대상/ 총 대상(%)			d=0.1	d=0.5		
1999~2003년 1,198	583	n.a.	17.3	457	378	1,007	559	79	741

공급('000 미터톤)

1999~2003년	S^{nk}	S^{aid}	S
	3,197	1,198	4,395

공고된 월별 배급량(PDS^{mr})(식량배급소를 통해 배급)

	식량배급제 의존 인구		식량배급제 평균 일일 배급량(g)		PDS^{mr}
	명(백만 명)	근로자 비율(%)	근로자	비 근로자	('000 미터톤)
1999~2003년	15.8	66.7	279	242	1,538

농부들의 현물 소비

	농업 인구		식량배급제 평균 일일 배급량(g)		
	명(백만 명)	근로자 비율(%)	농업 근로자	농업 비 근로자	현물('000 미터톤)
1999~2003년	6.5	66.7	583	250	1,112

수요('000 미터톤)

	PDS	PDS^{mr}	PDS$_{nk}$
1999~2003년	1,538	1,538	340

시장화('000 미터톤)

	d=.1	d=.5
1999~2003년	1,856	2,304

기술통계(Descriptive statistics)(%)

1999~2003년	시장화(생산자 관점)	시장화(소비자 관점)		Said/PDS1
	83.7	d=.1	d=.5	77.9
		42.2	52.4	

(출처) 인구-한국은행: 비율-FAO/WFP 1999b, 표 6

■ 주(Note)

Chapter 01 _ 북한의 기근, 원조 및 시장

1. 이 외에 우리가 본 연구에서 참조한 기근 관련 보고서는 Lautze(1996); Kim, Lee & Sumner(1998); Noland(2000); Goodkind & West(2001); Noland, Robinson & Wang(2001); Natsios(2001); Woo-Cumings(2002); S.Lee(2003); Noland(2004a); Haggard & Noland(2005); Smith(2005b)이다.
2. Cumings(1997)은 한국역사 전반을 매우 쉽게 소개해 준다.; Oberdorfer(1997) 역시 1960년 이후 시기가 잘 설명되어 있다.
3. 북한의 내부 계급체계에 대해서는 Foster-Carter(1994), Hunter(1999), Armstrong(2002), 통일연구원(Korea Institute for National Unification, KINU, 2004) 이 발표한 내용을 참조한다. 김씨 정권이 대중적인 합법성을 얻은 근거에 대해서는 Park(1998), Cumings(1997, 2003)을 참조한다.
4. 기근에 대해서는 전문적인 정의가 규정되어 있지 않다. 대부분의 논평자들은 기근의 개념을 대중의 사망률을 갑작스럽게 증가시키는 치명적인 식량위기와 관련지어 생각한다. 하지만 이 정의는 계속 논쟁의 대상이 되고 있으며 수정되고 있다(Devereux 2000). 우리의 논의에서는 기근의 전통적인 해석을 따랐다. 기근 이론을 검토하려면 Devereux(1993)을 참조한다.
5. Drazen(2002)은 이러한 상호작용의 이론적 모형을 제공했는데, '소유' 개념에 중점을 두었다. Khan & Sharma(2003)도 참조한다.

Chapter 02 _ 대기근의 발단

1. 자그디시 바그와티(Jagdish Bhagwati)는 근근이 생존을 유지하는 주민 전체에 식량난이 광범위하게 확산된 환경에서 부족한 식량을 공정하게 분배하려는 노력은 실제로 기근 사망률을 낮추기보다 오히려 높이는 결과를 가져올 수 있다고 지적했다.; S.Lee(2005)도 참조한다. 그러나 전형적인 유형의 기근은 지역 간에 식량 가용성이 상당히 불평등한 것이 특징이며, Chapter 3에서 설명하겠지만 북한도 여기에 해당되는 것으로 보인다.
2. 산업분야가 활기를 잃고 농업의 비기계화로 인력 수요가 늘어남에 따라 최근 농업 종사자 비율이 상승하였다. 게다가 정부도 식량문제 해결의 한 방편으로 개인을 농업에 복귀하도록 강요했다.
3. 1995년 총 경작지는 약 200만 헥타르였다. 하지만 곡류 생산에 적합한 토지는 약

143만 헥타르에 불과했다. 나머지 토지 중 약 3만 헥타르에는 과일이, 27만 헥타르에는 주로 양잠용 뽕나무가 재배되었다(FAO/WFP 1995).

4. 미국 CIA가 내놓은 수치에 따르면 소련으로부터의 순수 자원 유입은 1990년 이전에 마이너스로 돌아섰다고 한다(CIA 1994). (이 수치에는 연료와 군사장비에 대해 소련이 지속적으로 제공한 보조금은 아마도 과소평가되었을 것이다.)

5. 경제학적 지식이 있는 독자라면 분명 외부적 충격과 관련지어 국제 수지를 중대하게 조절하기가 어렵다는 것을 인식할 것이다.

6. 이 운동은 1990년에 일반에게 알려졌지만(Smith 2005b), 전 평양주재 동독 대사인 Hans Maretzki는 1980년대 후반에 이 운동이 이미 진행되었다고 지적했다(개인적 정보교환, 2005년 5월 30일).

7. 2000년 8월 북한은 나진과 선봉을 묶어 나선 직할시로 만들었다. 그러나 우리는 일반적으로 더 잘 알려진 예전 명칭으로 이 특구를 지칭하겠다.

8. 더욱 복잡하고 산업화된 북한의 경제보다 베트남의 노동집약적 농업 경제에서 공급이 신속하게 향상되기가 더 쉬웠으리라는 점은 틀림없다. 그러나 베트남은 북한보다 더 최근에 매우 파괴적인 전쟁을 겪었다.

9. 본 책에서 관심을 가지는 시기가 시작되는 1997년 당시 북한의 외채는 약 119억 달러에 달했다. 서구국가에 46억의 외채가 있었고, 나머지는 소련과 중국에 진 빚이었는데 소련이 대다수를 차지했다. 그러나 소련 시절의 공식 환율로 러시아에 이를 상환하리라는 기대는 분명히 없었다.

10. 1998년까지 미국, 일본, 남한은 북한의 국제 금융 기구 가입에 모두 반대했다. 1998년 김대중 대통령이 취임한 후 남한 정부는 지지 입장으로 바뀌었지만, 미국과 일본은 북한의 핵무기와 미사일 프로그램에 대한 우려로 반대 입장을 고수했다. 북한은 1987년 이후 테러 활동을 수행하지 않은 것으로 알려져 있고 이후 테러리즘을 비난하는 여러 협정에 서명까지 했지만 여전히 미국 정부의 테러지원국 명단에 남아 있다. 또한 북한은 일본 적군파 항공기 납치범들을 계속 숨겨주고 있다. 미국 항공기들이 쿠바에 납치되었을 당시 제정된 미국 법규 하에서는 공중납치범에 피신처를 제공하는 행위는 미국이 국제금융기구 대출을 반대하도록 하는 명확한 법적 계기 중 하나가 된다. 일본의 경우, 미제로 남아 있는 북한의 일본 시민 납치 사건도 긴장 유발 요인이다. 이 문제는 2002년 9월 김정일이 북한이 실제로 일본 시민을 유괴했다고 시인한 후 중요성이 더욱 부각되었다. 마약 밀매, 위조, 화학 무기 및 생화학 무기 확산, 종교적 권리를 포함한 인권 유린으로 인해 문제가 더욱 복잡해졌다.

11. 남한 통일부와 UN의 국제식량원조정보시스템(International Food Aid Information System, INTERFAIS)이 보고한 중국의 대북 곡물 발송에 관한 수치가 1998년 이후 상당히 달라졌다. 그 이유는 알려지지 않았다.

12. 외부 세계에서 고립되자 북한의 종자 재고가 유전적으로 다양하지 않게 되었고 이 때문에 작물이 질병에 더욱 취약하게 되었다.

13. 홍수 규모가 크긴 했지만, 외부 논평자들은 정부의 주장이 과장되었다는데 의견을 같

이한다. 예를 들어 UN의 한 조사는 홍수로 인한 난민이 정부가 처음에 주장한 540만 명이 아니라 50만 명이라는 결론을 내렸다. Michell(1998)은 1995년과 1996년 작물 손실분이 안전했다고 관측했다. 그러나 홍수피해를 입은 토지의 복구는 지체되었다. 그 이유가 제도적 역량 부족 때문인지 다른 목적을 위한 보험 영수증으로 사용하기 위한 것인지는 명확치 않다.

14. 예를 들어 Cumings(2003)에는 북한 이념 체계의 역사적 기원에 대해 광범위한 사학적 설명이 되어 있다.

15. 미국에게서 양보를 얻어내기 위한 노력의 일환으로 위기를 조성했다고 해석하는 시각에 대해서는 Sigal(1998)을 참조한다. 북한의 경제적 요구의 핵심은 식량 자체라기보다는 에너지(경수로 보급)와 관계 정상화, 제재 완화와 관련되었다.

16. 1996~1997년의 교역 구상들에 대해서는 Harrison(2002:34)을 참조한다. 그러나 이 구상들은 취지를 달성하기에는 내용이 부실했다. 하나 이상의 고위층 집단이 해외 투자 확보를 위해 파견되었지만 이들의 순회공연은 서툴렀고, 다른 유사한 시도들도 잠재 투자자들과의 만남이 갑작스럽게 취소되곤 하여 제대로 진행되지 못했다(Noland 2000).

17. Mazarr 1995; Oberdorfer 1997:11~14장; Sigal 1998;Downs 1999; Harrison 2002, 특히 17장; Cha & Kang 2003; Cumings 2003:2장, Harrison 2002; Wit, Poneman & Galucci(2004)는 1차 핵위기에 대해 매우 다른 관점을 보여준다.

18. Woo-Cumings(2002)는 Sen의 개념을 북한의 기근 환경에 비추어 명확하게 논의하고 비판하였다.

19. 무역 통계에 따르면 북한은 성게 등의 틈새제품을 수출했다고 한다. 이러한 식품 판매로 얻은 수익을 곡물 구매에 사용할 수 있다는 점에서 적절한 방법일 것이다. 하지만 수익이 실제 이렇게 사용되었는지는 알려지지 않았다. 또한 북한이 원조를 되팔았다는 주장도 있다. 하지만 이 주장이 사실이라 해도 규모는 작았을 것으로 보인다. 원조국들에게서 받은 비싼 쌀을 팔아 저렴한 곡물을 살 수 있다면 이 역시 현명한 전술일 것이다. 하지만 받은 원조를 실제 이런 방식으로 사용했는지에 대해선 증거가 없다.

20. Eberstadt(1998a)는 무역 통계치를 면밀하게 분석한 결과, 1990년대에 교역을 통한 주 곡물 수입은 현저히 줄어든 반면 북한이 '빵이나 비스킷', '케이크나 페이스트리', 심지어는 '체중감량 유아용 시리얼' 등을 소량으로 지속적으로 수입했음을 지적했다. 아마도 이를 소비한 대상은 정치 엘리트와 그 자녀일 것이다.

21. 원조로 인해 수입량이 줄었다는 주장은 국내 공급량에도 적용될 수 있다. 전통적인 시장 경제에서 양허성 원조를 받는 경우 식량원조는 식량 가격을 낮추고 농민들의 재배 의욕을 떨어뜨린다. 기근 시기 동안 시장에서 판매되는 곡물의 양이 증가했고 그 결과 어느 정도 이런 효과가 발생했을 것이다. 그러나 식량 원조는 다소 다른 부분을 대체하는 효과도 있었을 것이다. 즉 식량원조는 생산량을 증대시킬 광범위한 동기부여식 개혁을 도입해야 한다는 필요성을 줄였다. Scott Snyder가 설명했듯이, 'UN WFP는 북한이 생존을 의존하는 필수적인 버팀목이 된 한편 체계 개혁에 착수해야

하는 구조적인 압력을 줄여주었다(2003a:8).'

22. 이러한 가상 공급선은 당해년도의 교역 수입량과 1993년 교역 수입량간의 차이에 따라 기준선 대비 다양한 양상을 나타낸다.

23. 230만 미터톤이라는 수치는 FAO/WFP가 언급한 비인적 소비량 중 최대값이다(1995). 이후의 FAO/WFP 분석에서는 비인적 소비량이 150만 미터톤 이하로 잡혔고, 최근에는 120만 미터톤 이하로 평가되었다(FAO/WFP 2004).

24. Bermudez(2001)는 이 비축량이 조선인민군을 6개월에서 3년간 유지시키기에 충분하다는 탈북자들의 진술을 전하고 있다. 이 주장은 여기에서 인용한 추정치의 범위와 일치할 것이다. Smith(2005b)는 1995년의 홍수로 숨겨놓은 전쟁용 재고 3백만 톤이 손실되었다고 주장했다. 우리는 이런 큰 수치에 대해 회의적이다. 수확 주기로 봤을 때 추수 직전에 정부가 대량의 재고를 유지했다고 기대하기는 힘들다. 게다가 Smith가 참조한 출처는 일시적인 수치를 언급하고 있는 미발행 논문(Quinones 2002)이다. 이 논문은 누군지 확인되지 않은 북한 관료의 말을 인용한 익명의 UNDP 관료를 출처로 하고 있다. 간단히 말해 이 주장은 손실분을 과장해온 북한의 주장 중 일부분으로 보인다. 그러나 이 주장이 사실이라면 4년간의 공급 감소와 소비 억제 후, 그리고 기근이 광범위하게 퍼진 상황에서 북한 정부가 여전히 전년도 수확량의 80%에 이르는 '전쟁용 재고'를 유지하고 있음을 의미한다. 이는 기근에서 정권의 과실을 나타내는 증거가 될 것이다. 군대가 재고를 유지하고 있다면(즉 결국 재고를 내놓지도 않고 더 구축하지도 않는다면), 그 존재가 전체 식량 가용성에 대한 우리의 분석에 영향을 미치지 않는다는데 주의해야 한다. 이후에 재고가 재구축된다면 공급량을 줄이는 효과를 지닐 것이다. 이 경우 재고 축적 기간에 따라 식량 가용성이 상응하여 줄어들 것이다.

Chapter 03 _ 불행의 분배 : 기근과 식량 배급제의 붕괴

1. 식량배급제가 비농업 인구를 대상으로 한다고 본다면 그 비율은 71%일 것이다. 하지만 향후 설명하겠지만, 당 관료 및 정부 관료에 대한 특별 분배 망이 있고 군대도 개별적인 공급체계를 보유했다. 따라서 일반 식량배급제는 주민의 약 60%를 대상으로 한다.

2. 평양은 또한 배급을 받을 때 옥수수에 비해 쌀의 비율이 다른 지역보다 높은 혜택도 받았다.

3. 이는 국제사면위원회(amnesty international) 2004에서 지적한 내용이다. 북한의 인권 상황에 대한 초기 연구 중 하나는 미네소타변호사 국제인권위원회의 연구(Minnesota Lawyers International Human Rights Committee, 1998)이다.

4. Hunter(1999)는 계급체계를 상세히 소개하였다. 국제인권연맹(International Federation for Human Rights, 2003)과 Oh(2003)도 이를 간결하게 요약해주었다.

5. Martin(2004:57~78)은 광범위한 탈북자 인터뷰에 근거해 '출입금지' 군(郡)을 매우

세심하고 면밀하게 고찰하였다.

6. 동요 계층은 45%, 적대 계층은 27%를 차지했다(국제인권연맹 2003:5에서 인용).

7. 이들 보호된 핵심 엘리트 계층은 20만 명, 인구의 약 1%를 차지할 것이다. 주로 혈연관계이거나 김일성과 게릴라 활동을 수행했던 사람들의 후손이 차지한다(Lankov 2003).

8. 이 토지들은 농촌 지역에서는 각각 95평방미터, 도시 지역에서는 30평방미터였지만, 유효한 땅이 있는 곳에서만 주어졌다.

9. 가구당 할당량은 부양가족 수와 연령에 따랐을 것이다.

10. 협동농장에 지급된 현금은 협동 농사 과정에서 수행한 다양한 작업에서 얻은 노동 점수에 따라 농부들에게 분배되었다.

11. 이 사항은 기근에 대한 2개의 가장 포괄적인 연구인 Natsios(1999)와 S.Lee(2003)에서 지적되었다. (S.Lee 2005도 참조) 또한 Natsios(2001)도 이러한 동기 부여 문제를 훌륭하게 요약해 주었다.

12. 탈북 군인들에 대해 수집한 데이터에 따르면 군인들의 평균 체격이 왜소해졌다고 하며, 이는 식량 위기가 1980년대에 시작되었음을 암시한다. 조선인민군은 남성 징집병 신장 제한을 150센티미터에서 125센티미터로 낮추었다고 한다.

13. 이는 기근에 관련한 Sen의 선구적인 책에서 내려진 결론이다.

14. 기근에 대한 전반적인 설명은 Snyder(1997); Kim, Lee & Sumner(1998); Natsios 1999, (2001); Noland (2000:5장); Woo-Cumings(2002); S.Lee(2003, 2005); Smith(2005b)에서 볼 수 있다.

15. 이 석(2003, 2005)은 정부가 사실상 이렇게 했다고 주장한다.

16. 예를 들어, 체계적인 조사에서 나온 증거와 동부 道에 식량배급제가 붕괴되었다는 피난민의 증언이 이 주장을 뒷받침하는 것처럼 보인다. 하지만 이런 붕괴가 다른 요인 때문일 수도 있다. 탈북자 중 최고위층 정치 관료인 황장엽은 무기 과학자 같은 요주의 인물도 사망했다고 주장했지만(Natsios 2001:203), 황장엽의 여러 주장 중 의문을 불러일으킨 것도 많다. Natsios(2001)는 동부 道와 서부 道간의 역사적인 적개심을 들어 선별론의 타당성을 주장한다. 이 석(2003:237)은 당이 북동부 지역에 곡물을 발송하지 말 것을 직접 명령했다는 증거로 Ahn(1996:251)을 인용했지만, Ahn은 사실 그런 주장을 하지 않았다.

17. Ellman(2000)은 굶주림이나 기아를 막을 만한 곡물을 할당할 수 없는 식량가용성 기근과, 식량이 줄어들긴 했지만 재분배될 수 있는 기근을 구별하였다.

18. 이 수치는 중요하다. FAO/WFP가 작물 평가 결과 제시한 할당량이 그에 훨씬 못 미쳤기 때문이다.

19. 이 작업에는 한 가지 이의가 제기될 수 있다. 즉 각 권한 범주의 인구 분포가 도별로 차이가 난다는 것이다. 이는 평양이 시종일관 높은 비율을 차지하는 데 대한 가장 확실한 설명이긴 하지만 우리는 이를 무시한다.

20. 남포와 강원도 역시 식량배급제 배급으로는 어려운 생활을 했지만, 항구도시인 남포에서는 북동부 지역 도시들보다 암시장이 더 발달했음이 틀림없다. Smith(2005b:83~86)를

참조한다.

21. 이 데이터들은 응답자가 아니라 그 가족의 직업을 나타낸다.

22. 흥미롭게도, 기근 동안에는 여성이 남성보다 더 나은 생활을 하는 경향이 있다. 하지만 이러한 강점에 대한 생물학적 · 사회학적 근거는 밝혀지지 않았다(Macintyre 2002).

23. 좋은벗들(1998)은 또한 유아 및 노인의 사망률이 높은 고전적인 U 모양의 사망률 추정치를 제시했다. 그러나 이는 기근 상황의 범위에 속하지 않는 비율이다.

24. Eberstadt(1998b)는 기근으로 인한 사망률을 측정할 때 조금 다른 방법을 사용했다. Eberstadt는 최고인민회의 대의원 1인이 정해진 인구(3만 명)를 대표하도록 되어 있는데, 1990년과 1998년 사이에 최고인민회의의 규모가 변화하지 않았다는 사실에 주목, 이 시기 동안 300만 명의 사람들이 '실종'되었다고 주장했다. 이 기발한 계산법은 다른 추정치들로부터 타당성이 일부 뒷받침되기도 했다. 하지만 이러한 계산법은 북한 정부가 실제로 헌법의 미세한 규정까지 정확히 지킨다는 가정 하에만 가능한 것이다. 그러므로 신빙성이 떨어지는 가설이다.

Chapter 04 _ 원조 정권 : 모니터링 문제

1. Natsios(1999:8장), Benett(1999), Noland(2000), Smith(2002), Flake & Snyder(2003), J.Lee(2003), Reed(2004), Manyin(2005)은 다자 간 원조 절차를 포괄적으로 다루었다.

2. 조정 및 기타 목적에 사용된 비교적 적은 부분 역시 식량 분배 활동을 지원했음에 틀림없다.

3. WFP의 계획 및 지원요청 절차는 CAP절차와 매우 흡사하다. WFP는 식량농업기구(FAO)와 협조하여 피해 국가에 위기평가팀(Emergency Assessment)을 파견했다. 그리고 이들을 통해 식량원조가 얼마나 필요한지, 수혜 대상자가 몇 명인지, 어떻게 해야 식량이 가장 효과적으로 분배될 수 있는지 조사하고 있다. 그 후 긴급구호사업(Emergency Operation, EMOP)을 작성하는데, 여기에는 행동과 예산 계획이 포함된다. 이 계획에는 누가 식량 원조를 받을지, 어떤 배급이 필요한지, 어떤 방법으로 운반할지, 어떤 경로로 위기지역에 도달할 것인지가 포함되어 있다. 이러한 평가 및 계획 절차는 지원 요청을 공식화(公式化)하는 근거가 된다. 지원 요청은 정부들의 자발적인 기부에 전적으로 의존하며, 기부는 식량 원조나 제3국에게서 식량을 구매하기 위한 현금 형태로 이루어진다. 자금과 식량이 유입되기 시작하면 WFP와 OCHA의 수송팀이 적재 지점에서부터 최종 수혜자에 이르기까지 식량의 이동을 감독한다.

4. 북한과 오랫동안 관계를 맺어온 한 NGO 대표는 다음 진술을 통해 이러한 정치적 포획(Political Capture) 현상을 무심코 보여주었다. '북한 당국은 비정부 원조 기관이 북한에서 장기간 활동한다는 개념을 완전히 받아들이지 않았다. 그러나 실제로 많은 국가에서 NGO들은 강력한 목소리를 내고 있고, 따라서 현재는 NGO들의 영향력이 매

우 높을 수 있다는 사실을 이해하고 있다(Flake 2003:40에서 인용).'

5. 이 활동 중 가장 두드러진 것이 스피어 프로젝트(Sphere Project, 2004)에서 나온 기구 간 행동강령(Inter-agency Code of Conduct)과, 후에 공식적인 책임 메커니즘이 없다는 인식 하에 수립된 국제 인도주의 책임성 프로젝트(Humanitarian Accountability Project International)이다(Young 외, 2004).

6. 인도주의 원칙에는 필요성 평가에 따라 국가의 전반적인 인도주의적 상황에 관해 알아야 하는 점도 포함된다. 도움이 가장 절실한 주민에게 인도주의적 원조가 도착함을 확신할 수 있어야 하고, 사정(Assessment), 모니터링, 평가(Evaluation)가 가능해야 하며, 접근이 허용된 지역에만 원조가 배급되어야 하고, 주민의 인도주의적 관심사를 보호해야 하며, 현지의 역량 구축을 지원해야 하며, 프로그램 계획과 실행에 수혜자를 참여시켜야 하고, 국제기구 요원의 정원이 충분해야 하며, 국제 인도주의 단체의 건강과 안전이 보장되어야 한다.

7. UNICEF는 1996년 1월에, 세계보건기구(World Health Organization)는 1997년 말에 상주 사무소를 설치했다. 유럽위원회는 1997년에 사무소를 열었고 몇몇 유럽 국가들도 상주 사무소를 설치했다. 많은 NGO들이 민첩하게 행동했는데도 불구하고, 이들은 사무소 설치 비용과 북한 정부의 거부 문제에 부딪쳤다. Smith(2002), Flake & Snyder(2003), Reed(2004)가 NGO들의 활동을 면밀히 분석하였다.

8. Flake(2003)는 이 조정문제를 자세히 설명했다. 또한 미국의 InterAction이 수행하는 기능들을 조정하는 역할을 하는 북한실무그룹(North Korea working group)의 설치와 주로 캐나다와 유럽 NGO들로 구성되어 WFP와 함께 일하는 Food Aid LiasionUnit의 평양 사무소 설치도 설명하고 있다.

9. 가장 유력한 북한전문 유럽컨설팅업체는 1994년 7월 다음과 같이 단호하게 말했다. '우리는 북한에서 굶주리는 사람을 발견하지 못했다(Euro-Asian Business Consultancy 1994).' 이와 유사하게 영국의 해외개발부(Overseas Development Administration)의 후원으로 1996년 3, 4월 실시된 평가에서는 '특정집단은 취약한 것으로 간주되지만, 영양실조가 광범위하게 확산된 것으로 보이지 않는다' 라는 결론을 내렸다(Nathanail 1996:5).

10. 1995년 12월의 평가는 다음과 같았다. '평균 수준 이상으로 생산량을 올리기 위해 농업 분야의 복구 지원뿐 아니라 식량 원조 긴급구호 프로젝트와 프로그램이 필요하다(FAO/WFP 1995).'

11. 일반적으로 부모들은 자녀를 위해 일일 배급량 100그램을 탁아소, 유치원, 학교에 제공하는데, 식량배급제를 통해 분배되는 전체 배급량에서 매우 큰 부분이다(WFP 2003c).

12. WFP는 이를 분명하게 인정했다(WFP 2003b).

13. NGO들도 비슷한 어려움을 겪었다. 우리는 특수한 제약사항들을 언급했지만, 어떤 제약은 다른 것에 비해 적응하기가 더 쉬웠다. 따라서 우리가 제시했던 북한의 행동 특징은 보편적이지 않을 수 있다. 또한 일부 NGO들은 차분하게 지역 수준에서 관계를

구축해 나감으로써 우리가 여기에서 설명했던 것보다 사실상 접근성이 더 높았을 가능성도 있다.

14. 우리는 네 도(자강도, 양강도, 함경남도, 함경북도)를 완전히 제외시키고 1995~1996년 지도를 작성했다.

15. 북한 정부의 교섭력은 NGO에 비해 현저하게 높았다. 북한 정부는 목표 원조 수준을 사전에 약속하지 않은 NGO에 대해 으레적으로 방문을 거절했고, 장기 비자 혹은 복수 입국 비자 발행에 거부감을 보였다. 일단 프로그램이 합의되면 NGO는 정부가 지정한 직원에 의존해야 했는데 아래에서 더욱 상세히 설명하겠다.

16. 모든 공식 방문(평양의 북한 관료 방문 포함)이 이 합계에 포함되었다. 2003년 6월 취로사업 방문 횟수를 헤아리는 방식이 변경되었다. WFP는 수혜자, 작업현장, 식량배급소에 대한 방문을 개별적으로 세기 시작했다. 취로사업 방문은 전체에서 차지하는 비율이 비교적 낮기 때문에 이런 차이는 총계에 큰 영향을 미치지 않으며 정당화된다.

17. WFP의 Food Aid Liaison Unit(FALU)가 관리하는 NGO용 배급품도 같은 형식을 따랐다. 세부사항은 Caritas-Hong Kong(2005a)를 참조한다.

18. 전용이 추적된 후 북한이 더 많은 기관에 유아용 이유식 제안을 수용하도록 수정한 것은 이런 면에서 주목할 만하다.

19. 다음 사항은 2005년 3월 31일 WFP 아시아 지역 국장인 Tony Banbury의 기자회견 내용에 따랐다(Banbury 2005 참조).

20. 다음 내용은 USAID(2005) 및 WFP 직원과의 개인적인 정보교환에 따랐다.

21. 사실 두 개입 형태 간에 구별이 명백하지는 않다. WFP는 식품공장과 취로사업 프로그램을 운영해 왔고 이는 개발원조 요소를 지닌 것으로 간주될 수 있다.

22. UN 긴급구호 조정관인 Jan Egeland는 인도주의적 원조 중단이 "잠재적으로 재난을 일으킬 수 있다"고 표현했으며, 만성적인 영양실조의 광범위한 확산과 북한 주민과 남한 주민 간의 체격 차이가 커졌음을 보여주는 영양조사를 지적했다(Brooke 2005). 이 조사는 Chapter 7에 상세히 설명되어 있다.

Chapter 05 _ 전용

1. MSF는 1998년 8월 인터뷰에서 해외 원조가 군대와 '간부'에게 전용되었다고 구체적으로 보고하였다. 하지만 이러한 주장을 한 세 진술이 동일한 표현을 사용해 의심스러우며 직접적인 체험에 근거한 것으로 보이지 않는다(MSF 1998).

2. 또한 원조가 해외로 재판매되고 있다는 주장도 끊이지 않는다. 한 사례로 타이 의회 위원회는 북한에 양허적 조건으로 판매한 쌀이 서아프리카로 전용되었다는 결론을 내렸다(중앙일보 2002). 그러나 우리는 예컨대 아일랜드 대기근 동안 식량이 수출되었던 것과 같은 해외로의 전용이 북한의 사례에서 중요한 측면이라는 증거를 발견하지 못했다.

3. Caritas-Hong Kong이 진술했듯이, '시장경제가 발전하면서 식량 및 비식량 기부 물자가 판매되거나 물물 교환될 기회가 늘어났다(Caritas-Hong Kong 2005a:II).' 또한 '시장 활동이 늘어나면서-일부 도시에는 현재 분명히 공식적인 물물교환 센터가 존재한다- 기부 물자가 판매되거나 물물교환될 위험이 증가하고 있다(Caritas-Hong Kong 2005b:4).'

4. 식량이 저장 가능하다는 점 때문에 이야기가 더욱 복잡해진다. 이 경우 식량이 비축가능하다면 시장 가격에 미치는 영향이 줄어들 것이고 제3의 소비자가 얻는 이익과 경작자의 손해가 감소될 것이다. 바로 이러한 사례가 한 탈북자 인터뷰에서 보고되었다(Daily North Korea 2006). 이 탈북자는 남한의 식량 원조 방송 분이 처음에는 시장 가격을 낮추었지만, 군대가 재빨리 이를 전용하거나 투기꾼들이 나중에 되팔려는 의도로 사들였다고 설명했다.

5. 이런 측면에서 분명히 가장 집요한 연구자는 MSF의 Fiona Terry일 것이다. 테리는 식량이 의도한 대상에게 가지 않고 전용되고 있다면서, 제시한 난민 인터뷰를 여러 차례 환기시켰다(Terry 2001).

6. 우리가 살펴보았듯이, 식량배급제는 복잡한 일련의 요인들로 인해 붕괴되었다. 여기에는 전체적인 생산 감소, 지역별 식량난, 농민의 식량비축과 빼돌리기, 운송 체계 붕괴, 암시장 등장, 식량 원조가 교역 수입량을 보완한 것이 아니라 대체했다는 사실 등이 포함된다. 게다가 특정 지역으로의 인도주의적 원조 할당은 실제 필요도에 대한 원조 단체의 추정으로 정해진 것이다.

7. 실제로 국가는 수매 목표를 설정할 때 아마 전용(轉用) 역시 계산에 넣었을 것이다.

8. Chapter 3에서 살펴봤듯이, 식량배급제는 분산화되었고 지방 관료가 관할권 내의 수요 공급을 상당 부분까지 조정했다. 우리는 이러한 관료 체제는 원조보다는 지역에서 조달된 공급 분이 시장으로 빼돌려지는 것을 방지하는 데 더욱 효과적이었다고 가정한다. 이 가정을 완화시켜 지역에서 조달된 식량 역시 시장으로 전용되었다고 가정한다면, 그러한 전용은 전용 수준에 따라 시장화 정도를 높일 것이다. 대신, 더 많은 양이 전용되기 때문에 특정 정도의 시장화에 따르는 전용은 감소됨을 의미할 것이다.

Chapter 06 _ 원조의 정치경제학

1. Cha & Kang(2003), Manyin(2005)은 이 문제를 다소 다른 시각에서 검토하였다.

2. Manyin이 이를 간략하게 요약했다. 1950년 6월 북한이 남한을 침공한 후 미국은 북한에 대해 경제 봉쇄를 가했다. 1999년 9월 클린턴 대통령은 대부분의 무역과 여행에 영향을 미쳤던 대북 경제적 제재를 완화하겠다고 발표했다. 현재 무역 및 관련 거래는 이중용도 상품(민간과 군에서 모두 사용될 수 있는 품목) 외에는 전반적으로 허용되어 있다. 미국 시민은 북한으로 여행할 수 있다. 그리고 이동 중, 혹은 북한에 체류하는 동안 개인이 쓸 수 있는 금액 제한이 없다(2005:27). 그럼에도 불구하고 두 국

가 간의 교역 거래는 미미한 수준이다.

3. 북한은 중유를 공급받는 한편 경수로도 건설되고 있었다. 이는 북미합의서 하에서 연변의 50MW(e) 원자로와 태천의 200MW(e) 원자로 건설을 중단하고 연변의 5MW(e) 원자로를 폐쇄하면서 발생하는 전력손실을 보상한다는 명목으로 합의된 사항이었다. 그러나 분명 이 원조는 러시아 및 중국의 료료 공급이 우호적 가격에서 경화 가격으로 바뀐 상황에 처했던 북한 경제를 지탱시키는 데 크게 기여했다고 볼 수 있다.

4. 여기에는 남한이 원조를 반대하지 않고 이전에 제공된 원조가 전용되지 않았으며 위기 해결을 위해 북한 군대의 재고가 사용되어 왔고 WFP가 향후 원조가 전용되지 않을 것임을 보장한다는 조건이 포함된다. 중요하지만 여전히 논쟁의 대상이 되고 있는 이러한 초기 합의사항에 대해서는 Natsios(2001:168~71), 182~186, Noland (2000:186~187), Flake(NGO 단체 관련, 2003), Hathaway & Tama(입법정책 관련, 2004)를 참조한다.

5. 이런 측면에서 가장 주목할 만한 보고서는 1999년 10월에 나온 GAO 보고서와 한 달 후 나온 하원 북한자문단(North Korea Advisory Group)보고서다. 두 보고서 모두 모니터링 체계의 취약성을 강조하고 군대로 전용이 이루어지고 있다는 다양한 증거를 거듭 언급했다.

6. 이 발언은 스위스 대통령 아돌프 오기(Adolf Ogi)의 기자회견에서 나왔다. 스위스는 가장 초기의 그리고 가장 관대한 유럽 원조 제공국 중 하나였다(Deutsche Presse Agentur 2000).

7. 두 발표 모두에서 방문과 모니터링에 있어 WFP에 대한 북한의 협조가 근소하게 개선되었다고 말하고 있다.

8. 다른 측면에서 이 법령을 비판하는 보고서는 Smith(2004)와 특히 Chung(2004)를 참조한다. Chung(2004)는 '북한은 인권에 대해 사회주의와 공산사회주의의 특징을 지닌 그들 방식대로의 인권으로 인식하고 있다. 이런 관점에서는 종교 및 개인의 양심의 자유, 정치적 자유는 다수의 선을 위해 어느 정도 희생될 수 있다'고 주장했다.

9. 특히 대량살상무기확산방지구상(PSI)은 무기 확산으로 의심되는 활동을 막기 위해 국제적으로 법적 권한과 군사력을 구축하고자 하였다. PSI는 원조 체제에 직접적으로 영향을 미치지는 않았지만 일부 주요 원조국들에게 북한에 대한 강경한 태도를 상기시켜주는 역할을 했다. 또한 미국 정부는 미국화폐 위조 등 북한의 불법 활동을 근절시키기 위해 많은 조치를 취했다. Chapter 8에서 이 문제를 다룬다.

10. 북일 관계를 가장 포괄적으로 다룬 연구가 Hughes(1999)이다. 또한 Lind(1997), Hughes(2002, 2005), Manyin(2003, 2005:24), 국제위기감시기구(International Crisis Group, 2005), Lintner(2005:7장)도 참조한다. 우리는 또한 이 부분에 대한 크리스토퍼 휴(Christopher Hughes)의 논평과 Amanda Hayers, Takeshi Nagasawa께 감사드린다.

11. 이런 측면에서 자민당의 거물인 Shin Ganemaru가 이끄는 자민당과 사회당 대표단의 비공식 방북은 중요한 사건이다. 이러한 초기 역사에 대해서는 Huges(1999:51~112)를

참조한다.

12. 송금 규모는 분분한 추측의 대상이 되어 왔지만, 2000년대 초까지 매년 수천만 달러에 달했다는 Lintner의 평가가 타당해 보인다. 일본 정부 당국이 이 문제를 면밀히 조사한 후 이뤄진 Hughes(2005)에 더욱 최근의 추정치가 제시되어 있는데, 2002년 약 3,200만 달러에서 2003년에는 약 2,300만 달러로 떨어졌다고 추정하였다. Hughes(2005)는 이러한 자금 유입 외에 북한이 1970년대에 일본 은행에서 얻은 약 9억 달러의 대출을 갚지 않았다고 추정했다. Lind(1997)도 참조한다.

13. 일본은 1965년의 관계 정상화 이후 제공된 원조가 제2차 세계 대전 중 입은 피해 배상이 아니라 미해결된 재산 청구권 문제를 청산하는 차원이라고 주장했다. 북한에 대한 일괄거래 논의에서 100억 달러 상당의 금액이 거론되었다(Noland 2004a).

14. Pinkston(2003)에는 북한 미사일 프로그램의 정치경제학에 관한 흥미로운 설명이 나와 있다.

15. 일본 정부는 2002년부터 재일본조선인총연합회(General Association of Korean Residents)의 불법 활동을 단속하기 시작했다(일본에서는 조센 소렌, 한국에서는 조총련이라 부름). 해당 계열 신용조합 감독을 강화하고 조세 혜택도 일부 철폐했다. 정부는 송금을 통제하는 법적 권한을 획득하고 일부 은행에는 송금을 제한하도록 압력을 넣었으며, 미국 주도의 PSI와 관련한 법률을 통과시켜 북한의 해상 연결을 제한하였다. 일본 당국은 북한 선박에게 통과하기 어려운 상세한 안전 점검을 받도록 했고 지불할 수 없을 정도의 보험을 요구했다. 또한 불매 지지자들의 제안에 따라 북한산 수입품에 상표표시를 하도록 요구하는 등 다양한 무역관련 조치를 취했다. Lintner(2005:7장)와 특히 Hughes(2005)를 참조한다.

16. 우리는 남한 관료들과의 광범위한 인터뷰 및 문정인의 상세한 논평, 또한 이 분야에 대한 김연경의 연구에서 도움을 받았다.

17. [도표 5-2]는 원조를 제외한 교역 무역 데이터를 알려준다. 남한에서 나온 자료는 때때로 원조(1994년 북미기본합의서 하에서 전달된 미국 중유 등의 품목 포함)를 대북수출로 잘못 계산한다. 또한 [도표 5-1]에 나와 있는 곡선은 부품이 북한에 전달되어 조립된 후 재수출되는 위탁가공(Processing-On-Commission, POC) 무역은 제외하였다. 이런 재수출품은 가공국의 수출로 계산되지 않는 것이 정상적인 회계 관례다. 그러나 최근까지 남한 기업이 부품을 북한에 전달할 직접적인 방법이 없었다. 모든 부품이 중국을 경유해 전달되었다. 그 결과 이렇게 경유된 제품이 중국의 대북수출품, 또한 북한으로부터의 수입품으로 이중 계산되는 오류가 발생했을 수 있다.

18. 남한 원조 정책의 전개는 통일부의 월간 '남북교류협력동향(Overview of Intra-Korean Exchange and Cooperation)'에서 알 수 있다.

19. 남한 측은 식량이 전달될 때 부두에 있었다. 하지만 배급 계획이 사전에 정해져 있지 않았다. 북한 당국은 식량이 도착한 지 30일 후에야 배급계획을 제공했다. 모니터링은 북한 측에서 제공한 목록 중 남한이 선택한 소수의 현장에서 4인조 팀이 실시하였다. 2004년부터 남한은 북한에 약 40명의 인원을 주재시키도록 허용되었다. 그

러나 방문 횟수는 적었다. 2004년 WFP는 한 주 동안 남한이 한 해에 방문한 횟수보다 더 많이 방문했다. 남한은 조사 대상인 식량배급소에 쌀이 실제로 저장되어 있는지 눈으로 확인하는 것 이상으로는 원조가 어떻게 이용되는지 감사하지 않았다.

20. 다음 내용, 특히 1997년의 사건들에 대해서는 임원혁과의 개인적인 정보교환에 따랐다.

21. Levin과 Han(2002)은 햇볕정책에 대한 국내의 정견을 소개했는데, 특히 야당인 한나라당의 지속적인 거부를 강조했다.

22. 이러한 활동을 살펴보기 위해 O. Chung(2003)을 참조한다. 이 원조 방식으로 인한 뜻밖의 부산물은 이들 프로그램과 연관해 남한인의 북한 방문이 늘어났다는 것이다. 1998년에는 34명, 1999년에는 49명이 북한을 방문했다. 그 이후 수치가 더욱 올라가 2003년에는 1,500명이 넘었다. 물론 이것도 비교적 적은 숫자이긴 하지만, WFP의 상주 인원이 최대일 때가 전국 51명이었다는 사실을 상기해보기 바란다.

23. 1998년 초 현대 그룹은 북한 금강산 관광 개발 권리의 대가로 7년에 걸쳐 대략 10억 달러를 지불하기로 약속했다. 2000년 남북정상회담이 있기 한 달 전에 열린 회의에서 남한 관료와 현대 그룹의 대표자가 만나 사업권 확보에 대한 대가로 북한 업체에게 5억 달러를 지불하기로 약속했다. 그러나 이 돈은 정부 자금이 포함된 것이었다. 대북 정책의 공로로 노벨상을 수상한 김대중 대통령은 2003년 2월, 정부가 지급한 자금이 정상회담 성사를 위한 거래의 일환이었으며 합법적이지 않았다고 공개적으로 시인했다. 국가 안보 보좌관을 포함한 김대중의 보좌관 몇 명이 결국 유죄 판결을 받았지만, 노무현 대통령은 김대중에게까지 조사가 이어지기 전에 사실상 수사의 진전을 막았다.

24. 교역 정책과 관련해 특히 중요한 것은 2000년 12월에 이뤄진 투자 보장, 이중 과세 방지, 청산, 분쟁 해결에 관한 합의였다. 2005년 초 당시 주요 협력 사업은 금강산 관광 사업, 개성 공단, 한반도 동부와 서부 해안의 철도와 도로를 연결하는 의욕적인 프로그램이었다. 이 사업들은 2005년 6월 이후 확장되었는데, 아래에서 상세히 설명한다.

25. 무엇보다 이러한 인도주의적 원조는 큰 물의를 일으킨 남한 그룹이 민간 차원에서 지급하였다는 것과 불법적인 공적 지급에 추가된 것이란 점이 중요하다.

26. 좋은벗들(2005)은 원조의 30%가 군에, 10%가 군산복합체의 산업체에 전용된다고 추정했다. 좋은벗들은 또한 나머지 원조는 식량배급제를 통해 전달되어 이들 관료가 정한 우선순위에 따라 배급된다고 언급했다. 여기에는 주요 건설 사업장의 근로자들과 철도 근로자들이 포함되었다. 우선순위에서 마지막이 '일반적인' 식량 배급이었다.

27. 이 약속은 경제협력위원회 10차 회의 후에 도달한 합의에서 나왔다. Rhee(2005)는 여기에 대한 설명과 함께 교역 관계에 계속되었던 제약을 매우 분명하게 평가하고 있다.(p.148)

28. 다음 내용은 유럽의 원조 경험을 다룬 Berkofsky(2003), EC에서 나온 유용한 '국가 전략 보고서(유럽위원회, European Commission 2001)', 최근 완료된 Dammers,

Fox, Jimenez(2005)의 ECHO 프로그램 평가에 따랐다. 유럽연합과 북한 간의 관계를 보다 광범위하게 살펴본 연구는 Frank(2002)다. 우리는 이 부분에 대한 Frank의 논평에 감사드린다. 유럽 NGO와 북한 간의 파란만장한 관계를 잘 검토한 연구는 Schloms(2003)다. 우리는 Maria Castillo-Fernadez의 코멘트에 특히 감사드린다.

29. 유럽 원조 중 비유럽연합 부분은 아이슬란드, 리히텐슈타인, 모나코, 노르웨이, 폴란드, 러시아, 스위스의 원조가 차지한다. 러시아는 2003년 WFP에 최초로 기부했다(1,000만 달러).

30. 남한에서와 마찬가지로 유럽위원회 원조의 특정 부분은 NGO를 통해 전달되었다. Schloms(2003)를 참조한다.

31. 원조를 보류한 유럽의 두 주요 국가가 또한 유럽의 두 핵보유국이라는 사실이 눈에 띤다.

32. 유럽위원회 차원에서의 정치적 대화는 1998년 12월 시작되었고, 유럽연합 의회(EU ParLiamentary) 대표단과의 대화가 이어졌다. 2000년 10월 9일과 11월 20일에 내려진 회의 결론에서 새로운 접근방식이 수립되었다. 안보 절차에서 유럽이 수행 가능한 역할에 대해서는 Heiskanen(2003)을 참조한다. 2003년 1월 2차 핵위기가 터지자 유럽의회(European Parliament)는 한반도와 관련된 모든 문제를 다룰 다국적 회의 소집 검토를 위원회에 요청했다. 이런 접근방식은 한국에서 유럽의 역할을 정의하려는 이전의 노력에 뿌리를 두고 있지만, 정치적 전개 상황 때문에 폐기되었다.

33. 유럽위원회 예산과 유럽개발기금(European Development Fund)으로 자금이 지원되는 프로젝트를 감독하기 위해 2001년 1월 유럽 원조협동사무소(Europe Aid Co-Operation Office)가 설치되었다.

34. 식량 원조는 ECHO 프로그램이 아니라 식량 안보 예산 선에서 전달되었다. 본 보고서는 ECHO 활동을 평가하는 것이므로 식량 원조 문제에 대해서는 보고하지 않고 끼워넣기식으로 논의하고 있다. 기능성 프로젝트에서는 모니터링 문제가 엄격하지 않을 가능성이 높다. 수혜자와의 지속적인 접촉 및 NGO와의 조정이 필요하기 때문이다.

35. 예를 들어, 본 보고서는 '식량 원조 프로그램에는 북한에서만 찾아볼 수 있는 긍정적인 측면이 있다. 탁아소와 유치원 등의 기관을 통해 대상 선정 체계를 이행할 수 있고 영양 강화식품을 지역에서 생산하는 점 등이다. 정부가 제공한 데이터에 근거한 대상 선정 체계로 인해 WFP는 완전한 수혜자 명단은 아니지만 식량 원조가 필요한 집단을 이해할 수 있었다'라고 언급했다(Dammers, Fox, Jimenez 2005:31).

36. 다음 내용은 Kim(2005)을 광범위하게 이용했고, 중국과 북한 간 경제 관계에 관한 Tai Ming Cheung과의 프로젝트에 대해서는 Erick Zhang의 연구에 따랐다. 양국 관계에 대한 더욱 폭넓은 검토는 Scobell(2004), Wu(2005), 국제위기감시기구(2006)를 참조한다.

37. 중국학자들과의 인터뷰 결과 이러한 중요 사건을 어떻게 해석할지에 대해 이들도 의견이 나뉘어져 있음을 알 수 있었다. 무역이 쇠퇴한 경제적 요인으로는 중국 생산의

지속적인 감소, 중국의 무역 의무를 둘러싼 마찰, 위기가 심화되면서 북한이 상품 대금을 지불하지 못하는 데 대한 중국의 불만 등을 들 수 있다. 그러나 정치적으로 가능한 또 다른 설명은 중국의 정치 고위층이 김정일을 못마땅하게 생각하고 있고 그들의 관계가 전반적으로 악화되었다는 것이다. 김정일에 대해 이런 불만이 나오게 된 요인으로는 두 가지 설명이 가능하다. 하나는 북한이 1차 핵위기 상황에서 처음에 중국을 무시하려 했다는 것인데, Kim & Lee(2002)는 이 전략을 미국과 직접 거래하는 '2+0(Two plus Zero)' 방식이라고 지칭했다. 두 번째 요인은 경제 전략과 관련된다. Li Peng 총리는 1996년 원조를 제공할 때 북한에 대해 공공연히 비난하는 쪽이 되었다. 그리고 그때부터 중국은 북한의 개혁 실패에 대해 점차적으로 업신여기게 되었다. 이에 대한 예는 Mansourov(2003)를 참조한다.

38. 이 수치들은 인도주의적 원조 전체를 반영하지는 않는다. 국가 원조 담당 관료의 기술 지원 제공 역량을 고려하면 그러한 원조는 당연히 다른 경로로 전달되었을 것이다.

39. Haggard & Noland(2005)에 이 문제가 더욱 상세히 검토되어 있다. 또한 우리가 남한 통일부와 이 문제에 대해 교류한 내용을 www.hrnk.org에서 참조한다.

Chapter 07 _ 대처, 시장화 및 개혁 : 새로운 취약요소

1. 이러한 정치적 측면에서 볼 때 구소련의 여러 국가들은 혼합형 사례로 분류된다. 정치적 자유화가 일부 이루어졌음에도 불구하고, 대부분 개혁되지 않은 공산당 지배 하에서 개혁이 착수되었기 때문이다.

2. [도표 7-1]과 [도표 7-3]에 나온 데이터는 회의적으로 보아야 한다. 정상적으로 보완된 데이터를 얻을 수 있다고 해도 북한처럼 왜곡된 사회주의 계획 경제에서의 부가가치 측정은 개념적으로 상당히 어려울 것이다. 한국은행에서 나온 북한 국민소득 추정치는 선별된 출처와 기법을 이용해 북한 생산량의 물적 추정치를 도출하고 여기에 남한의 부가가치 가중치를 적용해 산출된다. 항목별 투입산출표가 존재하며 최근의 계산에 사용되었을 수도 있다. 여기에서 다양한 문제가 발생한다. 물적 지표에 의존하면 서비스 분야보다는 산업 분야(산출물을 계산하기가 비교적 쉬운)가 지나치게 강조될 수 있다. 사전 검토 과정에서 관계 부처 간 협상이나 추정치의 정치화가 행해졌을 수도 있다. 또한 수치 산출 기법이 독립적인 검증을 받지 않았다. 때때로 분석가들은 남한에서 나온 추정치의 정확성에 의문을 가진다. 더 자세한 사항은 Noland(2001)를 참조한다.

3. 1992년 개정된 헌법은 국방위원회(National Defense Commission)를 군의 최고 사령부로 규정했다. 1993년 김정일이 국방위원장으로 '선출'되었고, 1998년과 2003년 최고인민회의(SPA)에 의해 재선출되었다.

4. 예상대로 북한의 내부 안보 조직은 규모가 크고 복잡하다. 정보부 기능을 하는 국가안전보위부(State Security Department) 외에, 인민보안성(Ministry of People's Security) 내에 매우 중앙집중화된 군사적 형태로 경찰이 조직되어 있다. 게다가 1990년대에

정권은 다양한 국내 치안 기능과 경제 활동을 대규모 예비군에 의존했음이 분명하다 (노농적위대). Bermudez(2001)는 주로 퇴역군인으로 구성된 이 예비군의 규모가 400만 명 이상일 것으로 추정하였다. 따라서 '선군' 정치는 정규 병력과 별개인 사회 내의 대규모 집단, 즉 예비군, 준군사 조직, 정보 병력, 경찰 등을 겨냥하고 있으며, 이 집단들이 수행하는 특정 업무와는 별도의 것이다. Bermeudez(2001) 및 국가안전 보위부에 대한 훌륭한 연구인 Chon(2004)을 참조한다. 우리는 또한 이 점에 관해 담화를 나눈 박승제에게도 감사드린다.

5. 난민 문제에 대해서는 Human Rights Watch(2002), Kim(2002), Charny(2004), Lankov(2004), Lee(2004), Haggard & Noland(2006)를 참조한다. 정량적 추정치는 Noland(2000)과 KINU(2004)를 참조한다.

6. 2004년 최고인민회의는 형법 개정안을 통과시켰는데, 이는 형법을 지난 10년간 북한에서 일어난 변화에 맞추려는 시도로 해석될 수 있다. 예를 들어 어떤 종류의 경제 활동이 합법적인지 혹은 불법적인지 등을 나타내는 것이다. 처벌 조항도 개정되었는데 '무기 노동교화형', '유기 노동교화형' 그리고 완곡한 이름이 붙은 '노동단련형' 등으로 분류되었다(KINU 2005, Yoon 2005).

7. 북한의 발표에서 도출한 농업 개혁 연표를 보면 1995년과 2000년 사이에 매년 '주체 농법'을 적용하여 다양한 식료품의 생산이 증가했다는 자료를 발견할 수 있다 (Kwon & Kim 2003:표2).

8. 이러한 변화에 앞서 1998년에는 헌법을 개정하여 정통적인 사회주의식 계획 경제가 철저하게 발전했을 만한 환경에 사유재산 및 사적 이윤 등의 개념을 도입했고 그 다음 해에는 중앙계획과 관련된 포괄적인 법률을 제정하여 허가받지 않은 경제활동을 법률로 금했다. Lim & Kim(2004), Noland(2004b), Kim & Choi(2005), Frank(2005a)는 정책 변화를 포괄적으로 평가하고 도입 배경을 고찰하였다. 개성공단은 경제특구를 건설하려는 전술을 가장 잘 보여주는 예다. 앞 장에서 설명한 일본과의 서투른 화해는 원조 모색 노력을 보여주는 가장 뚜렷한 예다.

9. 2002년 말 워싱턴 D.C.의 맨스필드 재단(Mansfield Foundation)을 방문한 대표단 중한 명이 이 점을 명확히 해 주었다. '곡물의 공식 가격이 시장 가격과 동일하다면 사람들은 곡물을 시장에 팔 동기를 가지지 않을 것입니다.'

10. 예를 들어, 2003년 3월 국가가격제정국 처장인 강경순은 '계획을 80% 달성하면 기준 임금의 80%가 보장될 것이고, 계획을 200% 달성하면 임금의 200%가 보장될 것이다'라고 언명했다(Kim & Choi 2005:16에서 인용).

11. 통화가 개혁되자 주민들은 기존 보유재산을 새로 발행된 화폐로 전환해야 했다(최고 한도가 있음). 전환 최고 한도는 개혁을 몰수와 마찬가지 의미로 만든 장본인이다. 2002년 7월 청색 원(Blue Won, 외국인용)인 외화와 바꾼 돈표(Foreign-Exchange Certificates)가 일반 갈색 원(Brown Won, 자국민용)으로 교체되었다. 하지만 갈색 원이 공식적으로 외환으로 환전 가능했는지는 명확하지 않다. 2002년 12월 당국은 달러 보유를 금지하고 내국인, 외국인 공히 모든 주민들이 달러를 유로화로 환전하도

록 요구했다. 하지만 중앙은행에는 실제로 유로화가 없었다.

12. 미국 지폐에 인쇄된 초상을 보고 '모든 사람이 죽은 대통령들을 사랑한다'라고 익살을 떤 시카고학파 블루스 가수인 윌리 딕슨의 화폐이론을 흉내 내는 것처럼 중국의 한 탈북 난민은 '(조지) 워싱턴이 김일성보다 낫다'라고 표현했다고 한다.

13. 남한 정부에 따르면 미국 달러 사용을 금지한 2002년 12월의 정부 발표에도 불구하고 북한 내 대부분의 외화가 달러였고, 나머지는 대략 일본 엔화와 중국 위안화로 나뉘었다.

14. 엄밀하게 말해 이는 범죄 행위이므로 이에 따른 위험이나 처벌과 같은 다른 요인 때문에 상황이 변화할 수도 있다.

15. Frank(2005b)는 평양에서의 일상적인 관찰을 토대로 2002년 7월과 2005년 10월 사이에 연간 인플레이션율이 약 215%였다는 결론을 내렸다. Y. Kwon(2006)은 2002년 8월 이후 매년 300% 이상이었다고 추정했다.

16. Lim & Kim(2004)에 따르면 보통 대출기관들은 부채 수금을 구실로 조선인민군이나 인민보안기구(People's Security Agency)와 같은 조직을 등에 업고 있었다.

17. 앞서 말한 경고를 되풀이하자면, 이러한 데이터를 볼 때는 주의가 필요하다. 측정하기가 개념적으로 상당히 어렵고, 남한당국이 추정치를 도출한 출처와 기업이 알려지지 않았다.

18. Kim(2005a, b, c, d)과 Kim(2006)은 기업가들, 이들을 후원하는 국영기업, 이들에게서 이익을 취하는 경제활동 단속 담당 공무원들 간의 공생관계에 대해 재미있는 예를 보여준다. 실제로 Kim(2005a)는 최소한 일부 경우라 하더라도 정부 공직자와 결탁된 기업가들이 어떻게 조세 특혜대우를 받았는지 보여주었다.

19. Y. H. Chung(2003)은 채권 구입이 강제적으로 이루어졌을 가능성이 있다고 제시했다. 다른 진술에 따르면, 구매가 의무적이지는 않았지만 당국이 채권구매에 대해 '구매자가 소속된 당과 국가에 대한 충성심 및 지지를 나타내주는 지표로 이용했다(ITRA-Tass 2003).'

20. 현재는 신빙성을 잃은 이 가설의 원본은 Seckler(1980)를 참조한다. 그리고 여기에 대한 비평은 Pelto & Pelto(1989), Martorell(1989), Beaton(1989)을 참조한다.

21. 1998년 조사는 최악의 영양 상태를 나타냈으며, 그 후에 실시된 조사의 표본 평균은 1998년의 평균과 비교하는 것이 바람직할 것이다. 유감스럽게도 WFP는 필적하는 데이터를 제공하지 않았고, 긍정적이든, 부정적이든 이러한 특정 기준에서의 시기별 변화를 평가할 수 없게 했다.

22. 전통적인 한국 사회에서는 아기가 출생하자마자 1세로 간주된다. 북한 인체측정학자, 북한인 응답자 그리고 북한의 관례상 한국어를 못했을 것으로 추정되는 UN 기관 및 EU에서 파견된 외국인 관계자 간에 문화적인 의사소통에 오류가 발생했을 수 있다. 그 결과 아동의 연령을 묻는 문항에 대한 부모의 답변을 잘못 해석해 표본 내 아동의 연령이 과대평가되었을 수 있다. 그래서 연령과 관련된 기준에서 생각보다 놀라운 수치가 나왔을 가능성도 있다. 그러나 질문서는 출생일과 햇수 및 개월 수로 연령

을 물어보았다. 후에 통계를 담당한 사람이 내부적인 일관성을 유지하는 것이 가능했을 것이다.

Chapter 08 _ 국제적, 비교적 관점에서의 북한

1. G. Kang(2005)에 김정일이 국제형사재판소(International Criminal Court)에 기소된 사례가 상세히 설명되어 있다.

2. Lau, Qian, Roland(2000)에 설명된 것처럼, 중앙의 계획 절차에 따른 개혁 환경에서 이중가격 체계를 유지하는 등 추가적으로 제도를 변화시키면 부가적인 이점을 낳을 수 있고, 계획에 따른 유사한 발전 과정이 현재 북한에서 진행 중이라고 주장하는 사람들도 있다. 그러나 우리는 현대 북한의 거시경제적 불안정이 너무 크고 계획 매커니즘이 붕괴되어 있어 이러한 경로가 큰 효과를 불러오지 못할 것으로 생각된다.

3. 이러한 사항은 경제활동이 공간적으로 과도하게 분산되어 있고 기업 도시가 많은 러시아와 같은 경제에서 더욱 심하다. 이러한 환경에서는 대체 고용 기회나 대체 지원망 이용 기회가 줄어든다.

4. 이러한 프로그램에는 스웨덴의 후원 하에 베트남에서 실시된 경제 정책 교육 프로그램을 비롯해 다양한 중국 기술지원 프로그램, 미국의 후원으로 중국에서 실시된 법률 교육, 경제 개혁에 관한 베트남 프로그램이 포함된다. 호주는 경제 교육 구상을 지원했고, EU는 새로 가입한 중부유럽 회원국들의 전임 경제정책입안자들의 북한 방문을 지원했다.

5. 오히려 북한은 매우 통제된 환경 하에서 얻을 수 있는 기술지원과 교육을 선호했다. 이런 종류의 프로그램과 교류가 미치는 영향을 상세히 설명하기는 어렵지만, 개혁의 설계뿐 아니라 국제 금융기관 소속이든 민간 영역 소속이든 외국인과의 협상에 있어서도 중요할 수 있다. 그러나 이런 상호작용이 장기적으로 도움이 될 수 있지만, 중국은 그러한 지원 없이 개혁을 실시했다. 또한 개인적인 경험에서 볼 때 실제로 우리는 최소한 1980년대 중반까지 일부 고위급 중국 관료들이 시장 경제 운영이라는 모호한 개념을 지키지 못했다고 확신할 수 있다. 지금까지의 잘못을 이렇게 해석하는 것은 비교적 희망적인 해석이라 하겠다.

6. 반면 일부 외국인 방문자들은 북한 정부에 강경파와 개혁파가 나뉘며 군부 지도자가 강경파의 중심이라고 가정했다(Harrison 2002). 강경파는 핵문제에 대해 미국을 비롯한 다른 국가가 개입할 때의 이점이 없다고 본다. 또한 개혁보다 군에 대한 투자를 우선시하며 정치적으로는 물론이고 경제적으로도 엄격한 통제를 선호한다. 이러한 주장은 북한에 대한 개입 확대를 지지하면서 전개되었지만 우리는 그 정확성이 다소 의심스럽다. 특히 새로 등장한 시장경제에는 군대를 포함한 다양한 국가 주체가 깊이 관여했음이 확실하다. 다른 집단들은 대규모 무역에 참여하거나 많은 외화를 관리할 수 없었을 것이다.

7. 2004년 12월 노무현 대통령은 '중국 정부는 북한에 심각한 정치적 위기가 발생하고 난민들이 글자 그대로 중국 영토로 몰려들어올 경우 완전히 통제력을 잃을 것이기 때문에 북한에 원조를 제공하고 있다'라고 말했다. 남한도 북한 정부의 붕괴를 원치 않는다. 그렇게 되면 엄청난 북한 난민이 남한으로 밀어닥칠 것을 우려하기 때문이다. 이 때문에 중국과 한국은 북한이 개혁과 개방을 추진하도록 도와야 하는 일종의 어쩔 수 없는 상황에 놓여 있다(Kim 2004). Shin, Chun & Ser(2005)도 참조한다. 남한의 여론은 이 점에 대해서는 상극으로 나타났다. 2005년 East Asia institute가 실시한 여론 조사에서는 통일에 대한 관심이 줄어든 것으로 나타났다. 조사 대상자 중 30% 이상이 통일 지원을 위한 추가 세금을 납부하고 싶지 않다고 답했으며, 다른 40%는 통일 전 북한의 개발을 지원하기 위해 납부할 의사가 있는 세금 액수가 일 년에 100달러 이하라고 답했다(N.Lee 2005).

8. 북한에 대한 논의에서 자주 등장하긴 하지만 '붕괴(Collapse)'라는 용어는 경제학에서 전체 생산량의 구체적이진 않지만 엄청난 하락이라는 뜻 이상으로는 뚜렷하게 정의되어 있지 않다. 어쨌든 북한 경제는 분명 1990년대에 붕괴했다. 이 용어는 정치학에서도 정확한 의미를 지니고 있지 않다. '붕괴'는 현 정권이 정치적, 사회적 통제력을 전혀 유지하지 못하게 되어 도전자로 교체되거나, 명목상 권력을 유지하지만 내전이나 전쟁이 지속되어 이른바 국가가 실패(State Failure)하는 대변혁 환경에서 연상되는 것이 가장 타당하다. 쿠데타와 같이 정권 내부에서 일어난 도전의 결과나 다른 종류의 진화적인 변화로 인한 정치적 변동을 가리키는 데는 적합하지 않다.

9. 이 판단은 이행 과정을 공식적으로 모형화한 한 시도에 의해 확인되었다. Beuno de Mesquita & Mo(1997)를 참조한다. 저자는 1996년을 기준으로 하여 각 활동자의 잠재력, 정치적 지위, 해당되는 정치개혁의 특징에 근거해 결과를 예측하는 반복적인 게임 모형을 적용했다. 김정일의 권력 장악은 빈약하며 북한은 '정치적으로 상당히 불안정한 시기'에 접어들었다'라고 결론 내렸다. Collins(1996), Pollack & Lee(1999)도 참조한다.

10. 1995년 이용선은 북한이 붕괴하고 남한이 북한을 흡수하는 방식의 통일 전망에 관해 48명의 분석가에게 질문했다. 그러자 그러한 변화가 2001~2005년 사이에 발생할 것이라는 응답이 빈도가 가장 많았다(29%). 누적치로 보았을 때 2005년까지 그러한 변화가 일어날 것으로 예상한 응답자는 40%, 2010년까지 예상한 사람은 60%였다(Lee 1995). 다음해 〈중앙일보〉가 실시한 비슷한 조사에서는 16%가 북한이 5년 내에(즉 2010년까지) 붕괴할 것이라고 예측한 반면, 또 다른 28%는 2006년까지 붕괴될 것이라고 예측했다. 50명의 응답자 중 북한의 붕괴를 의심스러워한 사람은 한 명뿐이었다. 1997년 9월 다른 집단의 학자들이 실시한 비공식 조사에서도 비슷한 결론이 나왔다. 참여자의 약 1/3이 북한이 5년 내에(즉 2002년까지) 붕괴할 거라고 예상했고, 나머지는 '강경한' 국가가 유지될 것으로 예측한 쪽과 중대한 개혁이 일어날 것으로 예상한 쪽으로 나뉘어졌다(Noland 1998).

11. Chapter 7의 경고를 되풀이하자면, 북한의 활동에 대한 남한의 추정치는 개략적인

추정으로 간주되어야 한다. 북한은 관련된 기본 데이터를 보고하지 않았고, 외부에서 이를 추측하는 것은 개념적으로도 측정 면에서도 매우 어렵다. 더 상세한 논의는 Noland(2001)를 참조한다.

12. 이 중에는 석유 수출국이 많았고, 따라서 이들의 소득 감소는 전반적인 정책 실패보다는 상품 가격 변화라는 측면에서 설명할 수 있다.

13. Becker(2005:197~202)는 이러한 사건들을 잘 정리해 주었다. 하지만 Becker는 국가 자산을 빼돌리는 등의 경제적 동기를 지닌 반체제 행동도 포함시켰다.

14. 최근 탈북자 200명을 대상으로 한 2004년 조사에서 KBS, Radio Liberty, Voice of America, Radio Free Asia 같은 외국 라디오 방송이 뉴스를 접하는 주된 방법이라고 한 응답자가 19%였다. 북한 방송으로 주파수가 고정되어 있는 라디오를 고쳐서 외국 방송을 듣는 사람을 안다고 한 사람이 21%였고, 허가받지 않은 방송을 들은 죄로 처벌받은 사람을 알고 있다고 한 응답자가 절반이 넘었다. 외국 신문에서 정보를 얻는다고 답한 사람은 없었다. 이 탈북자들이 일반 대중을 얼마나 대표하는지에 대해서는 알 수 없다.

15. 1989년 인민무력성에서 획책된 모의에 대한 탈북자 진술은 Martin(2004:545)을 참조한다. Oberdorfer(1997:375)와 Becker(2005:199~201)는 1995년 기근이 최고조에 달했을 때 북동부의 청진에 본부를 둔 조선인민군 6군단에서 일어났던 음모에 대해 보고했다. 북동부의 청진에서 발생한 것은 우연의 일치가 아닐 것이다. 규범을 어긴 부대는 숙청당하고 해산되어 병합되었다.

16. 물론 메이지 유신, 무스타파 케말(Mustafa Kemal) 하의 현대 터키 수립 등 다른 역사적 선례들도 있다. 이 두 사건에서도 혁명적 변화는 외부 위협에 대한 대응으로 정당화되었다.

17. 새로운 헌법은 분명히 조선노동당의 제도적 입지를 약화시켰는데, 중국의 모형과 대조적이다. 이런 점에서 Choi의 평가를 상세히 인용할 만하다. 이는 2006년 현재에도 여전히 적용되는 평가이기 때문이다. 당 의회는 1980년 6차 의회 이후 개회되지 않았다. 당 조례에 의하면, 당 의회는 4년마다 한 번씩 열리기로 되어 있다. 중앙위원회 총회도 1993년 12월의 21차 총회 이후 개최되지 않았다. 총서기를 선출할 권한을 보유하고 있는 총회는 심지어 1997년 10월 김정일이 당의 총서기가 되었을 때도 개최되지 않았다. 대신 김정일이 중앙위원회와 군 중앙 위원회에 의해 추대되었다. 북한 공산당 역사상 최초로 10기 최고인민회의 1차 회의에 앞서 총회가 열리지 않았다. 김일성 사망 이후 비서국, 정치국 회의도 열리지 않았다고 추측된다 (1999:9).

18. Hellman(1998)에서 이 점이 최초로 지적되었다. Pei(2006)는 중국의 사례에 비추어 이를 더욱 면밀히 검토하였다.

19. 이 논의는 국제법적 문제를 자세히 다룬 국제인권연맹(2004)에 광범위하게 의존했다.

20. Chapter 5에서 언급했지만 여기에서 다시 한 번 강조하고 싶은 점은 군대로의 전용을 둘러싼 윤리적 문제가 간단하지 않다는 것이다. 북한군은 징집병력이고, 하급 군

인은 과거에 충분한 배급을 받지 못했다는 증거가 많이 있다.

21. Chapter 7에서 상세히 다룬 것처럼 영양상태 개선 폭이 크지 않았다고 해서 제공된 원조가 비효과적이었음을 의미하지는 않는다. 이는 체계의 특징들 때문에 원조 효과를 거두기 어려운 환경에서 인도주의 단체들이 싸워야 했던 힘겨운 진투를 보여줄 뿐이다. 식량 원조가 없었다면 영양 상태는 분명히 더 악화되었을 것이다.

22. 대부분의 식량 원조가 공식적인 경로를 통해 전달된다는 점을 감안하여, 우리는 북한에서 활동한 다양한 NGO들의 훌륭하고 혁신적인 활동에 대해 다루지 않았다. 몇몇의 영향력 있는 기구들이 북한을 떠나기로 결정했다. 다른 기구들은 효과적인 활동을 계속할 수 있기를 희망하면서 계속 머물렀다. 많은 NGO들이 원조를 제공하는 한편, 원조를 제공받는 사람들의 기본 인권과 권한부여라는 대의를 진전시키는데도 도움이 되는 혁신적인 전략을 채택했다. NGO들이 인도주의적 임무뿐 아니라 원조대상자의 권한 부여에도 초점을 맞춘다는 점에서 이들의 활동은 사회적 전환을 일으키는 숨은 공헌자 중 하나다.

23. 북한 제품의 미국 수입업체들은 제품이 미사일 확산에 관여했다고 지정된 북한 업체에서 생산되지 않았음을 증명하는 미 재무부 외국자산관리실(Office of Foreign Asset)의 사전 승인을 얻어야 한다. 이 조건에 해당되면 승인을 얻는 것이 관례다. 미국 정부 관료에 따르면 요청 건수가 매년 소수에 불과하다고 한다. 특정 정치 협정 때문에 이루어진 제재 완화는 의도적으로 철회될 수 있다. 무역 제한은 북한이 미사일 중단을 지키는 한 발동되지 않는다. 미사일 실험이 재개되면 제재가 다시 가해질 수 있다.

24. 아마도 이 중 가장 중요한 것이 다국 간 바세나르 협약(Wassenaar Arrangement) 하에서 군사용으로 사용될 가능성이 있는 품목의 판매를 제한한 조치일 것이다. 이 협약에는 미국과 한국 모두 참여했다. 기존 법규 하에서 개성에 사업장을 설치하려는 남한 기업은 처음에 기본적인 컴퓨터와 통신 장비로 시설을 갖추는 데 어려움을 겪었다. 현재 조업 중인 기업들은 이러한 문제를 극복한 것으로 보인다.

25. 북한이 NTR 지위를 획득한다 해도 미국은 북한을 비시장경제로 분류하고 중국을 본떠 부담스러운 반덤핑 규제를 적용할 것이다.

26. 마약과 관련해 미 국방성은 북한을 주요 생산국이나 금지 약품 불법 거래국에 올리지 않았다. 따라서 현재 이 조항은 구속력이 없다. 북한 정부는 아마 세계 최악의 인권 학대자일 것이다. 북한의 인권 사례를 어떤 유효한 기준 하에 증명하는 것은 어려울 것이다. 그러나 현행 미국 법 하에서 행정부는 다른 문제보다 인권과 관련된 요구사항에 더욱 신중하게 행동했을 가능성도 있다. 개성공단에서의 노동 행위는 이미 한미 간 자유무역협정에서 논쟁의 대상으로 등장했다(연합 2006).

27. 미국 항공기들이 쿠바에 납치되었을 때 제정된 미국 법률 하에서 납치범에 피신처를 제공하는 행위는 미국이 국제금융기구 대출을 반대하도록 하는 명확한 법적 계기 중 하나다.

28. 특히 Cha는 권력이행이론(Power Transition Theory)에 따라 북한이 약함에도 불구하

고 선제공격을 시작하게 할 만한 상황이 존재한다고 제시했다. 그러나 Cha가 시인하 듯이 이는 북한이 지금 전쟁을 하는 것보다 미래에 전쟁을 할 경우 더욱 악화된 조건 에서 싸워야 할 가능성이 높다고 믿을 경우 일어날 수 있는 상황이다. 이 매개변수는 전적으로 북한이 외부의 위협을 어떻게 인식하는지에 따라 결정된다.

29. 근본적인 군사적 문제는 무기와 시설의 정확한 위치를 모른다는 것도 있지만, 더 중 요한 사실은 북한 병력의 전진 배치와 서울이 재래식 공격에 노출된 점이다. 따라서 남한이 군사적 선택에 반대하는 것이다.

30. 이런 입장의 충실한 지지자는 Leon Sigal(1998)과 Selig Harrison(2002)이다. Cumings (2003:43~102)와 McCormack(2004)도 참조한다.

부록

1. 특히 중요한 자료는 Sheena Chestnut의 탁월한 논문인 〈소프라노 국가(2000)〉이다. 이 논문은 다양한 공적 출처에서 나온 정보들을 대조했다.

북한의 선택

초판 1쇄 2007년 8월 20일

지은이 스테판 해거드, 마커스 놀랜드
펴낸이 김석규 **담당PD** 한지은 **펴낸곳** 매경출판(주)
등 록 2003년 4월 24일(No. 2-3759)
주 소 우)100-728 서울 중구 필동1가 30번지 매경미디어센터 9층
전 화 02)2000-2610(출판팀) 02)2000-2636(영업팀)
팩 스 02)2000-2609 **이메일** publish@mk.co.kr

ISBN 978-89-7442-465-7
값 18,000원